震災復興研究序説

復興の人権思想と実際

出口俊一——著

Toshikazu Deguchi

クリエイツかもがわ
CREATES KAMOGAWA

はしがき

1995年1月17日午前5時46分、ほんの一瞬大きな縦揺れが横揺れに変わり、そして、家財が飛び散り家屋が崩壊し、認定されているだけでも6434人(行方不明3人)が犠牲となった阪神・淡路大震災(大震災)。犠牲は免れたものの肉親や友人・知人を失った人々、負傷した人々、目の前で血と汗の結晶ともいうべき財産を失った人々など、多くの人々が言葉では言い表わすことのできない恐ろしさと悲しさを体験した。

大震災から四半世紀近くの時間が経った。これだけの時間が経つと、復旧・復興のプロセスの問題点を忘れたり、なし崩し的に美化する傾向が生じたり、事実に反することが伝えられたりしていることに遭遇する。

例えば、大震災直後の首相、兵庫県知事、神戸市長の公的支援に対する姿勢、方針・政策の不十分さは、その後の復旧・復興に大きな影響を及ぼしたが、次第に忘れられようとしている。また、「美化する」典型は、「単に震災前の状態に回復するだけではなく、21世紀の成熟社会を拓く」創造的復興路線の賛美であったり、性急な3・17都市計画決定の「2段階都市計画決定」という言い訳・後付け、「復興基金」の評価などが挙げられる。以上のほかにも、「雲仙普賢岳の島原市は、人口が少なかったから、支援策が可能」(1995年)とか「鳥取県は人口が少なかったから、住宅再建策が可能」(2000年)との見解が表明されたことがある。

また、大震災の被災者の中からでも「いつまで、震災のことを言ってるのか」とか、すでに「震災復興のステージではない」などの意見を散見するが、果たしてそれでいいのか、と疑問に思う。

大震災の被災地と被災者が挙って「復興できた」と実感できておればいいのだが、残念なことに被災地ではいまもなお、解決しなければならない復興の課題が横たわっている。従って、大震災の復旧・復興のプロセスを振り返り経緯を整理し、まとめておくとともに、いまだ終わっていないことに警鐘を鳴らしておかなければならない。

そこで、民間の研究機関としての兵庫県震災復興研究センター（震災研究センター）の一員として関わってきた復旧・復興の実際を記録しておくことが必要だと考え、私がこの24年間、見聞・体験し、研究し、実践してきたことを中心に整理するとともに、震災研究センターの政策提言（提言、提案、訴え、意見、救済策、検証結果、調査報告など）を記録しておくことにする。とりわけ、１９９８年5月に制定された「被災者生活再建支援法」制定に至る取り組み（運動）とその後の2度の改正と残る課題について丹念に記しておくことにする。

24年もの時間が経って改めて、原点である「大震災被災者の最後の一人まで救済を！」の決意と実践が問われている。私の視点・目的は、人権保障・救済の追求であり、被災地と被災者に役立つ内容をまとめることである。ひいては、災害多発社会に生きる市民に求められている新しい復興の人権思想をつくり出す契機にしていきたいと考えている。

１９４6年11月3日に日本国憲法が公布、翌47年5月3日に施行され日本の社会は大きく変わった。以来72年の歳月が経過し、日本の人権はどうなったのであろうか。

私は学生時代以来50年余り「人権とは何か」ということを、①原理的に捉える、②歴史的に捉える、③憲法に基づいて捉えるとともに、自らの体験を振り返りながら、あるべき人権保障の姿を追求し、自らのなすべき課題を考えることを目標としてきた。

少し横道に逸れることをおそれず、どのように「憲法に基づいて捉え」てきているかを記しておくことにする。

日本国憲法が保障する基本的人権（＝人権）の構成は、次の通りである。

1．1947年、『あたらしい憲法のはなし』（文部省）では、「自由権」「請求権」「参政権」の3つに分類されていた。

2．1994年、憲法学者の芦部信喜『憲法学Ⅱ　人権総論』（有斐閣）では、①包括的基本権（13条）、②法の下の平等（14条、24条）、③自由権（18条～23条、29条、31条、33条39条）、④参政権（15条）、⑤国務請求権（受益権）（16条、17条、32条、40条）、⑥社会権（25条～28条）の6つに分類されていた。

3．2015年、『社会科　中学生の公民』（帝国書院、神戸市立中学校で使用の教科書）では、①個人の尊重、②平等権、③人権を守るための権利、④社会権、⑤自由権とし、「個人の尊重」を詳しく記述している。「基本的人権という考え方の根本には、一人ひとりの人格をかけがえのないものとして尊重し、生き方を大切にするという個人の尊重《そんちょう》（第13条）の原理があります。国民一人ひとりの生命、自由および幸福追求《ついきゅう》の権利が国の政治において最大限尊重されるのも、個人の尊重がその基礎《きそ》にあるためです。民主主義の前提としても、一人ひとりが互いを尊重し合い、人間の尊厳を守ることが大切です」。

大震災24年の復旧・復興のプロセスで私は、憲法に保障された人権が蔑ろにされたり、蹂躙されたりする事態に遭遇してきた。憲法に保障された人権が、省みられない復興政策、本書第4編「いまなお『復興災害』」で展開した「借上公営住宅」や新長田駅南再開発などである。これらの「復興災害」の解決は、大震災の重要な教訓となり、復興の人権思想確立の一翼をなすであろう。

前著『人権教育研究序説』（社団法人兵庫部落問題研究所、1993年8月）と『教育運動の論理』（兵庫県労働運動総合研究所、1993年8月）は、法と教育と部落問題、そして教育運動の分野での研究と実践をまとめたものであったが、本書は『大地動乱の時代』（石橋克彦、岩波書店、1994年8月）の幕開けとなった１９９５年1月から24年間の復旧・復興のプロセスでの人権思想に基づく研究と実践のまとめである。

本書のもとになった旧稿は、それぞれ異なった時期に、相互に無関係な独立の原稿として執筆したものであり、本来はじめから有機的構成を念頭において書かれたものではないので、各編ごとに一貫した問題意識と論理が順を追って展開していくという形にはなっていない。それでも、原稿の寄せ集めに終わらせないために、できるだけ前後の関係に留意しつつ、それぞれの原稿を全体の中で位置づけることを考慮し、一応本書のような4編の構成をとることにした。

第1編は、生活・住宅再建支援制度創設の経緯に関する復興運動史として整理した。被災地発の政策提言を制度として実現させた一つの例証でもある。第2編は、大震災の検証と教訓、多発する自然災害の時々の課題を分析・解明するとともに、「災害救助法」徹底活用の提言を紹介しておくことにする。第3編は、大震災10年検証作業の過程での3人の改革派の知事のインタビューを再録した。第4編は、24年経つ大震災の被災地で解決しなければならない現在進行形の「復興災害」克服の取り組みの研究と実践を整理した。

最後に、本書のタイトル「震災復興研究序説」について、述べておきたい。震災復興問題についてはこの24年を経て、理解でき、認識できたことは増えたが、震災復興研究は学際的アプローチが必要で、法学、人権、教育、運動分野にいた私は、一から勉強しなければならないことが数多くあった。例えば、住宅・まちづくり、環境、防災、地震、地質、文化・芸術、報道などである。間口が広く、奥が深い震災復興研究の分野ゆえ、ようやくその入口に辿り着いたような気持ちである。

幸い、兵庫県震災復興研究センターや関西学院大学災害復興制度研究所には多彩な方々がおられ、日常的に、第一線の研究に触れることができる環境に身を置くことができているので、これからは、入口に立ち止まることなく、常に実践で確かめるとともに研鑽を積んでいかなければならないと考え「震災復興研究序説」とした次第である。

本書を出版することが、どれだけの意義をもつか、役に立つかなどについて、私はなお大きな不安を感ずる。それにもかかわらず、あえて出版するのは、私の研究と実践のあとを忌憚なき読者のご批判の前に晒し、一人でも多くの方から有益なご教示を受けたいと考えたからにほかならない。事実認識上の間違いや未熟さをご指摘いただければ、これにすぐる喜びはなく、また、それを心から願うものである。

2019年1月17日

出口　俊一

第1編
生活・住宅再建支援制度創設の経緯

第1章 阪神・淡路大震災に遭遇、そして個人補償・公的支援の要求へ

第1節 大震災直後の提言と復興への道

1…1995年1月17日午前5時46分

1995年1月17日午前5時46分、震源地淡路をはじめ、神戸・阪神間を襲った兵庫県南部地震は、5500人を超す犠牲者と3万7000人もの負傷者[(1)]を出し、兵庫県南部に甚大な被害をもたらした。

幸い生き残った人々にも、癒しようのない深い傷跡を残した阪神・淡路大震災（大震災）。復旧は遅々として進まず、震災後3か月以上経った時点でもなお、5万人を超える被災者が、避難所をはじめとする避難生活を余儀なくされていた。そして、その中で高齢者や病弱な人が亡くなっていく現実が後を絶たなかった。震災後1か月の記録をまとめた医師の上田耕蔵氏（神戸協同病院院長）は、震災が引き金となり、健康が悪化し死亡した人が500人[(2)]にのぼると推計していた。人災・政治災害とも言えるものになってきていた。

筆者は、兵庫県西宮市甲東地区にあった自宅（鉄路と橋脚が崩落した山陽新幹線の北側）で被災した。半壊状態で危険であったため、2週間、避難所になっていた西宮市立段上西小学校の校庭に駐車した自動車の中で寝泊まりをした。避難所はいっぱいで入る余地がなかった。すぐ南にあった母親宅は全壊したため、何度も市役所と話し合い、震災後100日ほどかかり4月末にようやく近くの仮設住宅に入居できた。

［注］

(1)「5500人を超す犠牲者と3万7000人もの負傷者」の数は、1995年春の時点の数字で、確定した数字は、「死者6434人と負傷者4万3792人」である。

(2)震災（災害）関連死は、阪神・淡路大震災は921人、その後、関連死と認定された数は、2004年新潟中越地震（52人）→2011年東日本大震災（3701人）→2016年熊本地震（218人）→2018年西日本豪雨（28人）→2018年北

海道胆振地震（1人）まで、少なくとも4958人にのぼっている（「西日本新聞」2018年2月10日付）

2：地震直後の状況と行政の対応

突然、眠りの淵から叩き起こされて、隣りの部屋に逃げた。あわや、家具類の下敷きになるところであった。何が何だかわからない。とにかく家族4人は無事であった。停電、ガス・水道の停止、そして電話も不通。地震直後の午前6時前、パジャマの上にコートを羽織って山陽新幹線の崩落現場をくぐり抜けて母親宅に走る。幸い近所の人たちといっしょに避難所の甲東小学校に逃げていた。軒並み家がつぶれている。何ということだ。しかし、驚いているいとまもない。時間が経つにつれて、とんでもないことが起きたんだという実感が湧いてきた。

電気は1時間程度で復旧したので、テレビから情報を得ることができた。また、電器製品で食事は賄えた。水道が復旧したのは2月上旬、給水作業はことのほか骨が折れた。ガスが出ないことについては、当初は我慢できた。しかし、復旧が2月下旬であったため、問題は入浴できなかったこと。風呂情報を見て、他市で開店している風呂屋さんまで時間をかけて入りに行く。そこで、長い行列。入浴するのも一苦労。かなりの時間を費やすことになった。

地震直後、最も困ったことは、家庭の電話が不通になったことである。親類や知人に連絡したくても、当初は全くできなかった。全く連絡ができなくなった時の不安感、孤独感を味わった。公衆電話ならかかるということはわかったが、付近の住民が殺到したため、どこも長蛇の列。1時間待ちで2～3軒かけるのが精いっぱい。17日当日、電話をかけられたのは4軒だけ。翌18日になって7軒。その後、徐々に増やすことができた。

当時は、NTTが規制を加えていたのであるが、情報伝達の仕組みはその後の24年の技術の進化と変化には目を見張るものがある。

交通に関しては4月1日、震災から74日ぶりにJR神戸線が復旧したため、西宮から神戸までの所要時間は元に戻った。それまではJRや阪急と代行バスなどを乗り継いで行かざるを得なかったため、とにかく時間がかかった。通常であれば1時間程度のところが、2～3時間かかった（最高4時間30分）。原因は、渋滞とそれによるバスの待ち時間であった。イライラを通り越して諦めにも似た気持ちが支配した。西宮と神戸を往き来する中で、なぜここまで被害が大きくなったのか、疑問と腹立ちは募るばかりであった。

阪神高速道路や前年の4月に開通したばかりの湾岸道路

の橋が崩落する。高層マンションの鉄柱が破断する。鉄道の駅がペシャンコに壊れる。政府や自治体は「予想を超えた」ことを繰り返し強調していたが、震災後の報道によれば、専門家が危険性を指摘していたことが明らかとなった。

地震学の藤田和夫氏（大阪市立大学名誉教授／当時）は、次のように述べていた。

「私は、神戸市の土木・建築関係職員の研修会で、常に神戸の活断層について講義し、この地域が大地震の空白地帯であると強調してきた。しかし、現在神戸市が地震対策に想定している地震は、山崎断層、生野断層、南海トラフに大地震が発生したときに震度5の影響を受けるとするものである。

10年ばかり前であったろうか。この話を聞いたとき、私はなぜ直下型地震を考えないのかと疑問を呈したところ、それでは余りに強烈すぎてどんな防災計画を立てたらいいのかとの答えを得た。その後、直下型地震抜きの計画が現在も生きていることを聞いて驚いた」（「朝日新聞」1995年1月28日付〝論壇〟）

神戸市は、「震度6想定は現実的ではない」と判断し震度想定を5にしていた。神戸市の関係者は「市としては直下型も想定していた。しかし、その被害想定を地域防災計画に盛り込めば、市として対策を取る責任が生じる。震度6の被害は行政が責任をもって対応できるものではなかった。私が生きている間に直下型地震が起こらないことを願っていた」と話していた（「朝日新聞」1995年1月30日付夕刊）。

人間の生命と暮らしを守りきる姿勢と施策があれば、被害は最小限に食い止められたであろう。国と地方公共団体の責任は重い。国と地方公共団体の無策が、被害を大きくしたと言えるが、政府の武村正義蔵相は、次のような弁明をしていた。

「私財を築くのは自由だが、自分の財産は自分で守りなさい。国は、例えば泥棒の被害を税金で穴埋めしてあげるような『サービス』まではしていない。まして天災はだれの罪でもない」（「朝日新聞」1995年2月11日付）と。

すべてを天災のせいにして、その上、自助努力の原則を強調し、責任逃れをしているのである。「自分の財産は自分で守りなさい」といった説教を政府から聞こうとは思わない。自分の財産を守ろうとして、多くの国民は各種の保険をかけている。

個人として守ろうとしても、個人の力では全く対処できない事態が生じたのである。災害に遭遇したわけである。災害対策基本法や災害救助法は何故に存在しているのか。

個人の力では防ぎきれないからこそ、「国、地方公共団体及びその他の公共機関」が、「国土並びに国民の生命、身体及び財産を災害から保護する」（災害対策基本法1条）ことになっているのではないか。

3：震災復興の研究と実践に着手

被災直後の1月21日、兵庫県労働組合総連合（兵庫労連）と兵庫県労働運動総合研究所（兵庫労働総研）の合同対策会議が開かれ、労働者・県民の緊急要求をまとめることと当面の善後策が話し合われた。兵庫労連は25日、6課題14項目の「緊急提言」を発表し、政府・自治体にその実現を迫った。その内容は、①住宅確保、②労働者・県民の生活確保、③市民の足の確保、④雇用確保と復旧・復興事業、⑤大企業の社会的責任、⑥神戸港の復旧・復興などである。被災した人たちの安否確認や救援活動を重点的に取り組まなければならなかったこの時期に、しかも交通途絶の中でのこの緊急提言がまとめられ、政府・自治体に提出された。

震災当時、兵庫労働総研の事務局を担当していた筆者は、発生直後から役員と連絡を取り合った結果、ようやく6日後の1月23日と27日の両日、日本科学者会議兵庫支部（JSA兵庫）と兵庫労働総研の役員数人が、兵庫労働総研の事務所（神戸市中央区のJR神戸駅近く）に集まり、この事態の中で、何かをしなければという気持ちを共有し、何をしなければならないか、何ができるかを話し合った。結果、被災者に役立つ政策をまとめ、元気の出る集会などをしようということを話し合い、1月29日付でまとめた「震災復興のための提言」を兵庫県や神戸市などに提出し、発表した。

Ⅰ　被害状況並びに支援体制

（平成7年4月24日現在）

1　災害救助法指定市町数　10市10町

2　人的被害　死者　5,480名
負傷者　34,900名
行方不明　2名

3　家屋被害　焼失家屋　7,456棟　（9,322世帯）
倒壊家屋　192,706棟（406,337世帯）

4　避難人数　47,495名（避難箇所619箇所）

5　支援体制
(1)　医療救援員　10名（　2班）
［（2／ 7）ピーク時　1,730名（346班）］
［（2／17）　1,500名（300班）］
［（3／17）　475名（ 95班）］
［（4／17）　15名（　3班）］

(2)　ボランティア　約　2,700名／日
〔1／17～2／17　約　20,000名／日〕
〔2／18～3／16　約　14,000名／日〕
〔3／17～4／ 3　約　7,000名／日〕
（1／17～4／18　累計　117.2万名）

Ⅱ　被害総額の状況

（4月5日推計）

対　象	推計額
1　建築物	約 5兆8,000億円
2　鉄　道	約 3,439億円
3　高速道路	約 5,500億円
4　公共土木施設（高速道路を除く）	約 2,961億円
5　港　湾	約 1兆　円
6　埋立地	約 64億円
7　文教施設	約 3,352億円
8　農林水産関係	約 1,181億円
9　保健医療・福祉関係施設	約 1,733億円
10　廃棄物処理，し尿処理施設	約 44億円
11　水道施設	約 541億円
12　ガス·水道	約 4,200億円
13　通信·放送施設	約 1,202億円
14　商工関係	約 6,300億円
15　その他の公共施設等	約 751億円
合　計	約 9兆9,268億円

資料 1-1　阪神・淡路大震災による被害状況及び応急・復旧対策について（兵庫県災害対策特別委員会、4月26日）より

「提言」をまとめるとともに合宿研究会（2月11日〜12日）とフォーラム（2月18日）の開催を決めた。

1月29日、二つの研究機関は共同で「震災復興のための提言」を発表。「提言」はその中で、住宅再建や中小業者の営業再建に公的支援として「資金援助」の必要性を指摘した。これは被災地で公的支援を求めた最初の提言であった。全文は、次の通り。

震災復興のための提言

1995年1月29日

日本科学者会議兵庫支部、兵庫県労働運動総合研究所

震災後、既に10日以上たつが、市民は依然として危険と不安のもとでの生活を余儀なくされている。とくに、30万人の避難市民の苦労は筆舌に尽くし難い。その上、住宅、雇用、所得や賃金など将来の生活設計に対してなかなか展望を見い出されない状態が続いている。

いま、住宅などの生活環境の整備計画を明確にし、雇用を確保し、中小零細企業や業者の経営を安定させ、防災などの福祉都市をつくりあげることが最も望まれている。災害復興のためには、政府や大企業が市民を無視した一方的な計画を押し付けるのではなく、情報を公開し、市民が自主的に民主的に復興計画に参画し決定できることが大切である。

以下において、災害復興についての私たちの基本的な考えを述べるとともに、復興のために微力ながら努力したい。

1．市民本位の住宅・街づくり

1．きめ細かい計画スケジュールをつくる。情報をわかりやすく公開し、市民の要求をとりいれ、いつまでに何を行うかのタイム・スケジュールをつくる。

2．危険家屋などの解体は公共が責任をもって行う。また、公営住宅や公共宿泊施設を活用するとともに、早急に仮設住宅を必要なだけつくる。

3．借地・借家人の権利を保障するとともに、公営住宅の増築、個人家屋や共同マンション修復の資金援助などを行う。

4．防災、福祉、高齢社会のための街づくりを市民参画のもとで行う。

2．仕事と雇用、所得の保障

1．雇用保険を日雇い労働者や自営業者へ適用する。義援金や福祉制度の充実などによって被災者の生活を保障する。

2．政府・自治体は、中小企業・業者への資金援助とともに

に、施設・資材の確保に努める。
3．大企業は震災を理由にして下請け単価や賃金を引き下げない。
4．公共事業は地元中小企業や業者に優先発注する。
5．政府資金によって復興のための別枠公務員を確保する。
6．経済の空洞化をふせぎ、産業を発展させる施策を行う。

3．財源と土地確保
1．公共投資を復興費にまわす。不要不急の公共支出をへらす。
2．必要ならば財政赤字もやむをえない。
3．神戸空港や六甲アイランド南の埋め立て、六甲山腹の音楽堂、日仏モニュメントなどの自然破壊をもたらす事業をやめる。
4．仮設住宅・公共住宅用地は、公共用地と大企業の遊休地を活用する。

これが一つのきっかけとなり、翌2月18日、フォーラムを開催（神戸海員会館）した。予想以上の150人を超える参加者による6時間以上の熱気ある集いとなった。『みんなできりひらこう震災復興―2・18フォーラム全記録』（兵庫県労働運動総合研究所、1995年3月）は、その時の記録とともに大震災の自然的・人災的原因と復興のあり方、その財源問題などに関するまとまった論評の最初のものであった。この『記録』は冒頭、次のように記した。

「1995年1月17日。この日を私たちは忘れない。一瞬のうちに5千人以上の尊い命が奪われ、汗と涙の結晶ともいえる家屋などの財産が倒壊し焼失した。現在でも20万人が非人間的な避難生活を余儀なくされ、健康を害して亡くなられる人が後を絶たない。

1995年は戦後50年である。日本は敗戦によるガレキの中からはいだし、経済成長・開発の道をまっしぐらに走り続けてきた。働きすぎによる過労死は世界的に有名になった。そして、日本は世界で有数の経済力をもつに至った。

大震災。再び私たちの目の前はガレキの山である。この50年は何であったのだろうか。日本の一地域で起こったことでしかないが、これは、近代技術を過信し、自然の力を過小評価し、開発に走りすぎたことに対する警鐘であろうか。ここから深く学ばなければ、尊い犠牲者に対して申し訳ない。これからの復興・蘇生の大前提にしなければなるまい」。

そして、この決意を具体化するため、ＪＳＡ兵庫と兵庫労働総研が協働して大震災からの復旧・復興の状況や復興過程の中から得られた教訓を踏まえ、災害列島日本の国民の「安心・安全」問題に関する各種の調査・研究、政策提言を行い、それらを広く情報発信することにより、全国の災害対策、とりわけ復興対策に寄与することを目的に１９９５年4月22日、学際的な民間の研究機関として兵庫県震災復興研究センター（震災研究センター）を設立した。そして、２００１年4月、会員制に移行した。

2月11〜12日には、東大阪市のひらおか山荘において合宿研究会が開かれ、30人が参加。震災復興をめぐって集中討議がなされた。この時期は、震災前から予定されていた会議・集会などは、相次いで中止・延期がされていた。そのような状況下での合宿研究会であった。

そして、被災1か月後の2月18日、二つの研究機関の呼びかけによるフォーラム「みんなできりひらこう震災復興」が開かれた。寸断された交通機関の復旧もあまり進んでいなかったにもかかわらず、会場の神戸海員会館には１５０人を超す労働者、中小商工業者、医療・福祉・教育・マスコミ関係者、弁護士、そして様々な専門分野の研究者が一堂に会して、6時間あまりのロングランの討議が繰り広げられた。1月29日付の「提言」の内容がより具体化された「震災復興にあたっての要請」と「アピール」が確認され、直ちに兵庫県や神戸市に提出された。

フォーラムは、大震災の被害の実態を明らかにし、被災者の生活と仕事の確保、さらに被災地のあるべき復興への道を探ることなどを目的に開かれ、討論は当面の緊急対策と中長期の方策の二つに分けて行われた。当面の問題については、仮設住宅や緊急医療体制、借地借家問題、個人への公的支援が中心となった。中長期の方策については、民主的な住民参加のまちづくり、大企業の移転と空洞化の恐れ、復興資金などが問題になった。

討議で強調されたことは、「地震は天災で防げないが、震災は防げる」ということであった。地震から1か月経った時点でなお21万人もの人々が不自由な避難所で生活しており、その中で数百人が命を落としていた。とくに高齢者や身障者など、社会的に弱い立場の人が最も過酷な状態におかれていた。家と仕事場を失い、立ち上がりの意欲ときっかけをつかめずにいる多くの被災者、被å災企業に解雇されたパート労働者、そして解雇の不安におののく数十万の労働者がいる。討論では、この震災を防ぐために政府や自治体がしなければならないこと、またできることが数多くあることが指摘された。

『みんなできりひらこう震災復興―2・18震災フォーラム全記録』(兵庫県労働運動総合研究所)にはこの時の記録を含め、論文と資料が収められ、震災2か月の3月17日に発行された。

震災研究センターは、発足後3年余り次のような取り組みを行った。

合宿研究会(95年5月5日~6日、96年1月20日~21日、97年4月5日~6日、97年9月20日~21日、98年7月18日~19日)や特別研究会(95年12月14日、28日)の開催、雲仙・普賢岳災害の現地視察(95年6月12日~14日、97年3月20日~22日)、『論集 震災復興への道』(95年6月17日)の発行、「兵庫県・神戸市の『復興計画』についての見解」(95年8月10日)、「住宅政策5項目提言」(95年10月27日)、「生活再建緊急6項目提言」(96年3月19日)、「神戸の　産業振興と雇用拡大のための5項目提言」(97年10月13日)、「住宅・生活再建支援緊急3項目提言」(98年5月27日)、「《提言21世紀の神戸の都市ビジョン》空港・ゼネコンの都市から福祉・文化・観光の都市へ」(98年8月18日)等の発表や研究紀要(95年8月7日、11月17日、96年9月17日、96年10月17日・2種類)、『生活再建への課題―検証 阪神・淡路大震災1年』(96年5月17日)、『大震災と人間復興―生活再建への道程』(青木書店、96年10月17日)の発行等々である。

こうして個人補償・公的支援をめぐる理論上・制度上の諸問題をはじめ、時々の課題について解決の方向を示す政策提起を行い、その実現に向け力を注いできた。

4：個人補償拒否の国・自治体の姿勢

震災直後からの個人補償・公的支援を求める声に対し、当時の村山富市首相は、「気持ちはわかりすぎるくらいわかりますが、国の成り立ちとして、そういう仕組みになっていないいんです」(「朝日新聞」1995年2月11日付)、「自然災害により個人が被害を受けた場合には、自助努力による回復が原則である」(第132回国会衆議院会議録、1995年2月24日)と言明。また、武村正義蔵相は、「私財を築くのは自由だが、自分の財産は自分で守りなさい。国は、例えば泥棒の被害を税金で穴埋めしてあげるようなサービスまではしていない。まして、天災はだれの罪でもない。そういうときのためにこそ、損害保険会社がある」(「朝日新聞」1995年2月11日付)などと弁明していた。

すべてを天災のせいにした上で、自助努力の原則を強調し、責任逃れをする。このようなことを主張していた首相と蔵相らが6850億円の住専処理策を決め、政権を途中で投げ出した。ここにはまっとうな政治の論理はなく、権力の座にいる人たちの何でもありの姿勢が垣間見られただけである。

政府・与党の見解を後押しするように野口悠紀雄氏（一橋大学教授／当時）は、「私は私的財産の損失補償は疑問」と題して次のように述べていた。

「……私的財産の損失については、少なくとも原則としては自助努力原則を貫かざるを得ない。要は、我々はどこまで政府に依存するのか、という問題です。……危機管理と社会資本の整備は、政府の重要な責任です。しっかりやってもらわねばなりません。その上で、『私的財産の損失補償はできない』ということを明確にすべきです。……『予算的に無理だから』ではなく、理念として明確にすることが重要なのです」（「朝日新聞」1995年2月11日付）。

大震災直後から「被災者に公的に資金援助を」「個人補償を」の声が澎湃と起こりはじめたことに対し、野口氏は「私的財産の損失補償はできない」と対応した。自然災害に遭遇して、生きることさえできなくなろうとしている時に、生存権の保障をすべきであるということであった。これは、災害対策基本法の目的でもあり、何よりも憲法的要請でもあった。

「私的財産の損失補償はできない」と言い切った野口氏は、私企業である住専や銀行への巨額の損失補償についてはどのように説明したのであろうか。

「そういう仕組みになっていない」と首相や官僚は言ってきたが、日本国憲法や法律のどこを根拠にしているのか、はなはだ曖昧であった。震災から1年余の研究と実践によって、憲法や法律に基づけば、個人補償・公的支援はできるし、またしなければならないことが明らかとなった。「仕組みがない」とするなら、被災者を救う仕組みをつくればいい。何でもありの住専処理や銀行への30兆支援では、そのことはあますところなく証明された。

一方地元の兵庫県や神戸市も政府の見解と違わなかった。兵庫県の見解は次の通りであった。

「災害につきましては、従来から個人の自主的な回復を原則としておりますことから、その救済にはおのずと限界があるものと考えられます」（栗原高志兵庫県生活文化部長／当時、1995年3月7日、兵庫県議会での答弁）、「現段階では、私有財産制度のもとで、個人財産は個人の責任のもとに維持することが原則である、このようなことになっております」「大蔵大臣あるいは総理大臣の見解といたしまして、日本の仕組みとしては、私有財産に個人補償を真っ正面からするという仕組みにはなっていない、これが現在の政府、あるいは仕組みとして通用している現状でございます」（貝原俊民兵庫県知事／当時、1995年7月5日、兵庫県議会での答弁）。

神戸市の笹山幸俊市長（当時）も神戸市議会で次のように発言していた。

「個人補償は政治体制を変えること」「地震だから個人補償というのは、論理飛躍」（1995年12月26日）、「政治生命をかけてでも実現させるという決意をしめせ」という市議会での追及に、「政治生命をかけろということは辞めろということか」とすりかえる（1996年11月26日）、「（個人補償は）実際に日本では難しい」（1997年3月24日）。

政府や自治体のトップにいる政策決定権者のこのようなミスリードが、復興を決定的に遅らせたのである。

「仕組みがない」として積極的な対策をとろうとしない政府や自治体に対し、震災直後から個人補償・公的支援を求め、「雲仙・奥尻なみの個人補償」を求める署名運動が提起され、1年半で100万人を超すところまで到達した。「せめて生きる希望を」「このままではお先真っ暗」などと被災者の切なる思いが寄せられ、被災地における個人補償・公的支援を求める圧倒的な声が、情勢の局面を大きく変える原動力となった。

5 長期間続く避難生活

「まだ避難所暮らしのお年寄りの姿に、長い雪眉《せっぴ》を震わせて泣くべし首相。国家とはなんだ」（「朝日新聞」1995年4月18日付夕刊、〝素粒子〟）。

当時の実感であった。仮設住宅入居について、当初は2月半ばまでには何とかなるのではないかと考えていたが、時間の経過とともに、大きくズレ込むことがわかった。

筆者は、母親の仮設入居問題で3月に入ってから西宮市の仮設対策室の室長に繰り返し要請をした。お互い被災者であるという点では同じであったが、すれ違う点を埋めるのに少々時間がかかった。市に要請したことは、「母親は高齢者で脳卒中の後遺症による障害3級、自宅近くの西宮市立中央病院に通院中である。従って、可能な限り近くの仮設住宅に入居させていただきたい。他府県・他都市や西宮の山間部では生活できなくなるので是非とも配慮していただきたい。それから、入居できる時期を示してほしい」。

仮設対策室の室長は、次のように答えた。

「①住民の条件・要望を聴いておれば作業はできない。早く入居してもらいたいが、当選した人の家屋の状況を調査しているので少々時間がかかっている。精いっぱいやっている。②仮設住宅を建てる土地がなかなかなくて困っている。私有地には建てられない。公平さを欠いてはだめなので、私有地に建てるのであれば、自分でやってもらうほかはない」。

仮設住宅の申し込み用紙には、条件等を記入できるようにはなっていなかった。「条件を聴いておれば作業はできない」からなのである。

苛立つ気持ちを抑えて話しをしていたが、木で鼻をくくったようなこの室長の対応に、筆者は語気を強くして再度要望した。

「①行政当局者も不眠不休でやっていることは大変ご苦労ではあるが、あくまでも住民の声を聴く姿勢をもってほしい。住民の声を無視したり、数合わせで物を放り込むようなやり方はしないでほしい。今まで住んでいた近くに住みたいのは贅沢でも何でもない。この地域が好きだからではないのか。高齢者や障害者などの弱者の条件を配慮されたい。②土地がないことはない。私の方で調べたら(兵庫県が把握している企業の遊休地)、この西宮にも企業の遊休地がある。土地がないというのなら、個人の私有地にも建てることを認めたらいいではないか。その分だけ、スペースが確保できて被災者が救われるはず。従来の制度や枠組みにとらわれないで、弾力的に考えたらいいではないか」。

その後、西宮市は4月19日、仮設住宅の第3次申し込みの通知で、高齢者、乳幼児、妊婦、病弱者などの条件を記入できるように改めた。また、兵庫県は4月15日、個人の私有地に仮設住宅を建設できるよう制度の創設を国に求めた。被災から3か月の時間を要した。

「わが国が経験したことがない未曾有の……」と政府や自治体は言うが、そうであるのなら、従来の制度や枠組みにとらわれないで、制度の弾力的運用や創設に注力すべきであった。

兵庫県の諮問機関・都市再生戦略策定懇話会による「阪神・淡路震災復興ビジョン」(平成7年3月)では、「地震発生直後から3月末までを緊急復旧事業期間とし、復興事業の実施期間は、基本的には10年間(平成7年度~平成16年度)とする」として、次のような区分けをした。

●緊急復旧事業(3カ月)

震災発生直後の人命救助、救援活動とそれらに続く生活再建(避難所の確保、応急仮設住宅の建設、ライフラインの復旧等)、事業再開(金融支援等)、都市機能の回復(都市交通の復旧等)等の事業を迅速に決定し、近隣関係に配慮しつつ実施する。

●戦略的復興事業(3カ年)

震災前の生活、産業活動の継続性を確保しつつ、復興に最も急がれる基盤的な事業を、戦略的復興事業として初期3年間に総力を結集して達成する。

●復興促進事業（10カ年）

平成7年度から事業計画づくりに着手し、戦略的復興事業期間をふくめ10年間で完成する。

人命救助は、時間単位（事情によっては分単位）で考えなければならないし、仮設住宅の建設やライフラインの復旧は、「3カ月」などという期間設定をすべきではない。あまりにも長過ぎる。発災後、「1カ月程度」を念頭に復旧していくべきであろう。

震災直後は「命があってよかった」と涙したのが、希望や展望のない生活が続く中で、「死んだ方がよかった」という呟きに変わってきていた。自殺者まで出ていた。

人間の尊厳を守り、生存権を保障するためにも、避難所の食事（冷たいおにぎりなど1日850円）や仮設住宅の広さ（26㎡）など災害救助法上の不十分さは緊急に改善しなければならなかった。

6…3・17都市計画決定

震災2か月後の3月17日、被災地の神戸、芦屋、西宮、宝塚の4市と淡路・北淡町（現・淡路市）のうち被害の大きかった13地域の都市計画案が、3500を超す見直し・撤回要求の「意見書」が提出されたにもかかわらず、決定が強行された。

3月13日が住民の意見書提出期限、すぐ翌日の14日には神戸市の都市計画審議会で審議され、15日には西宮、宝塚両市での審議、16日の兵庫県都市計画地方審議会の審議を経て決定という超スピードぶりであった。

都市計画案の主な内容は、被災市街地復興推進地域の指定、土地区画整理や市街地再開発の手法で整備すること、道路の拡幅、公園の拡張の3点であった。これらの都市計画案は、兵庫県庁内に現地対策本部を設置して指揮していた政府の圧力のもとで作成された。その後、この指揮を執っていた溜水義久氏（建設省技術審議官／当時）は兵庫県の副知事に就任した。

兵庫県や各市町は住民に何の相談もなく決めて、2週間の縦覧だけで、神戸市では説明会も開かないなど、住民に周知しないままに決定された。

3月初め、神戸市東灘区森南町の住民からの要請もあり、JSA兵庫と兵庫労働総研が共同して現地調査を行った。調査の結果、住民無視の強引な都市計画決定はすべきではないとの結論になった。その立場から3月9日「意見書」を提出し、神戸市（3月14日）と兵庫県（3月16日）の都市計画審議会において次のような意見陳述を行った。

「内容は4点、手続的側面で問題があり、計画決定を先にのばしていただきたいということであります。

第1に、3月4日付『神戸新聞』1面に神戸市都市計画局近藤義和計画部長の談話が掲載されました。『住民と話し合いをしていない。決定までの時間が短いとの意見はその通りだ。しかし、延長して意見がまとまるだろうか。絶対にないと断言できる。復興は1日でも急ぐ』と。

話し合いができていない事実を認めた上で、徹底した住民不信を表明しています。これでは本当の復興はありえません。近藤部長は、『復興は1日でも急ぐ』と言います。それなら、震災後2か月経っているにもかかわらず、多くの住民が仮設住宅にすら入居できていない現実をどう考えておられるのでしょうか。昨夜も西宮市中央体育館に避難をしておられた高齢者が亡くなられました。

住まいの復旧はもう待てないのです。いますぐなのです。今回の都市計画を急ぐ意欲とスピードは、住まいの復旧などに振り向けられるべきではないでしょうか。復興まちづくりをしていける物質的基盤の整備こそ急がねばなりません。

第2に、この都市計画案は、多くの住民の知らないうちに決定されようとしています。近隣の避難所のみならず、他地域・他府県に避難をしている住民も多数にのぼっています。1月17日以前の状況とは全く違っているのです。住民への周知徹底はなされていません。都市計画法は、今回のような大震災を想定しておらず、従って、法の規定する縦覧期間2週間は、この事態の中ではあまりにも短かすぎます。兵庫県として国に対して期間の延長などを求める必要があります。

第3に、建設省の解説書『都市計画法の運用』は、次のように述べています。『都市計画は、土地利用などに関し、住民に義務を課し権利の制限を伴うものであるからその決定にあたっては、あらかじめ広く住民に内容を知らせ、その意見を反映させることが必要』であると……。

都市計画法に規定されている「公聴会」が開かれていないことや、13日に意見書提出が締め切られ、14日に神戸市、そして本日(16日)兵庫県都市計画地方審議会で審議するという日程では、住民の意見が反映できないのは火を見るよりも明らかです。手続的に問題があります。適正な手続きを欠くことは禍根を残すことになります。

第4に、2月に制定された阪神・淡路大震災復興特別二法の基本理念である『地域住民の意向を尊重』や、施策における配慮『地域における創意工夫の尊重』の規定にも悖ります。従って、建築基準法第84条(建築制限)の適用を見直し、阪神・淡路大震災復興特別二法の適用で、住民参加を保障する必要があります。

神戸市のある幹部は、『この種の都市改造は、機会を逃すと結局できなくなる』と述べています。千載一遇のチャンスとばかり、住民の不利な条件につけ込むことは止めて下さい。

繰り返し申し上げます。住民の意向を尊重し、強引に決定することは止めて下さい。合意形成抜きの都市計画では、住民の創意工夫は削がれます。深い傷跡が残るだけです。県民を信頼して下さい。今回の震災復興に汚点を残さないようにして下さい。委員諸氏の賢明なご判断を要望する次第です」。

あまりの強引さに、マスコミからも「性急すぎる、住民不在だ」「地域のつながりが失われる」「復興推進地域に指定すれば、最長2年間かけて都市計画はできる」と、一様に批判がなされた。

広範な批判的世論と運動の高まりを前にして、兵庫県や神戸市当局は「まずかった」「住民と対話」するというポーズを示し、兵庫県都市計画地方審議会は「住民との十分な意見交換」を求める付帯意見をつけた。その後、当時の貝原俊民知事は、この強引な3・17都市計画決定批判の世論と運動を前にして、3・17都市計画決定で大枠は決めたが、具体化は住民との十分な意見交換を踏まえて行うと表明せざるを得なかったのである。阪神・淡路大震災の「2段階都市計画」として美化されて伝えられることがあるが、それは歴史的事実に反している。

短期間に燃え上がった「ちょっと待て!」という住民の運動と世論が、異例の付帯意見をつけさせたと言える。住民にとって有利な条件が引き出せたわけである。

短期間に3500を超す見直し・撤回要求の「意見書」が提出されたこの運動の真っ只中の3月9日、住民の意見を反映した復興計画を求める「阪神大震災による区画整理・再開発を考える市民連絡会」が神戸・凪月堂ホールで開かれ、神戸・阪神間・淡路の住民や建築家、弁護士、研究者など140人が参加した。

この市民連絡会は、その後名称を「復興市民まちづくり連絡会」とし、毎月定期的に集まりをもって情報交換と討議を積み重ね、住民主体のまちづくりを進めた。1997年6月まで会合は33回を数えた。またその後1997年12月9日には、シンポジウム〝再開発への提言〟を開催し、市街地再開発事業の問題点を明らかにするとともに見直しへの具体的提言を行った。その後、新長田駅南地区再開発事業に焦点をあてた研究会(60回開催)とシンポジウムを開催し、

『現代都市再開発の検証』（日本経済評論社、２００２年12月30日）を出版した。

震災から3か月余りが過ぎ、被災地では、倒壊した、あるいは倒壊の恐れのあるビルや家屋などのガレキ・廃材の撤去作業が進み、解体作業の騒音とガレキがまちを覆い、大気を汚染していた。この時点では、大気汚染の危険性が指摘され始めていたが、震災アスベスト被害についての警鐘はできていなかった。（１９９５年4月）

第2節 生活・住宅再建を求めて

雲仙・奥尻なみの個人補償要求の提起

（１９９５年5月）

1 雲仙・普賢岳災害の行政施策を学ぶ

筆者らの2回にわたる雲仙・普賢岳災害の現地調査（１９９５年6月13日〜14日、１９９７年3月20日〜22日）では、激甚災害と被災者の生活・住宅再建にかかわる「個人補償」の先行例を入手、これに北海道奥尻の津波災害のケースを加え、兵庫県及び神戸市との比較研究を行った。兵庫県及び神戸市の立ち遅れは歴然としていた。

普賢岳災害を例にすると、島原の被災者には、住まい再建への支援として義援金（全国から約２３０億円）から焼失・全壊した世帯に対して４５０万円、半壊の世帯に２５０万円が配分されていた。さらに長崎県と島原市の「基金」から住宅の全半壊世帯の住宅再建に対して５５０万円、大規模改修には上限３５０万円の助成がされ、住宅の再建に対して合計１０００万円の支援が行われていた。加えて、住宅の全半壊、床上浸水の被害を受けた世帯が家具等を購入する際には、完全滅失１５０万円、全壊１００万円、半壊50万円、床下浸水20万円の住宅被災者生活再建助成事業も行われていた。

長崎県及び島原市の「基金」とはどういうものか。長崎県を例にとると、正式名は長崎県雲仙岳災害対策基金。当初２７０億円で発足、のちに増額して６００億円（この中には義援金から30億円拠出されていた）。この運用益で支援事業を実施。この基金事業についての長崎県の考え方は次の通りであった。

①今日まで、我が国では自然災害による物的損失については直接的な補償はなされないことで、国民的な合意がなされていると考えられる。

②しかし、今回の災害は極めて長期間にわたり我が国史上例のないものであり、こうした特殊性から、物的損

失の補償をせよとの議論がある。

③そこで、公平、公正に留意しつつ、損失補償ではなく、形を変えた補填事業、自立支援事業等を実施する。すなわち災害対策基金を設けて、災害対策、被災者の救済という観点から住民等の自立復興を支援する。

明らかに、長崎県は、これまでの行政のカラを破って被災者救済・住民支援に踏み出していた。事実上、個人補償と言っていいものだった。

表 1-1 雲仙・普賢岳激甚災害／住宅再建時助成事業概要

	助成概要
事業	(財)長崎県雲仙岳災害対策基金，(財)島原市義援金基金による助成事業
対象	噴火災害による火砕流・土石流で，所有する住宅が被災（全半壊）し，再建する場合
住宅の新築，購入を行う場合	・助成額 550万円（県 300万円，市 250万円） （全壊，半壊とも，550万円の定額）
大規模な住宅の改修を行う場合	・助成額上限 350万円（県 200万円，市 150万円） ・補助率 1/2 ・対象事業費 200万円以上

このようにして、兵庫県震災復興研究センターは、個人補償・公的支援をめぐる実際例の調査・研究を行うなかから、時々の課題について解決の方向を示す政策提起を行った。また、いささか煩瑣になるが提言や声明等のいくつかは、原文で紹介する。

公的支援問題に関して、その必要性・根拠・論点などついては菊本義治「生活再建と公的保障」（『大震災と人間復興』所収、青木書店、1996年10月17日）に整理され詳述されている。

大震災から1年5か月目の1996年6月17日、神戸の待機所23箇所には389人が避難していた。

テントなどの屋外避難者、身寄りや知人宅で避難生活を送っている人々の数はこの中には入っていない。兵庫県・神戸市は1995年8月20日、災害救助法の適用を打ち切った。行政の判断の誤りが復旧を遅らせたのである。避難者がいる限り救援は終わらせてはならなかった。

2：雲仙・奥尻なみの個人補償・公的支援を求める署名運動――100万署名から1000万署名へ

1995年4月1日、JR神戸線が全線復旧した。しかし、避難所には依然として6万人を超す被災者が仮設住宅にも入居できないでいた。

被災直後の1995年3月4日、労働組合や市民団体によって結成された「阪神・淡路大震災救援・復興兵庫県民会議」（復興県民会議）は、このような状況を踏まえ、「雲仙・奥尻なみの個人補償・公的補償」を求める100万署名運動と「5・14全国集会」開催を提起した。

1995年5月14日、折からの激しい雨にもかかわらず会場の神戸・メリケンパークには、兵庫県内と全国各地から3000人以上の人々が集まった。この全国集会は、「だそう元気、とりもどそう活気、住民本位の復興、安心・安全なまちづくりをめざす兵庫県集会」と銘打たれ、6000人を超える犠牲者の追悼と、「雲仙・奥尻なみの個人補償」を求める100万署名運動前進をめざし、「よーし、ガンバロー！」という決意みなぎる決起の場となった。

「雲仙・奥尻なみの個人補償」を求める100万署名運動は、被災者の心をとらえ、取り組み始めて1年半で100万人を超えた。住専問題に対する怒り、「48氏のアピール」（後掲の31頁参照）の急速な広がりとも相俟って、1996年3月には、1か月で一気に10万人以上の署名が進んだ。文字通り「草の根」運動として町内会などを通じて多数の住民に浸透し、支持を広げたのである。

この時期、「住専より住宅を！」「住専より被災者を！」のスローガンは、広く国民をとらえた。

1996年5月31日、社会民主党が神戸で開いた「大震災500日『震災復興フォーラム』」でコーディネーターを務めた依田博神戸大学教授（当時）は、まとめで次のように発言している。

「住専問題が起こるまで私は個人補償問題では発言しなかった。しかし、『金融システム保障』との理屈が成り立つのなら、『生活安全保障』のために個人補償はできる。今後も発言を続けていきたい」。

「雲仙・奥尻なみの個人補償」を求める100万署名運動は、取り組み始めて1年の到達状況を踏まえ、「急げ、公的な災害保障対策！」を目標にして、全国1000万署名運動へと発展させられた。

被災者への「個人補償・公的支援」は被災地の最大のテーマであった。そしてこれは、国・兵庫県・神戸市と被災者との一貫した対立軸となった。国・県・市は一貫して拒否し、被災者はこれを一貫して求め続けた。第142国会（1998年）で成立した「被災者生活再建支援法」はその対立解消に一つの筋道をつけるものとなったが、大震災被災者の評価は辛かった。その一方、市民運動、法律家団体、労働組合、政党等の中では評価は積極・消極相半ばであった。いわば、単純明解に○●とはならないということであった。

橋頭堡という言葉がある。これからある目的に向かって前進しようとする時に、一定の地点につくる拠点という意味であるが、「被災者生活再建支援法」に対する筆者の見方はそれに近い。被災地・神戸に限っても「個人補償・公的支援」を求めての要求提起、調査、研究、実践は相当に分厚くなっていた。これは、そこに依拠しての見方である。

なお、個人補償、個人保障、個人給付、公的支援、公的補償、公的助成、公的援助などの言葉は厳密にいえば少しずつ意味は異なるが、本書ではほぼ同じ意味として使用する。

3…1995年10月14日～15日、「災害・人間・復興」全国交流集会の開催

被災から9か月経った1995年10月14日と15日の両日、神戸市産業振興センターにおいて「災害・人間・復興」全国交流集会が開かれた。50数本のリポートと1200人の参加者で、会場は、終始熱気に包まれた。

この集会は、日本科学者会議、国土問題研究会、雲仙支援ネットワーク、全労連、復興県民会議、兵庫県震災復興研究センターなど27団体による実行委員会が主催した。

集会の全体会では、島原や奥尻からも特別報告がされるとともに、被災地のお年寄りを元気づけたいと、愛知県豊橋市から神戸まで300㎞を、募金を集めながら歩き通した桜丘高等学校1年7組の生徒たちが登場、大きな感動を呼んだ。

集会では「アピール」と8項目の「緊急要求決議」が確認され、政府と兵庫県、神戸市など被災した10市10町（当時）に提出された。

「災害・人間・復興」全国交流集会というネーミングもユニークなものとして好感をもって受け止められるとともに、集会は、いくつかの成果と教訓を残した。

その一つは、報告を聞き話し合う中で、全国各地の被災者も被災しなかった人々も、災害は、自分自身の問題であり、被災者の生活再建は、人間らしさを取り戻す人権回復の運動にほかならないと理解し合えたこと。その二つは、「住い・まちづくり」「制度と国・自治体の責務」「産業・雇用」「教育・健康・福祉」「防災・環境創造」の5分科会に各6時間をあて、多面的な分析に基づく具体的な行動指針と展望を明らかにしたこと。三つ目は、労働組合・市民団体・被災者と研究者らが一体となり、集会をつくりあげたことと、まちづくりに取り組んでいる住民も加わり、研究と実践が噛み合い、感動を呼び、元気が出て、展望をもてたことなどである。

8項目の「緊急要求決議」

1995年10月15日

1．仮設住宅を厳しい寒さや風雨に耐えられるように改善するとともに、保健婦、ホームヘルパーなどを配置し、人間らしい生活ができるように整備すること。住み慣れた地域に必要なだけ仮設住宅を建てること。

2．被災者の治療中断や健康悪化が増大しているなかで、12月末までとされている「医療費一部負担金免除措置」

を来年以降も継続し、5月末で打ち切られた免除措置を復活すること。

3．被災した中小零細業者、農漁業者が営業再開できるように、被災実態と要求を調査し、各種制度（激甚災害法に基づく融資、優先発注など）を拡充すること。

4．生活基盤を失い生活保護を申請する被災者に対して、速やかに憲法25条に基づいて生活保護を適用すること。

5．災害対策基本法に基づく低家賃の災害住宅および改良住宅を必要なだけ建設すること。

6．雇用奨励金の拡充、失業給付延長、公的就労機会の拡大、震災失業手当制度の特例実施など、雇用不安・失業防止、生活再建を保障すること。

7．都市計画事業に際しては、阪神高速道路の復旧や新たな埋め立て開発よりも防災・環境保全を最優先し、住民主体の街づくりをすすめること。

8．憲法に保障された生活権を確実なものにするために、激甚災害地域の被災者の生活再建のための公的保障を確立すること。

4…1995年10月17日、兵庫県や全労済協会「住宅地震災害共済制度」の創設を提唱

兵庫県は1995年10月17日、「住宅地震災害共済制度」の創設を提唱した。同様の提案（表1－2参照）をしていた全労済協会や日本生活協同組合連合会、日本弁護士連合会、兵庫県の4団体が96年5月30日、住宅復興のための共済制度創設と、大震災の被災者への救済を求めることで合意した。

兵庫県議会は95年12月20日、「新たな保険・共済制度の創設を求める意見書」を採択。翌96年1月19日には日本弁護士連合会との共催で「住宅地震災害共済制度創設フォーラム」を開催し、自民党の県会議員団は各都道府県を訪問して兵庫県案への理解を求めた。「意見書」の採択は、東京都、新潟県、京都府、長崎県などと続き、97年4月の北海道の採択をもって全都道府県で行われた。

96年7月18日、全国知事会は千葉市で全国知事会議を開催し、大規模災害被災者への個人保障制度について、全世帯加入の「共済制度」と各都道府県が拠出する「基金制度」を並立で創設するよう国に要望することを決めた。会議では、共済を住宅再建、基金を生活再建や生業支援にと給付対象を限定して双方の違いを明確化した。そして、翌97年7月17日、宮崎市で開かれた全国知事会議は「災害相互支援基金」創設の特別決議を行った。

96年7月19日には「自然災害に対する国民的保障制度を求める国民会議」が発足し、山岸章（全労済協会理事長／当時）、貝原俊民（兵庫県知事／当時）、笹山幸俊（神戸市長／

表 1-2　3団体の災害共済制度基金制度創設案

	全労災協会案	日本弁護士連合会案	兵庫県案
名称	自然災害に対する国民的保障制度	地震被害住宅等復興共済制度	住宅地震災害共済制度
仕組み	基金制度	全世帯が加入（強制）	全世帯が加入（強制）
対象となる災害	地震、風水害など、災害救助法の適用となる災害	地震、噴火、津波	地震、噴火、津波
給付の対象	住宅、家財	住宅、家財	住宅、家財
給付の内容	●持ち家世帯 全焼・全壊　500万円 半焼・半壊など　250万円 ●借家世帯 全焼・全壊　200万円 半焼・半壊など　100万円	●住宅 全壊　1200万円 半壊　600万円 ●家財 全壊　200万円 半壊　100万円	●住宅 全壊　最大 1700万円 半壊　全壊の　50%以内 一部損壊　全壊の　20%以内 ●家財 全壊複数世帯　300万円 単身世帯　100万円 半壊　全壊の　30% 一部損壊　全壊の　10%
財源・掛け金	行財政改革・目的税（期限付）・起債による	平均年額　12000円	平均年額　12000円
阪神大震災へのそ及	そ及適用する	そ及適用する 給付金の5～7割の特別給付金を支援	—

作成：兵庫県震災復興研究センター

当時）、竹本成徳（日本生協連会長／当時）の各氏が代表世話人に選出された。国民会議は、全国で保障制度を求める署名運動を展開し、97年6月17日、政府に2500万人近くの署名簿を提出した。最終確定数は、2485万8964人分。これに先立ち、97年3月28日、兵庫県議会は「地震災害等に対する国民的保障制度の実現を求める意見書」を全会一致で採択した。この「意見書」は保険・共済制度創設に限定せず、広く地震災害に備えた保障制度の実現を求めるものであった。同日、神戸市議会も「公的支援の拡充を求める請願」を全会一致で採択した。

5：1996年1月、「48氏のアピール」の呼びかけと3・16シンポジウム

大震災1年を前にした1996年1月10日、兵庫県内の医師会、学界、弁護士会、報道機関などの代表48人が、生命と人権の危機を憂慮し、愕然とするほどの被災者の生活再建の遅れに、「公的支援の拡充を求めるアピール」を発表した。

被災者の生命と人権の危機を憂慮し、
「生活、営業、住宅の再建に公的支援の拡充を」訴える──

1996年1月10日

あの忌まわしい大震災から1年を目前にして、被災地と被災者実情を見るとき、被災者の生活再建の遅れに愕然とせざるをえません。

待機所や旧避難所、テントで生活する人々、身寄りや知人宅に寄宿する人々、住み慣れたところから遠く離れた仮設住宅でひっそりと暮らす人たち、失業や休職をしている

人々、営業を再開しようとしてもできない人々、再開しても寂れた街で思わしくいかない人々が、生活の見通しをもてず途方にくれています。

とりわけ心配されるのは、仮設住宅などで知人もなく孤独な生活を余儀なくされている人たち、収入も乏しく僅かばかりの蓄えもなくなってきた人たちのことです。この人たちの中には、明日どころか今日の生き甲斐を見失い、生きる気力を失いつつある人々もかなりの数にのぼっています。自殺者や孤独死が後をたたないのです。また、環境の変化のために病状を悪化させた人たちもたくさんいます。

このようにこれまでの生活の基盤が崩れたために、医療や福祉の手をさしのべることも困難な、生命と人権に関わる重大事態が生じているのです。

いまこそ医療・福祉の充実とともに、生活の基盤である「人の住める家とまち」の再建のため、公的支援の抜本的強化が強く求められています。

ロサンゼルス大震災の際には、被災者救援がまず優先され一定の生活保障金も支給されましたが、日本では公的資金で個人への援助がなされないのを、今回現地を訪れた外国からの調査団の多くが「非常時になぜ」という疑問を抱いたと報告しています。

政府は、現行法制度ではできないと言いますが、それならば必要な法的整備を行うべきです。

被災地において医療・福祉・生活・研究・教育・文化・人権などに関わってきた私たちは、被災者の生命と人権、生活を保障するために、政府に対して、以下の項目を早急に実施するよう、一層の努力と英断を求めます。

1．仮設住宅の高齢者をはじめ被災者の人権と生命を守るため、生活資金の支給、生活保護の適用拡大、医療費免除、保健・福祉訪問活動などの緊急措置を強めること。インナーシティに特別養護老人ホームをはじめ、福祉・医療施設を整備すること。

2．住宅・店舗の修復と自力再建をめざす人々へ公的支援を拡充すること、低家賃の公営住宅建設を大幅に増やすこと、民間賃貸住宅建設への公的支援を拡充すること。

3．激甚災害に対する「公的災害保障制度」を立法化すること。

【発起人】

瀬尾　　攝（兵庫県医師会会長）

竹本　成徳（生活協同組合コープこうべ理事長）

草地　賢一（阪神大震災地元NGO救援連絡会議代表）

【呼びかけ人（順不同・敬称略）】

皆本　吉泰（神戸市医師会会長）

福岡　昭吉（芦屋市医師会会長）

加古　康明（西宮市医師会会長）
西村　亮一（尼崎市医師会会長）
白倉卯三郎（伊丹市医師会会長）
永井　晴男（宝塚市医師会会長）
大道　準一（川西市医師会会長）
姉崎　赳夫（明石市医師会会長）
谷口　盾一（三木市・美嚢郡医師会会長）
行政　愛雄（洲本市医師会会長）
大橋　高明（津名郡医師会会長）
大森　弘之（三原郡医師会会長）
北村　行彦（兵庫県病院協会会長、兵庫県私立病院協会会長、優生病院院長）
合志　至誠（兵庫県保険医協会理事長、阪神・淡路大震災救援・復興兵庫県民会議代表委員）
上田　耕蔵（兵庫県民主医療機関連合会会長、神戸協同病院院長）
村井　俊郎（兵庫県歯科医師会会長）
岡田　重一（兵庫県薬剤師会会長）
山崎　京子（兵庫県看護協会会長）
永井　清保（兵庫医科大学理事長）
山鳥　　崇（神戸大学医学部長）
須田　　勇（神戸大学名誉教授、元神戸大学学長・同医学部長）
井上篤次郎（神戸商船大学学長）

中西　典彦（甲南大学学長）
濱　　堯天（神戸学院大学学長）
宮城　　宏（甲南女子大学学長）
山内　祥史（神戸女学院大学学長）
永倉　直敬（神戸薬科大学学長）
新野幸次郎（神戸大学名誉教授）
小西　康生（神戸大学経済経営研究所教授、被災者復興支援会議座長）
菊本　義治（神戸商科大学教授、兵庫県震災復興研究センター代表）
田辺　重徳（神戸弁護士会会長）
北山　六郎（元日本弁護士連合会会長）
今井　鎮雄（賀川記念館理事長）
門脇　政夫（兵庫県老人クラブ連合会会長）
市川　禮子（特別養護老人ホーム喜楽苑施設長、芦屋市ケア付仮設住宅管理者）
中辻　直行（高齢者ケアセンターながた施設長）
大塚　宗元（兵庫県中小企業団体中央会会長）
福島　浄行（兵庫県商工団体連合会会長）
小泉美喜子（「月刊神戸っ子」編集長）
島田　　誠（「アート・エイド・神戸」事務局長、海文堂書店代表取締役）
平田　　康（神戸をほんまの文化都市にする会代表）
河内　厚郎（文化プロデューサー、阪神文化復興会議事務局長）
荒川　克郎（神戸新聞社社長）

中内　守（サンテレビジョン社長）
宮本　和（ラジオ関西社長）

被災地の気分・感情を的確にとらえ、時宜にかなったこのアピールは、発表後瞬く間にその賛同を広げた。短期間に2800人もの各界有識者が賛同、兵庫県選出の衆参すべての国会議員を含め411人もの国会議員が賛同を寄せた。

アピールは、「生命と人権にかかわる重大事態」という認識を示すにとどまらず、3項目の具体的な要求を提示し、ここで激甚災害に対する「公的災害保障制度」の立法化を訴え、すべての国会議員に回答を求めた。

3月16日、この「48氏のアピール」をより一層広げ、たしかなものにするために　シンポジウム〃被災者のくらし再建へ　公的支援の拡大を求めて〃が神戸国際会議場で開かれた。社民党以外のすべての政党が参加し、新進党、日本共産党、新社会党、民主改革連合の4党の代表が発言した。

シンポジウムでは、被災者の生活再建に国の公的支援の拡大を求めるのは正当な権利であるということが改めて確認され、その実現に向けて運動を盛り上げることが話し合われた。

新進党（後の民主党）の石井一衆議院議員（当時）は、「被災地への公的支援の拡大を主張しても〃オール・ジャパン〃として通用しない。焼け太りという声さえある。個人のリスクにも、メリットにも国が手を貸す先例や法律がない。国会でも、他の地域の議員に通用しない。官僚のカベ、大蔵省のカベがある。ここでの声も、国民の世論ではなく、この会場の独り善がりと受け止められかねない」と困難な側面を強調した。

日本共産党の上田耕一郎参議院議員（当時）は、「『個人補償を国家の財政で』ということを要求し続けてきた」ことと、根拠になる現行法などを示すとともに、超党派の議員連盟結成を提唱し、個人補償実現への一層の努力を表明した。

震災後政党の代表が一同に会して、それぞれの所信や政策を述べるのは全く初めての機会であった。「選挙の時の立会演説会のようだ」と感想を述べる参加者もいた。このシンポジウムのあと、新進党の態度に変化がみられた。3月18日、アピールへの回答の中で、「たとえ私有財産といえども、原状回復の範囲内で、国家的支援の手が差しのべられるべきであると考える。……政府もいたずらに前例主義に固執して躊躇すべきではない」との基本的考え方を示すに至った。

1996年9月20日、国会議員の賛同は最終的に衆参両院で過半数を超えた。衆議院では273人（55・4％）、参議院では138人（54・8％）、合計411人（55・2％）を数え、国会の中におけるカベは少しずつ崩れ始めていた。個人補償・公的支援を求める運動と相俟って、被災地と国との「温度差」は縮められ、世論は一変した。「48氏のアピール」が果たした役割は大きかった。

6：1996年1月、1・17メモリアルデー「人権・生存・生活と社会保障の全国調査」

大震災から1年を経てもなお被災者救援が終わっておらず、とりわけ仮設住宅入居者の生活実態が大きな問題になった。その状況を全国的にアピールしていくことを目的に「人権・生存・生活と社会保障の全国調査」と1・17メモリアルデーの取り組みが計画・実行された。

「全国調査」は、1月15日から17日までの3日間、復興県民会議と中央社会保障推進協議会が共同して取り組んだ。この調査には、全国から1200人が参加。被災地全体の仮設住宅を中心に約1300世帯の協力を得て実施された。調査結果は2月21日発表、25日神戸で中間報告シンポジウム、そして、6月29日には東京でシンポジウムが開かれ報告された。

調査は、被災地の人々が実感していることを個別訪問・聞き取りで次のような内容を明らかにした。

①仮設住宅入居者の健康状態が悪化していること。

②1995年12月末に「医療費負担金免除措置」が打ち切られたが、これで被災者が医者に行きにくくなっていること。

③7割の人々が、低家賃の公営住宅を希望していること。

④仮設住宅のコミュニティ関係は、震災前と比べ疎遠なものになっていること。

⑤40～50歳代の男性にダメージが強く表れていること。

この調査結果と2月25日の神戸での中間報告シンポジウムの詳細な内容は、『賃金と社会保障』（労働旬報社、1996年5月上旬号）に収められた。

調査はこの後も継続的に取り組まれ、97年1月には神戸・星陵台第2仮設住宅、98年2月から3月にかけて神戸・ポートアイランド第6、第7仮設住宅を対象に実施され、それぞれ『調査報告書』がまとめられた。報告書には年を追うごとに仮設住宅入居者の生活・健康が深刻になっていく実態が示された。

復興県民会議は、「全国調査」とともに1月17日当日、早朝5時46分の登山、全国調査報告集会、兵庫県庁包囲の〝人間の輪〟、住民本位の復興・防災決起集会、兵庫県集会など終日、行動を展開した。「被災者の生活再建のための公的保障制度が不可欠である。憲法25条に規定された国民の生活権を具体化させなければならない」と、この日のアピールは呼びかけた。以来、毎年1月17日のメモリアルデーは、6000余名の犠牲者への鎮魂と救援・復興の取り組みの大きな節目の日となった。96年3月9日、仮設住宅入居者を中心に「神戸仮設住宅ネットワーク」が結成された。早速、要求をまとめ神戸市と交渉し、その結果、仮設住宅の改善措置がとられた。

96年5月7日、仮設住宅に暮らす約4万3000世帯の厳しい生活実態が兵庫県の調査で浮き彫りになった。高齢世帯が4割。年収100万円未満の世帯が3割。大半の人が仮設住宅から移転する目処をもつことができないでいた。兵庫県調査のまとめで明らかになった。

7：1996年3月、首相官邸前座り込み行動から「人間復興3・20兵庫県大集会」へ

復興県民会議は、1996年3月4日から6日までの3日間、首相官邸周辺に座り込み、橋本龍太郎首相（当時）、久保亘蔵相（当時）、衆参両院議長、衆参両院の全国会議員に対して、7項目の「阪神・淡路大震災被災者の生活再建へ公的助成強化を求める緊急要請」を行った。この行動には、労働組合・市民団体の代表をはじめ、仮設住宅自治会役員、震災ボランティアグループなど260人が参加。

全労連や千代田春闘共闘会議をはじめ首都圏の多くの労働組合・市民団体からも300人がともに行動した。

「税金を被災者の再建に廻すのは、税の公平性からみて困難」「個人財産の補償は、私有財産制の下ではなじまない」などと言って、頑なに拒み続けてきた政府が住専処理にあたっては税金を投入しようとしていることに抗議し、個人補償・公的支援の実現を国会と政府に求めたこの行動は、マスコミも一様に大きく報道し、国民的な支持が寄せられた。1月から3月にかけて、署名運動は大きく盛り上がり、この行動後50万人を突破した。

続いて3月20日、復興県民会議の代表委員らが呼びかけた「人間復興3・20兵庫県大集会」が神戸市立中央体育館と大倉山公園を会場にして開かれた。参加者は1万人を上回り、終日熱気と感動に包まれた。被災地の阪神・淡路地域はもとより、兵庫県下すべての地域から22台のバスを仕立てての参加であった。大震災後初めて、1万人を超す被災者が一同に会し、個人補償・公的支援拡大を求める運動と世論は大きな高まりと広がりをみせた。

「住専より被災者へ」の国民的世論はもとより、被災者への個人補償・公的支援が被災地を覆う世論になっていくことに対し、それへの巻き返しや反撃は強くなっていた。2月末、被災地を訪れた橋本首相は「家賃補助」を約束し、実

行した。

この大集会は、震災後1年間の運動が多くの住民に共感を広げ、住民本位の復興をめざす力がかつてなく拡大し深化していることを示した。仮設住宅から参加したある高齢者は、「一人で寂しく暮らしていましたが、ここにきて元気がでました。同じ思いの人が大勢いるんだということがわかって、生きる勇気が湧いてきました」とその感想を語っていた。また、この大集会には、被災地10市10町のうち8市3町の市長・町長からメッセージが寄せられるなど、地元自治体にも大きな影響を与えた。

この大集会を前にした3月19日、全労連、復興県民会議、兵庫県震災復興研究センターの3者は共同して「生活再建緊急6項目提言」を発表した。1995年10月27日に震災研究センターが発表した「住宅政策5項目提言」もこの「6項目提言」も、現行法の徹底活用で実現できることがあるという視点でまとめられており、いずれの提言も被災者を励まし行政関係者にも確かな影響を与えた。

「住宅・店舗の再建に500万円、生活支援に350万円の支給を」はこの時の「生活再建緊急6項目提言」の中で提案され、その後被災地の共通の要求となったものである。「500万円」という額は、雲仙・奥尻なみとはいかないが、せめて500万円あれば、元気が出て、立ち上がれるということで提起されたものだった。

生活再建緊急6項目提言

いまこそ国と自治体の責任で被災者に生きる希望と元気・勇気を与える公的支援を

――現行法の徹底活用で公的支援は可能

1996年3月19日

はじめに―生活基盤再建こそが緊急の課題

政府は震災後1年を経過したことを口実に、災害救助法などでいう「応急」対応は完了したとして、被災者救援対策を打ち切ろうとしている。しかし、今なお数百人が「待機所」やテントで、約8万人が仮設住宅で、多くの人が身寄りや知人宅での生活を余儀なくされ、住宅・生活再建の目処がたたない不安な生活を送っている。孤独死や自殺があとを断たない状況である。

人権や生存権は憲法に保障されていること、復興の担い手が市民であることから、被災者の生活基盤の再建、とりわけ住宅・雇用・営業の保障こそが何よりも大切である。大規模な災害に際しては、自立自助や義援金では生活再建は無理であり、生活再建への公的支援は緊急の課題である。

生活再建への公的支援は憲法に保障された生存権にもとづくものであり、災害対策基本法や災害救助法などの立法の趣旨・理念と一致するものである。また、わが国の経済力と財政力をもってすれば被災者の救援と生活再建は実現可能である。

Ⅰ．家賃3万円以下、8万戸の公営住宅を市街地に建設すること

生活基盤再建の最大の課題は住宅問題である。兵庫県震災復興研究センターが1995年10月27日に発表した「被災者が早期に戻れる住宅を再建するための5項目提言」を基本に、被災住民が住み慣れた市街地に戻れるように家賃3万円以下、8万戸の公営住宅を建設すべきである。

政府は、建物の補助はするが土地は自治体財産となるため補助しないと言っている。この問題に対しては、第一に、激甚災害特別措置法の拡充を図ることである。すなわち、公共施設の復旧の枠を県・市営住宅の再建だけでなく新たな土地での建設をも対象に含むべきである。また、土地取得に対して政府助成を認めるべきである。第二に、国有地の貸与方式を採用することである。

例えば、国鉄清算事業団が売却を予定している旧国鉄鷹取工場跡地や大企業の撤退工場跡地などを国が買い上げ、それを自治体に貸与する方式を採用すべきである。第三に、小規模な民有地をも買い上げあるいは借地の対象にすべきである。入居に際しては、所得制限などの制約条件を改め、低所得者層には家賃補助を行うなど安心して入居できる措置をとる必要がある。また、元の地区内の住民を優先入居する措置が望まれる。

Ⅱ．個人住宅再建に500万円の公的助成を行うこと

政府は、マンションを含む個人住宅や店舗の再建への公的資金の導入は私有財産の補助になるからできないとして、個人住宅・店舗再建の支援を拒否しつづけてきた。しかし、震災によって焼失した個人住宅や店舗の再建が、一般的意味での個人財産への援助でないことは明らかである。激甚災害によって大量に焼失・倒壊した個人住宅の再建は、被災者のいのちを守り、くらしを再建していく最も基本的な土台であって、それを支援することは国と自治体の当然の責務である。それは、国民世論の支持するところである。

災害救助法第23条は、「災害にかかった住宅の応急修理」を認めている。行政も個人住宅の「半壊」の修理については補助の対象にしている。しかし、倒壊・焼失によって更地になった場合は補助の対象になっていない。「半壊」以上の「全壊・全焼」に対して補助しないことは不合理である。半壊復旧への支援の趣旨をより積極的に運用すべきである。

個人住宅や店舗の再建のために少なくとも500万円程

度の公的資金を補助することは、応急修理の範囲内と解されるし、「生業に必要な資金、器具又は資料の給与」からしても当然である。

Ⅲ．仮設住宅の改善と移転の希望に答えること

仮設住宅への入居がはじまってから1年が経過したが、住宅機能の貧弱さ、元の居住地や通勤先から遠距離の不便さなど、利用者から強い改善要求が寄せられている。これらを至急に改善すべきである。

すでに一部では、仮設住宅から引っ越すなど、相当数の空き家も出ている。家族構成に応じて二軒を使用するなどスペースを拡大すること。元の居住地に近い仮設住宅への移転を認めることなど運用の改善を図るべきである。

仮設住宅にいる生活保護受給者に対し、行政は個人住宅が消滅したあとの個人所有の土地を資産と見なし、保護打ち切りのおどしによって売却を強要する事態が発生しているが、こうした非人道的行為は直ちに中止すべきである。仮設住宅の有料化は論外である。

Ⅳ．仕事・雇用を保障し被災失業者に月額15万円の手当を支給すること

震災による雇用不安は被災地労働者の他地域への流出をもたらしている（約4万人と推測される）。被災地において雇用機会を増やさなければ人は帰ってこない。復興はありえない。震災救援・復興などの事業は地元業者へ優先発注するとともに、地元住民を優先雇用すべきである。また、公共事業の職域を拡大し、多くの人に雇用機会を提供する。雇用のミスマッチを防ぐためにも職業訓練を拡充するとともに、雇用対策法第13条を活用し月額15万円ほどを支給すべきである。

Ⅴ．生活困窮者に350万円の生活支援金を支給すること

土地を所有しているが、住宅再建が困難な年金生活者、高齢者や生活保護世帯などに対しては、国・自治体がその土地を購入し公営住宅を建設して、借家として優先賃貸する方法などをとるべきである。

生活費や遠隔の仮設住宅からかかりつけの医院への交通費などに困っている被災者に対して、生活保護規定を弾力的に運用するとともに、現在、貸付になっている災害援護資金(限度額350万円)を給付にすべきである。

Ⅵ．政府と自治体は災害特別基金の設置と震災予算の特別枠化を行うこと

政府は、震災復旧・復興のために3兆3779億円を投

入したといっているが、これは被害総額10兆円の3分の1にすぎない。しかもその内容をみれば、被災住民に対する資金は全体で7270億円、21％にしかすぎない。インフラ整備（9700億円）や港湾整備（5300億円）など、産業基盤整備に片寄っている。

被災者救助のための財源の備えが必要である。災害救助法は、第37条で「災害救助基金」の設立を都道府県に義務づけ、第36条において基金で不足する分について国庫負担を行うことを定めている。しかし、政府に災害救助基金の積立てを義務づけていない。政府は速やかに被災者救援を行えるように災害特別基金を一定枠備えておくべきである。

災害特別基金の枠をこえる激甚災害に対しては、政府と自治体の財政を被災住民の生活再建のために思い切って組み替え、主人公である被災住民の住宅・雇用・営業の再建のための特別予算を組むべきである。

8…小田《おだ》実《まこと》氏らの「緊急・要求声明」から「市民＝議員立法」の運動

1996年3月21日、作家の小田実氏らは公的援助と乱開発の中止を求める「緊急・要求声明」を出し、「大震災『声明』の会」としての活動を開始した。

「緊急・要求声明」は、大きな反響を呼んだ。声明から1か月ちょっとの間に被災者2625人が賛同の意思を示し、また、丸山眞男、加藤周一、堀田善衛、林京子、澤地久枝、落合恵子、上野千鶴子、色川大吉、内橋克人などの著名人が、「被災市民の〈阪神・淡路大震災被災地からの緊急・要求声明〉を、同じ市民の立場に立って支持し、その早急な実現を国と関連地方自治体に強く要求する」と意思表明した。賛同者は、1996年5月10日で5276人に達した。

阪神・淡路大震災被災地からの緊急・要求声明——

1996年3月21日

小田実（西宮市）、中島絢子（神戸市）、中田作成（神戸市）、中村登（神戸市）、早川和男（神戸市）、山村雅治（芦屋市）——以下多数の「被災市民」

大震災による被災地の復興は道路や建物の復興ではない。まして人工島の造成や海上空港の建設ではない。人々が安心して住める社会をつくること—それが復興である。—中略—中央、地方を問わず行政の責務は、まず被災市民の立場に立つこと、その立場に立って一刻も早く住民の生活基盤の回復に全力を尽くすことである。

これまでに被災者に支給された援助金は全壊（焼）約24万円、半壊17万円に過ぎない。しかもその大半は義援金によるもので、公的援助金ではない。大震災によって生活基盤が破壊された被災者が自立するには、ＦＥＭＡ（米連邦危機管理庁）の迅速な金銭支援の例を引くまでもなく、基盤回復のための公的支援は不可欠である。すでに政府は住宅金融専門機関に対する公的援助金を始めとして、私的金融機関等の投機による破綻を国民の血税によって救済しようとしている。国民の税金によって私的利益の野放図な追求による破綻を救うのか、被災者の命を救うのか、いま、日本のあり方が問われている。創設された貸付制度は等は、保証人、担保、被災者自身の年齢などのカベによってほとんど機能せず、自力による復旧は絶望的となった(兵庫県の「住宅復興ローン」の利用申し込みが1％しかなく95年度補正予算で減額したのはその一例である)。既にいわゆる関連死者数は８００人を超え、自殺者および死後数日ないし数週間後に発見される孤独死者の数は百人を超えた。市民は「死者がどこまで増えるか見当もつかない」と不安と恐怖を募らせている。政府と自治体はこの現実を直視し、被災者の生命と人権を守るために全力を挙げ、現行の災害救助法を積極的に解釈し、次の公的支援等を直ちに実施するよう要求する(いわゆる公的保険制度の立法化などは、市民の生命・住宅の安全を確保するものではない)。

1．以上に指摘した自然破壊の人工島、海上空港などの乱開発を即刻中止すること。

2．被災者に公的生活基盤回復援助金を即刻支給すること。全壊５００万円（国から４００万円、地方自治体１００万円)、半壊２５０万円（同２００万円、同50万円)、一部損壊50万円(同40万円、同10万円)

3．被災者が住み慣れた地域に安全、上質、低家賃の公営住宅を、大規模、早急に建設、元の地域に帰りたい被災者に住宅を供給すること。自力で住居を再建する者に、国または県・市が保証人となる無利子の貸付け制度(２０００万円、返済期間30年程度)を設けること。

4．生活保護の適用拡大、医療費免除、保健・福祉訪問活動の強化、福祉・医療の拡大・強化などを一日も早く実現すること。

私たち被災市民は以上の実現を国、地方自治体に強く要求する。

小田氏らは5月29日、先の「要求声明」中の3項目をベースにして「市民発議」による「市民立法」として「生活再建援助法案（大災害による被災者の生活基盤の回復を促進するための公的援助法案)」を発表した。

全壊世帯５００万円など「生活基盤回復援助金」の支給、低利子の「住宅再建援助金」「中小企業の経営再建援助金」

の貸し付け、「低所得者生活安定援助金」200万円の給付がこの法案の主な内容であった。

その後「市民会議」は9月26日、「市民＝議員立法実現推進本部」を設置し、東京と兵庫で集会や街頭演説会を繰り返し開催し、世論の喚起に努めた。12月6日には東京の議員会館で賛同する国会議員と共同で第1回「市民＝議員立法研究会」を開催し、国会上程の準備を開始した。翌1997年4月21日まで8回の研究会が積み重ねられ、5月20日、名称も「災害被災者等支援法案」として参議院に上程された。発議者は超党派で構成されていた。大震災から2年4か月の歳月を経過して、ようやく国会の場において災害被災者への公的支援問題が審議されるようになった。この運動の中で1997年4月1日、市民団体『「公的援助法」実現ネットワーク』が発足した。

9：勇気と希望を与えた救援ボランティア

被災直後、国内外から多数のボランティアが駆けつけ、救援物資の搬出・搬入、避難所の運営、安否確認、炊き出し、水くみ、介護など多種多様な活動が行われた。

兵庫県の調査によると95年1月17日から2月17日までの1か月間の1日あたりのボランティアの人数は避難所1万2000人、救護物資の搬出・搬入3700人、炊き出し準備・地域活動等4300人で、1日平均2万人にのぼった。また、ボランティアに参加した人数の累計は、1月17日から1か月間で延べ62万人、そして、1年を経過した時点では延べ137万人を超えたと推計されている。そして、震災から500日余り経ってなお毎日約600人が活動を続けていた。大震災から2年4か月を経た1997年5月31日時点で、延べ人数は167万人と推計されている(兵庫県生活文化部生活創造課調べ)。

自分でできることで何とか力になりたい、と多くの国民、とりわけ若者たちが自発的に被災地で活動した。混乱した状況下でのボランティアのめざましい活動ぶりは被災者に多くの勇気と希望を与えた。「ボランティア元年」という言葉も生まれた(兵庫県『阪神・淡路大震災復興誌』第1巻、1997年3月31日参照)。

当初は仮設住宅を中心に、仮設住宅解消後は復興公営住宅を中心に週末にボランティア活動をする〝週末ボランティア〟(1995年1月28日発足)というグループが生まれ、24年もの長期にわたって、継続して活動を進めてきている。このほか大震災から24年経ってなお被災地で活動している震災関係の主なボランティア団体は、次の通り。( ) 内は発足年月日。

●阪神大震災地元NGO救援連絡会議（1995年1月

19日）→仮設住宅支援連絡会（1995年8月）→被災地NGO恊働センター（1996年4月）

- 兵庫県労働運動総合研究所&日本科学者会議兵庫支部（1995年1月23日から取り組みを開始）→兵庫県震災復興研究センター（1995年4月22日）
- 阪神・淡路大震災よろず相談室（1995年1月26日）→法人設立（2010年12月20日）
- 週末ボランティア（1995年1月28日）
- 兵庫県被災者連絡会（1995年2月12日）
- アート・エイド神戸（1995年2月18日）→アート・サポートセンター神戸（2000年10月）
- 東灘助け合いネットワーク（1995年2月）→コミュニティサポートセンター神戸（1996年10月1日）
- 阪神・淡路大震災救援・復興兵庫県民会議（1995年3月4日）
- 阪神高齢者・障害者支援ネットワーク（1995年6月15日）
- 震災復興長田の会（1996年1月20日）
- 神戸仮設住宅ネットワーク（1996年3月9日）→阪神・淡路大震災被災者ネットワーク（2000年1月）
- 神戸復興塾（1996年4月1日）→神戸まちづくり研究所（2000年3月）
- まち・コミュニケーション（1996年4月）
- 阪神・淡路まちづくり支援機構（1996年9月）→近畿災害対策まちづくり支援機構（2017年9月）
- 「公的援助法」実現ネットワーク被災者支援センター（1997年4月1日）
- CODE海外災害援助市民センター（2001年1月17日）
- 一般社団法人　神戸国際支援機構（2001年10月20日）
- 阪神淡路大震災「1・17希望の灯り」（2002年3月）→阪神大震災1・17希望の灯り（2003年3月）
- 被災地と被災者を考える懇談会（2004年5月12日）
- 新長田駅南再開発を考える会（2011年1月24日から取り組みを開始し、2013年7月19日）
- ひょうご震災復興借り上げ住宅協議会（2011年12月15日）
- 借上げ住宅訴訟の再考を求める西宮市民の会（2018年7月23日）

などが自主的・自発的にボランティア活動を継続している（市民による追悼行事を考える会『追悼10年わたしたちの記録』、2005年3月参照）。

【資料】兵庫県震災復興研究センターの24年

阪神・淡路大震災から24年経ったにもかかわらず、いまもまだ大震災は終わっていない。２０００年1月の仮設住宅解消までの5年間、被災者の孤独死は２３３人、復興公営住宅入居開始からの19年間の孤独死は１０９７人、合わせて１３３０人を数えている。

阪神・淡路大震災の被災地と被災者をはじめ、全国各地の心ある人びとの「不断の努力」（日本国憲法12条）の賜物として被災者生活再建支援法の制定（１９９８年）と2度の改正により成果を上げてきている一方、この間の復興過程において行政などの不適切な対応により追加的にもたらされる被害が発生することが明らかになってきた。

①神戸空港の破綻、②新長田駅南地区の再開発、③震災障害者、④震災アスベスト被害、⑤災害弱者のその後の問題など数多くの問題である。兵庫県震災復興研究センター（震災研究センター）はそれらを総称して「復興災害」と呼んできた（兵庫県震災復興研究センター編『災害復興ガイド』２００７年1月17日、『大震災15年と復興の備え』２０１０年4月17日、『大震災20年と復興災害』２０１５年1月17日）。

さらにこの間、〝終の棲家〟（人生最後の住まい）として入居した復興公営住宅での家賃滞納を理由に強制退去させられる事例が急増、２００９年4月からはこの事態に追い打ちをかけるような神戸市営住宅の家賃減免改変、その上、兵庫県の神戸市・西宮市ではいま、「借上公営住宅」からの〝住み替え〟と称する追い出しが実行されており、入居者に不安が駆り立てられている。新たな「復興災害」がつくり出されているのである。８９００日余り経った阪神の被災地ではいまも大震災の後遺症や「復興災害」に見舞われているのである。

大震災から24年、震災研究センターは、被災地と被災者の現状を直視し〝みんなできりひらこう震災復興〟〝大震災被災者の最後の一人まで救済を〟の姿勢で、調査・研究、政策提言を重ねるとともに、全国各地の関心ある方々と海外への継続的な情報発信を続けてきた。

この間、国連社会権規約委員会へのカウンターレポートの提出（２０００年5月）とそのフォローアップ、また復興公営住宅での家賃滞納・強制退去問題、家賃減免改悪問題、「借上公営住宅」強制退去問題、そして、新長田駅南地区再開発問題など「復興災害」からの被災者救済に取り組んできた。

また、被災者住宅再建支援制度確立に向けての分析と継続的な情報発信などに取り組むとともに、節目・節目で片山善博鳥取県知事（２００１年4月、05年4月、07年3月／当時）や田中康夫長野県知事（２００２年9月／当時）、泉田裕彦新潟県知事（２００９年3月／当時）、そして宮本憲一大阪市立大学名誉教授（2010年3月）を招聘しての講演会・シンポジウムを開催するとともに、阪神・淡路大震災の教訓をまとめた『大震災100の教訓』（2002年10月）の出版、2005年1月には〝大震災10年の復興検証作業〟のまとめとして『大震災10年と災害列島』『英語版・大震災100の教訓』を出版するとともに、同年1月、神戸で開催された第2回国連防災世界会議において『大震災100の教訓』の英語版を出版して国際的に発信してきた。

さらに、2010年4月には〝大震災15年の復興検証作業〟のまとめとして『大震災15年と復興の備え』、〝大震災20年の復興検証作業〟のまとめとして『大震災20年と復興災害』を出版し、復興財政を明らかにするとともに「復興災害」の警告、復旧・復興への備えを提案した。

また、2005年12月の第5回総会以降は、『災害復興ガイド』（2007年1月）、『世界と日本の災害復興ガイド』（2009年1月）を発行し、災害復興制度確立に向けての世論形成に寄与してきた。

一方、2004年は台風23号による水害（2004年10月20日）や新潟県中越地震（2004年10月23日）、2007年は能登半島地震（2007年3月25日）や新潟県中越沖地震（同年7月16日）、そして2011年の東日本大震災（2011年3月11日）発生以来、東北3県―岩手県盛岡市、宮古市、陸前高田市、大船渡市、宮城県仙台市、石巻市、名取市、亘理町、山元町、福島県福島市、南相馬市など―、被災地と被災者の救援・復旧・復興策を7本の提言にまとめ国会や政府、すべての地方自治体に提出してきた。また東日本大震災の被災地（石巻市ほか）や2016年の熊本地震（2016年4月14日、16日）発生以来、芸術家と協働して南阿蘇村の小・中学校に赴き、〝童謡サロン＆パントマイム〟の公演を継続している。

そして、東日本大震災から6か月の検証と提言をまとめた『東日本大震災　復興への道―神戸からの提言』（2011年10月17日）、『「災害救助法」徹底活用』（2012年1月17日）、『東日本大震災復興の正義と倫理―検証と提言50―』（2012年12月17日）などを出版した。

このように復興支援策の策定と各方面への提案、「被災者生活再建支援法」の2度目の改正にあたってのパブリックコメント提出などに取り組み、制度改正にあたっての世論形成や政策提言などの面において被災者救済策の改善・前進に貢献してきた。また、2013年6月末、事務所を神戸市中央区から長田区に移転した。

【研究活動一覧】

以下に震災研究センターの活動を項目ごとに、整理しておく。

1．著書の出版（◎は発行図書、○は関連図書）

〈発行年月日、著作の表題、ページ数、論点、発行所〉

◎１９９５年３月17日　みんなできりひらこう震災復興（１３６頁）大震災１か月後の現状と個人補償の提起　兵庫県労働運動総合研究所

◎１９９５年６月17日　震災復興への道（52頁）大震災４か月後の現状と「都市は住民自身のもの」兵庫県震災復興研究センター

◎１９９６年５月17日　生活再建への課題（２１２頁）大震災１年の検証　兵庫県震災復興研究センター

◎１９９５年８月17日　『研究紀要』（８種類）の発行〜２０００年11月17日　兵庫県災害復興研究センター

◎１９９６年10月17日　大震災と人間復興（２７２頁）「経済大国」の内実を問う、被災地・兵庫からのメッセージ、生活再建への道程と「人間復興」の提示　青木書店

◎２０００年５月17日　大震災いまだ終わらず（５１０頁）大震災５年の検証　兵庫県震災復興研究センター

○２００１年10月13日　開発主義神戸の思想と経営（３２２頁）広原盛明、安藤元夫、塩崎賢明、池田清　開発主義復興批判、「協働のまちづくり」批判　日本経済評論社

◎２００２年10月17日　大震災１００の教訓（２５４頁）復興いまだならず、１００の課題提示　クリエイツかもがわ

○２００２年12月30日　現代都市再開発の検証（２１６頁）塩崎賢明、安藤元夫、児玉善郎ほか　復興再開発批判と提言　日本経済評論社

◎２００５年１月17日　英語版・大震災１００の教訓（１５２頁）海外に向けて大震災の教訓を発信　クリエイツかもがわ

◎２００５年１月17日　大震災10年と災害列島（３０４頁）創造的復興批判　クリエイツかもがわ

◎２００７年１月17日　災害復興ガイド（１８０頁）阪神・淡路大震災の相対化、「復興災害」の提起　クリエイツかもがわ

○２００７年８月31日　災害復興とそのミッション（２００頁）片山善博・津久井進◇共著の編集協力　災害復興のミッション（使命・任務）は、目の前の被災者を救うこと　クリエイツかもがわ

○２００８年４月17日　港から見た食と農（１２９頁）、２０１１年２月17日　柳澤尚◇編集協力（改訂新版）自給率の危機と押し寄せる食品汚染に警鐘　クリエイツかもがわ

◎２００９年１月17日　世界と日本の災害復興ガイド（２００頁）被災者生活再建支援法抜本改正、復興制度の必要性提起　クリエイツかもがわ

○２００９年６月20日　住宅復興とコミュニティ（２８２頁）塩崎賢明　コミュニティ保全の住宅復興　日本経済評論社

◎２０１０年４月17日　大震災15年と復興の備え（１３６頁）阪神・淡路大震災15年の復興過程を検証し、今後の備えを提言　クリエイツかもがわ

◎２０１１年10月17日　東日本大震災　復興への道—神戸からの提言—（１８０頁）東日本大震災の復旧・復興、原発震災に

おくる提言　クリエイツかもがわ

◎2012年1月17日「災害救助法」徹底活用（190頁）災害救助法を徹底的、最大限に活用して、災害に直面した人々のいのちと生活を守る　クリエイツかもがわ

◎2012年11月17日　東日本大震災　復興の正義と倫理　復興への50の検証と提言（300頁）東日本大震災1年半の時点の検証と提言　クリエイツかもがわ

◎2015年1月17日　大震災20年と復興災害（240頁）阪神・淡路大震災20年の復興過程を検証し、復興災害の克服を提案　クリエイツかもがわ

○2017年3月17日「被災者のニーズ」と「居住の権利」（101頁）市川英恵◇編集協力　借上復興住宅・問題をわかりやすく解説　クリエイツかもがわ

○2017年8月30日　神戸百年の大計と未来（353頁）神戸市3大プロジェクトの分析と課題提起、神戸市都市計画の特質の解明と政策提起　広原盛明、川島龍一、髙田富三、出口俊一　晃洋書房

○2019年1月17日　住むこと 生きること 追い出すこと（92頁）市川英恵◇編集協力　借上復興住宅・問題を9人に聞く　クリエイツかもがわ

2．政策提言の作成

◎1995年1月～現在：60数本の政策提言を国・自治体などに提出．

◆大震災直後の「震災復興のための提言」を皮切りに公的支援実現、義援金の早期支給、生活・住宅再建のための提言．

◆復興公営住宅の家賃滞納・強制退去問題に関する7項目提言．

◆台風23号・新潟県中越地震災害被災者の生活・住宅再建支援策9項目提案．

◆災害列島に備える6項目提言．

◆《第1次提案》能登半島地震被災者の生活・住宅再建の支援策についての緊急9項目提案．《第2次提案》能登半島地震における生活・住宅・コミュニティ再建に関する7項目提案

◆新潟県中越沖地震被災者の生活・住宅再建に関する緊急6項目提案

◆東日本大震災発生後の8本の提言や意見書「災害復興制度」の全体像を考える提案など60本以上．

3．研究会・講演会・シンポジウムなどの開催

◎1995年2月～現在：100回以上開催．

4．機関誌の発行

◎1995年5月～現在：機関誌『震災研究センター』（現在、170号）を発行．

第2章　国、個人補償「的」支援を表明

第1節　「ゼロ回答」を越え「有額回答」へ

1…1996年5月、大震災から500日目、与党、個人補償「的」な支援を表明

　大震災から500日目の1996年5月30日、「神戸新聞」は、「被災者への支援策で与党個人補償含め検討」の見出しで、連立与党3党が初めて個人補償の検討に言及したことを報道した。続いて、6月13日には、与党災害復興プロジェクトチームの村岡兼造座長（当時）が神戸市内で記者会見し、

「……個人の生活再建の難しさが浮き彫りになってきた。今後は仮設住宅を中心にした被災者の生活支援にとりくむ。生活再建策に現在の制度があてはまらないなら、新たな考えを入れることも検討しなければならない」

と表明した。その中で具体策として示されたのは、

①新たな「生活再建支援資金」（仮称）制度の検討
②仮設住宅から恒久住宅への円滑な移行を支援する生活福祉資金（現行）の金額アップと条件緩和
③仮設住宅に暮らす高齢者の生きがいづくりや精神面のバックアップをめざした「生きがい対策事業」
④仮設住宅に常駐する生活相談員の新設

などである。そして政府は6月20日、公営住宅の建設戸数と家賃軽減などの財政支援を決めた。建設戸数は、当初計画より1万1700戸増やして3万8600戸にし、家賃は最低6000円（年間所得90万円台以下）からという内容である。国土庁の鈴木和美長官（当時）は発表の記者会見で、「これは、個人補償的なギリギリの支援です」と語った。

「的」をつけたにせよ、政府の施策で「個人補償」を認めたのは初めてのことだった。個人補償を頑なに拒み続けてきた政府・与党の重い腰がやっとあがったのである。

被災地・兵庫の個人補償・公的支援を求める運動は一歩

前進し、労働組合の春闘になぞらえば、「ゼロ回答」から「有額回答」を引き出すところまで到達したと言えよう。被災者にとっては、暗闇の向こうにようやく一条の明かりが見え始めた地点まで辿りついた感があった。

2：住宅・店舗の再建に500万円、生活支援に350万円の支給を

1996年7月、大震災から1年7か月余が過ぎた。しかしなお、7万数千人の被災者が仮設住宅住まいであった。仮設住宅では、夏期には室内の温度が40度を超えることもあり、雨が降れば床下に水がたまり、隣りの物音も響いてくる。仮設住宅の多くは市街地から遠く離れた交通不便な場所にあり、入居者の多数を占める高齢者は苛酷な生活を強いられ、本来、緊急かつ応急的であるはずの仮設住まいが恒常化してきていた。

仮設住宅に住む被災者の92・9%は転居予定の目処がなく(兵庫県調査)、「震災前に住んでいた街に戻りたいが、戻れない」人が59%(「朝日新聞」調査)という調査結果が示された。被災者の多くは、住み慣れた元のまちに戻りたいという意思を表明していたが、戻れないでいた。兵庫県外に避難した被災者も12万人を超え、自力で住宅や営業の再建にとりかかった人々も、資金問題が最大の障害となり、二重ローンなどの重圧にさらされていた。

そうした状況の出現は十分予期されたにもかかわらず、兵庫県は被災者への災害救助法の適用を1995年8月20日で打ち切り、国民健康保険の一部負担免除などの生活支援の特別措置も96年3月末ですべて打ち切ってしまった。このため、仮設住宅では、「削れるものは食費と医療費だけ」という追い詰められた生活の日々となり、健康を壊す人や病気を抱えた人の病状悪化が進むなど被災者のいのちと健康保持が大問題となっていた。97年8月、仮設入居者の孤独死は100人を超えた。

こうしたなか政府は、住専処理への6850億円の税金投入に続いて、翌97年4月から消費税を3%から5%にアップすることを決めた。政府を批判する声は列島に満ちた。

1995年7月に立てられていた兵庫県の「復興計画」は、海を埋め立てる神戸空港建設や陸海空の交通ネットワーク整備、17地区の新都市再開発などに10年間で17兆円を投じる開発・大型公共事業中心で、どこから見ても被災者の生活再建や安全で住みよいまちの復興とは縁遠いものであった。

このような状況下に、「消費税をあげるな！被災者に公的支援を！」をメインテーマに「10・13兵庫県大集会」が開かれた。この年には3月に「3・20大集会」が開かれ大きな成

功を収めたが、これに続いて集会参加者は1万人を超えた。この集会は、総選挙（96年10月8日～20日）の只中で開催された。

すでに村山富市内閣は退陣し、政権は自民・社民・さきがけ連立の橋本龍太郎内閣に移り、総選挙は衆議院議員の任期満了で行われた。選挙では消費税の引き上げ、住専処理への公金投入問題、阪神・淡路大震災の復興、被災者救済が大きな争点となった。

集会は、次の6項目の要求を確認し、総選挙での政党に対する兵庫県民の審判をアピールした。

①消費税率5％に反対、②被災地に消費税をかけるな、③個人住宅再建に500万円の公的補償と低家賃の公営住宅大量建設を、④生活支援に350万円の支給を、⑤仕事よこせ、失業者に月15万円の支給を、⑥いのち・人権・くらしを守れ。

この集会を前に集約された雲仙・奥尻なみの個人補償・公的支援を求める署名は、取り組みから1年5か月で100万人を突破した。

それまで多くの政治家は「個人補償はできない」と被災者の願いを突っぱねてきたが、総選挙になるや「個人補償」実現の大合唱になった。兵庫県内12の小選挙区に立候補した54人の全員が、「個人補償は必要」だと表明した。自民党のある新顔候補は「党の政策は被災地では通用しない。消費税は、住宅再建が重要な被災地では受け入れられず、反対の立場を取らざるをえない」と〝造反〟を強調して当選した。

当時の6党の被災者支援策は、次の通りである。

【自由民主党】

仮設住宅入居者の恒久住宅への円滑な移転を支援するため、相談態勢の充実、生活福祉資金貸付制度の活用・充実。

【社会民主党】

復興基金を拡充し、被災者の多様なニーズに対応できる被災者生活支援法を立案する。

【新党さきがけ】

被災者の公的支援のため国費による基金をつくる。

【新進党】

住宅復興に向け家屋損壊世帯への一時金の支給や特別融資に取り組む。社会的に弱い立場にある人に特別見舞金の支給や地震保険制度を拡充する。

【(旧)民主党】

被災者の生活や中小企業の復興を支援する被災者支援基金を設立する。

【日本共産党】

抜本的な個人補償、住宅保障のため生活再建公的支援法を制定する。

これら政党の公約に対して、政府の阪神・淡路復興対策本部事務局（国土庁）は、「選挙公約になっているようだが、カネはどこから持ってくるのか。今の政策体系にないのだから、議論はできない」と表明、政府内には、「愚民政策だ」の声さえある、と報じられた（「神戸新聞」1996年10月10日付）。

総選挙の結果は、自民党239議席、社民党15議席、さきがけ2議席で、自・社・さの3党はかろうじて過半数を維持した。他は、新進党156議席、民主党52議席、共産党26議席、民改連1、無所属10であった。兵庫県12選挙区の当選結果は、自民党4、社民党1、民主党4、新党平和2、自由党1であった。

3：「126氏のアピール」と「災害・人間・復興」総行動全国交流集会および1・17シンポジウム

1996年12月、被災地・兵庫は大震災から3度目の冬を迎えた。総選挙で兵庫県12選挙区に立候補したすべての党派・立候補者が掲げた被災者への個人補償・公的支援実現の公約は、この要求実現を希求し続けてきた兵庫県民に大きな期待を抱かせた。公約は国民世論の反映でもあった。機は熟していた。

12月初旬、内橋克人（経済評論家）、置塩信雄（神戸大学名誉教授）、北山六郎（日本弁護士連合会元会長）、合志至誠（兵庫県保険医協会理事長）、中尾英夫（弁護士）、平田康（神戸をほんまの文化都市にする会代表）の6氏が発起人となって、「阪神・淡路大震災被災者への公的支援の実現をかさねて訴える」アピールが出された。アピールには126氏が呼びかけ人として名を連ねた。賛同者は6か月間で国会議員301人を含め有識者900人以上となった。

阪神・淡路大震災被災者への公的支援の実現をかさねて訴える

1996年12月

1996年1月10日、阪神・淡路大震災1周年を前にして、兵庫県内の医療関係者、法曹界、学者・文化人および報道機関の代表者など48人が、被災者の生命と人権の危機を憂慮し公的支援を訴える「アピール」を発表しました。

時宜にかなったこのアピールは、発表直後またたくまにその賛同を広げました。短期間に2800人もの各界有識者が賛同、兵庫県選出のすべての国会議員を含め、衆参両院とも過半数の国会議員が賛同を寄せ、さきの総選挙においてもすべての党派と候補者が「公的支援の拡充」を公約しました。またさまざまな市民からの立法化を求める運動も広がっています。

このように世論は大きく変わってきていますが、被災者の生活再建を確実なものにするための公的支援・公的助成はいまだ実現していません。

3度目の厳寒期を迎え、どうしても被災者の生命と人権、生活を保障するために、政府にたいして立法措置を含め以下の項目を早急に実施するようかさねてつよく要請するものです。

1．住宅・店舗の再建に500万円の公的助成を行うこと。
2．被災者の生活支援に350万円を支給すること。

【発起人】
内橋克人（経済評論家）
置塩信雄（神戸大学名誉教授）
北山六郎（日本弁護士連合会元会長）
合志至誠（兵庫県保険医協会理事長）
中尾英夫（弁護士）
平田　康（神戸をほんまの文化都市にする会代表）

アピールが提起した要求は、①住宅・店舗の再建に500万円の公的助成を行うこと、②被災者の生活支援に350万円を支給することの2項目で、95年1月に呼びかけられた「48氏のアピール」に盛られた要求がより簡潔に表現された。

年が明けて、大震災2年の97年1月17日、126氏のアピールを広め、公的支援の拡充をめざそうと、シンポジウム「被災者の生活再建と政治の責任」が神戸新聞松方ホールで開かれた。会場は700人を超す参加者であふれた。

内橋克人（経済評論家）、浅野彌三一《あさのやさかず》（都市計画家）、宮崎定邦（神戸弁護士会元会長）、三木康弘（神戸新聞論説顧問）、草地賢一（阪神大震災地元NGO救援連絡会議代表）の各氏がパネリストをつとめ、「住宅・店舗の再建に500万円の公的助成。被災者の生活支援に350万円の支給」の実現に向け、課題や具体策が真剣に議論された。シンポジウムには、地元選出の衆参国会議員も参加し、「官僚支配を打破し、公的支援を実現したい」（自民）などの意見が表明された。

シンポジウムのまとめを行った内橋克人氏は「救済にこそ政治の意味」を強調して、次のように述べた。

「被災地は、絶望的窮乏にあり、生存のための条件が崩壊している。災害に対する『救助』と『救済』がそろって初めて国家。人命を救う救助については多くの議論がなされたが、救済は欠落した。救済にこそ政治の意味がある。これが苦手な国が21世紀を生きていけるのだろうか。地元自治体の役割も大きい。地方の首長が市民の先頭に立つべきだ。足元から改めていき、国の姿勢を変えるしかない。

小田実さんの市民＝議員立法に多くの意味を見つけている。米国の議会は多くの議員立法を出す。議員立法ができれば、政治が行政から主導権を取り戻せる。政治を変えるのは遠いこと、困難なことではない。志を持続させたい」（「神戸新聞」1997年1月27日付）。

前後するが、東京では、前年（1996年）の暮れの12月1日～3日にかけて、「災害・人間・復興」総行動全国交流集会が開かれ、3日間で900余人が参加した。この集会は95年10月、神戸で開かれた「災害・人間・復興」全国交流集会を引き継いでの首都版であった。

大震災から1年10か月が過ぎたが、仮設住宅に4万世帯・7万人余、12万人を超える被災者が県外で暮らさざるを得ない状況に置かれていた。東京を会場とした「災害・人間・復興」総行動全国交流集会は、3度目の厳しい冬を迎える被災者を激励し、大震災をはじめ、雲仙・奥尻の被災者に対する公的支援の実現をめざすこと、全国各地で取り組まれている防災活動の教訓や経験を交流し、真の防災対策を確立するため政府や自治体に施策の拡充を求めることなどを目的にしていた。集会参加者は各省庁、政党、国会議員への要請行動も行った。

この集会には被災地の思いを国に届けようと、自転車キャラバン隊が5184人のメッセージカードを携えて神戸市長田区～東京永田町間700㎞を走破して参加した。自転車キャラバンに取り組んだのは、「長田区に低家賃の災害公営住宅の大量建設を求める署名推進実行委員会」で、キャラバン隊は総勢60人。一行は、「このままでは長田に帰りたい人が戻れない。公的支援の必要性を直接国に伝えよう」と、11月24日に神戸市長田区の「神戸の壁」を出発し、9日間沿道の声援を得ながら走り抜き12月1日の全国交流集会に参加、翌2日には、総理府と国土庁に、①災害公営住宅の大量建設、②公的支援の早期実現、③消費税引き上げ中止の請願書を提出した。この集会でも、①住宅・店舗の再建に500万円、②被災者の生活支援に350万円は必要不可欠であることが確認され、集会アピールは「公的支援の実現で、被災者が生きていてよかったと胸をはって語れるよう、希望の灯りをかざしていこう」と呼びかけた。

第2節　「被災者生活再建支援法」の制定へ

第140国会から第142国会
「被災者への個人補償」をどうするか

1：「126氏のアピール」を支持する中央アピール推進連絡会の発足

国による公的支援を実現するには、被災地の運動とともに全国的な世論のあと押しが必要であることが、被災地兵庫と東京の共通の認識となり、97年4月「126氏のアピール」を支持する中央アピール推進連絡会が発足した。この連絡会は、95年10月の「災害・人間・復興」全国交流集会の実行委員会に参加した10団体（全労連、保団連、民医連、全商連、日本母親大会連絡会、新日本婦人の会、自由法曹団、日本科学者会議、新建築家技術者集団、文団連）が呼びかけ、一番ケ瀬康子（日本女子大学名誉教授）、鬼追明夫（日本弁護士連合会会長）ら10氏が発起人となってつくられた。連絡会の「中央アピール」の文面は次の通りであるが、その後1年の取り組みの末、アピールの賛同者は各界から500人を超え、公的支援の実現を求める世論は大きく広がっていった。

「阪神・淡路大震災被災者への公的支援の実現をかさねて訴える」を支持し、その実現を求める中央アピール――

1997年4月

阪神・淡路大震災から2年を経過してなお、多数の被災者が生活再建の見通しをもてず、「孤独死」も増加しています。震災2周年目に行われたマスコミ各紙の世論調査では「公的支援に賛成・必要」の声が9割に達しています。被災した市民一人ひとりが自立した生活をとり戻せなければ、市場機能の回復と産業の復興もあり得ません。被災者への公的支援による生活再建は、公益にも合致したものと考えます。また、「地震列島」といわれる日本にあって、公的支援による生活再建は国民の課題でもあります。

こうした中で、126氏による「阪神・淡路大震災被災者への公的支援の実現をかさねて訴える」が昨年12月発表されました。

その中で被災者の生命と人権、生活を保障するために、政府に対し、

1．住宅・店舗の再建に500万円の公的助成を行うこと

2．被災者の生活支援に350万円を支給すること

の2項目の実現を要請しています。

私たちはこの訴えを支持し、早急に実現されることを求めるものです。

【発起人】
一番ケ瀬康子(日本女子大学名誉教授)
内橋克人(経済評論家)
鬼追明夫(日本弁護士連合会会長)
黒田　清(ジャーナリスト)
滝沢　修(俳優)
竹本成徳(日本生活協同組合連合会会長)
暉峻淑子(埼玉大学名誉教授)
三好俊夫(関西経営者協会会長)
堀場英也(全国保険医団体連合会会長)
山田洋次(映画監督)

2…公的支援の実現をめざす住民投票運動

「126氏のアピール」と2項目要求の提起、シンポジウムの開催、「災害・人間・復興」全国交流集会、中央アピール推進連絡会の発足など、個人補償・公的支援の実現をめざす運動は着実に前進した。その上に立って、さらに世論を盛り上げようと、「住民投票運動」が提起された。

住民投票運動は「126氏のアピール」への賛同者が呼びかけ人になり、第1回の準備会が開かれたのは1997年3月19日。それから4月20日にスタートするまで、実施の是非や要求内容をめぐって議論が沸騰した。

というのは、この時、第140通常国会に向けて超党派議員団による「災害被災者等支援法案」の提出準備が進められており、運動の重点をどこに置くべきかで判断が割れたからである。住民投票運動に疑問を投げかけた意見は、国会に行って議員への要請活動に取り組むべきであって、被災地で住民投票運動をするのは情勢に相応しいものではないというものであった。この意見を含め、情勢や被災地の要求と国民世論の動向などについて関係者の議論が繰り返し行われ、最終的に住民投票運動に取り組むことが合意された。

確認された要求は、「国は、超党派の公的援助法など立法化を含め、住宅・店舗の再建に500万円の公的助成をすること、被災者の生活支援に350万円を支給すること」になった。住民投票はこの要求の賛否を問うものであった。97年4月20日、実行委員会が結成され、その後5月25日までの1か月間集中的に取り組まれた。被災地10市10町(当時は、神戸・尼崎・明石・西宮・洲本・芦屋・伊丹・宝塚・三木・川西の10市と津名・淡路・北淡・一宮・五色・東浦・緑・西淡・三原・南淡の10町。その内、10町は現在、淡路市と南あわじ市の2市になった)を中心に、兵庫県内の住民、県外避難者をはじめ、全国の人々に投票への参加が呼びかけられた。

この住民投票は法律や条例などに基づくものではないので、国籍・年齢を問わず住民すべてが参加できるものだった。また、投票用紙も実行委員会が発行したもの以外に、はがき、点字やベトナム語などを用いた用紙が参加団体の創意によって作成され、投票も各所の投票箱のみならずインターネットも活用された。

1か月という短期間に86万7418票の投票が寄せられ、そのうち98・8%が賛成票であった。被災地10市10町では59万人余、人口比17・2%、神戸市では37万5000人、人口比26・4%という結果が示された。

投票用紙に設けられた意見欄には、1万人を超す被災者がそれぞれの「願い」「期待」「怒り」の声を記していた。「一生懸命がんばってきましたが、もう限界のような気がします」(岡山県・女性)、「命が消えぬ間に、公的支援を」(神戸仮設・男性)など深刻な生活の現状と公的支援を切望する声が綿々と書き綴られていた。投票の集計にあたった運動員は、「涙なくして作業はすすめられなかった」と語った。

集められた86万票余の投票用紙は、6月3日、被災地からの300人の代表団の手によって総理府に提出された。

3：超党派の「災害被災者等支援法案」の国会提出と2回にわたる継続審議

1997年5月20日、超党派の議員団から「災害被災者等支援法案」が参議院に提出された。大震災から2年4か月、「被災者に公的支援を」の幅広い世論が国会の重い扉をこじ空けたのである。支援法案は、「災害弔慰金の支給等に関する法律」を一部改正するかたちをとり、前年度所得2000万円以下の全壊世帯に500万円、半壊世帯に250万円の給付を柱として大震災に遡及適用する内容で、給付総額の見込みは1兆950億円(46万5000世帯)と試算していた。

6月17日、法案は参議院災害対策特別委員会に付託され、田英夫議員(社民党/当時)の趣旨説明ののち18日、継続審議(閉会中審議)の扱いとなった。法案に対する政府の対応は厳しかった。

この間法案は、自民党や官僚の抵抗・妨害にあって「つるし」(棚上げ)の状態にされ、委員会に付託されないままで「審議未了・廃案」にされる危険性が大きかった。国会最終盤になって災害対策特別委員会への付託が決まってからも、「市民立法案廃案へ　参院自民、平成会が合意」(「神戸新聞」

１９９７年6月17日付)などと報道された。

自民党は国などによる公的な個人補償は認められないという立場から、支援法案を廃案にする方針を固めていた。ところが、「せめて、審議入りを」という被災地・兵庫の声と運動が、廃案瀬戸際のところで状況を一転させ、「継続審議」に押し込んだのだった。

国会議員３０１人を含む９００人以上の賛同を得た「１２６氏のアピール」、これを支持する「中央アピール」への５００人余の賛同、また、86万を超す住民投票や被災地からの連日の「審議入り・成立」の国会要請・請願行動を自民党も無視できなかった。

「孤独死の増加など、いのちと人間の尊厳にかかわる深刻な事態は一刻の猶予もならない。今国会で支援法案の成立を期待したが、ようやく国会に被災地の声が届いたところ。閉会中審議や、現地調査、公聴会など被災地の厳しい実情を国会議員に理解してもらい、一日も早く法案が成立し、公的支援が実現するよう住民投票運動に参加された被災地の諸団体・市民とともに運動を続けていきたい」。

住民投票運動実行委員会の宮崎定邦事務局長(元神戸弁護士会会長)は6月18日、兵庫県庁での記者会見でこのように述べた。

ここで、この時の第１４０国会に提出された超党派議員による「災害被災者等支援法案」、いわゆる市民立法案がどのように扱われたかを日誌で紹介しておくことにする。表１－３の右の欄の「野党三党案」とは、新進・民主・太陽・民改連の被災者支援法案である。なお、法案提出時は、太陽の議員は、新進党に属していた。

表1-3　災害被災者への公的支援法案に関する国会の動き
（1997年5月～6月）

	市民立法案	野党三党案
5・14		衆院に提出
15		議運委理事会で趣旨説明
20	参院に提出	地元代議士が審議入り求め会合
21	梶山官房長官(当時)が「財源がない」と厳しい姿勢 社民党が公的支援案を発表。村山首相は「この案で自民党と話し合いたい」と表明	
22	永野平成会幹事長が「趣旨は賛成だが、阪神大震災へのそ及を外す必要あり」	
23		議運委で野党三党が趣旨説明を要求
27		自民党が趣旨説明の要求に応じず
6・2	村上参院自民党幹事長が小田実氏らと会談。 審議入りに理解示す	
3	議運委理事会で自民党が「野党三党案との調整を検討したい」	野党三党が修正案を提出
6		自民党役員会で村岡国対委員長が廃案の方針を明言
12		議運委理事会で自民党が審議入り拒否を伝え廃案が事実上決定
16	自民党と平成会が非公式協議で廃案の方針決める	
17	一転、継続審議を決め、議運委理事会で災特委に付託、趣旨説明	
18	参院本会議で継続審議を可決	参院本会議で廃案

「神戸新聞」1997年6月21日付より

内容は、表１－４の「主な被災者支援策（直接給付分）一覧」にあるように、①特別支援金（50万円×世帯人数／上限２５０万円）、②生活再建支援手当（月額１万５０００円～２万円、最長４年間）というものであった。

表1-4　主な被災者支援策（直接給付分）一覧

（1997年9月現在）

項目	生活再建支援金（復興基金）	衆議院・被災者支援法案（新進・民主・太陽・民改連案）	総合国民安心システム（兵庫県、10市10町）	参議院・災害被災者等支援法案（超党派議員立法）
被災者への給付総額(見込)	380億円	1300億円	2653億円	1兆950億円
給付対象・条件	①2000年3月31日までに恒久住宅に移行 ②世帯主が65歳以上または要援護世帯 ③全壊または半壊で住家を解体した世帯 ④世帯全員の住民税または所得税が非課税 以上①～④の条件を満たした世帯	①特別支援金 1996年度所得が1994年度に比して3分の2未満になった世帯で所得額が、一人世帯150万円、二人世帯270万円、三人世帯400万円、四人世帯460万円、(五人以上20万円ずつ加算)以下の世帯 ②生活再建支援手当 世帯主が65歳以上の要援護世帯 以上①、②いずれかの条件を満たした世帯	前年度所得1230万円以下で全壊・半壊のすべての世帯	前年度所得1230万円以下で全壊・半壊のすべての世帯
支給金額	単身世帯（月額）1万5000円 複数世帯（月額）2万円 他の市町に移転した世帯は月額5000円加算 以上の額を2002年3月まで支給	①特別支援金 50万円×世帯数(上限250万円) ②生活再建支援手当 月額1万5000円～2万円を最長4年間	全壊　100万円 半壊　50万円	全壊上限　500万円 半壊上限　250万円
対象となる世帯数見込み	3万世帯	12万世帯（推定値）	39万5000世帯（推定値）	46万5000世帯
備　考	97年4月受付開始	貸付制度 事業資金に限度額　1000万円	「総合国民安心システム」は阪神・淡路大震災には遡及しない。金額は仮にこの制度を適用した場合のもので、独自に試算した。	貸付制度 限度額　500万円

作成：兵庫県震災復興研究センター

４：１９９７年12月12日、「災害被災者等支援法案」再び継続審議に

半年後の12月12日、国会論議が十分に尽くされないまま支援法案は、再び継続審議となった。自民党が第１４１国会に提出をめざしていた「被災者生活再建支援基金法案」も１９９８年の第１４２国会に持ち越された。法案提出は自民党の関係委員会でまとまったものの、政務調査会レベルで預かりとなって内部調整がつかないでいた（「神戸新聞」１９９７年12月13日付）。大蔵省（現・財務省）や国土庁（現・国土交通省）など関係省庁が「被災者への現金給付や、新たな基金の設立などは困難」として抵抗したため調整が難航したということだった。

大蔵省や国土庁の抵抗に理はあるのか。１４１国会の終盤、与党議員で構成する「日本を地震から守る国会議員の会」会長代行の自民党・相沢英之衆議院議員（元経済企画庁長官、元大蔵事務次官）は、「個人補償は必要、ムダな施策削り財源に」と次のように発言した（「神戸新聞」１９９７年12月6日付）。

●自民党・相沢議員の主張

―災害に限らず私有財産を税金で補償しないのが国の基

本原則、と省庁はいうが。

「私にいわせれば、それは原則じゃない。現に、所得の少ない人や困っている人には生活保護として国がお金を渡している。官僚は『あれは社会保障だから』というが、大災害で家財道具を失い困っている人に金を出すことも結局、同じだ」。

—自民党の会合で、「個人補償はすでに実例がある」と発言しているが、具体的には？

「(私が)大蔵省の主計官だった昭和30年代後半には、第二室戸《むろと》台風や伊勢湾台風など大災害が続いたが、そのころに農家の修復に税金を投じた。個人補償とやや違うが、私企業の所有する真珠のイカダの修復もそうだった。今も被災した個人の農地を、国の事業で修復する施策がある」。

—農地は食糧保護に不可欠で、その修復は個人補償ではないというのが農水省の見解だが。

「でも、農地は売ることができる。それなら個人財産と同じだ。個人補償しないという原則など、突き詰めると、ないんです。結局、大蔵省は財源を気にするゆえに、個人補償はだめという原則を引っ張ってきた。個人補償をやり出すときりがない、という考えもあるからね。家財道具に補償すれば、今度は家屋の再建費まで求められはしないかとか」。

—では、阪神・淡路大震災の被災者にも個人補償をすべきではないのか。

「確かに、公共基盤の復旧は国がずいぶんやったが、生活再建は十分じゃない。しかし、阪神・淡路にはすでに地元自治体が出資した復興基金が設立されている。これを効率的に活用するのが最も現実的だ」。

—兵庫県が被災者の住宅再建の国民共済制度を提案した際、反対に回ったのはなぜか。

「あれは一世帯千円を自治体が徴収する仕組みだが、徴収の手間やコストは、千円でも一万円でもおなじ。事務の手間がかかりすぎると思った。それに災害の少ない地域の人が『払いたくない』といえば成り立たない。今後の災害発生を考えれば、全国知事会が決議した災害相互支援基金のように、地方公共団体と国が責任を持って基金をつくり、何かあればそこから出すのが、一番簡単だ」。

—その基金案では、大蔵省の抵抗が根強い。

「最初は『個人補償はだめ』といい、続いて自民党の素案に知事会の意見が分かれたら、今度は『知事会がまとまらない』という。結局は、財源を気にして金を出すのがいやなんだ。彼らはどんな事態になっても、それに応じて反対理由を作り出す。長年、訓練しているからね」。

—財政構造改革が旗印となっている以上、財源は無視できないのでは。

「主計局にいつもいっているが、災害での個人支援は、税金がいくらかかるかという話じゃなくて、どう使うかという話。それを原則論で片付けてはいけない。ここに使う分、他を削るという選択が必要。ろくすっぽ人や車が通らない田舎の道路とか、めったに使わない公共施設を作るのはやめて、その分を困っている人に使ってもらう。それが、財政ですよ」。

相沢議員は、大震災から3年間の個人補償・公的支援をめぐる論点について、的確に語っていた。この時点では、相沢議員の見解は国会の場では議論されていなかったが、それから、半年後に制定された被災者生活再建支援法の制度の骨格がすでに語られていたということであろう。

5：大震災から1000日、神戸市長選挙 公的支援問題が大争点に

大震災から1000日目の1997年10月12日、神戸市長選挙が告示された。三選をめざす現職の笹山幸俊氏（自民、新進、民主、社民、民改連、公明の6党推薦）と、新人で医師の大西和雄氏（共産、新社会、無所属、労働組合、市民団体で構成する「たてなおそう神戸・市民の会」推薦）との事実上の一騎打ちとなった。

結果は、笹山氏が小差で三選された。笹山幸俊氏27万1035票、大西和雄氏22万5230票、その差約4万6000票であった。笹山氏の推薦政党の基礎票は45万票（96年総選挙）であったがまとめきれず、薄氷を踏む三選であった。

大西陣営には、26日夜の選挙結果判明の直後から神戸市内をはじめ全国から激励が相次ぎ、大西氏は当選こそ逸したが「政治的には勝利」と語った新聞記者もいた。「神戸新聞」の出口調査では、全壊、半壊の被害を受けた有権者の間では大西支持が笹山支持を上回った。また、前回笹山氏に投票した人の4割が大西支持に回り、社民党支持者の半数、自民党支持者の3割が大西氏に投票するとともに、共産党、

新社会党支持者はほぼ全員大西氏に投票したという結果が出た。

投票日（10月26日）の翌日の新聞は、「大西氏善戦　22万5000票　厳しい復興批判」（「神戸新聞」）、「笹山氏課題重い三選　復興行政に批判強く　大西氏、支持拡大し善戦」（「朝日新聞」）などと報じた。この市長選挙の最大の争点は、復興行政のあり方であった。復興行政の「継続」か「転換」かの選択だった。具体的に対立軸になったのは、「公的支援のとりくみ」と「神戸空港建設の是非」であった。とりわけ、わかりやすい争点になったのが神戸空港建設問題である。神戸空港の建設は「まず凍結。情報公開して住民投票で決める」と公約した大西氏の主張は、市民に共感をもって受け入れられた。

「なぜ、いま1兆円もかかる神戸空港なのか」「ほんとうにいるのか」「環境悪化は招かないのか」という素朴な疑問に、笹山氏は一切答えようとせず、「1990年の全会派一致の市議会決議で決着済み、手続きを粛々と進める」との態度に終始した。

選挙の結果、笹山市政の継続となったが、大西氏との票差が示すように復興行政への批判、市政の「転換」を求める声はかつてないほど大きかった。

「神戸新聞」は投票日の翌日10月27日、次のような〝社説〟を掲載した。

「『復興した』といえるには、少なくとも、被災したすべての市民が、生活再建への意欲と展望を持ち、自立して生きることができる条件を実現しなければなせないだろう。そのための踏み込んだ対応ができるのか。笹山氏への批判票は、その厳しい問い掛けでもある。

自立の条件を失った人、自力で再建できない人には、公的な生活再建支援が必要なことはいうまでもない。『市長は公的支援の先頭に立つべきだ』」という大西氏の訴えが広く被災者の共感を呼んだのは、現在の国のシステムではもはや救済できず、その壁を市長自ら乗り越えることを求めているからだろう。

『被災者のきょうだけではなく、あした、あさってを含めて論じることが必要だ』と笹山氏は語っている。仮設から恒久住宅への移転が本格化する。被災者への新たな暮らしの支援を含めて、踏み込んだ対応ができるのか。笹山氏には、『あしたや、あさって』が確実に見える支援策を実行する責任がある」。

さらに、〝社説〟は開発行政にも言及して「これからの神戸を考えるとき、行き詰まった開発型中心の市政を見直す時ではないか」と指摘した。

一方、大西和雄氏を推した「たてなおそう神戸・市民の会」(筆頭代表世話人・早川和男神戸大学名誉教授)は、日本共産党、新社会党、市議会無所属議員、労働組合、市民団体などによって97年8月末に結成された。とりわけ97年3月からいち早く市長選挙に取り組んでいた市民グループが議論を重ね6月11日、「神戸市政を考える市民懇談会」(神戸市民懇)を結成し、先陣をきった。神戸市民懇には市政を変えたいと願う無党派の市民が多数結集し、「市民が主役」をスローガンに要求や政策づくり、そして市長候補選びなどにも取り組むとともに、政党や労働組合とともに市政の転換をめざした。こうした取り組みの結果、市長選挙は従来にない枠組みでの大激戦となったのだった。

大震災から1000日経った被災地では、仮設住宅に2万7420世帯・5万人、公園など旧避難所にも145人が暮らし、孤独死は174人を数えていた。再開できない中小企業や商店も多く、被災者や企業間での「復興格差」が広がっていた。

6…1998年4月、「500氏のアピール」

1997年の国会で二度にわたって継続審議となった超党派議員団提出の「災害被災者等支援法案」の成立を期して、復興県民会議は98年2月9日から5月中旬の第142国会の終了までの間、東京事務所(全国保険医団体連合会事務所内)を設けた。国会会期の3か月間、毎日2~3人(東京在住の協力者2人と復興県民会議からのメンバーで構成)の常駐体制がとられ、連日国会議員への要請行動や街頭宣伝が行われた。なかでも東京と兵庫でそれぞれ連日のように発行された「公的支援実現FAX速報」(東京：2月14日から5月19日まで44号、兵庫：2月25日から5月29日まで64号)は、全国会議員の手元に届けられ、被災地と国会を結ぶメールとなった。また、「126氏のアピール」を支持する中央アピール推進連絡会は4月、アピール「地元から三度、中央から二度訴えます『災害被災者等支援法案』を直ちに可決して下さい」を500人の賛同者の連名で発表した。

地元から三度、中央から二度訴えます(共同アピール)
「災害被災者等支援法案」を直ちに可決して下さい――

1998年4月

なぜ、だめなのでしょうか。被災者の生活再建に対する公的支援、なかんずく個人補償（個人への直接給付）はなぜだめなのでしょうか。自らの責任に帰すべき不良債権を抱える銀行に対しては、すぐさま30兆円の公的支援を決めておきながら、大都市を襲った震災によって生活基盤を一瞬のうちに失ってしまった被災者に対しては、個人補償を認めようとしないのはなぜでしょうか。被害の差を別にすれば数百万の人々が被害を受けたのです。被災者一人ひとりへの支援は公的なのです。

阪神・淡路大震災は、まだ終わっていません。今日の生活に困っている人、明日の展望のない人が沢山います。無念のなかで亡くなった人々、無念どころか気力さえなくし命を絶った人々が沢山います。やっとの思いで営業を再開しても、まちに人が少なく営業困難にあえいでいる人々、二重ローンで苦しんでいる人々。被災者は、自立のための努力を惜しんでいません。あと少しの後押しを願っているのです。

「被災者生活再建支援基金法案」が自民党と政府によって合意された、と報道されています。これは、自然災害に対する制度保障に一歩踏み込んだものです。いつどこで生じるかわからない大規模災害に対して生活再建の基盤づくりを制度的に保障することは、全国民共通の願いです。しかし、この内容は満足できるものではありません。第一に対象が厳しく制限されています（年収５００万円以下、全壊世帯）。第二に補償額が低すぎます（最高１００万円）。これでは、たとえ本案が成立したあと、同等の支援策が阪神・淡路に「特例適用」されたとしても、現行の復興基金の支援策を超えるものではなく、まして「追加」や「上乗せ」給付が新たにされるわけでもありません。これでは阪神・淡路大震災の被災者は救われません。

私たちは、震災直後から言い続けてきました。もはや待つ余裕はありません。被災者の自立再建・生活基盤回復のために、参議院災害対策特別委員会で継続審議になっている「災害被災者等支援法」（全壊５００万円、半壊２５０万円）を直ちに可決して下さい。国民が安全に安心して暮らせる制度を確立して下さい。

以上、私たちは政府、国会、各政党並びに関係各方面に対し、「災害被災者等支援法」を一刻も早く可決されますよう、地元から三度、中央から二度の訴えを行うものです。

【発起人一同】
内橋克人（経済評論家）
一番ケ瀬康子（日本女子大学名誉教授）
置塩信雄（神戸大学名誉教授）
鬼追明夫（日本弁護士連合会前会長）

北山六郎(日本弁護士連合会元会長)
黒田　清(ジャーナリスト)
合志至誠(兵庫県保険医協会名誉理事長)
鮫島千秋(全国保険医団体連合会会長)
中尾英夫(弁護士)
滝沢　修(俳優)
平田　康(神戸をほんまの文化都市にする会代表)
暉峻淑子(埼玉大学名誉教授)
三好俊夫(関西経営者協会会長)
山田洋次(映画監督)

一方、被災地・兵庫でも国会闘争に呼応して、4月10～15日までの間、被災地10市10町キャラバン・自治体への要請行動や繁華街での街頭座り込みなどが取り組まれ、地元に公的支援実現の〝風〟を起こしていた。

7：1998年4月10日、参議院災害対策特別委員会での審議

1998年4月10日、第142国会での参議院災害対策特別委員会で支援法案の審議が始まった。法案の提案から11か月目でようやく審議の土俵に乗った。法案提出の超党派議員側は「公的資金支給は被災者の生活基盤を回復する社会保障」と訴えた。政府側は「自然災害の損害回復は自助努力が原則」と、改めて否定的見解を示した。この委員会では、旧新進党など野党三党が97年12月に提出していた「阪神・淡路大震災被災者支援法案」（大震災に限定して最高100万円を支給する内容）も同時に審議された。

当日の質疑の概要は、次の通りである（「神戸新聞」1998年4月11日付）。

―田浦直(自民)　法案提出の理由は。

田英夫（社民）　財産補償というより、生活再建へ元気を出してもらう社会保障的なものだ。

都築譲（自由）　所得の激減世帯など被災者の生活基盤の再建が狙い。既存の震災復興基金が生活再建支援金などを行っているが、まだ不十分だ。

―田浦直　両法案は半壊世帯も対象だが、取り壊す家も補修する家も同額では公平感を欠く。

都築譲　半壊は床面積の20－50％を損傷し、生活に必要な家財も被害を受けている。

―田浦直　財源は。

本岡昭次（民友連）　まず公的支援の必要性を論議すべきで、やるなら、政府責任の調達が当然だ。

―田浦直　全国知事会の基金構想をどう見る。

山下芳生（共産）　被災者の自力再建が困難、との認識は知事会と一致する。生活再建に十分な額を幅広く給付し、大震災にもそ及する制度をつくるのが立法府の使命だ。

―平田健二（民友連）　国は本当に公的支援はできないのか。

山本正堯（国土庁防災局長）　個人財産は個人責任で維持するのが原則。災害の損壊補償は相当慎重に考えるべきだ。

―木庭健太郎（公明）　大震災以前の災害は対象としないのか。

栗原君子（新社会）　島原や奥尻は義援金で家も新築できた。大震災も多額の義援金が集まったが、被災者1人では20－30万円。義援金頼みの手法が反省されるべきで、今なお、公的支援が必要な大震災にそ及することにした。

―木庭健太郎　恒久法を、阪神・淡路大震災にそ及させることを、どう思うか。

但馬久美（公明）　大震災を教訓にした恒久法は必要。しかし、不十分ながら政府の施策が行われた大震災に適合させるのは不合理だ。野党案は、従来の施策で救えなかった被災者を対象とした。大震災と、今後の自然災害は、別々の法案で対応すべきだ。

―木庭健太郎　店の損壊など、自宅の全半壊以外の被災者への対応は。

本岡昭次　生活基盤が崩壊しているため、住宅を生活の根拠としたが、自営業者の店舗も住宅と定義し、修正議論をしてもいいのではないか。

―木庭健太郎　市民案の最高支給額500万円では、家の再建は困難。根拠は。

本岡昭次　被災した家財の購入など、自力で生活再建できるよう想定した金額。住宅再建などは別途、共済制度を検討すべきだ。

―緒方靖夫（共産）　政府と調整がついた自民党案は、現金給付が盛り込まれている。現金給付してもよいという根拠は。

樋口俊一郎（大蔵省主計官）　議員立法なので、コメントは控えたい。

結局、災害被災者等支援法案の国会審議はこの日だけで終わり、国会の会期終了とともに廃案となった。

8 … 突如浮上した自民党の「被災者生活再建支援法案」とその可決

第142国会は、自国の自然災害被災者に極めて冷淡で感度の鈍い国会と政府が、その失点を挽回する絶好の機会であった。ところが超党派議員による「災害被災者等支援法案」は棚上げされ、4月15日、自民党は「被災者生活再建支援法私案」を参議院災害対策特別委員会理事懇談会に提示、20日にはこの自民党「私案」に社民党、民主党、公明、自由党が共同提案者として加わり、21日に参議院に提出、22日の災害対策特別委員会で採決、24日の参議院本会議で可決された。

法案は衆議院に回付され、5月15日衆議院本会議で可決・成立した。同法は、阪神・淡路大震災の被災者には遡及適用しないものであった。日本共産党と新社会党は、与野党6党共同提案の「被災者生活再建支援法」に反対した。

なお、法案可決後、参議院では、阪神・淡路大震災の被災者への「行政措置」を求めた「附帯決議」が、衆議院ではその内容に加え施行後5年後の法の見直しを盛り込んだ「附帯決議」が全会一致で採択された。

成立した「被災者生活再建支援法」および政令の要旨は次の通り。

被災者生活再建支援法および政令(要旨)

[法律(要旨)]

第一章　総則

(目的)

この法律は、自然災害によりその生活基盤に著しい被害を受け、経済的理由などから生活を再建するのが困難なものに対し、都道府県が相互扶助の観点から拠出した基金を活用して被災者生活再建支援金を支給し、自立した生活の開始を支援する。

(定義)

この法律において、次の各号に掲げる用語の意義は、当該各号に定めるところによる。

一　自然災害　暴風、豪雨、豪雪、洪水、高潮、地震、津波、噴火その他の異常な自然現象により生ずる被害をいう。

二　被災世帯　政令で定める自然災害により被害を受けた世帯であって次に掲げるものをいう。

イ　当該自然災害によりその居住する住宅が全壊した世帯

ロ　その他これと同等の被害を受けたと政令で定める世帯

第二章　被災者生活再建支援金の支給

(被災者生活再建支援金の支給)

都道府県は、次に掲げる被災世帯に、自立した生活開始に必要な経費として、次の額を超えない額の支援金を支給する。

世帯員の収入合計が五百万円以下の世帯　百万円

収入合計が五百万円を超え八百万円以下で、世帯主が六十歳以上（収入合計が五百万円を超え七百万円以下の世帯では、世帯主が四十五歳以上六十歳未満も含む）、または総理府令で定める要援護世帯　五十万円

都道府県は、議会の議決を経て、支援金の支給事務を被災者生活再建支援基金（以下、基金）に委託できる。

第三章　基金

基金は次の業務を行う。

1　都道府県に、支援金相当額の交付金の交付

2　都道府県の委託を受けた支援金の支給

基金は、業務運営に必要な経費の財源を得るため運用資金を設ける。

都道府県は運用資金に必要な資金を、相互扶助の精神を踏まえ世帯数などの事情を考慮して拠出する。

第四章　国の補助

国は、基金が交付する額や、委託を受けて基金が支給する支援金の半額を補助する。

第五章　雑則―略―　第六章　罰則―略―

第七章　付則

公布日から起算して六カ月以内に施行し、支援金の支給は、施行日の年度の翌年度以降に、基金への都道府県の拠出があった日以降に起きた災害に適用する。

自然災害で住宅が全半壊した世帯への住宅再建の在り方は、総合的な見地から検討を行い、そのために必要な措置が講じられるものとする。

［政令（要旨）］

対象災害

災害救助法の適用基準に該当する災害、又は次のいずれかに該当し、特に支援の必要が高いと内閣総理大臣が認めた災害。

1　一つの市町村で十以上の世帯の住居が全壊

2　一つの都道府県で百以上の住居が全壊

全壊と同等と認める世帯

1　住宅が半壊し、これを解体した世帯

2　避難生活が長期にわたり、住宅が使用不能となった世帯など

支援金の支給経費や支給方法

自立した生活への移行経費のうち、必ず必要となるもの

は経費ごとに単価を定めた定額を支給する（収入合計額が五百万円を超える被災世帯は単価の二分の一）。単価を定める事が困難なもの、被災地の地理的特性、被災者の健康上の理由など、特殊な事情で生活再建に必要なものは、申請に基づき実費を支給する。

自民党提案の「被災者生活再建支援法私案」が成立への運びとなった4月21日、「126氏のアピール」以来、市民サイドから被災者への公的支援の実現を訴え続けてきた経済評論家の内橋克人氏は、新聞への談話で、この法案について次のように述べた。

年齢＼年収	500万円以下	500万～700万	700万～800万
60歳以上	最高100万円	最高50万円	最高50万円
45歳以上60歳未満	最高100万円	最高50万円	／
45歳未満	最高100万円	／	／

（年収800万円以下の要援護世帯には世帯主の年齢にかかわらず支援金を支給）

図1-1　被災者生活再建支援法が定める被災者への支援金額と対象　（1998年５月時点）

「全く顧みられなかった被災者に救いの手を差し伸べる法的根拠がやっとできつつあるという点は、評価できる。しかし、三年以上もの空白を埋められる内容とは思いがたい。被災地では、生活再建の方策すら奪われた人が取り残されているのが実態で、実質的な救済策となりうるか疑問だ。市民の動きは、有権者が自発的に法制定を働きかけるという、新しい意思形成のあり方を示唆するものだったという点からも、自民党案に収束させたことは残念に思う。市民から起こった要求をこそ、尊重するべきだったのではないか」（「朝日新聞」1998年4月21日付）。

第3節　個人補償の法制化と被災者への「行政措置」

1…被災者への「行政措置」と9000億円の「復興基金」取り崩しの提言

大震災直後の絶望状態からいち早く立ち上がり、個人補償・公的支援実現をめざした被災地・兵庫の運動には、3年猶予の期間、はかり知れないほどの膨大なエネルギーと資金が投入された。成立した被災者生活再建支援法は、被災世帯に生活再建支援金の支給（100万円、50万円）を行う、つまり個人補償が法制度上明確になったという点で前進面がある一方、大震災の被災者には遡及適用しないという大きな問題点を残した。国会は、遡及適用しない代わりに「附帯決議」で、「……一日も早く生活再建できるよう、被災地の復興基金事業として実施されている生活再建支援金などを含め、本法の生活支援金に相当する程度の支援措置が講じられるよう国は必要な措置を講ずること」を政府に求めた。

兵庫県は1998年6月5日、「復興基金[1]」による「生活再建支援金」（97年4月から実施）と「中高年自立支援金」（98年4月から実施）を拡充する形で「被災者自立支援金」を決めた。これはすでに実施している支援策を少しだけ改善しただけのものであった。分割で支給されていた支援金の一括支給を可能にしたことや、対象世帯を2万9000世帯増やして13万4000世帯にしたことなどが改善点であった。対象となったのは、全壊、半壊、一部損壊の合計96万4000世帯の14％程度であった。仮設住宅世帯は対象外にされた。対象になった世帯の被災者にも、ならなかった世帯の被災者にも、共通していたのは、程度の差はあれ、「これでは納得できない」ということだった。

兵庫県震災復興研究センターは5月27日、支援法が成立した新たな状況を踏まえ、「すべての被災者が救われるために、直ちに『支援措置』の実施を」という住宅・生活再建支援策を兵庫県知事や神戸市長に緊急提言した。国会で廃案になった超党派議員提案の「災害被災者等支援法案」が実施されれば、必要額は1兆1000億円だ。兵庫県が設けた「復興基金」の規模は9000億円、「支援措置」は「復興基金」事業として実施されることになっていた。〝緊急提言〟はここに着目した。

9000億円の利子運用ではなく、「復興基金」そのものを取り崩せば、1兆1000億円には2000億円不足するが、それでも店舗を含め全壊500万円、半壊250万円の一括支給実現へ大きく踏み出すことができるというが提言の内容であった。

〝緊急提言〟すべての被災者が救われるために、
直ちに「支援措置」の実施を――
1998年5月27日

の3項目は、次の通り。

1．全壊(全焼)の住宅・店舗の再建に500万円、半壊(半焼)の住宅・店舗の再建に250万円の公的支援を行うことは、国・自治体の最低限の責務である。

2．国会の「附帯決議」にいう「支援措置」を具体化するため、さしあたり、現在ある9000億円の基金を取り崩すこと。

この負債は、政府による肩代わりで対処すること。

3．今後9000億円の基金を取り崩していくためにも「復興基金」の運営を改善すること。そのため、基金の理事は行政サイドのみでなく議会や民間からも選出できるようにすること。また、「復興基金」の執行状況など肝心の情報を積極的に公開すること。

大震災の支援事業は、兵庫県と神戸市が1995年4月にスタートさせた「財団法人阪神・淡路大震災復興基金」(復興基金)の事業として展開されてきた。その「復興基金」の運用の仕組みはどういうものか、概要を紹介しておく。

「復興基金」は兵庫県と神戸市の起債によって創設され、その借金の利子には国からの交付税措置がある(利子の大半は交付税措置)。95年4月のスタート時点の規模は6000億円(兵庫県2、神戸市1の割合)。

この6000億円の預金利子で事業は実施されてきた。年4.5%の運用益(270億円)で10年間2700億円の事業が計画されていた。97年3月末に3000億円積み増しされ、9000億円の規模になっていた。積み増しされた3000億円は年3.0%の運用益(90億円)で5年間、450億円。この450億円は97年4月から始まった「生活再建支援金」に充てられた。国会の「附帯決議」にいう「支援措置」を実施するため、この3000億円をさらに4年間延長して360億円生み出す計画であった。通算11年間で合計3510億円程度の支援事業になる、ということであった。

以上の仕組みで明らかなように、形式的には「復興基金」が金融機関から受け取る利子を用いて支援事業が実施されているが、実質的には大方が国の交付税で賄われている。「個人を支援する自治体の基金を交付税で手当することは自治体支援」というのが国の理屈である。政府が「個人補償はできない」としていることから「復興基金」を通して支援事業を行う〝迂回作戦〟をとっている。「復興基金」はバイパスのようなものである。

事業は次の5分野で実施されてきた。

①被災者の生活の安定・自立及び健康・福祉の増進を支援する事業.
②被災者の住宅の再建等住宅の復興を支援する事業.
③被害を受けた中小企業者の事業再開等産業の復興を支援する事業.
④被害を受けた私立学校の再建等教育・文化の復興を支

援する事業

⑤その他、被災地域の早期かつ総合的な復興に資する事業

「復興基金」事業は、当初28事業でスタートし、98年時点で4倍近くの107事業にまで膨れあがったがその内18事業が終了し89事業になっていた。事業数は89もあり「豊富」であったが、被災者が利用しにくいものや一般施策の中で実施できるものも入り込んでいた。また、手続が複雑であったり、支給要件などが厳し過ぎるものがあった。さらに、9000億円という規模が大震災の被害の規模（9兆9268億円）に見合ったものにはなっていなかった。

雲仙・普賢岳災害の場合は、被害額1400億円に対し基金の規模は1070億円（5回の増額があった）で、被災者個々人への支援額でみれば、阪神・淡路大震災の二桁も上の数字になっていた。

大震災の被災地では低いレベルで支援策が実施され、そのまま推移すれば、低いままでそしてまた被災者の中でも全壊世帯以外は支援策が受けられないという結果が招来されてしまう。そのような事態を打開するため9000億円の「復興基金」取り崩しの提言がなされたのである。

［注］

(1)「復興基金」とは何かなどの詳細は、第2編第1章第2節で詳述する。

2　1998年7月、参議院選挙結果に託された被災者の意思

第142国会直後に実施された参議院選挙（1998年6月25日～7月12日）で、国民は自民党政府の経済政策や金融政策に対して「ノー」の意思を示し、橋本龍太郎首相を退陣に追い込んだ。兵庫選挙区の結果は、自民党の失政に加え、大震災の被災地（10市10町）と被災者への無策に対しても極めて明確な審判となった。

兵庫選挙区は改選数が3から2に減るなか、8人が立候補、実質的には本岡昭次氏（日本社会党→民改連→民主党）、芦尾長司氏（県民党→自民党）の前職2人と新人の大沢辰美氏（日本共産党）の3人が争う展開となった。

本岡氏は3期連続当選と公明、新党平和、自由党、連合兵庫などの推薦を受け90万票を集めてトップ当選。2議席目は過去3回の参院選と県知事選を経験した大沢氏が、芦尾氏（大震災当時は兵庫県副知事）に5万票あまりの差をつけて58万票を獲得して当選した。共産党は12年ぶりに議席を回復し、自民党は30年ぶりに議席を失った。

全国的な自民惨敗、民主躍進、共産倍増という特徴は、兵庫県においても示された。政策的には、経済政策や金融政策などの問題に加え、被災者への公的支援問題が重要な争点になったことは被災地の投票結果からも明らかである。立候補した8人とも異口同音に、「復旧・復興が遅れている」「復興の現状は極めて不十分である」と主張した。

自民、民主、共産の3候補の主張は次の通り。

【芦尾長司(自民)】

震災時における個人に対する公的支援を都道府県の相互扶助のもと、国の補助制度を導入し、実施することになったことは画期的だ。支援金は100万円程度が妥当。

共産党は支援法の国会採決に反対しながら、地元では支給金額の上積みを公約に掲げている。会費を払わずごちそうを食べようとしている政党がある。

【本岡昭次(民主)】

支援法は、政府・自民党の災害対策を根本的に転換させ、初めて公的支援金の支給を制度化したことで評価する。さらに、大震災被災者にも同等の措置が行われるようになったことも評価している。

しかし、金額も低く、対象条件も厳しく、不十分だ。国は、対象者の拡大など必要な財源措置をすべきと思う。支給内容の拡充に全力を尽くす。

共産党が支援法に反対し、「附帯決議」に賛成したことは、無責任、何でも反対共産党だ。(本岡氏は、公示前に以上の内容を記したビラを60万枚配った)

【大沢辰美(共産)】

支援法は阪神・淡路に適用せず、被災者の窮状を救えないことが証明ずみの現行の支援内容をそのまま制度化して今後の被災者に押し付ける欠陥法。被災者への行政措置の実施にあたっては、半壊住居や被災店舗と事務所、仮設居住者への支給、年齢や収入など制限の緩和・撤廃な、実態に合った拡充が必要である。

参議院に提出されていた超党派の「災害被災者等支援法案」にある全壊500万円、半壊250万円が被災地の共通要求だ。

政府や自民党、そして、兵庫県や神戸市などは、被災者生活再建支援法に基づく「行政措置」を540億円程度で済まそうとした。そのことに対して兵庫県民は、この参議院選挙で支援法の抜本改正を掲げた大沢氏と、国会では同法に賛成し被災地では内容が不十分だと批判的ポーズをとった本岡氏の両名に自らの意思を託したわけである。

「深刻な不況のなかで、兵庫では各地の地場産業が大きな痛手を受け、とりわけ阪神・神戸では生活復興半ばの被災地の暮らしや雇用にダブルパンチとなった。『おごるな自民』全国的に自民に極めて厳しい選挙結果は、震災からちょうど3年半を迎えようとする被災地を抱えた兵庫で、さらに色濃く現れ、大沢氏への支持へとつながった。

民改連から民主党に移った本岡氏への（県民の）なだれのような投票行動も、言い換えれば、そうした自民への厳しい批判の受け皿になった形だ」。

投票日の翌日（7月13日）、「神戸新聞」は論評記事でこのように指摘した。

3…1998年7月、「人間の命と暮らしを守る恒常的災害対策センター」設立の呼びかけ

大震災から3年有余の間、個人補償・公的支援の実現に向けこれを全国的な課題にするべく集会・シンポジウムやアピールが繰り返し行われ、その結果、98年5月には欠陥をもちつつも被災者生活再建支援法という法律が制定された。法律の制定により自然災害と個人補償・公的支援というテーマが全国的に意識される状況がつくられた。その過程は、本書で縷々見てきた通りだが、特筆しておきたいのは、大災害に対するセーフティ・ネットは人がつくるということ、とりわけ、発生した問題を認識し解決をめざす自覚をした組織とその運動の存在が決定的に重要だということである。1998年7月、従来から災害問題に取り組んできた志岐常正（国土問題研究会理事長）、千代崎一夫（新建築家技術者集団事務局長）、大屋鍾吾（雲仙普賢岳被災者支援ネットワーク代表）の3氏は「人間の命と暮らしを守る恒常的災害対策センターの設立を」と次のように呼びかけた。

「わが国は地震、台風、豪雨などの多発する自然条件にあるにもかかわらず、現在の政府はその時々の経済政策や開発政策で自然条件を無視して施策を進め、その被害を国民に及ぼして省みようとしていません。こうした政府の下では、国民、住民の立場に立ってそれを監視、チェックするとともに、その効果をあげる運動を蓄積できる民主的組織が必要であり、それがあれば国民、住民のための防災に有効に機能するでしょう。

かつて、死者5000余人を出した伊勢湾台風災害を契機に結成された民主団体災害対策会議はそのような組織としての役割を果たし、そして、国内的にも国際的にも救援基金などの窓口にもなり、被災者への効果的な支援が出来ました。また、その後十数回にわたって続けられた全国災害交流会は互いの経験の交流と成果を受け継ぎ、対策の発展に寄与してきました。近くは、雲仙普賢岳噴火災害、北

海道南西沖地震の奥尻島津波災害等の被災者支援、復興運動や東京の防災まちづくりなどの交流が阪神・淡路大震災の被災者支援や復興に現実にいかされています。また、このような運動は災害対策に欠くことのできない科学者、技術者の結集、総合性が求められる災害科学の発展にも寄与してきました。

1995年、被災地神戸で開かれた『災害・人間・復興』全国交流集会、さらに、1996年に中央団体を結集した実行委員会による『災害・人間・復興』総行動全国交流集会、そして、『災害被災者等支援法』の制定を目指して組織された『災害被災者への公的支援を求める中央アピール推進連絡会』と、次々と災害に関心をもつ人々、団体の運動の輪が広がってきました。また、一方で、個々にボランティア活動や現地被災者への支援を続けている個人やグループもあり、また、防災まちづくりを地道に進めている地域住民、自治体もあります。これらが互いに連絡、交流しあう場が設けられることは、今心配されている国民の防災意識の風化を抑制するだけでなく、その意識を喚起し、災害対策の発展につながると考えられます。そして、その組織化に中心的役割を果たせるのは全国に組織をもつ中央団体と考えます。

人間の命と暮らしを守る恒常的、民主的災害対策センターの設立のために是非結集して頂くよう期待致します」。

この3氏の呼びかけを受けて、各団体は1999年1月17日の大震災から4回目のメモリアルデーに向けて論議を開始した。

その後1999年10月5日、「災害被災者支援と災害対策改善を求める全国連絡会」(全国災対連)が結成された。

4 :: 神戸空港建設は是か非か――建設の是非を問う住民投票条例の制定を求める直接請求署名運動、35万票を超える

1998年8月21日から始められた神戸空港建設の是非を問う住民投票条例の制定を求める直接請求署名運動は、9月20日深夜0時で終了した。「神戸空港・住民投票の会」の代表は25日、合計35万3525人(有効投票数：30万7797人)の署名を神戸市選挙管理委員会に提出した。法定の必要数は、有権者115万人の50分の1、約2万3000人、集められた署名はその15倍に当たり、神戸市民は3人に1人の割合で署名したことになる。「神戸空港・住民投票の会」は目標を30万人としていた。その目標は大きく突破された。この署名を集めた受任者の数は2万8400人で、この数も目標にしていた1万人を大きく超えた。

空港建設推進の先頭に立っていた神戸市の笹山幸俊市長が前年（1997年）の10月に三選された時に得た票が27万余票であったから、署名数はそれを8万上回った。署名には、氏名、住所、生年月日、印鑑（母印）が必要で、9区ある行政区ごとに集められなければならない。受任者は自分が住んでいる区の住民しか対象にできないようになっていて、極めて制約されている。

「神戸空港・住民投票の会」は、このような制約を克服するための組織方針として9区それぞれに「○○区の会」をつくり、その区の会が母体となって署名運動に取り組んだ。「大事なことはみんなで決めよう」「賛成・反対を問わず、空港建設の是非は市民が決めよう」という会の呼びかけは、市民の気分や感情、意識にマッチし、急速に浸透していった。

「神戸空港・住民投票の会」は9月25日に発表した〝声明〟で、「145万人の人口を持つ政令指定都市としては驚異的な数です。神戸市民は阪神・淡路大震災の悲惨な体験にもとづき、住民自治の実現にむけて大きな一歩を踏み出したのです。私たちの運動は大成功をおさめました」と述べた。

また、その後、10月5日に開かれた第4回世話人会は運動の総括として次のように述べている。

「署名運動には多くの人々のさまざまな知恵と燃えるようなエネルギーが結集され、積極的、精力的に取り組まれた。街頭で、駅前で、商店街で、そして戸別訪問で。いろいろなアイデアが出、創意工夫がこらされ、人が集まるところ、人のいるところには積極的に出向いて受任者の引き受けと署名への協力が呼びかけられた。

早朝のラジオ体操の会、開店時のスーパー駐車場前、昼の区役所前、深夜のコンビニ前、野球場、住民のイベント会場の前、そして職場、さらには居酒屋の中で……。いや、『会』さえ把握しきれない署名集めの苦労はもっともっと多くあろう。

35万3525筆という数字は、常設の街頭署名所やナイター署名行動などの『会』としての統一行動のほか、それぞれの個人、団体、グループが、まさに自主的に、持ち味を生かしながら、競争心をもって、それぞれの力を出し合って取り組んだからこそ得られた結果である」。

この住民投票運動に最初から積極的に取り組み、「会」の代表世話人の一人であった作家の田中康夫氏は、「正《まさ》しく〝都会の奇跡〟です。起債残高三兆円もの被災都市・神戸の一問題に留まらぬ、謂わば、日本全体が抱える『公共投資の在り方』を問う象徴的試みが、今回の住民投票なのです。僕がエネルギーを注ぐのも、一政令指定都市の問題に留まらぬ、と確信したればこそ、です」(『SPA!』1998年10月14日号)と語っている。

市民の持ち味を生かし、市民の出番を保障したこの運動は、運動自身が大きな学習効果をもったと言えよう。神戸市民は、かつて経験したことのない壮大な運動に取り組み、市民としての懐を深くすることができた。

運動には妨害がつきものである。署名運動の盛り上がりに危機感をもった「神戸空港建設促進協議会」(兵庫県、神戸市、神戸商工会議所などで構成)は、2回にわたる新聞へのビラ織り込み、「神戸新聞」紙上に2回の意見広告、神戸商工会議所提唱の「推進署名」・請願書の提出、「連合・五党協」による街頭ビラ配布などに取り組んだ。内容は、論点そらし、根拠薄弱なデータ掲載と誹謗・中傷であった。

「……今おこなわれている『住民投票条例制定』署名運動に対しては、反対するものです。なぜなら、この署名運動は、共産党・新社会党のリードですすめられていますが、これまでの経過と照らし合わせてみると、これら政党の党勢拡大に利用されているとしか見えないためです」。

「連合・五党協」はこのような見解を載せたビラを街頭で配った。市民の反応は「連合・五党協」の行動に批判的だった。「神戸新聞」(1998年9月8日付)の投書欄に次のような声が掲載された。

「……元サラリーマンの目からみて今の連合は労働者運動の原点を忘れ、五党協ともども党利党略に明け暮れており失望を覚える。署名運動反対の理由に他党が党勢拡大に利用うんぬんは、自らの責任を回避する方便にすぎない。署名運動に取り組むみなさんは純粋にわがまち神戸を愛する人たちです。私たちはこんないやがらせの動きには決して負けません。この歴史的な署名運動を成功させ、住民投票につなげましょう」(立花和也・62歳/当時)。

「神戸空港建設促進協議会」や「連合・五党協」は大震災を体験した市民の意識を読み間違い、その結果、これらの妨害行動は、逆効果を生み出した。

「神戸空港・住民投票の会」は、97年秋の神戸市長選挙に取り組んだ「たてなおそう神戸・市民の会」が呼びかけ、98年3月2日に結成された。「神戸空港・住民投票の会」には、幅広く各界・各層の人々が参加した。「会」の代表世話人で請求代表者の一人であった須田勇氏(元神戸大学学長)は、「朝日新聞」(1998年9月13日付)のインタビューに次のように述べた。

「阪神大震災後、笹山幸俊市長が『空港計画は引き続き進める』と言ったのを聞き、一瞬耳を疑った。家が壊れ路頭に迷っている被災者の心情を考えているのだろうかと。市は『被災者の生活復興と空港建設の費用は別の財源だ』と言い、経済効果をPRするが、効果の数字も空港を造るとの前提で集めたデータに思えてならない。そもそもこうした予測は当たったためしがない。神戸に空港を造る、という話を初めて聞いたのは30年ぐらい前。当時、関西には大阪空港しかなく、日本全体のためになる国際空港なら必要、と考えていたので神戸市の姿勢を評価した。ところが1972年、当時の宮崎辰雄市長が一転して反対を打ち出した。理由が分からず不思議に思っていたら10年後にまた空港の建設を言い出した。『すでに関西空港の建設が確実なのだから、ローカル空港ならいらないんじゃないか』。そんな市民の意見を聞かないまま市は勝手に計画を進めていった。無定見かつ無責任—。神戸市政に対する私の見方はそれ以降変わっていない」。

須田氏は大脳生理学の研究者である。インタビューの答えはこう続く。

「大脳生理学を研究する立場から言うと、人間は自らの行動で初めて『もの』の実際の姿を明確にとらえられる。今回の運動になぞらえると、署名集めの『受任者』になったり、署名に応じたりするのが行動にあたる。なるほど市の説明は論理的だ。だがそれだけで判断してはいけない。行動によって、神戸空港に対する『イメージ』が浮かび上がる。私の『イメージ』は『いらないもの』で変わっていない。賛成、反対を決めるのはそれからでいいではないか。

とりあえず署名が10万人を超えた。これだけでもすごい数字だ。目標の30万人は困難かもしれないが、仮に達成できなくても悲観することはない。市民一人ひとりの積み重ねた行動の実績なのだから」。

〝市民意識の地殻変動〟が起き、結果は、須田氏の予想をはるかに超えた。兵庫県震災復興研究センターは8月18日、「提言　21世紀の神戸の都市ビジョン　空港・ゼネコンの都市から福祉・文化・観光の都市へ—福祉は公共事業よりも生産効果が大きく雇用創出効果は2倍」を発表した。環境・安全性や経済効果・採算面などの神戸空港建設の問題点を整理した上で、21世紀の神戸の都市ビジョンを提起したものである。

「神戸空港建設のような杜撰な計画、とりわけ財政的に無理な計画では、企業の取締役会では承認が得られるものではない。大震災を経験した神戸市が空港建設に向けて突っ走るのは許されない。……」。

1998年11月10日、兵庫県震災復興研究センターの事務局を訪れた川崎重工業元専務取締役の武田康生氏は熱っぽく語った。武田氏は神戸空港・住民投票運動で受任者になって署名を集めた一人であった。大震災の被災地・神戸では、31万もの神戸空港建設の是非を問う住民投票条例制定を求める直接請求署名(8月21日~9月20日)が集められ、それに基づく臨時市議会が開かれた(11月12日~18日)。

神戸市の笹山幸俊市長は、大震災から1週間後の1995年1月24日、都市機能の充実のため、神戸空港の建設促進を表明し、その直後には「神戸空港は希望の星」と語った。当時、神戸市内の避難所には23万人(被災地全体では30万人以上)もの被災者が苦難の生活を余儀なくさせられていた時であり、この市長発言に厳しい市民の批判が集中した。95年6月の地方選挙では、「空港より住宅を!」「空港より生活再建を!」のスローガンが多くの被災者の心をとらえ、そのことを主張した日本共産党、新社会党、無党派の候補者が大健闘し市会議員・県会議員の数を増やした。

この時の神戸市議会議員選挙で神戸空港建設を公約した候補者は1人もいなかった。しかし、神戸市議会では空港建設賛成52人、空港建設反対19人という状況であった。

また97年10月の神戸市長選挙では、「神戸空港建設計画を凍結し、住民投票で決める」ことを公約して立候補した大西和雄氏(医師・東神戸病院副院長)があと一歩のところまで肉迫した。現職の笹山幸俊氏は公約にも「選挙公報」にも空港問題にはふれなかった。市長選挙中に実施された「朝日新聞」の調査では、神戸空港計画に対して「空港は必要ない」52%、「計画の凍結」20%、「計画通り進める」21%で、神戸市民の70%以上が空港建設に否定的・消極的であるという結果が示された。

1998年に取り組まれた神戸空港・住民投票条例の制定を求める運動は、97年の市長選挙の時の大西和雄候補の公約の実行でもあった。

震度7の巨大地震に見舞われ、何とか生活や住宅の再建を切望しているそのような時期に神戸空港建設促進が市長の口から飛び出した時の被災者の衝撃は測り知れない。神戸空港建設は、国・県・市の巨大開発プロジェクト(空港、高速道路、港湾建設など)最優先の震災復興路線の象徴であった。巨大開発プロジェクトとはゼネコン奉仕型の公共事業にほかならない。

結果、人間と生活の復興は後景に追いやられた。大震災から3年10か月経った時点でなお仮設住宅に8484世帯・1万5300人（1998年11月1日現在）、孤独死は224人を超す事態を招いていた。不要・不急な空港建設などはいったん凍結し、その資金を大震災で住宅や店舗などを失った人たちの個人補償・公的支援に振り向け、生活の再確立、住宅の再建、生業の建て直しが早期にできるよう政治と行政は力を尽くすべきだった。しかし、巨大開発プロジェクト最優先の震災復興政策は変更されなかった。

神戸空港建設の是非を問う住民投票は、条例制定請求の署名集め（有権者の50分の1＝2万3000人分が最低必要数）、神戸市議会で「住民投票条例」の審議、そこで成立すれば翌年2月頃〝実施〟となる予定であった。

被災地・神戸には、「個人補償・公的支援を求めた被災者の要求は3年有余置き去りにされた」という怨みも似た市民の声が根強くあった。98年の第142国会で成立した「被災者生活再建支援法」に対しても手厳しい評価が多かった。神戸空港建設の是非を問う住民投票運動は、被災者への「個人補償・公的支援」をロクにやらず（生活再建の支援もせず）に、なぜ空港建設なのか、と国・県・市の震災復興政策のあり方を改めて問うものであった。

第3章 転機となった鳥取県西部地震（2000年10月）

第1節 「被災者生活再建支援法」の抜本改正は急務

震災による借金返済に喘ぐ被災者

1 災害援護資金の貸付

大震災から5年の歳月が経った時点で、被災地全体からすれば、少なくみても1兆6000億円の震災関連負債を抱えていた（表1－5参照）。被災者生活再建支援制度等の公的な補助制度がなかったこともあり、金銭的体力の弱い人々が借りていた災害援護資金は、5万7000件で総額1308億7000万円。その他、生活復興資金は、2万7582件で総額516億1400万円。住宅の二重ローン分は、約1万5000件で総額1500億円。これらの借金を合計すると3325億円。さくら銀行（当時）一行に投入された公的資金8000億円よりはるかに少ない。財政出動の方向が間違っていた。

災害援護資金は2000年春、5年間の据え置き期間が終了し返済が始まり、問題が顕在化していた。2001年12月末現在で679億円（52％）が返済された。同資金は、「災害弔慰金の支給等に関する法律」（1973年制定）に基づくもので、住宅が全半壊したり、重傷を負った世帯主に国と自治体が最高350万円を無担保で貸し付けるもので、条件は、連帯保証人付、年利3％、違約金10・75％、返済は5年間据え置きでその後5年間で償還。財源は、国が三分の二、自治体が三分の一の負担割合である。

償還方法は、一括ないし年賦か半年賦となっているが、2000年8月から月一回、同資金の返済に関する相談会を実施してきた復興県民会議などが取り組んだ結果、月賦も可能となり、また、経済的に困難な場合は「少額償還」（月額1000円以上）も可能となっていた。しかし、最高350万円を借りた被災者は、年利3％の利息分約30万円を含め380万円を返済することになり、大きな負担となっていた。震災と不況のダブルパンチを受けた被災者が体力をつけるのに、5年では短か過ぎる。そして、「せめて利子補給を」という切実な願いにも、当時の兵庫県や神戸市は耳を貸そうとしなかった。

復興県民会議が2002年4月、相談会参加者280人を対象にした調査では、9割が震災前より「収入大幅減」、その内7割が「少額償還」をせざるを得なくなっていた。また、「無職」は3・7倍に膨れあがっていることがわかった。緊急に利子補給の実現(「復興基金」事業の中で可能)や、返済免除措置の運用拡大が必要であった。

被災者を元気づける即効薬は速やかな現金給付[(1)]であるが、当初、支援は日常品の支給や避難所・仮設住宅など現物支給が主であった。また、義援金の配分も大幅に遅れた。被災者の声が高まるにつれて、利子補給、家賃補助、生活再建支援金などの金銭給付が行われるようになったが、所得制限や年齢制限が厳しく、被災者を等しく支援するものではなく、かつ少額であったから自立できるものではなかった。

大震災から3年半近く経ってようやく「被災者生活再建支援法」が制定(1998年5月)されたが、5年後(2003年)の見直し条件を付け多くの問題点を抱えたままでのスタートとなった。見直しの方向は、①支給条件の緩和(収入・年齢制限の撤廃)、②支給額の増額(当面350万円)、③支給対象災害・世帯の拡大などで、大震災の被災地に遡及適用をしなければならなかった。大震災は、まだ終わっていなかったのであるから。

[注]

(1)現金を給付すれば、飲酒や博打に使ってしまうのではないかといったことを根拠に善意の反対意見もあったが、神戸市の笹山幸俊市長は在任中、まだ支援金が支給されていない段階で「今、公的な資金の直接支給が論議されているが、それだけで済むような簡単なものではないと思う」(「神戸新聞」1997年4月26日付)と発言していた。直接支給が実現していて問題が生じていたわけでもないのに、「それだけで済むような簡単なものではない」と空論を展開していた。先手を打つのではなく、後手に回って、結果彌縫策になり、被災者の生活再建を遅らせたのである。

2 … 災害援護資金返済の負担に喘ぐ被災者及び被災自治体

2018年9月末の時点で返済を終えた姫路市、三木市を除き、11市で計3730件・約53億円が未返済となっている。

2015年3月の時点では、返済免除の要件が、借主の死亡、重度障害に限定されていたため、貸付開始から20年経ったにもかかわらず、神戸市では未償還額が約97億円になっていた。その後国は、破産及び民事再生により免責を得た者、生活保護受給者、少額返済者を免除対象者として拡大することを認めた。

２０１７年８月、神戸市は連帯保証人に対する保証債権を放棄した。神戸市以外の兵庫県内の自治体の中には、神戸市と同様の免除要件の拡大を実施した自治体がある一方で、借主死亡、重度障害、破産等の事由が生じてもなお、借主、相続人に対する取り立てを行っている自治体が存在し、被災者間に不平等が生じていた。

なお、返済免除は２０１５年９月～２０１８年９月までの期間に、神戸市で４０１９

表1-5　大震災被災地の各種借入金一覧

●災害復旧資金（限度額5,000万円、信用保証協会の保証付、1999年３月末現在）		
兵庫県：	23,443件	3,040億3,900万円
神戸市：	10,108件	1,181億3,100万円
その他：	8,248件	528億6,000万円
合　計	41,799件	4,750億3,000万円
●緊急特別資金（限度額2,000万円、信用保証協会の保証付、1999年３月末現在）		
兵庫県：	4,631件	573億2,000万円
●政府系金融機関の貸付金（98年12月末現在）		
国民金融公庫：	22,159件	1,837億1,600万円
中小企業金融公庫：	3,569件	2,191億4,700万円
商工組合中央金庫：	1,449件	1,217億7,950万円
合　計	47,612件	5,457億5,400万円
●震災復旧融資（日本開発銀行、ライフライン復旧向け、長期かつ低利、1999年７月末現在）		
	105件	1,777億円
●災害援護資金（弔慰金法に基づく制度、限度額350万円、年利３％、連帯保証人付、５年据え置き・償還10年間、1999年１月19日現在）		
神戸市：	32,330件	776億9,000万円
西宮市：	8,934件	203億6,000万円
尼崎市：	4,002件	68億2,000万円
芦屋市：	2,797件	66億9,000万円
宝塚市：	2,775件	57億8,000万円
その他：	6,162件	135億3,000万円
合　計	57,000件	1,308億7,000万円
●生活復興資金（限度額300万円、年利３％但し復興基金の利子補給により実質無利子、連帯保証人付、１年据え置き・償還７年以内、1999年９月末現在）		
兵庫県：	26,365件	480億8,200万円
●家を失い住宅ローンが残った人（島本慈子さん試算）		
	約15,000件	1,500億円
総　合　計	192,512件	１兆5,847億5,600万円

作成：兵庫県震災復興研究センター調べ（2000年1月17日現在）

件・64億7295万円余、兵庫県で1955件・25億6010万円余が実施された。

問題解決の方向は、次の通り。
①返済免除の対象者を拡大すること。これまでの対象者に加え、生活保護受給者に準ずる低所得者など経済的困窮者一般に拡げること。
②自ら借り入れをしていない相続人及び連帯保証人の債務を免除すること。
③東日本大震災の特例法で認められた無利子、連帯保証人不要とする制度に改めること。
国会と政府は、災害援護資金は被災者の生活再建のための資金を貸し付けるという制度の趣旨と現実に起きた問題点を踏まえ、「災害弔慰金の支給等に関する法律」の改正に着手しなければならない。[1]

［注］
(1) 2019年5月、国会は、返済免除案を審議することになった(「神戸新聞」2019年5月14日付)。

第2節　被災者住宅再建支援制度の早期確立を
「自力再建層」に重くのしかかるローン

勤労者などの中間層に対して、ほとんど支援の手がさしのべられなかった、といっても過言ではない。大企業が復興し外部から企業を誘致できれば被災地は復興できる、そのことによって中間層も生活再建できる、とされたのである。

震災需要によって被災地の景気が上向いているときは、ローンにローンを重ねても返済できたかもしれないが、1997年の消費税率引き上げと医療費値上げを引き金に生じた不況の中で、中間層の状況は一変した。不況や震災を理由にしたリストラ・大量首切りによって失業者は急増している。また、職のある人も賃金カットを余儀なくされている。将来の生活展望も見込み薄である。ローン返済は重い負担になっている。特に全壊・全焼によって住宅を自力再建した人にとって、新たなローンは被災によって生じたものであるだけに一層の無念さを感じていた。

被災地全体で住宅の二重ローン分は、約1万5000件で総額1500億円と推計されていた(島元慈子『倒壊—大震災で住宅ローンはどうなったか』筑摩書房、1998年12月)。個人でどれほどのローンを抱えているかは、住宅再建か新規購入かによって異なるし、一戸建てかマンションか、二重ローンか否かによって、さらには年齢によっても異なっていた。兵庫県震災復興研究センターや朝日新聞などの調査を総合して推測すれば、マンション再建の場合、二重ローン世帯で２９００万円、単一ローン世帯で１６００万円である。一戸建の場合、二重ローン３１００万円、単一ローン２０００万円ほどになっている。

返済月額について推測すれば、マンションの場合、二重ローンで13万円、単一ローンで8万円、一戸建の場合、二重ローンで14万円、単一ローンで11万円程度である。

住宅再建のためのローンによって生活が圧迫されていることから、被災者は震災前のローンについての個人補償、ならびに利子補給を求めていた。台湾大震災（１９９９年９月）の場合、震災前のローンは銀行が肩代わりしただけに、この要求は一層強まっていた。被災者の居住の権利を保障するため、以下の提言（「震災5年を経ての新提言―今なお生活再建できない深刻な事態を打開するための5項目提言―」より、２０００年1月17日）の実現が求められていた。

全壊・全焼の住宅・店舗の再建資金に５００万円、半壊・半焼に２５０万円、一部損壊に１５０万円支給すること。すでに再建した被災者には同等のローン返済免除を行うこと。さらに、利子補給の継続、返済猶予、返済期限の延長などの施策を行う必要がある。

復興公営住宅入居者への特別家賃減額補助の期限を5年で打ち切らず延長し、民間家賃に対する助成を拡充すべきである。県外避難者の実態を把握し帰れるように住宅を保障する必要がある。

第3節　住宅再建支援問題をめぐる国会と政府の動向（２０００年2月〜２００３年7月）

１：１９９８年５月、被災者生活再建支援法制定

阪神・淡路大震災（大震災）から5年経った２０００年時点で、激甚災害[1]の指定は、市町村単位で行われる局地激甚災害（局激）の指定を除いて、１９８４年以降では大震災１件のみであった。ところが、１９９８年から99年にかけて各地で豪雨災害が相次ぎ、被災地方自治体から国会や政府に激甚災害の指定を求める要望が多く提出されたものの、いずれの災害も、全国的な大規模災害を対象とする「本激」（激甚災害）には指定されなかった。[2]

このような状況を踏まえ２０００年3月、公共土木施設

に激甚な被害が発生した災害について、これを適切に激甚災害に指定できるよう「本激」の指定基準が、最大で1／8まで引き下げる改正が行われた。これは、1962年の制度創設以来初めての改正であった。1995年1月の大震災以降、5年経過してようやく激甚災害に関する地方自治体への財政援助は改正された。しかし、「被災者に対する特別の助成措置」（激甚災害法1条）は遅々として進んでいなかった。

被災者生活再建支援法が1998年5月に制定されたのみであった。同法は、被災世帯に生活支援金の支給（100万円、50万円）を制度化した。ただ、大震災の被災者には遡及適用しない代わりに附帯決議で「一日も早く生活再建できるよう、被災地の復興基金事業として実施されている生活再建支援金などを含め、本法の生活支援金に相当する程度の支援措置が講じられるよう国は必要な措置を講ずること」を政府に求めた。

これを受けて兵庫県は1998年6月5日、「被災者自立支援金」を「復興基金」（財団法人阪神・淡路大震災復興基金）から支給することを発表した。98年5月末時点では、力尽きて「孤独死」した人たちが216人にものぼっていたことを銘記しておかなければならない。

［注］

(1) 激甚災害制度は、地方財政の負担を緩和し、又は被災者に対する特別の助成を行うことが特に必要と認められる災害が発生した場合に、その災害を激甚災害と指定し、併せてその災害に対して適用すべき災害復旧事業等に関する国庫補助の特別措置等を指定するものである。

なお、指定については、「激甚災害に対処するための特別の財政援助等に関する法律」に基づく政令で指定することになるが、政令の制定にあたっては、予め中央防災会議の意見を聴くこととされている。

(2) 激甚災害の指定状況について内閣府の資料では、2008年度（平成20年度）～2018年度（平成30年度）までの間、48件（内、9件は局激）が指定された。

2 「自然災害から国民を守る国会議員の会」（災害議連）や各政党、政府の政策

(1) 「自然災害から国民を守る国会議員の会」（災害議連）の案（2000年2月～03年7月）

被災者生活再建支援法制定から2年、大震災から5年経った2000年、超党派の国会議員の段階で様々な案が作成された。

災害議連・2000年4月案(公助案)

超党派の国会議員有志でつくる「自然災害から国民を守る国会議員の会」(会長・原田昇左右自民党衆議院議員/当時)の被災者住宅再建促進小委員会(委員長・相沢英之自民党衆議院議員/当時)は、2000年4月末に「被災者住宅再建支援制度骨格」を決め、続く総会でも全員一致で確認、次期通常国会(2001年)に議員立法で法案を提出する方針を決めた。ところが、実際は法案の提出までには至らなかった。

地震、火山噴火、台風や洪水などすべての自然災害を対象とし、都道府県、市町村がそれぞれ支援金の1/4を負担し、残り半分を国が補助。過去の災害実績から今後100年間に必要な支援金総額を16兆円と試算。財源として、都道府県と市町村はそれぞれ毎年400億円ずつを「準備基金」に積み立てる──という内容である。

兵庫県や全労済協会など4団体でつくる「自然災害被災者支援促進協議会」が2000年1月、住宅所有者から固定資産税と同時に徴収する拠出金に、公的資金を加えて基金を創設する制度の骨子をまとめていたが、同小委員会は「国民年金も1/3未加入。共済制度として、小口の掛け金を毎月集めるのは容易ではない。経費倒れに終わる」としてこの共済(共助)方式を退け、全額公費で賄う(公助)方針をとった。

被災者に「自助」を押し付けたり、「共助」をあてにするのではなく、超党派の国会議員が「公助」でまとめたことは、一歩も二歩も前進であった。ここには大震災から5年間の世論と運動が、大きく反映していた。本来的な住宅再建支援制度の実現が、ようやく日程にのぼるところまで到達した。

超党派の国会議員の段階ではここまで到達したが、大蔵省(当時)は「私有財産・個人資産は個人が守るべきで、公的には支援しない考えから反対である。財源16兆円について、この半分を国が持ち、南関東大地震の超過負担分11兆円もあり、このような大きなものの財政付け足しはあり得ない」などの主張を繰り返し、最後まで頑なに公的支援に反対した。

一方、国会議員の主張の中心点は次の通り。

「(大蔵省の)その考え方は矛盾であり、住専問題、金融不良債権問題等への対策議論で事実上クリアーされている問題だ。要は一定の公共性があればあとは政治判断の問題ではないか」「その議論は沢山やった。『預金保険法案』『農業災害救助法』『被災者生活再建支援法』等で議論済みであり、今更議論の余地はない」「大蔵省がいつも『個人財産について支援は国の財政でやらない』と言っても形を変えて支援している。これらの実績からも同じことを言わないほうが良い」「昔から国は最大の保険者である。要は外で面倒をみるところがない。生活再建支援金の時もこの辺の議論は限りなくやった。そろそろその考えは変えるべきだ」。

２０００年2月4日から4月19日まで2か月余りの間に10回の小委員会が開かれ、精力的に検討が進められ一気に被災者住宅再建支援制度の案がまとめられた。しかし、先に見た通り大蔵省を中心に官僚は最後まで抵抗した。「結局は、財源を気にして金を出すのがいやなんだ。彼らはどんな事態になっても、それに応じて反対理由を作り出す。長年、訓練しているからね」（「神戸新聞」１９９７年12月6日付）と、この小委員会の委員長を務めた相沢英之氏はかつてこのように発言していたが、このやりとりを見ていると、全く相沢氏の言う通りである。相沢氏は大蔵事務次官経験者であるがゆえに、極めて説得力がある。大震災から5年を経て、国会議員と官僚との議論の決着はついていたが、災害議連も紆余曲折があり、制度創設までまだ数年の時間がかかった。

災害議連・２０００年10月案（共助案）

大蔵省は抵抗したが、ともかく国会議員の段階ではいったんここまで到達した。その半年後の２０００年10月19日、災害議連として「被災者住宅再建支援法案」の骨子をまとめた。その内容は、地震による全壊家屋に最高８５０万円支給する、財源は国費（公助）と住宅所有者の負担（自助・共助）で賄うというものである（10月案）。

さまざまな巻き返しもあり、折角到達した先の4月案（公助案）より後退ではあるが、とにかく被災者の住宅再建支援制度の確立に向けて法案の骨子がまとめられた。住宅所有者の負担金（25円／㎡）を固定資産税に上乗せして徴収するとしていることから、新たな国民負担になるということや、市町村の徴収事務問題などが課題として残り、合意に至らず、２００１年の通常国会での提出は見送られた。

国土庁（当時）の木下博夫事務次官（当時）は災害議連の10月案が発表された同日、「制度として確実なものにするには、まだクリアしなければならない問題点が多いと思う。…多くの財源が必要な話でもあり、関係者が議論を重ねる時間が必要ではないか」と述べていた。

以上見たように、災害議連は、「被災者生活再建支援法」（限度額１００万円）と新たに立法化を考えていた「被災者住宅再建支援法案」（限度額８５０万円）の二本立て（合計９５０万円）で進めようとしていた。国会の中では公的支援の額は９５０万円～１０００万円のオーダーで議論されていた。これが大震災6年半の到達点であった。

災害議連・2002年6月案(公助案)

災害議連は2002年6月、「被災者住宅再建支援法案(骨子案)」の財源案を了承した。内容は、すべての自然災害対象、全半壊世帯対象(年収、年齢要件なし)で、前回の案より100万円減じて全壊750万円、半壊250万円(風水害は半額、非再建者は1/3、原資は、国、都道府県、市町村(負担割合は災害規模による)となっている。

災害議連・2003年7月案(公助案)

災害議連は2003年7月2日、被災者生活再建支援法の改正試案を発表した。新たに「被災住宅復旧補助金」制度をつくり、住宅の所有者を対象に全壊世帯に最高500万円、半壊に250万円を支給。住宅の面積(上限100㎡)や災害の種類に応じて支給額を決める。非再建者には1/2を支給。また、生活再建支援金については、年齢や収入、災害規模等の条件は設けず、全壊世帯に一律100万円、半壊世帯にも同50万円を支給。賃貸住宅世帯にも、全壊で50万円、半壊で同25万円を追加支給。財源は、「被災者生活再建支援基金」を元に、国と都道府県が拠出して賄う。

災害議連は、それまで被災者生活再建支援法のほかに「被災者住宅再建支援法」の制定を想定、つまり「二本立て」を考えていたが、この時から住宅再建支援制度の創設も被災者生活再建支援法の改正で対処する方針に修正した。

(2)政党の独自案

民主党の改正案(2000年11月、公助案)

民主党は2000年11月、「被災者生活再建支援法一部改正法案」を提出した。内容は、年収1000万円以下、全壊500万円、半壊250万円、全額国費。

日本共産党の改正案(2001年6月、公助案)

日本共産党は2001年6月、「被災者生活再建支援法及び災害弔慰金の支給等に関する法律の一部改正案」を参議院に提出した。

被災者生活再建支援法の改正では、生活再建支援について、限度額を100万円から1000万円に引き上げ、使途制限の撤廃と住宅再建への支援、全額国費。また、既存ローンについては、災害弔慰金法の改正で、長期・低利の資金への借り替え可能に。また、災害援護資金(限度額350万円)の利子を現行の3%から無利子にするなどの内容。

(3)国土庁の『被災者の住宅再建支援の在り方に関する検討委員会報告書』(2000年12月)

国土庁(当時)の「被災者の住宅再建支援の在り方に関する検討委員会」(委員長:廣井脩東京大学教授ほか9人)は2000年12月4日、『報告書』をまとめた。この委員会は、被災者生活再建支援法の附則第2条に基づき、1999年2月から2000年11月まで17回も委員会を重ね検討した。『報告書』の骨子は次の通りである。

○住宅単体は個人資産だが、自然災害時には地域にとって公共性を有する。被災者の住宅、生活再建が速やかに行われれば、地域の経済活動が活性化し、復興を促す。

○被災者の自力再建には限界があり、公的支援も一定の制限があることを考慮し、共助の理念に基づく相互支援策の拡充が必要。

○共助に基づく住宅所有者すべての加入を義務付ける支援制度の提案は、強制加入に対する国民理解などの指摘もあり、今後検討。

○被災者が早期の生活再建ができるよう多様な支援メニューを提示する。既存住宅ストックの活用が有効。

○地震保険は、建物構造の被災リスク評価を保険料に反映させるため現行の保険料率体系の見直しが必要。

被災者の住宅再建に「公共性」を認めたのは初めてで、その点は一歩前進であるが、公的支援の必要性を認めていながら具体策を示さず、「公的支援も一定の制限がある」と結論づけた弱点があった。また、共済制度創設には委員会内で賛否両論があり、踏み込まずに抽象的記述に止まっている。さらには、先に見た災害議連・2000年10月案(共助案)に対し、自民党の一部や全国市長会・町村会、大蔵省(当時)などが、掛け金の徴収方法や国の財政支援などをめぐって反対し、法案化の目処がつかない現状を見て、「報告書に明記するのは早計だ」(国土庁幹部/当時)との政治判断が働いたという。「国の原則論はもはや古い。共済制度には反対だが、公的助成制度は時代の要請だ」と言う自民党の国会議員もいる(「朝日新聞」2000年12月5日付)。国こそが最大の保険者なのであるから、国の責任を明確にした上で国と地方自治体が公的支援する制度の確立こそ現実的で、最も求められていた。

(4)中央防災会議報告『防災体制の強化に対する提言』(2002年7月)

中央防災会議は2002年7月、次のような「防災体制の強化に対する提言」(防災基本計画専門調査会)をまとめた。

「行政としては、住宅の所有・非所有に関わらず、真に支援が必要な者に対し、住宅の再建・補修・賃貸住宅への入居等に係る負担軽減等を含めた総合的な居住確保をしていくことが重要。国は、現行の支援に加えて、安定した居住の確保のための支援策を講じるべきである」。

第4節 住宅再建支援問題をめぐる自治体と全国知事会の動向（2000年10月〜2003年7月）

1：鳥取県の住宅再建支援策（2000年10月、公助）

2000年10月17日、鳥取県の片山善博知事（当時）は住宅再建に一律300万円の補助金支給などの施策を発表した。同月6日に発生した鳥取県西部地震から11日目のことである。途方に暮れる被災者への何よりの激励であり、被災者にとっては暗闇の中で一条の灯りをみる思いであったろう。いち早く決断した片山知事は、被災者の不安を一刻も早く解消すべく本施策を立案したと述べた。

阪神・淡路大震災の教訓が生かされ、知事の権限と役割が発揮されれば現在の制度の枠内でもかなりの施策が可能であり、被災者が救済されることが明らかになった。大震災の被災地において被災直後から求め続けられてきたことが、鳥取県で実現された。鳥取県知事の決断・実行から汲み取るべき教訓を片山知事の発言から見ておくことにしたい。[(1)]

［注］

(1) 2001年2月に開かれた鳥取県主催の米子震災フォーラムでの片山知事講演の筆者の記録から。

住民の生命、財産を守ることが自治体の責務

私は、行政の最も基本的で重要な責務は、どんな事態、どんな場面であっても、住民の生命、財産を守り、生活の基盤を維持していくことだと考えている。1999年春に知事になってから、選挙で公約に掲げた〝防災・安全の地域づくり〟のため具体的に準備してきたが、2000年10月6日の当日は「あー、とうとうきてしまったか」というのが実感であった。

具体的な準備の第一は、防災関係機関との連絡・協力体制の確立、つまり、日頃からの人的ネットワークづくりである。ことが起きてから名詞交換をしているようでは間尺にあわない。第二は、防災マニュアル（地域防災計画）の点検。

2000年5月にこの点検作業を行った。地域防災計画では知事は自衛隊に出動要請することになっているが、自衛隊のどこの誰に連絡すればいいのか、また電話番号なども書かれていない。これでは地域防災計画は、いざという時に現場で作動しない。大変分厚いが、中身が実態に合っていない。これは、政府への報告文書に過ぎない。

これらの点検作業を経て、2000年7月31日に米子市で防災訓練を実施した。単なる年中行事ではなく、形骸化しない訓練をということで本番さながらに実施した。7月に実施し直後の10月に地震に遭遇したので、大変役に立った。

現場主義と現場の必要性によって政策をつくり上げることが重要

被災直後に防災ヘリを出して、火事が出ていないかどうか、死者が出ていないかどうかを調べることができた。1人の死者もなく、ほんとうによかった。政府の対応も早かった。森喜朗首相（当時）からも「精いっぱい後で支援するから」と直後に電話があった。扇千景国土交通相（当時）も「災害対策はスピードがポイント」とすぐに視察に訪れた。政府の対応は、これだけは実にスピーディであった。私も直ぐに市町村に激励の電話をした。

私は、被災の翌7日からヘリコプターで被災地に通い、また、県の幹部も被災市町村にはりついて、被災者の要望を聴いた。昼間は被災地に入り、夜は県庁に戻って災害対策本部会議で対策を決める。現場主義が大切で、政策は現場の必要性に基づくことが基本である。課題は現場にある。いちいち政府にお伺いを立てないことが、身のためである。

視察の目的は三つ。①現場を自分の目で見る。②市町村の役場が、機能しているかどうか。③被災者の生活が不自由していないか、不便がないかどうか。

「中央官庁が何を考え、どういう制度をつくっているか」というより、「それぞれの地域で何が求められ、何が必要なのか」を優先すべきである。これが地方分権。これからの地方行政は中央官庁に従うのではなく、現場の必要性によって政策をつくり上げることが一番重要ではないか。

政策決定のスピード感と情報公開が大事

政策決定のスピード感が大事である。私は、「根回し・談合の政治」から足を洗い、オープンな行政を進めてきた。「根回し・談合」をしないで、議会で議論をして決めていけばいいと考えている。ちなみに、災害対策本部の会議は、マスコミにすべてオープンで進めた。政策形成過程を見てもらったことになる。時間との勝負の時にいちいち記者会見をして発表するより、正確に情報を伝達することができる。被災者にいち早く情報を知らせるためにもその方がいいと思った。隠すことはないと思う。ただ、政府の圧力をはねのけて打ち出した住宅再建支援策を相談する時だけは、少々小さな声でやった。

３００万円の住宅再建支援策は地域社会を守るため

この震災は、高齢化率の非常に高い中山間地に大きな打撃を与えたのが特徴である。住宅で何もしなければ、肝心の住民が大量に流出し、地域の活力が急速に衰えるのは見えている。たとえ、公共施設がきれいに整ったにしてもそれでは無意味。後で取り壊す仮設住宅建設に１棟３００万円以上かける一方で、ずっと残る住宅の再建支援ができないのは割り切れない気持ちがあった。また、私有地に仮設住宅を建設できないのも硬直的で、今後政府に改善を求めていきたい。

今回の住宅再建支援策の３００万円は、仮設住宅建設にかかる費用と同額。所得制限は設けない。全壊・半壊・一部損壊などの基準も設けなかった。制度は、シンプルがいい。細かい制限をかけると、手続きも大変になる。地域に住み続け支えていって欲しいという気持ちからの措置。被災されたみなさんがこれからも安心して暮らせるように全力を尽くしていきたい。くじけないでいただきたいという思いだ。

災害復興の原則は元通りにし、目の前の被災者を救済すること

災害復興にあたって何が一番重要かと問われれば、できる限り元通りにすることに尽きる。よく、大火があったり、地震があると、この際とばかりに、いままでできなかったまちづくりをしようと、区画整理や再開発を計画したりしがちだが、私はそれは間違っていると思う。災害があると、１００年後を見通して、創造的なまちづくりをしようというのはやりやすい。だから、ついつい行政はやってしまう。行政による二次災害をつくり出してはダメだ。

１００年後には目の前の被災者はいない。復興は、１００年後の人のためにするのではない。いま、ここにいる困窮している人たちのためにするべきである。区画整理や再開発は平時に考えればいい。また、数千億円ものお金がかかる空港建設など、いったん棚上げしてでも、目の前の被災者を救済することが大事だと思う。

２０００年４月、無駄なダム建設を中止

従来の災害復旧は道路などの公共施設で手厚い施策があるものの、肝心な住宅には見るべき施策が何もない。本当に困っている被災者の現実との間に、かなりのギャップがある。被災地は、放って置いたら主人公の住民がいなくな

ってしまう中山間地だ。地方の活力を維持しようと公共施設を充実させても、それだけではうまくいかないことがこの20年の経験でわかっているはず。今までにない手法が求められていた。おかげで、人口の流出はほとんどない。日野町で数人あっただけで、溝口町は全くない。仮設住宅は28戸ですんだ。財政問題については、少々不安があったが、2000年4月、無駄な公共事業として中部ダムの建設（総工費240億円）の中止を決めていたことで、思い切った施策がとれた。河川を改修すれば30億円で済み、県費は100億円節約できていたので、今回の住宅再建支援策を決めることができた。

鳥取県は被害が小さいからできたのではない

鳥取県は、被害が小さいからできたのではない。財政基盤も脆弱だが、どのように無駄を省き、どのように税金を遣うかだと思う。人口の多い兵庫県や東京都などはそれだけ財政規模も大きく、実施しようと思えばできる。それだけの財政力はある。

東京都は23区のことを考えるとなかなかできないと言う。将来の23区のことを理由に目の前の三宅島を救わないのは間違い。目の前の被災者を救わなければ、将来の23区も救うことはできないのではないか。東京都のホテル税に私は反対だが、ホテル税で三宅島を救うのであれば、払ってもいい。

日本国憲法にも現行法にも住宅再建支援に公的資金投入を禁止している条項はない

従来「住宅再建支援に公的資金投入はダメ」という暗黙の財政上のルール、タブーがあった。ある種のムードが蔓延していて、多くの関係者がマインドコントロールされていた。「財政のルール」を守っても人がいなくなってしまっては、元も子もないし、むなしい。住宅再建支援策を発表する前日の10月16日に政府に要請に行った時のことである。ある官僚が私に「憲法違反だ」と言ったので、「憲法何条か」と聞き返すと黙ってしまった。憲法にも現行法にも住宅再建支援に公的資金投入を禁止している条項はない。

日本は法治国家で、憲法や法律に基づいて行政を行わなければならないが、禁止していないのだからやることができる。当時の西田司《まもる》自治相は「片山さん、おやりなさい」と言ってくれた。激励になった。政府は、こと細かく指示をするのではなく、自治体がすることを精神的にも、財政的にもバックアップしてくれればいい。

鳥取県から制度のスタートを

今後の被災者住宅再建支援制度のあり方としては、国と自治体が折半して基金制度を確立すべきだ。都道府県と市町村は二分の一の二分の一、つまり、全体の四分の一ずつを負担する。自治体の加入については、強制せず任意にする。鳥取県から制度をスタートさせていきたい。全国知事会で議論されている全国一律の共済制度は、困難ではないか。

鳥取県は地震の翌２００１年６月、全12条からなる「鳥取県被災者住宅再建支援条例」を制定し、今後の自然災害に備える体制を確立した。具体的でかつ実践的な一つのモデルを示したと言える。

２：宮城県の住宅再建支援策（２００３年８月、公助）

２００３年７月26日に発生した宮城県北部の連続地震直後の８月２日、浅野史郎知事（当時）は、全半壊した住宅を被災者が新たに建て替える際、「被災住宅再建支援金」（１００万円）を支給すると発表した。補修工事には程度によって最大50万円。支援金は工事完了後に支払う。対象期間は、２〜３年程度を予定している。

浅野知事は「いまだ財源のめどは立っていないが、最低でも10億円程度必要だ。被災の実態を見て、予期せぬ特別な事情だ」と支援策決断について述べた。都道府県段階での住宅再建支援策はこの時点で、先の鳥取県と合わせて２県になった。

３：全国知事会の住宅再建支援策（２００３年７月、公助案）

２００２年12月４日、全国知事会地震対策特別委員会専門部会は、住宅再建支援制度創設及び生活再建支援制度見直しの検討に着手した。そして２００３年７月17日、全国知事会は「自然災害被災者支援制度の創設等に関する緊急決議」を確認し、続いて８月８日には「自然災害被災者支援制度の創設に係る制度設計等に関する緊急要望」を国に提出した。

従来、「共済制度」を要望してきたが、「（掛け金徴収にあたる）市町村の反対や全国一律の制度としてはあきらめざるを得ない」として、「共済」の要望を事実上取り下げ、公費による支援策をまとめた。なお、知事会事務局は、最高２００万円の支給を検討。「緊急決議」並びに「緊急要望」の概要は次の通り。

「緊急決議」（２００３年７月17日）

１．都道府県は、住宅再建支援制度の創設のために、新たに拠出する。

2．国は真剣に受け止め、平成16年度予算及び住宅再建支援制度の立法措置を早期に構築すること。

3．生活再建、住宅再建とも、今後5年を目途に追加拠出の必要性のも含め、見直しをする。

「緊急要望」（2003年8月8日）

【住宅再建支援制度創設】

1．居住している住宅(所有、非所有問わず)が全壊、半壊した世帯対象に、新築、修理、賃貸住宅への入居に関して支給。

2．対象災害、年収、年齢要件は生活再建支援制度と同様。

3．財源となる基金は、平年ベースの災害、将来の災害による被害を想定し、新たに拠出。基金は元金取り崩し方式。

4．国は1／2を負担。基金総額を超える支援金の支給は国が保証する等の措置を講じる。

5．住宅再建支援と生活再建支援制度の会計は区分するが、やむを得ない場合は相互に融通できる仕組みとする。

【生活再建支援制度の改正】

1．対象災害要件（現行は市区町村内全壊10世帯以上等）の緩和。

2．被災年に年収要件を満たす世帯も支給対象とする(現行は前年収入)。

3．収入、年齢区分の簡素化。

4．通常経費、特別経費の区分の廃止等。

5．長期被災者については、避難命令解除に伴う住居移転費、物品修理費の支給等、必要な措置を講じる。

6．基金は元金取り崩し方式とする。

そして、全国知事会が被災者住宅再建のための基金創設を決議したことをうけ、鴻池祥肇防災担当相（当時）は2003年7月23日、衆議院災害対策特別委員会で、「都道府県の意見集約がなされたことを真剣に受け止めたい。来年度予算の編成を通じて必要な措置を講じる」と述べ、国として初めて、住宅再建支援制度づくりに着手する考えを表明した。

第4章 「被災者生活再建支援法」の2度の改正

第1節 2004年4月、「居住安定支援制度」の発足と課題

2003年7月～8月、住宅再建支援制度問題をめぐっては、この時期、大きく動いた。8月28日、内閣府は、住宅再建支援制度を設ける方針を示した。2004年度予算の概算要求に、1億5000万円を計上した。全壊した自宅の再建に最大200万円、半壊(自宅補修)に100万円、賃貸に50万円の支給。「自助努力のみでは円滑な居住の確保が図られないおそれがある場合に、必要となる経費等の負担軽減を図ることで、被災者の安定した居住確保のための支援を行う方向で、被災者支援制度の拡充を図る」(内閣府政策統括官)として、被災者生活再建支援法の一部改正で対処することを明らかにした。新しく創設する制度を「居住安定確保のための支援制度」と銘打った。

方針を取りまとめた内閣府の渋谷和久防災担当企画官(当時)は、「困っている被災者を助けることがこの政策の原点。住宅確保の支援が、被災者の生活再建に最も重要だと整理がついた。(新しい支援策は)私有財産の補てんでなく困っている人への支援。住宅が再建できる支給額ではなく、保険や共済など個人の備えを補う額とした。それなら、現行の被災者支援の延長線上で話がつくと考えた」と述べている(「神戸新聞」2003年9月12日付)。

全国知事会の案と同じ200万円という額は、十分な額とは言えないが、ようやく住宅再建の支援制度創設が2004年度からスタートするという具体的な日程にのぼった。1998年5月の被災者生活再建支援法制定が前進への第一歩とするなら、これは、第二歩目と位置づけられるものであった。

ところが、事態はまたもや財務省の執拗な抵抗にあって、当初の案通りにはいかなくなった。

2003年12月22日、内閣府は「居住安定支援制度」の創

設を発表した。全壊した自宅の再建には最大200万円という額は概算要求時と同じだが、経費の内訳に限定を加えた。建て替えや補修にかかる解体・撤去等の経費、ローン利子・保証料、建築確認等の諸経費（被災3年以内）、賃貸の家賃等（同2年以内）周辺経費に限定した。大震災の被災地や全国知事会などが求めていた住宅本体への建築・補修費は、最後まで財務省が難色を示し対象から外した。

阪神・淡路大震災の被災地では「震災の教訓が生きていない」「これでは救われない」「素直に喜べない」と落胆の声が相次いだ。

被災者の住宅再建支援制度創設に至るまで1995年1月から9年の歳月を要した。この時点における残された課題は、次の通り。

【居住安定支援制度】

1. 周辺経費のみならず、住宅本体への建築・補修費を対象にすること。
2. 限度額200万円を、当面500万円程度に増額すること。
3. 阪神・淡路大震災以降の自然災害に遡及適用をすること。

【生活再建支援制度】

1. 支給対象災害・世帯をいっそう拡大すること。
2. 支給条件を緩和すること［収入・年齢制限の撤廃など］。
3. 限度額100万円を、当面350万円に増額すること。

第2節 「台風災害・新潟県中越地震災害被災者の生活・住宅再建の支援策についての緊急9項目提案」の提出（2004年11月1日）

2つの災害被災者に迅速な支援策の実行を

2004年10月20日に兵庫県の但馬や淡路地方などを襲った台風23号の水害による被害の問題状況を整理して、緊急の提案をまとめようとしていた矢先の10月23日の夕方、新潟県中越地震の一報が入ってきた。「新幹線が脱線」の報道には、「犠牲者はいないか」「どんな状況か」と居合わせた兵庫県震災復興研究センターのメンバーは、一様に顔を見合わせた。

10月30日に震災研究センターの総会と「大震災10年の復興検証　中間報告会」を開く準備をしていた最中でもあっ

たが、この二つの災害からの被災者救済には、何としても大震災の教訓を生かさねばと思い立ち、「緊急提案」をまとめようということになった。

さて、10月26日と27日には小泉純一郎首相が新潟と兵庫の被災地を視察した。報道によれば、「来るのが遅い」「パフォーマンスより情報を」など被災者の悲痛な心境が語られていた。10年前のあの兵庫県南部地震直後に、当時の村山富市首相が個人補償要求に「気持ちはわかりすぎるくらいわかりますが、国の成り立ちとして、そういう仕組みになっていないんです」と述べて、迅速な被災者支援策をしなかったことが思い出された。

いま被災者への何よりのケアは、首相や被災自治体の首長がいますぐ生活・住宅再建のための個人補償実施のメッセージを発することである。２０００年10月6日の鳥取県西部地震の時は、「阪神・淡路大震災の教訓を踏まえて」発災から11日目に同県が「３００万円の住宅再建補助」の被災者支援策を発表し、被災者を激励し死者を出さず、人口減を食い止めたのであった。

台風災害・新潟県中越地震災害被災者の生活・住宅再建の支援策についての緊急9項目提案――

２００４年11月1日

この度、兵庫県震災復興研究センターでは、「台風災害・新潟県中越地震災害被災者の住宅・生活再建の支援策についての緊急9項目提案」をまとめましたので、提出します。

つきましては、本提案の実現につき、ご検討いただきご回答をいただきますよう、心からお願い申し上げます。

なお、本提案は、内閣総理大臣、防災担当大臣、国土交通大臣、厚生労働大臣、兵庫県知事、新潟県知事、京都府知事など被災自治体に提出します。

現下の避難生活の改善を含む生活・住宅再建のために、国や被災自治体がいま何をなすべきかを緊急提案します。なお、兵庫県震災復興研究センターが２００2年10月に出版した『大震災１００の教訓』（クリエイツかもがわ）には115項目の教訓をまとめています。参考にしていただければ幸いです。

1．避難所になっている体育館はすし詰め状態、また、避難所に入りきれなくて自動車の中での避難生活を強いられその中で死者が相次ぎ、体調を崩す被災者が増えている。安全で日常生活を保障できる周辺自治体の居住的施設―阪神・淡路大震災後に実施された公共宿泊施設、旅館、ホテルなどを借り上げることを含む―に直ちに移ることができるようにし、かつ、緊急医療体制を国と被災県の責任で整えること。

2.「孤立地区」には特段の施策が望まれる。先祖代々守りぬいてきた地域社会を、その地域のコミュニティの再建を前提にした復興方針を立てること。

3.災害救助法23条[1]の次の各号を当面、徹底活用すること。

「6　災害にかかった住宅の応急修理」

○応急修理の対象は「居室、炊事場及び便所等日常生活に必要最小限度の部分に対し、現物をもって行うものと…すること」（大臣告示）としているが、実態に即していない。また、金額は、2004年度から大臣告示により51万9000円となっている。2000~03年度までは52万5000円であったが、はじめて減額された。厚生労働大臣は、減額をしないで金額の引き上げと対象の拡大を行うこと。

「7　生業に必要な資金、器具又は資料の給与又は貸与」

○現行法に規定があるにもかかわらず、「災害弔慰金の支給等に関する法律」制定を根拠に、現在「給与」は実施されていない。このような脱法行為は改め、徹底活用すること。

4.応急仮設住宅建設を急がなければならない。阪神・淡路大震災の例では、建設・解体費用は、それぞれ300万円＋100万円＝400万円程度かかった。従って、自宅敷地内で再建しようとする被災者にはこの費用400万円を給付できるように改めること。このようにすると、住宅のストックが残り、人口減を食い止めることができる。

新潟県は、「仮設住宅を希望しない」者に対して最高200万円の独自の住宅再建支援策の方針を固めた。この支援策は10月30日に公表され、被災後一週間でメッセージを発した点で一歩前進である。ただ、次の二点の検討が必要である。

(1)金額を増額すること。

(2)被害の程度(全壊、半壊、一部損壊)により支給額に差を設けようとしているが、迅速性が求められている。鳥取県西部地震後の住宅再建支援策は、「地元で住宅再建する被災者に一律的に支援する」ことを原則に実施した。この時の教訓を生かすべきである。

5．被災者生活再建支援法の2度目の改正を直ちに行うこと。

【生活再建支援制度】

(1)支給対象災害・世帯をいっそう拡大すること。

(2)支給条件を緩和すること[収入・年齢制限の撤廃など簡略化する]。

(3)限度額１００万円を、当面３５０万円に増額すること。

【居住安定支援制度】

(1)周辺経費だけではなく、住宅本体の建築・補修費を対象にすること。

(2)限度額２００万円を、当面５００万円に増額すること。

(3)「災害に係る住宅の被害認定基準」を生活の基盤である住宅再建に資するものに改めること。特に、浸水被害認定基準を実態に即して抜本的に改めること。

6．災害弔慰金の支給等に関する法律に規定されている「災害援護資金の貸付け」（10条）は「給付」に改めること。当面、年3％の利子―限度額３５０万円の場合、約30万円となる―は止めること。なお、被災者生活再建支援法による生活再建支援を３５０万円に引き上げるならば、弔慰金法による「貸付け」は据え置きのままでよい。

7．災害廃棄物の処理・処分の支援を充実すること。

8．被災者を救済するにあたって必要なことは、迅速性である。公平性を理由に、災害の種類、被害の程度、年収・年齢などの要件で、支援対象を狭くし、かつ施策の実施が遅れる。必要な被災者に迅速に支援することを優先すべきである。

9．以上、国のなすべき責務は重大であるが、被災自治体は、国待ちではなく、先導的に被災者支援策を実行すること。

２００3年8月、北海道沙流郡平取町は、台風災害後すぐに住宅再建に最高４００万円の補助金を支給した。鳥取県の施策を参考に町単独で実施した。現在、地方自治体で独自に住宅再建支援策（公助）を実施しているのは、鳥取県をはじめ7県1町（兵庫県震災復興研究センター調べ）となっている。

以上

現下の避難生活の改善を含む生活・住宅再建のために、国や被災自治体がいま何をなすべきかを9項目にまとめ、首相、防災・厚生労働・国土交通の各大臣と新潟県・京都府・兵庫県の各知事に11月1日、緊急提案した。

2004年11月11日現在、9項目提案の中の数項目はすでに現実の施策に移されている。「住宅の応急修理」は、51万9000円から60万円に増額、「自宅敷地内に避難所として仮設住宅を認める」、また京都府は最高600万円の住宅支援策を発表するなど、刻々と変化している。迅速に被災者を支援する施策の立案と実行こそが求められている。

［注］

(1) 災害救助法は2014年改正され、「4条1項7号、2項」となっている。

第3節　能登半島地震の復興の現状と課題（2007年10月）

震度6強を記録し、1人が死亡、359人の重軽傷者を出した能登半島地震の発生（2007年3月25日）から6か月余りが経った。住宅被害は、石川県内の12市町で2201棟が全半壊、1万3556棟が一部損壊し、計1万5757棟に及んでいる。

神戸大学都市安全研究センターの石橋克彦教授（地震学／当時）は、今回の地震について「列島の日本海側や内陸の広い範囲が地震活動期に入っていることを、あらためて示した」と語っていた。

石橋教授は、北海道・東北の日本海側から中部・近畿、九州に至るまでの地域が、ユーラシアプレートから分離した小さなプレートの境界地帯に属すると提唱。この小プレートが東方向へ少しずつ動き、北海道のオホーツク海側から東北の太平洋側、関東に至る別のプレートに衝突していると推測する。今回の地震も、兵庫県南部地震や新潟県中越地震も、その境界地帯での東西方向の圧縮力で起こったとみる。

その上で「境界地帯のどこかで大地震が起これば、その部分の圧迫が弱まる代わりに、ほかの部分の東西圧縮は強まる。結果として大地震が連鎖的に起こり、最終的に南海地震などの巨大地震に至る」と指摘。「やや長期的には、こうした広い範囲での大地震発生に注意すべきだ」とする（「神戸新聞」2007年3月25日付）。

能登半島地震発生直後から、救援ボランティアや現地調査活動など復興支援活動中の2007年7月16日、今度は新潟県中越沖地震が発生した。阪神・淡路大震災の被災地ではこの二つの地震の復興支援に取り組んでいた。ここでは能登半島地震の現状と課題にしぼって整理しておくことにする。

1…被災者の現状

住み続けるか、離れるか―。能登半島地震で住宅被害が最も大きかった石川県輪島市門前町（2006年春、旧輪島市と旧門前町が合併）は、住民の48％が65歳を超える。「限界集落」―65歳以上の高齢者がその集落人口の50％を超え、独居老人世帯が増加し社会的共同生活の維持が困難になっている集落―直前である。今回の地震は、過疎化に追い打ちをかけるものとなった。

門前町道下菊に住む西村浩和さん（64歳）は、パーキンソン病の一種にかかって車いす生活の妻・美千枝さん（61歳）を自宅で介護していた。突然の地震で、自宅が損壊。美千枝さんの入所する介護施設に寝泊りしながら、自宅の片付けを進めた。

一時は「今の家を壊して小さな家を建てよう」と考えた西村さん。しかし、美千枝さんは自分の弟2人が建築を手伝ったわが家に愛着があり「絶対に残して」と譲らなかった。「彼女が生まれ育った町。思い入れのある家だから、やりたいようにしてあげたい」と西村さん。県外に住む3人の子どもらの同居の誘いも断り、美千枝さんが帰る日のためにバリアフリーを考えた自宅の改修工事を始めた。

住み慣れた町を離れる人もいる。道下地区の会社員山瀬澄男さん（50歳）は母・すみ子さん（78歳）とおよそ20年暮らした家が全壊、ショベルカーで解体された。

地震後、避難所生活になじめないすみ子さんを病院へ連れて行くと、アルツハイマー病と初めて診断された。思い当たる兆候はあったが、地震が決定的な打撃を与えたように思えた。山瀬さんはすみ子さんを輪島市のグループホームに入所させ、隣町に家を買い求め1人で暮らすことにした。

すみ子さんはおよそ80年住み続けたわが家がなくなったことを知らない。山瀬さんは「母は、自分の家に帰れると思っている。壊したと言えばショックが大きい」と時機を見て本当のことを話すつもりでいる。

前触れもなく突然襲いかかる地震の被害、都市部であれ中山間地であれ人々を非日常の世界に落とし入れることには変わりはない。いったん落ち込んだ生活状態を速やかに元に戻すことこそが復興ということであろう。

2…被災地と被災者の現状・課題を踏まえた政策を国・石川県などに提案

能登半島地震は、「石川県政史上未曾有の大災害」（谷本

正憲石川県知事）であり、輪島市など高齢化率が高い地域では被災で過疎化が一層進行する恐れがあり、被災者が住み続けるための所得、医療、住まいなどの生活支援が不可欠な課題であることは一目瞭然である。

兵庫県震災復興研究センターは、後方支援活動として今回の地震の「生活・住宅再建策」をまとめ3月29日、国・石川県など被災自治体に送付するとともに、4月末と8月上旬に現地調査を行った。4月末の調査を踏まえて5月10日、第2次提案をまとめ再び、国・石川県など被災自治体に送付した。

《第1次提案》能登半島地震被災者の生活・住宅再建の支援策についての緊急9項目提案

2007年3月29日

3月25日午前9時42分頃、石川県能登半島を中心に大地震が襲いました。輪島市内の女性1人が亡くなられ、住宅に大きな被害が発生しています。被災地と被災者のみなさま方に心からお見舞いを申し上げますとともに、一日も早い復旧・復興を願う次第です。

阪神・淡路大震災の被災地でも早速、救援活動が開始されています。12年前の阪神・淡路大震災以来、調査・研究、政策提言を積み重ねてきました兵庫県震災復興研究センターも緊急に、復旧・復興の方向につき国と被災自治体に対し下記の通り9項目の提案をします。

1．二次被災を防ぎ、安全で安心できる避難生活のために

学校の体育館や公民館などでの避難生活が始まりました。余震が続き、3月28日現在、依然1600人を超す被災者が避難を余儀なくされています。大きな不安を抱えた中での困難な避難生活が続くと、体調を崩す被災者が増えることが予測され、万全の避難対策が求められます。

厚生労働省は3月25日、「避難生活が必要となった高齢者、障害者等の要援護者については、旅館、ホテル等の避難所としての活用や緊急的措置として社会福祉施設への受入を行って差し支えない旨を石川県及び金沢市に通知」しましたが、28日現在、輪島市内の避難所で体調不安を訴えたり、体調が悪化し緊急入院せざるを得なくなった被災者が出ています。先の「通知」の内容を至急現場に徹底し、安全で安心できる避難所に直ちに移れるようにするとともに、緊急医療体制を国と被災自治体の責任で整えることが必要です。

2．応急支援には災害救助法の徹底活用を

特に災害救助法23条の次の各号を徹底活用することです。

(1)「6．災害にかかった住宅の応急修理」

「居室、炊事場及び便所等日常生活に必要最小限度の部分に対し、現物をもって行うものと・（中略）……すること」（大臣告示）としていますが、緊急を要する事態に「現物支給」では非常に不便で、実態に即していません。金額は51万9000円―新潟県中越大震災の被災地には豪雪地帯ゆえ60万円に増額―となっています。「現金支給」に切り替えるべきです。これは、厚生労働大臣の権限でできることです。迅速に実施することが必要です。

(2)「7．生業に必要な資金、器具又は資料の給与又は貸与」

現行法にこの規定があるにもかかわらず、「災害弔慰金の支給等に関する法律」制定を根拠に、現在「給与」は実施されていません。このような脱法的行為は改め、徹底活用を図ることこそが国の責務です。

3．仮設住宅の建設にあたっては、阪神・淡路大震災の苦い教訓、効果的だった鳥取県西部地震や新潟県中越地震の教訓を生かし、柔軟な対応を

(1)阪神・淡路大震災（1995年1月）では、仮設住宅にかかる国のルールに頑なに従い、被災者のコミュニティなどと関係なく、公共団体の所有地や借り上げ地に限定して建てられ、そして5年後解体されました。建設・解体費用に300万円＋100万円＝400万円程度かかりました。自宅敷地内で再建しようとする被災者にこの費用400万円を給付しておれば被災者の生活再建にはずっと効果的だったでしょう。国の行政から見ても①住宅のストックが残り、②人口減が食い止められ、③税金の効果的使用にもつながったのです。

(2)新潟県中越地震（2004年10月）では、新潟県は「自宅敷地内に避難所として仮設住宅を認める」とともに「仮設住宅を希望しない」被災者に対して最高200万円の独自の住宅再建支援策を実行しました。この支援策は、被災後1週間経った2004年10月30日に発表されました。時期を逸することなくいち早くメッセージを発した点は大変評価されます。ただ、金額が不足していることと被害の程度（全壊、半壊、一部損壊）により支給額に差を設けた点が課題として残りました。

(3)鳥取県西部地震（2000年10月）では、鳥取県は300万円の住宅再建支援策を打ち出し、「地元で住宅再建する被災者に一律的に支援すること」を原則に実施しました。この時の教訓を是非とも生かすべきです。

4．災害廃棄物の処理・処分に十分な支援を

損壊を受けた住居、家具家財などの片付け、大量に発生

する災害廃棄物の処理・処分は、被災者と被災自治体の大きな負担になります。特に、家電やパソコン・自動車等リサイクル対象物に関しては、リサイクル処理費用がかかり、これらはほとんどが自治体負担になっています。2次災害、健康障害や環境破壊を防ぐためにも、災害廃棄物の処理・処分は応急支援の重要項目と位置づけ、国が十分な支援を行う必要があります。

5．迅速性を優先した応急対応と弾力的運用を

以上の応急対応は、迅速性が極めて重要です。遅れれば遅れるほど被災者の疲労は増し、不安・心配が募ります。鳥取県西部地震に際しての県の住宅支援策は地震後11日目に片山善博知事の決断で発表されました。この迅速な対応が被災者の不安を大きく軽減したと言われています。迅速で的確な応急支援は被災者の心のケアにつながります。

公平性を理由に、災害の種類、被害の程度、年収・年齢等の要件に拘りすぎると、支援対象を狭くし、かつ施策の実施が遅れる等の問題を発生させます。救済が真に必要な被災者に迅速に支援することを最優先すべきです。鳥取県西部地震や新潟県中越震災時の支援策を特例とせず、一層拡大して弾力的運用を図ることが必要です。首相と厚生労働相や関係閣僚、そして被災地の知事が「被災者の窮状を救う」ことを第一に決断をすれば可能なことです。災害後の救援・復旧・復興は、「誰のために」「何のために」という目的・使命を考えれば、施策の方向は自ずと明確になります。

6．被災者生活再建支援法の再改正を急ぐ

本法の2度目の見直し作業がこの3月上旬から開始されましたが、2008年を待たずに直ちに再改正を行うべきです。再改正の主な検討事項は次の通りです。去る3月19日、兵庫県芦屋市議会も同趣旨の「意見書」を可決していますので、紹介しておきます。

⑴生活再建支援制度

①支給対象災害・世帯を一層拡大すること。

②支給条件を緩和すること〔収入・年齢制限の撤廃など簡略化する〕。

③限度額100万円を、当面350万円に増額すること。

⑵居住安定支援制度

①周辺経費だけではなく、住宅本体の建築・補修費を対象にすること。

②限度額200万円を、当面500万円に増額すること。

③「災害に係る住宅の被害認定基準」を生活の基盤であ

る住宅再建に資するものに改めること。特に、浸水被害認定基準を実態に即して抜本的に改めること。

7．「災害援護資金」は貸付でなく給付に改めるなど、「災害弔慰金の支給等に関する法律」の改善・充実を急ぐ

災害弔慰金の支給等に関する法律に規定されている「災害援護資金の貸付け」（10条）は、「給付」に改めることです。当面、法定されている年3％の利子―限度額350万円の場合、約30万円となる―は止めるべきです。なお、被災者生活再建支援法による生活再建支援を350万円に増額するならば、弔慰金法による「貸付け」は据え置きのままで構いません。

8．災害復興制度の充実・整備を早急に

地震が活動期に入ったとされ、一方温暖化に起因する気候変動によって風水雪害や干ばつ・熱波寒波災害、生物災害なども増加しています。わが国では災害復興法制が未整備なため現行の被災者支援策は継ぎ接ぎだらけです。この際、日本国憲法の関連条項を基軸にした災害復興法制の体系的整備と抜本的な内容の充実を図ることが緊急の課題となってきました。

9．国・自治体は「被災者の窮状を救う」という使命を認識して責務の遂行を

以上、国のなすべき責務は重大ですが、被災自治体は、国待ちではなく、何よりも「被災者の窮状を救う」という使命を認識し、先導的に被災者支援策を実行することが切望されます。

2006年現在、国の制度に対する支援金額の上乗せ、あるいは支援対象を広げる横出し、さらには独自の支援策を実施した自治体は延べ29都道府県、2市、2町に及びます。国の制度では不十分であることの証左でもあります。政府は「私有財産＝自己責任」論に拘泥することなく、日本国憲法に基づき、被災者が人間らしく生きていく権利（人権）を保障していかなければなりません。

《第2次提案》能登半島地震における生活・住宅・コミュニティ再建に関する7項目提案

2007年5月10日

3月25日に発生した能登半島地震の被災地では、5月3日に避難所が解消されました。3月26日のピーク時には47箇所に2624人の被災者が避難していたことを考えれば、比較的早期に解消され、またこの間、関係者の尽力によって避難所での犠牲者も出ませんでした。従来の震災後の教訓が生かされたことに安堵の思いを強くした次第です。

阪神・淡路大震災の被災地からの「足湯ボランティア」や全国各地からのボランティアのみなさんの献身的な救援活動が大きく功を奏していると思われ、心から敬意を表するものです。

兵庫県震災復興研究センターは去る3月29日、国や石川県に「緊急9項目提案」を提出し、4月29日と30日の両日、いしかわ自治体問題研究所と共同で被災地の現状と今後の復興の課題を把握するため現地調査を行ないました。

能登半島地震の被災地は、過疎化・高齢化の進んだ地域であるという点で、鳥取県西部地震（2000年10月）や新潟県中越地震（2004年10月）との共通性をもち、また海岸沿いに点在する集落も多いという点では、今後予想される東海、東南海、南海大地震の復興を考える上で示唆に富んでいます。

いま被災者は避難所から仮設住宅に入居し、今後の生活・住宅再建に備える段階に差し掛かったわけですが、一日も早くもとの生活を取り戻し、地震前の生活に復興できるように心から願わずにはおられません。私たちは、今回の調査で知りえた被災者の体験やボランティアの活動状況、そして被災自治体のとりくみをもとに、4月20日の「能登半島地震の復旧・復興対策に関する関係省庁局長会議」における方針（4・20政府方針）を踏まえて、新たに7項目を提案いたします。

国・石川県、被災自治体におかれましては、先の「緊急9項目提案」と併せ、是非ともご検討いただきますよう心から要請するものです。

1．避難所としての、旅館・ホテル・施設の活用を

厚生労働省は3月25日、「避難生活が必要となった高齢者、障害者等の要援護者については、旅館、ホテル等の避難所としての活用や緊急的措置として社会福祉施設への受入を行って差し支えない旨を石川県及び金沢市に通知」しましたが、この通知が実際に功を奏するまで少々時間がかかりました。

穴水町の「キャッスル真名井」が受け入れたのが4月4日、輪島市門前町の「ビューサンセット」は発生から3週間ほどの時間を要したと言われています。

今後の自然災害の被災地での避難所のあり方を考えれば、予め政府の避難所に関するガイドラインを全国の自治体に徹底しておくことが重要です。

2．住宅の応急修理にもっと支援を

災害救助法23条に基づく住宅の応急修理への支援金が今

回、50万円に減額されています。

従来は51万9000円であり、新潟県中越大震災の被災地には豪雪地帯であることから60万円に増額されていました。今回、なぜ減額されたのかの説明が必要であり、また少なくとも、従来並みに引き上げるべきだと思われます。

応急修理に関して厚生労働大臣告示は「居室、炊事場及び便所等日常生活に必要最小限度の部分に対し、現物をもって行う」としていますが、現場の実態に即しているとは言えません。「現物支給」では緊急を要する事態に対応できず、非常に不便であり、「現金支給」に切り替えるべきです。

また、応急修理は「半壊又は半焼」のみを対象としていますが、「全壊」でも修理可能な住宅が現実に存在していることを考慮すれば、「全壊」も対象に含めるべきです。

3．応急仮設住宅の入居は弾力的に

応急仮設住宅は5月8日現在、10か所で334戸が建設され、そのうち293戸に293世帯・669人が入居しています。

能登半島地震被災地における応急仮設住宅では、台所、風呂・トイレ、集会所などの設備や入居選考などの面で、過去の震災の教訓が生かされています。

ただし、「入居は2年限度」ということが強調され、被災者の先行き不安を掻き立てることになっている点は大きな問題です。

実際、阪神・淡路大震災の応急仮設住宅は5年間使用され、新潟県中越大震災でもすでに3年目に入っていることを考慮すれば、能登半島地震においてのみいたずらに「2年限度」を強調することは理不尽であり、被災者に対して精神的圧迫を加えることとなり、避けるべきでしょう。

応急仮設住宅での居住は、その後の恒久住宅の見通しが確保されなければ、一律に打ち切れるものではありません。国・自治体は、仮設住宅解消に先立って、恒久的な住宅再建についての具体的な支援策と復興方針を示し、被災者の不安解消に努めるべきです。

4．元の暮らしを取り戻す住宅復興への支援を

(1)被災者の生活実態と地域コミュニティを配慮した復興公営住宅の建設

恒久的な住宅確保にあたっては、被災者が望む限りもとの暮らしの回復を実現することを目標とすべきです。それには、被災者に資金的な余裕がある場合はともかく、資金的な力がなく高齢・病弱などの理由で身体的にも弱い立場にある人たちに対して、生活・住宅再建を公的に支援する方策が不可欠です。その際、復興公営住宅等が重要な政策

手段となりますが、その建設・供給にあたっては、被災者（入居者）の孤立化や孤独死を招かないよう、従前の地域コミュニティを保全すべく、特別の配慮が必要です。

①復興公営住宅等の構造・建て方は、鉄筋コンクリートの共同住宅を不変の原則とするのではなく、木造や戸建て・長屋などの建て方、小規模分散型の配置などを含め、地域・集落の実情にあったものとする必要があります。

②高齢・病弱な単身者などの生活支援を念頭においた「グループホーム」的な公営住宅なども視野に入れる必要があります。

(2) 自宅再建者への支援

全半壊した自宅を、基本的に自力で再建する被災者に対して支援が求められます。これには、国の被災者生活再建支援法による居住安定支援制度がありますが、所得制限や使途の制約が大きく、住宅再建にとって限界があります。被災者の多くは、最初は「400万円の支援がある」と聞いて喜んだのですが、実は適用されない場合が多いとわかって失望したとのことです。被災者生活再建支援法の再改正が、急務となっていることを改めて指摘せずにはおれません。

石川県はこの制度に100万円を上乗せする施策を打ち出しており、上乗せ分については所得制限をつけていませ

表1-6　鳥取県西部地震と能登半島地震の比較

	鳥取県西部地震（鳥取県分）	能登半島地震
○全　　壊	391棟	590棟
○半　　壊	2,472棟	1,170棟
○一部損壊	13,195棟	10,278棟
◎住宅支援策	300万円	100万円
○仮設住宅	28戸	334戸
○復興公営住宅	26戸（町村営）	49戸

資料1-2　「能登半島地震の復旧・復興対策に関する関係省庁局長会議」における方針（4・20政府方針）・抜粋

> 被災住宅の建築・補修に対する支援（国土交通省）
> 公営住宅の建設や面的な居住環境整備などの基幹的な事業と、地方公共団体の創意工夫に基づく提案事業を一体的に支援する「地域住宅交付金」を平成17年度に創設しており、各地方公共団体の判断により、この提案事業を活用すれば、地域における住宅政策の一環として被災者の住宅再建支援を含めた事業の支援が可能。
>
> 公的住宅（罹災者公営住宅等）建設への支援（国土交通省）
> ……高齢者の方が安心して居住し続けるためには、住宅のバリアフリー化と併せて見守り機能の充実を図ることが必要であり、阪神・淡路大震災や新潟県中越地震等においては、住宅施策と福祉施策の連携により、バリアフリー化された高齢者向け公営住宅に生活援助員（ライフサポートアドバイザー）を配置したシルバーハウジングの供給を進めてきたところ。また、地域の実情に応じ、木造・戸建ての公営住宅の建設も可能となっている。

ん。この点は前進面として評価されるものですが、なお、全壊・半壊などの被害種別による区分が存在しています。

鳥取県西部地震における鳥取県の住宅再建支援策では、被害程度による区分を設けず、迅速な支援が被災者を勇気づけ、結果として復興公営住宅（町村営）の建設は26戸で済んだという経験があります。こうした例に倣って、被害程度による区分を廃止した迅速な支援を検討すべきです。また、金額もせめて300万円程度まで増額することが望まれます。

5．集落・コミュニティの核としての社寺の復旧・再興を

能登半島地震の被災地ではおよそ600もの社寺があり、その相当数が被害を受けたと言われています。人口減少により檀家や氏子の少ない社寺が増えており、「自助・共助」だけでは社寺の復旧・再興がおぼつかないと危惧されています。

社寺はもとより宗教施設ですが、観光施設・文化施設でもあり、また高齢者らの集いの場として利用されているという側面を強く持っています。

例えば、総持寺祖院は、全国から修行にきた僧侶が輪島塗の食器を使い、それを全国に広めたことで知られています。歴史的に、輪島塗の文化の普及と総持寺は不可分のものでした。

現在でも、社寺は地域のコミュニティや文化の象徴であり、地域の人々の元気ややる気に直結する存在であると考えられます。また、地域の経済的活性化に関わる観光やグリーンツーリズムなどの資源としても活用できる大切な地域的財産でもあります。

このような寺院や神社の復旧が遅れると祭りが再開できず、地域コミュニティが衰退するなど、取り返しがつかないことになる危険性が予想されます。

能登半島地震の被災地で特別に重要な意味を持っている社寺の被害に対しては、各社寺の自力による再建努力は当然必要ですが、それに任せるだけでなく、復旧・再興への公的支援が強く望まれます。

なお、「4・20政府方針」では「文化財の早期復旧は、文化庁としても喫緊の問題と認識している」として、すでに「国指定等文化財」「地方公共団体指定の文化財」は対象になっていますが、いずれの指定にもなっていない文化財をも対象にする必要があります。

6．「能登半島地震被災中小企業再生のための復興支援ファンド」（300億円）の積極活用と対象拡大を

石川県（2割程度負担）と中小企業基盤整備機構（8割程

度負担）が、被災中小企業復興支援ファンドを組成し、石川県が行う、返済金利の無利子化、被災中小企業の建物・生産施設等に関する復旧支援、災害復興のための地場産品のＰＲ等を支援することになりました。

いち早い「復興支援ファンド」の組成は、被災中小企業にとっては一条の光とも言えるでしょう。ただ、先の現地調査では、地場産業（漆器、酒造）のない被災地ではこのファンドの支援対象にならないので、対象を拡大してほしい声があちこちから聞こえてきました。支援対象を限定せずに被災した中小商工業者すべてに支援を広げていくことが、復興を早めることにつながります。

前項の「寺院・神社」が観光施設としての側面を持っていることに着目すれば、このファンドの支援メニューに組み込むことも考えられます。

また、このファンドの目的は「中小企業再生」となっていますが、被災者の生活・住宅再建支援策もこのファンドの支援メニューに加えていくことも検討する必要があるでしょう。

7．内閣府の「被災者生活再建支援制度に関する検討会」は、能登半島地震被災地と被災者の聞き取り調査の実施を

本年（２００７年）3月上旬から開始された内閣府の「被災者生活再建支援制度に関する検討会」は5月14日、その第2回会合（東京）で阪神・淡路や新潟県中越の関係者４人のヒアリングを行ないますが、今後、能登半島地震の被災地に赴いて被災者や被災自治体関係者の現場の声を是非とも聞き取りされることを要請致します。

3：被災者の要望と今後の課題

「被災者生活再建支援制度に関する検討会」に要請した聞き取り調査が5月26日～27日に実施され、被災地の要望が直接国に伝えられた。「検討会」の『報告書』には以下のように記されている。

《意見・要望等の項目（書面、口頭による）》

(1)市・町との意見交換

- 支援制度運営システムソフトの構築
- 災害直後の経験者専門チームによる支援
- 住宅本体への支援
- 収入・年齢用件の見直し

●対象を半壊まで拡充
●同一町内への移転も対象とする要件拡充
●住宅再建しない場合の解体撤去費を対象とすること
●生活関係経費と居住関係経費の区分撤廃
●大規模半壊世帯に生活関係経費を支給
●全壊世帯の補修を対象とすること
●所有者と居住者の関係の緩和(・親子間での借家の取扱い ・大家への支援)
●町会が管理する施設への支援
●生活関連経費を所得に応じて一律に支援
●解体費の支援内容の統一(使い勝手が悪い)
●高齢者は再建が難しい
●制度が複雑で難しい
●被災時に収入はないが対象外

(2)被災者との懇談
●収入要件の撤廃
●収入の捕捉時期についての配慮(退職したが年金受給年齢に達していない)
●同一町内での再建も対象とすること
●親戚の家を借りた際の礼金を対象とすること
●個人仮店舗への支援
●情報の一元化を図ること
●近隣団体との支援の差をなくしてほしい

(3)県との意見交換
●住宅本体を対象にしてほしい
●年齢・所得要件の緩和
●住宅兼店舗等の店舗を対象にしてほしい
●低所得の高齢者が活用しにくい
●解体撤去費は従前の土地に家を再建しなければ対象とならず活用しにくい

能登半島の被災地と被災者の声は、阪神・淡路大震災以来12年余、主張し続けてきたことと同一線上で、普遍性が示されていると言える。過疎化が進んでいる中で、地域をどう元気づけていくかが最も重要な課題と言える。将来起こりうる東南海、南海地震への示唆になるのは、海岸沿いの集落が多く、陸の孤島のような、過疎化・高齢化の進んだ集落が点在している構造である。この問題はいま日本列島が直面している問題であり、普遍性がある。能登のいい復興のモデルを作ることが重要である。

能登半島地震の被災者のうち、自宅再建のため「被災者生活再建支援法」の居住安定支援制度を利用した世帯が、被害の大きかった輪島市で資格のある357世帯の8%(30世帯)、石川県全体でも約7%に止まっている。使途が解体・撤去費や住宅ローンの利子補給など限定的であるからである。先の参議院選挙の結果もあり10月現在、既に与野党とも支給対象を住宅本体に拡大する改正案をまとめている。能登半島や新潟県中越沖地震（7月16日）の被災者からは、遡って適用を求める声が高まってきている。

ところが、伝えられるところによると、財務省の官僚は、この問題に関して次のような主張をしているという。

「今回の2度目の改正で、この問題は打ち止めにしてほしい。そして、以下の3点セットが基本である。①住宅本体への支援ではなく、使い勝手が悪いから②金額の上限は300万円③遡及適用はしない」。

面子に拘っている時ではない。脆弱な復興制度のわが国に地震や台風など自然災害は、より増えていくことが予見されている。災害を前にした住宅・建築物の耐震化を促進するとともに災害後の人間の復興を制度的に保障することは急務である。いま被災者生活再建支援法の2度目の改正が国（内閣府と国会）段階で議論されているが、国は、財務省の官僚の見解・態度を克服して阪神や能登、そして中越などの被災地と被災者の声を真正面から受け止め、法制度の中に明確に位置づける仕事をしてこそ、その存在意義の発揮というものであろう。

第4節 「新潟県中越沖地震被災者の生活・住宅再建に関する緊急6項目提案」の提出（2007年7月19日）

2007年7月19日、兵庫県震災復興研究センターは、「新潟県中越沖地震被災者の生活・住宅再建に関する緊急6項目提案」をまとめ、内閣総理大臣、防災担当大臣、「被災者生活再建支援制度に関する検討会」委員、厚生労働大臣、経済産業大臣、原子力安全・保安院院長、国土交通大臣、財務大臣、被災自治体の首長、東京電力社長に提出した。

また、「緊急6項目提案」は、以下の「具体的なお願い」を添付して、Eメールで各方面に発信した。

(1)本メールを各方面に転送・転載して下さい。兵庫県震災復興研究センターからも、国・被災自治体、東京電力に届けますが、あらゆるチャンネルを通して発信して下さい。とりわけ、新潟県庁と被災市町並びに新潟県・長野県の団体・個人、そして東京の新聞・テレビ・ラジオ等メディアに発信して下さい。

(2)兵庫県震災復興研究センター発行の『災害復興ガイド』『大震災100の教訓』『大震災10年と災害列島』をご

活用下さい。当センターにご連絡下さい。

「緊急6項目提案」の内容は、次の通り。

緊急6項目提案

2007年7月19日

7月16日午前10時13分頃、新潟県中越地方（同県柏崎市、長岡市）や長野県飯綱町などで震度6強を観測する強い地震がありました。新潟県で10人が亡くなられ、重軽傷者は新潟・長野・富山の3県で1308人に達しました。また、住宅の被害は、新潟・長野の両県で全壊944棟を含め2800棟を超える大きな被害となっています（7月18日午後10時現在）。

新潟県中越沖地震の犠牲者のご冥福をお祈りしますとともに、被災地と被災者のみなさま方に心からお見舞いを申し上げます。そして、一日も早い復旧・復興を願う次第です。

阪神・淡路大震災の被災地でも早速、救援活動が開始されています。12年半前の阪神・淡路大震災以来、調査・研究、政策提言を積み重ねてきました兵庫県震災復興研究センターも緊急に、復旧・復興の方向につき国と被災自治体、そして東京電力に対し次の通り6項目の提案をします。

1．二次被災を防ぎ、安全で安心できる避難生活のために

学校の体育館や公民館などでの避難生活が始まっています。なかには、避難所がいっぱいで入れない、身体が不自由で避難所に行けないなどの被災者もおられます。余震が続く中、7月19日午前1時現在、避難所には4743人もの被災者が避難を余儀なくされています。食事がこない、水が足りない、トイレが足りないなど大きな不安を抱えた中での困難な避難生活が続くと、体調を崩す被災者が増えることが予測され、万全の避難対策が求められます。

厚生労働省は7月16日、「避難生活が必要となった高齢者、障害者等の要援護者については、旅館、ホテル等の避難所としての活用や緊急的措置として社会福祉施設への受入を行って差し支えない旨を新潟県及び新潟市に通知」しましたが、18日現在、柏崎市内の避難所で体調不安を訴えたり、体調が悪化し緊急入院せざるを得なくなった被災者が出ています。対象者を「高齢者、障害者等の要援護者」に限定することなく、先の「通知」の内容を至急現場に徹底し、安全で安心できる避難所に直ちに移れるようにするとともに、緊急医療体制を国と被災自治体の責任で整えることが必要です。

新潟県は7月17日、高齢者や障害者、妊婦らの避難所として、旅館やホテルの借り上げを決め、同県刈羽村は、デイサービスセンター「きらら」を「福祉避難所」に指定しました。これまでの教訓が生かされ、迅速な対応がなされています。

去る3月25日に発生した能登半島地震の際には、その日の夕方に同じ主旨の通知が出されましたが、この通知が功を奏するのに10日～3週間の時間を要しました。時間との競争の時に、これではかかり過ぎです。すし詰めの避難所を直ちに解消するように国と被災自治体は、万難を排してとりかかっていただきたいと願わざるを得ません。

2．応急支援には災害救助法の徹底活用と弾力的運用を

災害救助法、とりわけ23条の次の各号の徹底活用と弾力的運用が求められます。

(1)「6．災害にかかった住宅の応急修理」

「居室、炊事場及び便所等日常生活に必要最小限度の部分に対し、現物をもって行うものと……（中略）……すること」（大臣告示）としていますが、緊急を要する事態に「現物支給」では非常に不便で、実態に即していません。「現金支給」に切り替えるべきです。この大臣告示の「現物支給」では緊急を要する事態に対応できず、非常に不便であり、「現金支給」に切り替えるべきです。また、応急修理は「半壊又は半焼」のみを対象としていますが、「全壊」でも修理可能な住宅は対象に含めるべきです。金額は現在、50万円に減額されていますが、2004年新潟県中越地震の際には豪雪地帯ゆえ60万円に増額され、新潟県は独自に40万円を上積みして100万円にしました。度重なる自然災害に見舞われた被災自治体の財政事情を考慮すれば、この際、1戸あたり100万円分を国が全額負担すべきです。

(2)「7．生業に必要な資金、器具又は資料の給与又は貸与」

現行法にこの規定があるにもかかわらず、「災害弔慰金の支給等に関する法律」制定を根拠に、現在「給与」は実施されていません。このような脱法的行為は改め、規定を活用して「生業に必要な資金の支給」を図ることこそが国の責務です。

3．迅速性を優先した応急対応と首相の政治決断が、元の暮らしを取り戻す早道

2004年の中越地震では、新潟県は独自に「被災者生活再建補助金」を実施し、100万円を支給してきました（所得・年齢制限なし、半壊を含む）。被災者生活再建支援法による支援金は、生活関係経費（限度額100万円）と居住関係経費（限度額200万円、周辺経費のみ）とに分けられ、極めて使い勝手が悪く、それゆえに独自の上乗せ策を

実施せざるを得なかったのです。このような状況を反映して、全国知事会や日本弁護士連合会、および多数の団体・個人から同法の抜本改正を求める意見が国に届けられています。

内閣府に設置されている「被災者生活再建支援制度に関する検討会」は、中越沖地震の現状に鑑みるならば、予定を繰り上げて速やかに「住宅本体の建築・補修費を対象にすべき」との緊急報告書をまとめるべきではないでしょうか。

そして政府は、2008年に予定されている同法の改正に関して、参議院選挙後の臨時国会において改正を前倒しし、能登半島地震と中越沖地震に遡って適用をすべきです。いまこそ、安倍晋三首相には、その政治決断をすることが求められています。

鳥取県西部地震（2000年10月）では、同県は300万円の住宅再建支援策を被災から11日目で打ち出し、「地元で住宅再建する被災者に一律的に支援すること」を原則に実施しました。この時の教訓を是非とも生かすべきです。

鳥取県西部地震では、全壊391棟、半壊2472棟、一部損壊1万3195棟の被害に対して、仮設住宅建設は28戸、復興公営住宅建設は26戸（町村営）で済みました。住宅再建支援策が被災直後に打ち出された結果、自宅再建の道を選ぶ世帯が増え、仮設住宅や復興公営住宅に頼らざるを得ない被災者が減ったからです。

被災者に対して、行政の支援の気持ちがストレートに伝わり、その結果、全体として公費負担低減に寄与したと言えます。国と被災自治体には、このような迅速な対応をすることがいま求められています。首相をはじめ防災担当相、厚生労働相や関係閣僚、被災自治体の知事は「被災者の窮状を救う」ことを第一の目的として、救援・復旧・復興施策を迅速に実施すべきです。

4．災害廃棄物の処理・処分に十分な支援を

損壊を受けた住居、家具家財などの片付け、大量に発生する災害廃棄物の処理・処分は、被災者と被災自治体の大きな負担になります。特に、家電やパソコン・自動車等リサイクル対象物に関しては、リサイクル処理費用がかかり、これらはほとんどが自治体負担になっています。二次災害、健康障害や環境破壊を防ぐためにも、災害廃棄物の処理・処分は応急支援の重要項目と位置づけ、国が十分な支援を行う必要があります。

5．国・自治体は「被災者の窮状を救う」という使命を認識して責務の遂行を

以上、国のなすべき責務は重大ですが、被災自治体は、

国待ちではなく、何よりも「被災者の窮状を救う」という使命を認識し、先導的に被災者支援策を実行することが切望されます。

2007年4月現在、国の制度に対する支援金額の上乗せ、あるいは支援対象を広げる横出し、さらには独自の支援策を実施した自治体は延べ30都道府県、2市、2町に及びます。国の制度では不十分であることの証左でもあります。政府は「私有財産＝自己責任」論に拘泥することなく、日本国憲法に基づき、被災者が人間らしく生きていく権利(人権)を保障していかなければなりません。

6. 東京電力柏崎刈羽原子力発電所の事故は、「想定外」では済まされない

危惧されていた原子力発電所に対する地震影響について看過し得ない重大な事態が生じました。放射能漏れ、火災など発表分だけでも50件を超える損傷、トラブルが起き、被災地はもとより全国に大きな不安を引き起こしています。また、今回の地震による原発事故について欧米諸国は地震直後から強い関心をもっていると報道されており、事態の重大性を裏書きしています。「想定外」のことばで済まされることではありません。

東京電力は速やかにすべての調査結果を公表し、住民の安全確保策と事故の再発防止策を明らかにすべきです。また、この災害列島日本に全部で55基も原子力発電所がありますが、国と各電力会社は、設計基準の見直しを含む耐震性の点検を直ちに実施すべきです。

以上

第5節 「被災者生活再建支援法」2度目の改正の論点（2007年10月）

2007年秋の臨時国会に「被災者生活再建支援法」の改正案が2本提出された。1本は、与党（自民、公明）が衆議院に、もう1本は、野党（民主）が参議院に。7月の参議院選挙の結果が反映しているのであろう。従来にない新たな状況を踏まえて2007年9月、内閣府の「被災者生活再建支援制度に関する検討会」（検討会）宛に提出された意見書やパブリックコメントをもとにした改正の論点は、次の通り。

1. 財務省官僚の「3点セット」

与野党の改正案には「住宅本体への支援」が明記されているので大きな前進と言えるが、財務省の官僚は依然、本法の改正問題に関して次のような主張をしているという。

「今回の2度目の改正で、この問題は打ち止めにしてほしい。そして、以下の3点セットが基本である。①住宅本体への支援ではなく、使い勝手が悪いから、定額で見舞金とする。②金額の上限は300万円、ビタ一文上げない。③遡及適用はしない」。

国民が納得する内容で改正するなら打ち止めになるかも知れないが、「3点セットが基本」であるなら、打ち止めにはならないであろう。

2：「住宅本体への支援はしない」ことについて

住居が全壊あるいは大規模損壊し、住居を建て直すしかない被災者、安全な住居とするためには補修を必要とする被災者にとって、建設費、購入費や補修費の負担は最大の問題である。住宅本体への支援がなされなければ、真の意味での居住安定支援にはならない。

この点国は、「住宅は個人財産であり、その保全も自己責任によるべきであって、税金による支援を行うべきではない」とし、「私有財産の形成に公費の支出は認められない」との立場をとってきた。

しかし、大規模自然災害により住居に大きな被害を受けた被災者に、住宅本体への支援金を支出することは、憲法の保障する私有財産制と何ら矛盾するものではない。私有財産制度とは、国が個人の財産権を保障し、国家権力がこれを恣意的に収用することを抑制する制度であって、自然災害により財産的被害を受けた被災者を国家が支援することとは何ら矛盾しないからである。

また、憲法は、89条で公金の支出の制限を定め、宗教団体や公の支配に属さない慈善・教育等の事業への支出を禁じているが、私人への支出それ自体は禁じておらず、むしろ国民生活の安定を図ることが国家の責務であることを考慮すると、「私有財産の形成に公費の支出は認めない」との考え方は、災害復興の場面においては適合しないものである。

さらに、住宅は、地域社会において、住環境や景観を形成する要素として公共性を有することが明らかであり、住宅の再建は地域社会復興への第一歩であると言える。従って、住宅の再建をすべて自己責任に委ねることは、妥当ではない。

また、住宅所有者のみへの資金提供となる点が、住宅非所有者との不公平を生じるのではないか、との指摘もあるが、借家人等にとっても住宅の早期再建が居住安定につながること、住宅再建等に一定の公共性が認められること等を考慮すれば、実質的平等が損なわれることはない。

従って、建設費、購入費、補修費といった住宅本体の費用も支援金支出の対象に含めるべきである。そして、被災者の具体的必要性に応じ、住宅建設・補修の設計費への支援、住宅の設備等への支援、集合住宅の共用部分への支援にも支出対象を拡大していくべきである。

財務省の官僚が、面子に拘って変化球勝負で決着をつけようとしても、決め球の直球―住宅本体への支援―をもっていないと、「打ち止め」はますます遠のいていくであろう。

３：「金額の上限は３００万円、ビタ一文上げない」ことについて

現在法定されている支援の上限額は３００万円であるが、支援の範囲を住宅本体の費用にまで拡大するべきであり、これに伴い、支援金額の上限も引き上げるべきである。

なお、上限額については２０００年４月、自然災害議連の公助案において、住宅の再建について少なくとも平均１７００万円程度の費用が必要となるとの試算（旧建設省）をもとに、その半分の８５０万円を支援する案がまとまったことがある。

「首都直下等の大規模災害を考えると財政が破綻する」との意見があるが、首都直下等の大規模災害が起きたときは、まさに国家的危機・戦争並みの事態であり、防衛省予算などの組み替えを考えるべきである。１台１４００億円もの装備が、予想される災害より低い確率の戦争を想定して大量に配備・財政支出されている。わが国のどこにも資金がないわけではなく、眼前の危機に対して公的資金を支出する制度をつくることが重要である。現状でも、個人の住宅再建を支援する方が全体としての財政支出は低く抑えられる。

阪神・淡路大震災では約５０００棟の自力仮設住宅が平均９００万円で建設された。彼らは応急仮設住宅や復興公営住宅の世話にならず、地域の活性化に貢献し、自力で恒久住宅に建替え・改築したのである。応急仮設住宅は１戸当たり４００万円の公費を投じ、なんらのストックにもならず、復興公営住宅は１戸当たり１７００万円程度の費用が必要である。

従来、自然災害議連や旧国土庁の検討委員会での議論の中でも阪神・淡路大震災で仮設住宅や復興公営住宅に膨大な支出をしているのであるから、今後、住宅再建支援策を確立しておいた方がトータルに見れば公費の支出減になるのではないか、という意見が、繰り返し表明されていた。

例えば、被害規模のよく似た二つの地震（鳥取県西部地震、能登半島地震）後の仮設住宅と復興公営住宅の建設戸数を比較すると[1]、鳥取は、地震から11日目の３００万円の住宅再建支援策が奏功して、仮設住宅と復興公営住宅の建

設戸数を抑えることができたと言える(片山善博・前鳥取県知事談など)。

災害直後から自力仮設住宅を建設できる支援があるならば、公的支出の増大が抑えられることは明白である。事前自助努力の阻害要因論は、いわばためにする議論である。被災現場の調査などによれば、災害後の支援をあてにして、事前努力を怠るなどという人はいない。事前努力は意識の高さと資金力に依存しているのである。実際、本制度ができたために、事前努力が以前より減少したというデータはない。事前努力への意識喚起・資金援助も必要であるが、災害後の支援の充実も不可欠なのである。

4：「遡及適用はしない」ことについて

現在、内閣府に設置されている「被災者生活再建支援制度に関する検討会」において被災者生活再建支援法の改正が検討されている。この検討会が発足し第1回検討会が開催された2007年3月1日以降、能登半島地震（同年3月25日)、台風4号被害（同年7月中旬）及び新潟県中越沖地震(同年7月16日)と、立て続けに大規模な自然災害に襲われた。これら自然災害による被災地の被害はいずれも甚大であり、被災者は住居を失い生活再建の目処が立たないなど過酷な状況を強いられている。

検討会では、このうち能登半島地震の被災自治体及び被災者らのヒアリングが行われたが、台風4号と新潟県中越沖地震の被災者らの実態については必ずしも十分な検討が行われたとは言い難い。与党の改正案は、遡及適用しないことになっている。

遡及適用が原則として否定されるのは、改正の効力を遡らせることによって国民に不利益が生じたり、事務混乱等の支障が生じるところに理由があるのであって、現在検討されている被災者生活再建支援法の改正内容は、被災者への支援をより充実させ、事務の簡素化を図るところに目的があるから、遡及適用による条理上の不合理はそもそも生じない。

むしろ、本制度は、自然災害によりその生活基盤に著しい被害を受けた者が自立した生活を再建できるようにするところに目的があるのだから（被災者生活再建支援法1条)、既に深刻な被災の実態が存在しているのを認識している以上、それに対し支援・救済することは、制度の目的に合致するものである。検討会で検討が開始されたのは2007年3月1日であるが、検討の過程で生じた3つの大災害で生じた課題は、まさに今回の検討の俎上に載せられた課題であり、これらを対象外とする方が社会的には不合理であり、被災者の復興への意欲や将来への希望を失わせるおそれさえある。

財政的な面からしても、現行の被災者生活再建支援法の適用対象となる全壊家屋数は、能登半島地震が約630戸、台風4号が約18戸、新潟県中越沖地震が約1000戸であり、仮にこれら全戸に満額（300万円）を支給したとしても支給総額は約50億円にとどまり、被害規模との比較においても十分に実現可能である。

「遡及適用はしない」との頑なな態度は、能登半島や中越沖などの被災地と被災者に憤懣やるかたのない不公平感を抱かせるだけである。

被災地において今後の生活に深刻な不安を抱えている被災者らに対して安心と希望を与え、自立的な生活再建を可能とし、同時に被災地の復興を実現できるようにするために、是非とも改正法の遡及適用を行うべきである。

［注］

(1) 109頁の表1－6参照。

第6節　2007年11月、「被災者生活再建支援法」2度目の改正とその効果

1：実現した支援金の増額と支給条件の大幅緩和

阪神・淡路大震災から13年で、被災者の救済制度は唯一、被災者生活再建支援法（支援法）が制定され、2度改正されただけである。ところが、同法ができるまでも、現行の法制度は、個人補償を決して否定はしていなかった。

日本国憲法では個人の尊重（13条）、請願権（16条）、居住・移転・職業選択の自由（23条）、国民の生存権、国の社会保障義務（25条）などを保障しており、災害対策基本法1条は「国、地方公共団体及びその他の公共機関」は、「国土並びに国民の生命、身体及び財産を災害から保護する」と国・自治体の責務を規定している。また、災害救助法23条は、救助の種類として「七　生業に必要な資金、器具又は資料の給与又は貸与」を明記し、現金給付が可能であることを規定している。これは、一例に過ぎないが、現行法を徹底活用すれば個人補償施策はかなり踏み込んで実施できたのである。[1]

ところが、国と被災自治体は現行法の規定を棚上げし、なすべきことをしなかった。国と被災自治体のこのような対応は、不作為の違法性ありとの誹りを免れないものであった。

ゼロからスタートした個人補償は、1995年1月の大震災以来13年近く経った2007年11月6日、支援法の2度目の改正により住宅再建に300万円の支援金支給が可能になった。阪神の被災地のみならず自然災害の被災地と被災者の切実で真剣な声が、同年夏の参議院選挙の結果、与野党逆転し膠着していた複雑な国会情勢を動かし、画期的な前進をもたらした。

①300万円を限度とする住宅本体への支給（渡しきりによる手続きの簡素化）
②年齢や年収要件の撤廃
③同年の4災害に限っての遡及適用

など長年の懸案事項が解決し、実現した。

2007年3月に発生した能登半島地震の被災地・輪島市では、すぐに効果が出た。同市の仮設住宅入居者のうち、当初は78世帯が復興公営住宅を希望していたが、遡及適用の結果、29世帯が自力再建に変更し、元の地域に戻ることができた。

石川県では最大で、国の支援金300万円＋県・市の支援金100万円＋県の助成金200万円＋義援金170万円＝770万円支給され、再建費用の半分程度を賄うことが可能になったためである。兵庫県の資料によると通常、復興公営住宅の建設費用は、土地代（1000万円）を含めると2700万円程度必要であるが、支援法から300万円支給されることにより、被災者も当該自治体も双方が「よかった」と思えることになったわけである。つまり、復興公営住宅より費用が少なくてすみ、費用対効果が絶大であったということである。

さらにその後、東日本大震災の被災地・岩手県が住宅再建に最大565万円を補助すると発表した（2012年2月6日）。内訳は、国の支援金300万円＋県の住宅ローンの利子補給・最大135万円＋バリアフリー化や県産材利用による補助金・同130万円＝565万円である。石川県より少し少ないが、独自の「上乗せ」で住宅再建に弾みをつけようとするものであった。

被災者生活・住宅再建支援制度の「上乗せ」「横出し」は2000年10月の鳥取県を皮切りに30都道府県2市2町にまで広がっている。(2) また、2010年8月31日、政令が改正され、「2世帯以上」の住宅全壊被害(ただし、人口5万人未満の市町村)で適用するところまで到達した。課題がすべて解決したわけではないが、一歩前進した。

支援法の2度目の改正によって、被災者支援策は大きく前進した。3度目の改正は、2007年から4年後の見直し(2011年)に基づくものとなっていた。また、2010年7月16日、全国知事会も要望をまとめ、2011年の通常国会での法改正をめざすことを決めていた。ところが、東日本大震災の発生があり先送りになった。ようやく2013年10月、内閣府は「被災者支援に関する『有識者検討会』」を開始し、2014年夏頃までに意見整理を行うことにした。しかし、2019年3月時点では、いまだ3度目の改正は行われていない。

なお、被災者生活再建支援金は2019年1月末時点で、27万2670世帯に4674億5465万4千円が支給されている。

2…解決すべき課題と方向

支援法には、住宅被害のない被災重傷者・障害者への生活再建支援などは謳われておらず、同法は被災者支援の「オールマイティー」の法律ではない。従って、3度目の改正に向けて、支援法の改正だけに止めず、総合的な「災害復興制度」確立と一体的に議論を進めていくことが求められている。

最後に、被災者生活再建支援法(所管は、国土庁→内閣府〔議員立法〕、1998年5月制定)の解決すべき課題と方向を列挙しておくことにする。

①住宅の全壊が10世帯以上の市町村が対象となっているが、9世帯以下を除外する根拠はなく、矛盾も起きているので1世帯から対象とすること。
②半壊、一部損壊世帯も対象とすること。
③住宅のみならず、店舗・工場なども対象とすること。
④「長期避難世帯」の認定基準を緩和すること。
⑤金額の上限を、かつて(2000年4月)超党派の自然災害議連が合意した850万円を目標とすること。これは、住宅再建費用を1700万円(単価・17万円/㎡×平均面積・100㎡、建設省(当時)の試算)とみてその半分を公的に支援するという考え方である。
⑥全壊・大規模半壊などの被害認定と支援策を連動させることを切り離し、再建の態様(建て直しとか補修など)毎に支援するように見直すこと。

[注]

(1)2001年になって、次のような見解を述べる論者が現われた。「阪神大震災後の最大の論争点は『個人補償』であった。法学者の立場からは、制定法が存在しない場合に個人補償せよということは難しい。社会保障のレベルを超えて資産の保障をせよということも、理論的に困難である」（大島和夫神戸市外国語大学教授／民法、「兵庫住民と自治」２００１年２月15日号）。「社会保障の範疇を超える個人資産の補償については制定法がなかったことなど、当時の厳しい状況が被災地の個人補償を阻んだ。……震災という事態であっても、法律や通知に従わざるを得ないという行政の立場、すなわち上位行政（計画）が優先されるという法治行政の原則が存在しているということも重要な背景である」（大森光則神戸市職労委員長「兵庫住民と自治」２００１年６月15日号）。以上２人の見解は、個人補償をめぐる論点についていささか焦点がずれていると言わざるを得ない代物であった。

(2)２０１８年４月時点で、33都道府県が独自の制度を設けている（内閣府調べ）。

第7節　２０１３年９月の竜巻災害における被災者支援策の現状と課題
埼玉、千葉県の市町の事例から（２０１３年12月）

はじめに

２０１３年９月２、16日、埼玉、千葉県などに被害をもたらした竜巻災害は、行政区域内の被害家屋数によって支援格差が生まれる被災者生活再建支援法の課題を浮き彫りにした。同一災害でも市町ごとに適用、不適用が分かれる支援法の矛盾点は、以前から指摘されてきたが、この竜巻災害でも被災自治体から改善を求める声が上がっていた。

そこで、災害発生翌月の10月29、30日、埼玉県越谷市、熊谷市、行田市、松伏町、千葉県野田市の被災5市町で担当者にヒアリングを行い、その中で明らかになった支援法の問題点や、支援法の不備を補うために各自治体が設けた被災者支援策などを把握した。(1)

１：災害の概要

【９月２日の竜巻】

午後２時ごろ、発達した積乱雲に伴い、埼玉県さいたま市、越谷市、松伏町、千葉県野田市、茨城県坂東市にかけて竜巻が発生。風速は毎秒50〜69メートルに達した。

【９月16日の竜巻】

午後１時30分ごろから２時40分ごろにかけ、埼玉県滑川町、熊谷市、行田市、群馬県太田市で４つの竜巻が発生した。なお、15、16日は、台風18号に伴う竜巻や突風が、関西、関東、北海道など各地で発生している。

2…被災者生活再建支援法の適用基準（同法施行令第1条）

①災害救助法施行令第1条第1項第1号、第2号に該当する被害が発生した市町村
②10世帯以上の住宅が全壊した市町村
③100世帯以上の住宅が全壊した都道府県
④①か②の市町村を含む都道府県内で、5世帯以上の住宅が全壊した市町村（人口10万人未満）
⑤①～③の区域に隣接し、5世帯以上の住宅が全壊した市町村（人口10万人未満）
⑥①か②の市町村を含む都道府県または③の都道府県が2以上ある場合、5世帯以上の住宅が全壊した市町村（人口10万人未満）、2世帯以上の住宅が全壊した市町村（人口5万人未満）

支援金は、全壊世帯（半壊で解体した世帯含む）が最高300万円、大規模半壊世帯が最高250万円で、半壊や一部損壊の世帯は対象外となっている。

3…5自治体の被災者生活再建支援法適用状況、住家被害

自治体	支援法	全壊	大規模半壊	半壊	一部損壊	（集計日、単位）
越谷市	○	30	60	140	1295	10/28 世帯
松伏町	×	1	3	5	102（非住家含む）	10/9 棟
野田市	×	1	1	4	219（うち45は著しい損壊）	9/27 棟
熊谷市	○	10	－	21	756	10/28 件
行田市	×	0	－	0	148	10/28 件

4…各自治体の主な被災者支援策（住宅関連）、担当者からの指摘

【越谷市（9月2日発生）】

○被災者生活再建支援法に基づく支援金
最高300万円
○市災害見舞金
全壊世帯10万円、半壊世帯5万円
○市竜巻見舞金
全壊世帯5万円、半壊世帯3万円、一部損壊世帯1万円
○市生活必需品購入支援金
全壊世帯10万円、半壊世帯5万円
○民間賃貸住宅家賃給付金
最高月額7万円。全壊世帯1年以内、半壊世帯半年以内

●2日に災害救助法の適用が決まり、5日に被災者生活再建支援法の適用が決定した（適用日は9月2日）。24日には、市議会で竜巻関連の追加補正予算、条例案が可決され、竜巻災害見舞金（事業費1800万円）、民間賃貸住宅家賃給付金（事業費1500万円）の独自制度が導入された。

●災害見舞金と竜巻見舞金は併用可能。竜巻見舞金は一部損壊も対象とし、煩雑な手続きを避けるために罹災証明なしでも住宅の写真があれば支給した。災害見舞金は既存の制度で、主に火災や水害を想定しており、一部損壊は対象外だった。

●一部損壊の幅が広い、という点が課題だった。ガラス窓1枚が割れただけの住宅もあれば、半壊に近い住宅もある。

●竜巻被害に対する被災者支援について、過去の参考事例は2012年5月に被害を受けた茨城県つくば市くらいしかなかった。ただ、つくば市の竜巻見舞金はかなり手厚く（見舞金と生活準備金を合わせ、全壊世帯に70万円、大規模半壊世帯に45万円、半壊世帯に35万円、一部損壊世帯に1～20万円）、そのまま参考にするのは難しかった。

●被災者生活再建支援法や災害救助法については年に1回、市町村の担当者向けの説明会がある。竜巻災害の発生前に担当者が出席していたので、つくば市の事例も合わせて情報はあった。

●被災者生活再建支援制度の支援金申請について、「罹災証明の原本を添付」「訂正印は認めない」など細かい指示があり、課題と感じた。

●被害が市街化調整区域の場合、全壊や大規模半壊した住宅を取り壊すと、宅地として売ることができないなどの問題が生じる。越谷市以外でも起こっている問題ではないか。

●同じ災害に見舞われた県内の自治体でも、被災者生活再建支援法の適用、不適用が分かれるという事態を受けて、埼玉県が支援制度の検討会を始める（11月7日、「埼玉県・市町村被災者生活再建支援制度検討会」スタート）

【松伏町（9月2日発生）】

○竜巻被災者生活再建支援金
　最高300万円（国制度と同等）
○竜巻被災者見舞金
　全壊世帯10万円、半壊世帯5万円、一部損壊世帯1万円
○竜巻災害被災者家賃給付金

最高月額7万円。全壊世帯1年以内、半壊世帯半年以内
●被災者生活再建支援法の適用基準に満たず、9月4日、町長が総務相、防災担当相に対し、適用を要望。5日には県知事にも要望した。
●被災者生活再建支援法と同等の支援をすることを、9月10日に決定。町長の判断で決め、要綱を整備。同日、竜巻被災者見舞金制度も創設した(一部損壊については30日に創設)。支援金、見舞金を合わせ、予算は2970万円。
●9月30日、家賃給付金制度を創設した。家賃給付金制度の利用は1件のみ(10月29日時点)。
●被害認定についての課題がある。竜巻の場合、屋根が飛ばされてしまうこともあるが、建物の躯体に影響がないと一部損壊の扱いになってしまう。災害に応じた指針の整備をさらに進める必要がある。
●本来、法律は被災者のためのもので、役所のためにあるものではないはず。支援法の適用基準だけでなく、災害救助法についても、「ブルーシートはOK、土のう袋は不可」など線引きがよくわからず、課題と感じた。
●ブルーシートについては、竜巻災害を経験した茨城県つくば市が自発的に応援で持ってきてくれ、助かった。ブルーシートは町が大量に買うと被災者が購入できなくなるため、東日本大震災を教訓にして流通関係と協定を結んでおり、そのルートによる入手も機能した。
●被害の中心は農業地域で、田畑に入ったガラス片、瓦片などの除去が課題。稲刈りのコンバインが壊れてしまう。農家にすれば、自分の田畑に素人は入ってほしくないので、他人に除去を任せることはしない。

【野田市(9月2日発生)】

○千葉県被災者生活再建支援金
最高300万円(国制度と同等)、半壊補修世帯への支援金　最高25万円(県独自)
○市竜巻災害見舞金
全壊・半壊世帯75万円、著しい一部損壊世帯25万円、一部損壊世帯1万円
○市災害見舞金
全壊世帯5万円、半壊世帯2万円
●一部損壊の被害に幅があり、独自に「著しい一部損壊」と「一部損壊」の区分を設けて見舞金を支給した。一部損壊は、修繕費用10万円以上の世帯を対象としている。
●被災者生活再建支援法について、9月10日、市長が防

災担当相に適用を要望。現行制度では適用できないとの回答を受け、市として独自支援を決定（11日の市議会で約2200万円の補正予算可決）。並行して、千葉県に県事業としての実施を要望し、結果的に千葉県が制度を設けることになった。国の制度に、半壊補修世帯への支援を上乗せした内容となっている。

●支援法の適用については「同じ災害であれば同じ扱いを」と思う。法が適用されていれば、国や県に要望活動をする必要もなかった。

●被害認定基準運用指針についても、「判定基準が厳しすぎる」として、防災担当相に緩和を要望した。

●竜巻を受けた新設の2制度と、既存の災害見舞金制度を合わせると、全壊世帯の最高支給額は380万円（300＋75＋5万円）。半壊・補修世帯でも102万円（25＋75＋2万円）となる。

●見舞金の金額に関しては、前年に被害を受けた茨城県つくば市の例を参考にした。

【熊谷市（9月16日発生）】

○被災者生活再建支援法に基づく支援金
　最高300万円

○市竜巻災害復旧支援金
　半壊世帯最高20万円、一部損壊世帯1万円（補修工事への支援）

○災害見舞金
　全壊世帯10万円、半壊世帯5万円、一部損壊世帯1万円、非住家のみの全壊・半壊・一部損壊に1世帯あたり1万円

○市生活必需品購入支援金
　全壊世帯最高10万円、半壊世帯最高5万円、一部損壊世帯最高1万円

○民間賃貸住宅家賃給付金
　月額最高7万円。全壊世帯1年以内、半壊世帯半年以内

●「全壊10棟」という被害は比較的早い段階で判明し、被災者生活再建支援法の基準はクリアできると考えていた。

●見舞金制度などは、越谷市、松伏町の例を参考に、要綱を整備した。支援策をどこまで広げるのかは難しいところ。一部損壊は被害の幅が大きい。見舞金の「一部損壊1万円」という額は、お見舞いの気持ちで、できるだけ広く支給という考え方のもとに設定。

●災害救助法の応急修理制度は、業者が限られたり、補修の必要な部分が制度対象外であったりして使いにく

い（10月28日時点で申請7件）。すでに工事を済ませてしまった世帯もあり、補修工事を対象とする復旧支援金の制度を設けた。領収書を提出してもらっている。復旧支援金の申請件数は、10月28日までに169件。

●生活必需品購入支援金は、社会福祉協議会の制度。領収書の添付が必要。

●車の被害に対する支援の要望があったため、「被災軽自動車等に対する特別補助金制度」を創設した。廃車手続きをした車両、修理をした車両について1000円～7200円の補助を出す（普通自動車は県税の減免で対応）。

●被災者支援の予算については予備費で対応した。

●被災者の仮住まいは、当初公営住宅への入居で対応しようとしたが、通学の関係などで近くの民間住宅を希望する人が多く、家賃給付金制度を導入した。

【行田市（9月16日発生）】

○市竜巻被害見舞金

被災家屋1棟に1万円

●見舞金制度の新設について、災害直後は考えていなかった。東日本大震災でも住宅への被害はあったが、制度を設けなかったことが理由。しかし、他市でも一部損壊を含めた被害に見舞金を出すことになり、同じような支援策が必要と考えた。9月20日、市議会で補正予算可決。予算は100万円で、超える部分は予備費での対応とした。

●9月2日の竜巻で越谷市、松伏町の例があり、被災者生活再建支援法は適用されないということはわかっていた。見舞金などの支援策は、両市町の例が参考になった。

●見舞金については、防災部局で担当した。地域防災計画に照らせば、福祉部局が担当することになるが、担当分けは課題。防災部局は専属職員3人で災害対策本部の業務などもこなさねばならない（今回の調査では、見舞金や支援金にかかわる業務分担について、他市でも課題と感じていた）。

●被災者支援を行うには、被害の把握が必要だが、全容がわかるのに時間がかかる。竜巻の場合、屋根の上の被害などもあり、把握しにくい。全容が判明してきたのは10月上旬ごろ。被害の把握は、義援金配分などにも影響するため、重要な課題と感じている。

●物置など非住家の被害について「対象にならないのか」という問い合わせはあった。

●10月30日の調査時点で見舞金の申請は約100件、支給済みは55件。
●支援法については、自治体の境に関係なく、災害ごとに適用するべきではないか。また、半壊世帯への支援策も必要と考える。

5…見直し・改正の課題

今回のヒアリング調査においてより明瞭になったのは、被災者生活再建支援法（支援法）の適用の有無を自治体の区割りで別々に被害世帯数を数える方法―「10世帯以上の住宅が全壊した市町村」―を採用しているため、同一の自然災害・竜巻による被害が発生しているにもかかわらず、埼玉県越谷市は全壊30世帯ゆえ、支援法が適用、川を越えた同県松伏町と千葉県野田市はそれぞれ全壊1世帯ゆえ、支援法が不適用となり、両自治体から国に対し「支援法の適用については、同じ災害であれば同じ扱いを」との要望が出された。全く、正当な要望である。

支援法が不適用になった自治体では、町や市において支援法と同等の内容の独自策が講じられたため、被災者にとっては不公平感は生じにくかったが、町や市の段階では、不公平感が生じていた。

この問題は、今回の竜巻災害で露見したものではない。すでにこれまでも指摘されてきていたが、結局、政府は見直しの検討を表明するに止まり、実行に移してこなかったのである。2013年12月4日、内閣府被災者行政担当に直接問い合わせたところ、「本年10月から『被災者に対する国の支援の在り方に関する検討会』を開始しましたので、その場で検討をしていただいています。平成26年夏頃に意見の整理が行われますので、それを待って下さい。なお、被災者支援や住家被害支援については、都道府県が主体的に実施し、一定規模以上の災害については、都道府県の相互扶助と国の助成により支援することが基本です」とのことであった。

被災者生活再建支援法の2度目の改正が実施された2007年11月から6年余が経過した。2011年3月、東日本大震災が発生したという事情があったとはいえ、この6年間、検討の繰り返しに終始している。

内閣府の2006～2011年のまとめでは、「10世帯以上」の支給要件のため、住宅が全壊したのに306世帯は支援金を受け取れず、うち66世帯は自治体の救済も受けられなかった。

ちなみに東日本大震災では、111世帯が支援金を受け取れなかった。2012年5月の竜巻では、茨城県つくば市の約100世帯は支給対象になったが、同時に発生した竜巻にもかかわらず、栃木県益子町(全壊7世帯)や真岡市(全壊5世帯)は対象から外れた。栃木県は、最大300万円の支給を決定したので、被災者は救済された。しかし、被災者生活再建支援法に基づく「救済漏れ」は相次いでいる。

そこで、2012年8月15日、末松義規内閣府副大臣(当時)は、「公平性を期すため、適用基準の見直し検討を表明し事務局に指示した」(「毎日新聞」2012年8月16日付、「東京新聞」同年9月7日付)。

2012年5月6日に茨城県、栃木県及び福島県において複数の竜巻が発生し、死傷者や多くの住家被害が発生するなど、甚大な被害がもたらされたため、それらの被害を踏まえ、政府は竜巻等突風に対する対策を強化するため、内閣府副大臣を座長とし、関係府省庁により「竜巻等突風対策局長級会議」を設置し、同年5月17日から8月15日まで5回会議と米国調査(FEMAなど)も実施し、50頁に及ぶ『報告書』(同年8月15日付)をまとめている。

その中で「被災者支援に関する取組」として「○全国知事会の要望を踏まえ、被災者の公平性が確保されるよう、被災者生活再建支援法の在り方について早急に検討【内閣府】。○農地に混入したガラス片等の除去に関する支援の周知【農林水産省】。○住宅金融支援機構による被災住宅復旧のための融資に関する周知【国交省】」と3項目の方針をまとめている。

内閣府によれば今回の竜巻災害後もすでに3回「竜巻等突風対策局長級会議」が開催され、2013年12月末に『報告書』をまとめる予定とのことである。

調査をし、会議を開いて対策をまとめることはとても重要なことであるが、出された結論を棚上げし、実行しないのであれば、「それは不作為ではないか」との誇りを免れない。

そもそも、被災者生活再建支援法施行令の「10世帯以上の住宅が全壊した市町村」という規定は、根拠のない線引きである。もともとこの世帯数による線引きについては支援法施行後の条件緩和を求める世論の高まりを踏まえ、別項で「5世帯以上の住宅が全壊した市町村(人口10万人未満)」「2世帯以上の住宅が全壊した市町村(人口5万人未満)」になったものである。条件がついているとはいえ「5世帯」「2世帯」まで下げられているのである。

「10世帯」も「5世帯」も「2世帯」も同じ施行令の中に記されているのである。これらをなぜ区別しなければならないかの合理的根拠はいまだ明らかにされておらず、恣意的と

も考えられる。以上の線引きは、自然災害の現実にそぐわず、早急に改めることが必要である。(2)

被災者生活再建支援法並びに同施行令について、改正すべき点は次の通りと考える。

①同一の自然災害の被災者を対象とし、人間が人為的に区割りした自治体毎の適用を排し、全壊１世帯から適用対象とすること。→施行令の改正

②半壊・一部損壊世帯も適用対象とすること。→支援法の改正

③自然災害の中に「竜巻等突風」を付け加えること。→支援法の改正

以上

［注］

(1)本稿（第7節）は、関西学院大学災害復興制度研究所の『検証被災者生活再建支援法』（２０１４年3月発行）の作成過程での磯辺康子(元「神戸新聞」編集委員・論説委員)、津久井進(弁護士)両氏と筆者の3者の共同調査並びに共著である。

(2)被災者生活再建支援法について国は3度目の改正をしなければならないことになっている。２００７年11月の2度目の改正から11年余り経っているがいまだ行われていない。この間にも、自然災害は多発し、都道府県段階では独自に支援制度をつくっている。「毎日新聞」（２０１８年11月10日付）によると22道府県が半壊世帯の支援制度を常設し、うち14府県は床上浸水や一部損壊世帯も対象にしている。

22道府県のうち、1世帯あたりの支給額上限は京都府が最高で１５０万円。１００万円以上は徳島、鳥取、大分など5府県。50万~20万円が茨城、愛媛、静岡など6県。５万円未満が和歌山や沖縄など3県。京都府は一部損壊や床上浸水の世帯も最高50万円を支援している。一方、全国知事会は２０１８年11月9日、同法の対象を半壊に広げるよう国に要請することを決めた。

図1-3　生活・住宅再建支援制度創設の経緯

（2013年10月17日、兵庫県震災復興研究センター）

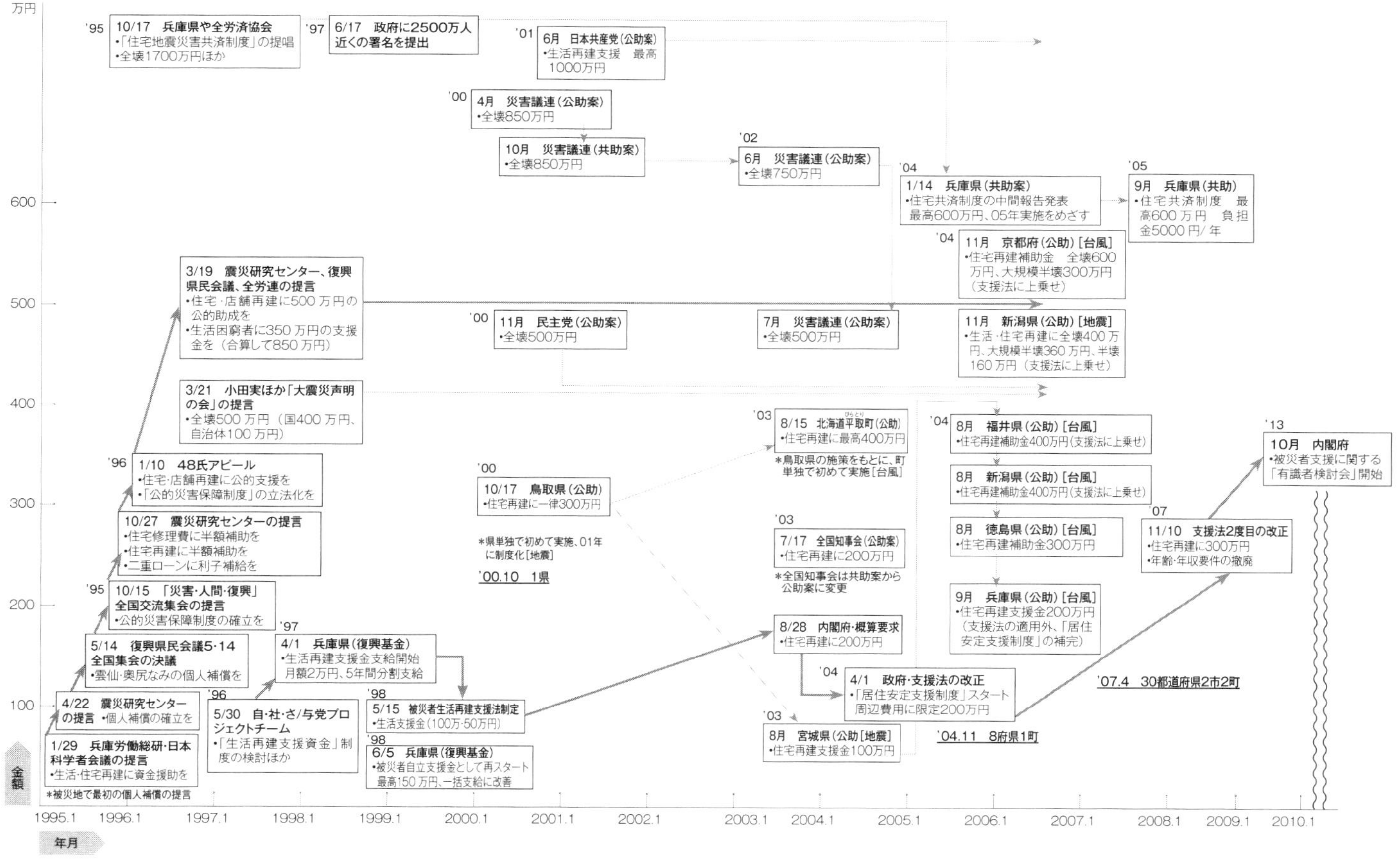

column

「自助・共助・公助」について

住宅再建問題の議論の中で、「自助・共助・公助」の組み合わせが望ましいとよく言われる。誰が言っているのだろうか。私がこれまで見聞きしてきたところ、国と自治体、それにマスコミが多いように思う。国（政府）と兵庫県は、それぞれ次のように述べている。

●内閣府：住宅再建は、保険、共済等による自助・共助が基本であることを明確にした（居住安定支援制度の創設について、2003年12月22日）。

●兵庫県：「自助」「公助」いずれにおいても、限界がある。このため、これら「自助」「公助」の仕組みに加えて、住宅所有者が、災害時に住宅を再建するための費用に充てる資金（つまり義援金）を前倒しにし、平常時から寄せ合う「共助」の仕組みが必要である（「兵庫県被災者住宅再建支援制度調査会・中間報告」、2004年1月14日）。

どこか腑に落ちないのである。「自助」の例としては「地震保険」、「共助」の具体化として「共済制度」となっているが、国や自治体がしなければならないのは「公助」を具体化することではないのか。憲法や地方自治法をひもとくまでもなく、行政の最も基本的で重要な責務は、どんな事態、どんな場面であっても、住民の生命、財産を守り、生活の基盤を維持していくことである。「公助」をどうするかということに尽きる。

９年前の大震災後は、この当たり前のことがなされず、「国の成り立ちとして、個人補償はできない仕組みになっている」「自分の財産は自分で守りなさい」と首相や官僚が判断し、被災自治体もそれに従った。この国では「公助」はできないという錯覚とある種のムードが蔓延していて、多くの関係者がマインドコントロールされていた。

だが、大震災の重要な教訓は、住宅再建は「公助」が基本でなければならないということである。政府は「住宅再建は、保険、共済等による自助・共助が基本である」との見解を早期に克服して、2004年春スタートした「居住安定支援制度」に建築・補修費を含むようにしなければならない。また、兵庫県も論証抜きの「公助限界論」と「義援金前倒し集金論」から脱却しなければならない。

繰り返しになるが、大震災の教訓は、行政が「自助」を押し付けたり、「共助」をあてにすることではなく、「公助」こそ基本ということである。2000年10月に発生した鳥取県西部地震後、鳥取県は被災11日目に300万円の「公助」施策を発表し、被災者を救済した。「自助・共助・公助」の組み合わせを国や自治体が云々するのは見当はずれである。国や自治体は、「公助」を具体化するのに知恵と力をつかうことが必要である。

（2005年１月）

第2編

大震災の検証と教訓、多発する自然災害と「災害救助法」徹底活用

第1章 大震災の検証と教訓

第1節　大震災いまだ終わらず
5年の復興検証（2000年1月）

大震災から5年、当初から被災者の立場で調査・研究・政策提言などに取り組んできた兵庫県震災復興研究センターは、この5年を検証し『大震災いまだ終わらず―5年間の国と自治体の復旧・復興施策を問う―』（B5判、510頁）にまとめた。23人の研究者・運動家が共同で研究し、24の分野にわたって分担して執筆した。心のケア、教育、医療などいくつかの分野については検証できなかったが、これらの残された課題は今後のさらなる調査・研究に待たざるをえない。その意味で検証作業もいまだ終わらずと言えよう。

以下は、検証結果の概要である。(1)

1 ∷ 広がる「復興格差」

インフラ整備はめざましい。しかも、「復旧よりも復興を」という発想から、最新鋭技術で復興したものも数多い。例えば、神戸港での水深15mの大型コンテナバースの建設である。大企業の復興ぶりが顕著である。震災直後、鉱工業生産は落ちるが、震災需要によって大企業を中心に鉱工業生産の伸びは全国水準を上回った。

他方、復興公営住宅で生活している被災者は、避難所→仮設住宅→公営住宅を転々として心の落ち着く間もない。住み慣れた土地や仮設住宅の中で知り合った人と別れ、孤独な生活を余儀なくされている。しかも、高齢者が多く所得も少ない。特別家賃減額補助が入居後5年で打ち切られようとしているが、その時どうしよう、先行きどうなるだろうか、という不安が強まっている。高齢者や子どもに対するケア体制が不可欠である。中小企業の停滞、市場・商店街のさびれようは目に余る。売り上げは震災前に比べて3割から7割落ち込んだ。震災緊急融資の返済猶予が切れた時が心配されている。

2 : 箱物・大企業優先の復興政策

行政の復興路線は、インフラを整備し大企業が復興すれば、被災者の生活再建は実現する、自立できない被災者に対しては最小限の社会保障的措置をすればよい、というものであった。そして、9兆円の復興資金が投入された。しかし、震災需要は主に被災地内外の大企業に吸い上げられ地元の中小企業や商店は潤わなかった。

この9兆円は震災直後に公表された被害推計10兆円に基づくものであるが、国も県も市も被害実態を十分に調査しなかった。被害調査と被災者の意見に基づいて生活再建政策を打ち出すべきなのに、そうしないで震災以前の計画を一気に実行しようとした。神戸空港の建設、新長田駅南地区の再開発、東部新都心計画などであり、生活再建予算は削減された。政府は、この復興計画を「地震が起こる前でも、こういう計画が出てきたんじゃないか」と批判し、復興費を削ったのである。また、被災家屋の危険性をあおり、修理すれば住むことのできる家屋までも解体した。被災者は住み慣れた土地から離れざるを得なくなった。これがまちの活気を奪い商店の営業を困難にした一因である。

3 : 復興特需でボロ儲けした神戸製鋼所など大企業

大企業優先の復興路線を具体的に見てみよう。被災地復興の象徴と言われた神戸製鋼所は、震災によって1020億円（神戸製鉄所などの固定資産600億円、営業機会損や費用増が420億円）もの甚大な、「財務上はカバーし難い」（水越浩士社長／当時）被害を被ったが、95年7月には復旧を果たした。中小自営業と違って、神戸製鋼所のような大企業は、体力があり、神戸工場の被災を加古川工場でカバーすることができる。

川崎製鉄や住友金属と比べると、被災の影響が最大の1994年度の売り上げは不況の影響ですべて落ち込んでいるものの、神鋼の落ち込みは最小。その後の95―97年度の神鋼の売り上げは他社よりはるかに増加したが、98年度は16％減と最大の落ち込みをみせた。この売り上げの動きは、復興による大型事業や建設資材などの特需が3年ほどは神鋼に集中したことを示している。実際、神戸商工会議所の牧冬彦前会長は神鋼出身であり、復興の方向付けにも影響力を発揮した。

1999年3月、神鋼は神戸製鉄所の焼結炉と遊休高炉を廃棄した跡地に神戸市の全需要を賄える140万kw、総費用2000億円の石炭火力発電所の建設に踏み切った。

この地は神戸市東部の中心部であり、周辺だけでなく盆地状の大阪湾全域の住民の健康悪化をもたらす。しかも、住むなら神戸とか、観光都市神戸を演出し、医療・健康産業を復興の柱とする神戸市の都市計画とも真っ向から対立する。常識では考えられないこの計画が、被災地の雇用の落ち込みを救う、被災による電力途絶の反省に立ち地元で安定供給する、神戸市も税収増で潤うなどとして、震災復興を名目に強行された。

4 震災を奇貨とした大企業

また一方、神戸市が進めていた東部新都心事業で、神鋼（40・8ha）、川鉄（26・5ha）の大規模な遊休地が工業専用地域、臨港地区から宅地や商業地に用途変更され、神戸市、兵庫県、都市基盤整備公団に高値（1・5〜3・5倍）で売却。これで、神鋼は300億円弱、川鉄は218億円の売却益を得、企業再建の大きな足がかりとなった。もともと神鋼、川鉄、神戸市がウォーターフロント開発を計画していたが、臨港地区の解除などの問題もあり、大まかな構想段階にとどまっていた。ところが、神戸市は、震災を機に「復興住宅建設」の名目で事業を推し進め、企業は土地をうまく売りさばき、海側で分譲マンション建設に乗り出すことになった。遊休地の活用や事業の多角化をめざしていた企業の思惑通りの展開になった。さらに、この地域の土地区画整理事業費総額560億円のうち、神鋼、川鉄などには180億円もの移転補償費が盛り込まれているのである。

大震災から2週間後の1月末には貝原俊民兵庫県知事が復興拠点用地として神鋼、川鉄の全工場用地を取得する意向を表明。2月1日には当時の亀高元吉神鋼社長がひそかに県庁に知事を訪ね、県の復興計画への協力を申し出た（「日本経済新聞」1995年6月22日付）。そして、その直後に神鋼、川鉄、神戸市、兵庫県が東部臨海部を復興拠点にすることに基本合意をした（「神戸新聞」1995年2月9日付）。当時、避難所には30万人近い被災者が不安な毎日を送っていた時期であった。

四者のいち早い基本合意をもとに、その後知事や市長などは政府の「阪神・淡路復興委員会」（下河辺委員会）で東部臨海部の用途変更を積極的に主張した。「復興住宅、受皿住宅を一刻も早く」という大義名分のもとに、事態はシナリオ通り展開した。95年9月頃から本格的な用地交渉が始まり、平時なら誰も買い手のない二束三文の土地が、住宅用地で坪あたり約70万円、商業用地で坪あたり平均145万円と上限額にかなり近い額で取り引きされている。震災復興が文字通り、大企業本位で進められたひとつの証左であろう。

「兵庫県や神戸市、地元商工会議所は東部新都市開発や埋め立てには熱心だが、市街地再生のビジョンがない」（『毎日新聞』1999年12月15日付）と下河辺淳氏にも批判される始末である。このように、神鋼など大企業は震災を奇貨として平時ではやれないことを敢行し、震災復興を方向付け、自己利益の追求に狂奔した。その結果、大企業と中小自営業との著しい復興格差が生み出された。

5：仮設住宅の官僚的管理がもたらしたもの
——真夏の給水停止死亡事件

1997年8月7日、神戸・ポートアイランドの第6仮設住宅で53歳の女性が亡くなっているのが発見された。死後3日で餓死に近い衰弱死であった。神戸市水道局は前後5回訪問したが本人に一度も会わずに、料金滞納のため7月30日給水を停止、その情報は仮設住宅を所管している生活再建本部にもたらされず、行政内部の連携不足、機械的でかつ配慮のないまま孤独死を出した。そして、兵庫県内の仮設住宅での孤独死は、168人にも上った。

女性は一人暮らしで、糖尿病を患い働くことができなかった。当時室内には現金も預金通帳類もなかった。電気は通っており、冷蔵庫には食べかけの豆腐1丁、飲みかけの清涼飲料水1本しかなかった。

当時、生命の源となる「水」の供給を一方的に止めた傲慢な行政当局への怒りは全国に広がった。

「人間生存の最低・必要条件を守るべき公共に携わるものが、困窮を知りつつ行動を起こさなかったばかりか、生けるものの生命維持装置を自ら破壊する行為を平然とやってのけたことを、新聞紙上に公言している姿に、勃然と怒りがこみ上げてきました」と、評論家の内橋克人氏は述べていた。

水道法15条は、水道事業者の給水義務を定めている。同条1項には、「正当の理由がなければ、これを拒んではならない」としている。従って、たとえ料金の不払い等があっても、それが給水停止の正当理由に該当するか否かを判断しなければならない。

同じ被災地でも西宮市は「滞納が続いても、仮設住宅では給水停止はしていない」、また芦屋市は「6か月が支払い期限だが、実際は1年以上延長している」など最低限の配慮をしていた。笹山幸俊神戸市長（当時）は、この事件が明るみになった時「（これまでも）連絡を取るよう指示していたが、職員一人ひとりに伝わっておらず、遺憾に思っている」として、行政の職務執行が必ずしも建前通り行われていない趣旨の発言をしていた。

そこでこの給水停止手続きが、基準なり手続きに則って適正になされたか否かを明らかにし、今後恣意的な給水停止が行われ、お金がないだけのことで、行政によって生命まで奪われるような事態が発生することを未然に防止するため、兵庫県震災復興研究センターは、事件が明らかになった直後の8月11日、神戸市に情報公開の請求を行った。いったん非公開決定がなされたため神戸市公文書公開審査会で意見陳述を行うなど紆余曲折があり1年2か月もの時間を要したが、最終的に全面的な情報公開がなされた。

その結果、「未納カード」3枚目で停水するなどの「停水執行」の業務の流れがはじめて明らかになった。たった1回か2回の予告で停水しているケースも珍しくなく、未納金額は、ほとんどが6~7000円で、最高でも6万円弱、最低ではわずか1795円の滞納で停水執行されていた。料金取り立てのために水を止めるとは、悪質サラ金業者顔負けのやり方ではないかと、厳しい批判がなされたのも当然であった。

この事件では97年5月16日から7月16日までの間に、5回訪問したとなっていたが、いつも「不在」であったとなっている。「息をひそめて暮らしていたのではないか」という指摘もなされている。家も家族も財産も生きる気力もなくしていた被災者への配慮があれば、機械的・官僚的な停水執行などなされようはずはない。水道法15条1項に照らしても、この停水執行がこの条項に違反してなされた疑いを消し去ることはできない。

これ以後2000年1月に仮設住宅が解消されるまでの間、同様の事件は起きなかった。

6 : 仮設住宅から恒久住宅へ

神戸市長田区などの既成市街地では人口が減少し駐車場と原っぱが散在している。郊外では住宅がダブつき既成市街地の民間賃貸住宅には空きがある。それでも市外や県外から帰れない被災者が多い。それは、土地がないことを理由に仮設住宅の多くを郊外に建てたからである。仮設住宅の建設費300万円や災害救助法に基づく住宅応急修理費を被災者に給付すれば、自力仮設や住宅修理が可能になり元のまちで暮らせたのである。しかし、住宅の応急修理費は公費解体費に変わり、ここから仮設一辺倒に走り、供給は郊外に集中した。しかも、高齢者を優先入居させたので隣人関係やソーシャルケアを寸断し孤立化を促進させた。

「孤独死」(233人)に代表される仮設住宅での生活実態が報じられるなか、1996年、兵庫県はようやく入居者調査をした。高齢者世帯42%、収入300万円未満76%という驚くべき結果であった。恒久住宅として公営住宅に希望が集中した(74%)。「元のまちに戻りたい」は激震6区で

9割に及んだ。

復興公営住宅の建設に際して、兵庫県は仮設住宅解消をめざして、対象を主として仮設住宅入居者に絞った。避難者の調査を十分に行わず過少に見積もった。その結果、元のまちに戻れるのは、長田で4世帯に1世帯程度である。震災から5年経った今日、神戸市の住宅供給は当初計画よりも一層郊外にシフトし、「成長する郊外」と「衰退する既成市街地」、「もつ者」と「もたざる者」、元のまちに戻れる人と戻れない人、このように行政支援の有無による二極分化を進めたのである。この分極化は、計画の欠陥や仮設外実態調査の放棄もその原因であるが、もともと行政のねらいでもあった。そして、仮設解消を主眼としたこと、また低所得層に絞り込んだことのために、復興公営団地は高齢層の社会をつくることになったのである。仮設住宅から移り住んだ被災者の多くは、生活を年金に依存し将来に不安をもつだけではなく、現在の生活にも困窮しているのである。

兵庫県は「単に震災前の状態に戻すという考え方ではいけない」などといって、これを「創造的復興」と称して震災前から計画していた六甲道や新長田等の「副都心」計画を実現しようと推進している。これも従来から住んでいた人々を排除し、郊外の復興公営住宅に追いやる一因であった。

7：不況が追い打ちをかけ、「自力再建層」に重くのしかかるローン

復興政策が大企業優先であったために被災者の生活再建は進まなかったが、さらに消費税率引き上げを契機にした97年不況が追い打ちをかけた。鉱工業生産は97年9月をピークに99年3月までに10％ダウンした（全国は7％）。失業率は震災時の最高6・9％を追い抜く勢いである。

95年・96年は復興需要もあって表面的・数字的には8割復興などと言われたが、97年の消費税率引き上げ、貸し渋りによる資金繰りの悪化なども重なり、99年の阪神タイガースのようにずるずると後退していった。売り上げ不振から雇用の悪化、それが所得の減少になり、売り上げ不振につながるという〝負の連鎖〟に陥っている。

日銀神戸支店で金融機関を通して出入りするお金の動向（還流）は、94年には入る方が1811億円多かったのが、95年を境に逆転、98年には出る方が3874億円多い。また、企業数や売上高、従業員数は、被害の特に大きかった神戸市内の5つの区で、いずれも震災前を下回っている。

一見、「自立」したかに捉えられている中間層に厳しい風が吹いている。住宅再建のために多額の借り入れをし、その返済に困っている。震災や不況を理由にしたリストラ・

大量解雇、賃金カットによって一層苦況に陥っている。台湾大震災の場合、銀行が震災時のローンを肩代わりしたが、阪神・淡路大震災の場合はそうはならず、もろに被災者に重くのしかかっているのである。

また、被災地はいま1兆6000億円もの震災関連の借金を抱えている。既に一部では返済の始まっているものもあるが、2000年春からは5年間の据え置き期間が終了し返済の始まるものが多数ある。震災と不況のダブルパンチを受けた被災者が体力をつけるのに、5年では短か過ぎる。問題が顕在化し始めている。

金銭的体力の弱い人々が借りている災害援護資金は、5万7000件で総額1308億7000万円。生活復興資金は、2万7582件で総額516億1400万円。住宅の二重ローンは、約1万5000件で総額1500億円。これらを合計すると3325億円。さくら銀行一行に投入された公的資金8000億円よりはるかに少ない。財政出動の方向が間違っているのである。

95年度から98年度までの大震災に関する国費の支出は5兆200億円。この背景には被害総額を10兆円とした過小評価の問題がある。

今なお生活再建できない深刻な事態を打開するために阪神・淡路大震災から5年の歳月が経った被災地の現状の一端である。被災者の生活再建はまだ終わっていない。それどころか新たな厳しさに直面しているのが実情である。なぜ、生活再建できないのか。

高速道路や港湾の大型コンテナバースなどインフラ整備と大企業の復興が優先され生活再建のための公的支援が不十分であったこと、とりわけ住宅や店舗の再建への公的支援が行われていないことが、その原因である。さらに、兵庫県や神戸市が震災復興の名のもとに震災以前に計画していた大規模プロジェクトを一気に実現しようとしたことが「震災エゴ」とされ、生活再建への施策を拒否する理由を政府に与えたのである。この復興政策の過ちを直ちにただし、今からでも被災者の生活再建に最大限の努力を傾注すべきである。

以上の観点から兵庫県震災復興研究センターは2000年1月17日、次の5項目の提言をまとめ国と自治体に提出した。

1．阪神・淡路大震災の被害実態と5年後の現状を正確に把握するために、国・県・市は被災者の悉皆調査を実施し、得られた情報を公開すること。

震災復興5年の検証は被災者の生活再建がなされたかど

うかの視点からなされるべきでありそのためには、被災5年の実態・経過を把握することが大前提である。その調査と被災者の意見に基づいて生活再建計画を再構築すべきであり、それが、被災者の活力を引き出すのである。

2．被災者の居住の権利を保障すること。

全壊・全焼の住宅・店舗の再建資金に500万円、半壊・半焼に250万円、一部損壊に150万円支給すること。すでに再建した被災者には同等のローン返済免除を行うこと。

さらに、利子補給の継続、返済猶予、返済期限の延長などの施策を行う必要がある。復興公営住宅入居者への特別家賃減額補助の期限を5年で打ち切らず延長し、民間家賃に対する助成を拡充すべきである。県外避難者の実態を把握し帰れるように住宅を保障する必要がある。

3．被災者の生活再建のための諸施策を実施すること。

被災者自立支援金の支給条件を改善し、すべての被災者に350万円支給すること。災害援護資金の返済を免除し給付すること。

復興公営住宅に入居した高齢者に対して、医療・福祉・コミニュニティなど多様な側面から生活援助できる体制をつくるとともに、震災後の子どもの精神的不安を解消するためのケア体制を充実すべきである。生活保護資格者に対して速やかに認定し生活基盤を確保すること。自主的運動であるグループホームやケアハウスづくりを支援すること。

4．雇用を保障し中小企業・自営業者の経営と営業を安定させること。

十分に活力を持った大企業のリストラを規制し、リストラを強行する大企業に対しては官公需発注の長期間停止など厳しい措置をとる必要がある。外部からの企業誘致にのみ期待するのではなく地元の産業と企業を育成・支援しなければならない。福祉関連産業やコミュニティ型産業などの支援、ボランティア・NPOなどやる気の起業家への支援、まちおこし事業を支援する必要がある。官公需は雇用創出と中小企業の経営安定化を優先して発注されるべきである。例えば高齢者雇用助成金の拡充、中高年齢失業者等求職手帳の発給、高齢者ケアやボランティアの有給化などである。中小企業や自営業者への融資条件の緩和、貸し渋り銀行との取り引き停止、利子補給、借り入れの返済猶予、さらに、大型店舗を規制すること。

5．安全・安心な都市づくり、まちづくりを行うこと。

環境破壊をもたらす無駄で危険な公共事業はやめる。山と海と島が織りなす地域特性を活かし、文化都市、住みやすい都市、観光都市にすべきである。お年寄りが安心して暮らせ、子どもたちがすくすく育つ都市をつくること。環境保全を重視し、石炭火力発電所はやめさせる。神戸市財政を破綻させかねない神戸空港建設の中止・見直し。新長田駅南地区などの巨大な復興再開発を直ちに見直すこと。

また、区画整理地域を重点に更地・宅地対策を実施すべきである。

以上の諸施策を実施するには概算として3兆円ほど必要である。国民の暮らしと健康を守ることが政治の本旨であるならば、銀行への公的支援が30兆円→60兆円→70兆円と止めどなく増え続けていることに対して、十分に根拠ある実現可能な施策であろう。

〔注〕

(1) 本稿(第1節)は、1999年12月17日~18日、菊本義治氏(当時、神戸商科大学教授、現在、兵庫県立大学名誉教授)と筆者の2人がワープロを持って神戸市須磨区の旅館・寿楼に泊まり込み、徹夜で検証作業を行ってまとめたものである。なお、「5. 仮設住宅の官僚的管理がもたらしたもの―真夏の給水停止死亡事件」は、その後の状況を踏まえ筆者が書き加えたものである。

第2節 「復興基金」の5年と改善の課題(2000年5月)

1…「被災者自立支援金」支給を求め、被災者が「復興基金」を訴える

神戸市内で被災した女性が震災後結婚し世帯主でなくなったため、「被災者自立支援金」(1998年11月開始)の申請が却下されたことは「平等に反する」として女性の夫が、1999年8月3日、神戸市に対し処分取り消しを求める行政訴訟を提起した。その後、神戸市に被告適格がないということで、事業の実施主体である「財団法人 阪神・淡路大震災復興基金(復興基金)」(兵庫県と神戸市が出資、理事長・井戸敏三兵庫県知事)を訴えた。

この支援金制度は、98年5月に成立した被災者生活再建支援法の附帯決議を受け、兵庫県が中心となって要綱をまとめた。そして、「復興基金」が事業の実施主体となり、事務作業を被災市町に委託して進めていたものである。

この裁判の中で神戸市は、「支援金の支給は法令に根拠がない制度で私法上の贈与だ。行政処分ではないので訴訟要件を欠いている」と主張していた。2000年2月4日に開かれた神戸地裁の口頭弁論で、水野武裁判長は「(支給対

象に)当たらないと(門戸を)閉じるのではなく、目的は被災者支援なのだから、要綱自体について再考する余地はないのか。柔軟に対応できないのか」と支給要綱の見直しを促した。行政訴訟で裁判所が制度の見直しに言及するのは異例のことであった。

「行政処分ではない」と神戸市は形式論理を展開したが、どのような主張をしようが、「復興基金」は兵庫県と神戸市が設立し、その事業は1から10まですべて行政が執り行ってきたものである。実際、「復興基金」の設立目的には次のように記されている。「阪神・淡路大震災からの早期復興のための各般の取り組みを補完し、被災者の救済及び自立支援並びに被災地域の総合的な復興対策を長期・安定的、機動的に進め、災害により疲弊した被災地域を魅力ある地域に再生させること」。

「復興基金」の財源の大方は国の交付税で賄われている。政府が大震災直後に「個人補償はできない」とした誤りが、結果として、「復興基金」をつくりその基金を迂回して個人補償的施策をせざるを得なかった最大の理由である。

兵庫県や神戸市などの自治体が被災者支援の施策を一般施策でできないとして、「復興基金」をつくりそこを迂回して施策を実施してきたに過ぎない。「復興基金」事業は100%行政行為である。裁判官が「支給要綱の見直しを促す」のは異例であっても内容的には至極当然のことであった。裁判は、地裁、高裁いずれも「復興基金」側が敗訴し、2002年7月19日、「復興基金」は上告を断念した。

本稿では、第1に、「復興基金」とは何か、第2に、5年間の「復興基金」事業の経緯と現状、第3に、「復興基金」の問題点と改善の方向を整理しておく。[1][2]

2 ∶「復興基金」とは何か

(1)「復興基金」の仕組み

大震災の被災者支援策の多くは、「財団法人 阪神・淡路大震災復興基金」(復興基金)の事業として展開された。「復興基金」は、1995年4月1日に兵庫県と神戸市の出捐(200億円)と起債(5800億円)によって創設された。まず兵庫県と神戸市が金融機関(14行)から資金を借り入れる(起債:縁故債)。そして、そのまま無利子で「復興基金」に貸し付け、「復興基金」は金融機関(14行)の債券を買い取り、その利子を受け取る。この利子=運用益で事業を行う。一方、兵庫県と神戸市の金融機関からの借金の利子分の大方は国の交付税で措置される。従って、「復興基金」の事業は事実上国の交付税で賄われている。政府が「個人補償はできない」とした誤りが、このような複雑な仕組みをつくらざるを得なかった根本原因である。

当初の規模は6000億円（兵庫県2、神戸市1の割合）で、この内起債の5800億円の利子運用で事業を実施することになっていた。年4・5％の運用（261億円）で10年間、2610億円の事業が計画された。97年3月末に3000億円積み増しされ9000億円の規模になった。積み増しされた3000億円については年3・0％の運用（90億円）で5年間、450億円。この450億円は、97年4月から始まった「生活再建支援金」に充てられていた。その後、「中高年自立支援金」（98年4月開始）と統合されて先の「被災者自立支援金」となり、3000億円をさらに4年間延長してさらに360億円の運用益を生み出した。

このようになった背景は、98年5月に成立した被災者生活再建支援法とその時の国会の「附帯決議」である。被災者生活再建支援法は、被災世帯に生活支援金の支給（100万円、50万円）を行う、つまり個人補償が法制度上明確になったという点で前進面がある一方、大震災の被災者には遡及適用しないという大きな問題点を残した。国会は、遡及適用をしない代わりに「附帯決議」で、「……一日も早く生活再建できるよう、被災地の復興基金事業として実施されている生活再建支援金などを含め、本法の生活支援金に相当する程度の支援措置が講じられるよう国は必要な措置を講ずること」を政府に求めた。

これを受けて兵庫県は98年6月5日、「被災者自立支援金」を「復興基金」から支給する要綱を発表したのである。従って、「被災者自立支援金」は被災者生活再建支援法と国会の「附帯決議」にその淵源がある。

以上の仕組みで明らかなように、形式的には「復興基金」が金融機関から受け取る利子を用いて支援事業が実施されているが、実質的には大方が国の交付税で賄われている。「個人を支援する自治体の基金を交付税で手当することは自治体支援」というのが国の理屈である。政府が「個人補償はできない」としていることから「復興基金」を通して支援事業を行う〝迂回作戦〟をとっている。「復興基金」はバイパスのようなものである。

事業は次の5分野で実施されている。

①被災者の生活の安定・自立及び健康・福祉の増進を支援する事業
②被災者の住宅の再建等住宅の復興を支援する事業
③被害を受けた中小企業者の事業再開等産業の復興を支援する事業
④被害を受けた私立学校の再建等教育・文化の復興を支援する事業
⑤その他、被災地域の早期かつ総合的な復興に資する事業

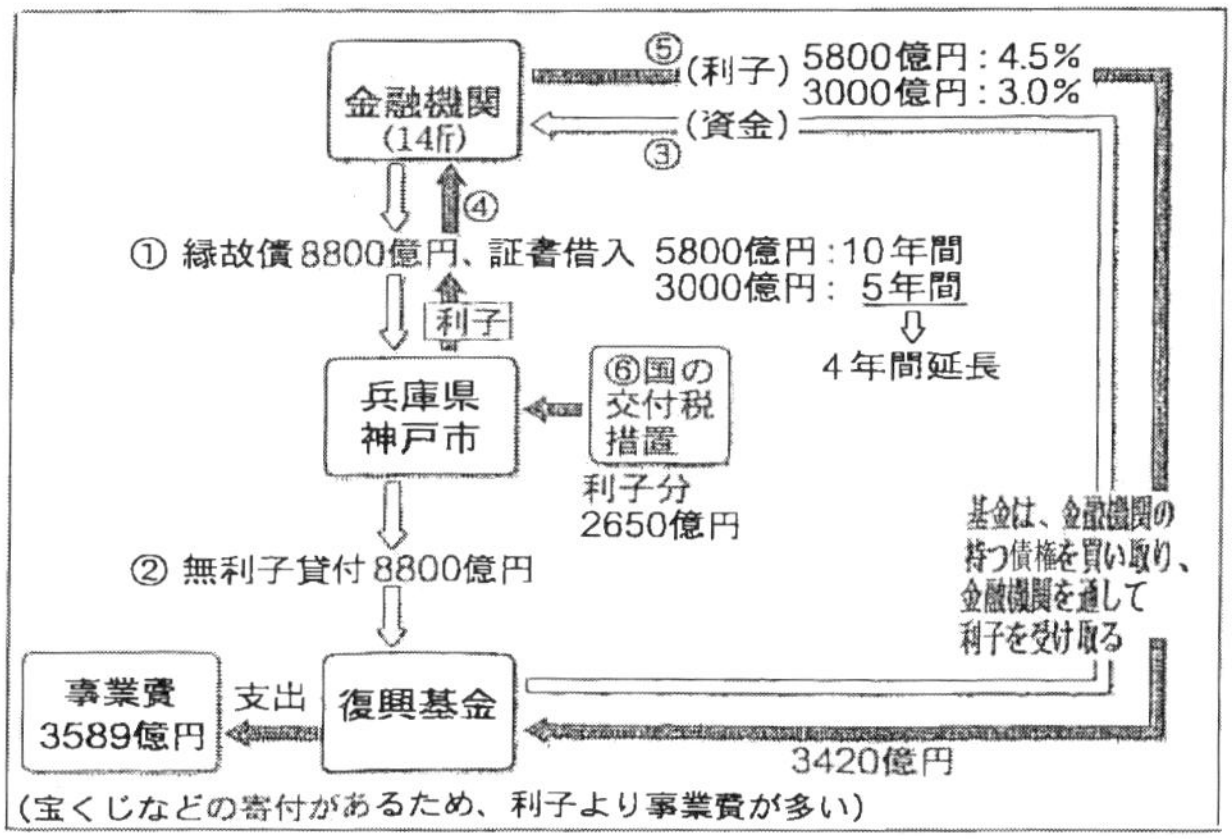

図2-1　「復興基金」運用の仕組み（基本財産200億円を除く8,800億円分）　出所：「神戸新聞」1999年7月17日付

表2-1　「復興基金」の運用益一覧（億円）

	1995	1996	1997	1998	1999	2000	2001	2002	2003	2004	2005
5,800 (4.5%)	261	261	261	261	261	261	261	261	261	261	−
3,000 (3.0%)	−	−	90	90	90	90	90	90	90	90	90
8,800	261	261	351	351	351	351	351	351	351	351	90
累　計	261	522	873	1224	1575	1926	2277	2628	2979	3330	3420

※基本財産200億円を除く8,800億円分　兵庫県震災復興研究センター作成

(2)「復興基金」設立に至る過程

1995年4月の「復興基金」設立に至る準備の過程を「神戸新聞」は次のように報じている（1999年7月17日付）。

「20万人余りの被災者が、避難所で余震と寒さに震えていた1995年2月初旬。兵庫県庁で、総務部長と職員5人によるプロジェクトチームが発足した。特命事項は『復興基金創設』だった。

『きめ細かく、臨機応変に対するには基金しかない』。被災者支援に追われながら、知事の貝原俊民は基金の規模や事業内容の取りまとめを指示した。

手本は長崎県にあった。雲仙・普賢岳噴火で設けられた災害対策基金。資料を取り寄せ、震災で使える事業をチェックした。都市部にマッチした『マンション再建』や『ダブルローン対策』なども想定件数をはじいた。総務部次長（現知事公室長）の五百蔵俊彦は『被害額が変わる中で事業の需要額を算定するのが難しかった。国も、本当に必要な額は、と求めてきた』。

仕組みも課題だった。長崎では運用金利が低下する事態となり、金利変動の影響を受けない仕組みが必要だった。財政課副課長（現財政課長）の高井芳郎は、財団法人の基金側が、県と神戸市から無利子で借りた資金で銀行債券を買い、利子を受ける方法をひねり出す。『ウルトラCか、苦し紛れか。ややこしいといわれたがこれしかなかった』。

貝原は『自治相の野中さん（現官房長官）が協力してくれた。規模が膨れ、政府もびっくりしたようだ』と振り返る。基金スタートは検討から約2カ月後の95年4月1日だった」。

貝原知事の指示は早かった。そして、実務担当者は財源を生み出すことと仕組みをつくる知恵を発揮した。ここまではよかった。しかし、「復興基金」の規模を6000億円でスタートさせたことが思い切った被災者支援策をとれない原因となった。

兵庫県庁の五百蔵俊彦氏は「被害額が変わる中で事業の需要額を算定するのが難しかった」と述懐しているが、兵庫県は1995年2月16日には10兆円の被害額を発表している（「神戸新聞」1995年2月17日付）。この時点では、公的支援・個人補償をするためにはどの程度の資金が必要であるかという視点が全くなかったがために実際に必要な需要額を算定できなかったと言うべきであろう。

さらに雲仙・普賢岳噴火災害の基金を参考にしたというのであるなら、被害額と基金規模はこの時点で比較し得る状況にあった。雲仙災害の場合、被害額1400億円に対し基金の規模は1070億円（5回の増額）となっていた。大震災の被害額10兆円に対し基金の規模6000億円ではあまりにも少ないという判断が知事や市長のレベルでできなかったということである。

筆者は1995年8月17日、「復興基金」の事務局を訪ねて事業内容などの説明を受けた。その時、「雲仙災害と比べてみても6000億円ではあまりにも少ないのではないか」と質したのに対し、応対した課長は「そのような声はどこからも出ていない」と答えた。「是非とも一桁は増やしてほしい」と希望を述べた。

3 ::「復興基金」事業の5年間の経緯と現状

「復興基金」事業は、当初28事業でスタートし、その後4倍の113事業にまで膨れあがったがその内26事業が終了し、残りは87事業で、総事業費は3589億円となっていた。利子補給事業が27事業あった。被災者の要求に応じて事業が拡充されたり、追加されてきた。「個人補償はできない」という誤りに縛られているため弥縫策《びほうさく》の積み重ねになっていた。当初は被災者の生活対策は事業費の5％に過ぎなかったが、5年間の運動と世論によってようやく46％までになった。

なかでも96年7月に始まった民間賃貸住宅の家賃軽減（これは、家主へ渡す形で月額最高3万円の補助、合計144万円＋18万円）と公営住宅の家賃軽減（これは、国の補助）、さらに、97年3月末に3000億円積み増しされ、高齢世帯へ月額最高2万5000円の生活再建支援金の支給が実現したこと、これらが大きな画期となった。

事実上の個人補償が家賃軽減や生活再建支援金の支給という形で実現したのであるが、これは震災1年で被災地を訪れた橋本龍太郎首相（当時）が、被災地の現実を目のあたりにして「わかった」と述べ決断したことによる。家賃軽減は、首相の指示から9日後に打ち出された。何とか手を打たなければならないと首相の決断を促した被災地の厳しい現実があった。国の補助とするのかそれとも「復興基金」事業を通してするのかというルートの違いはあるが、公営住宅と民間賃貸住宅の家賃軽減が実現した。いずれも国の支援であることに変わりはなかった。

「『家賃を下げることは個人給付じゃないか。これができるなら、ほかにもできるだろう―と広がっていった』と貝原は当時の〝空気〟を説明する」（「神戸新聞」1999年7月17日付）。事態は前進的に展開したわけであるが、これが、被災直後に手が打たれたものであるなら、被災者支援策とし

表2-2 「復興基金」事業の経緯

時期	内容	備考
7年4月（創設）（'95年）	被災者住宅再建支援事業補助、緊急災害復旧資金利子補給、ふれあいセンター設置運営事業補助及び私立学校復興支援利子補給等28事業でスタート	・復興基金の設立（基金規模 6,000億円）
8年7月（'96年）	（追加）民間賃貸住宅家賃負担軽減事業等5事業 （拡充）被災者住宅購入支援事業補助等9事業	・恒久住宅への移行のための総合プログラム策定
8年9月	（追加）生活復興資金貸付金利子補給等5事業 （拡充）応急仮設住宅共同施設維持管理費補助等2事業	・生活復興対策の充実
9年1月（'97年）	（拡充）民間賃貸住宅家賃負担軽減事業等8事業	・ふるさとひょうごカムバックプラン策定
9年3月	（追加）生活再建支援金、復興土地区画整理事業等融資利子補給、新産業構造拠点地区進出企業賃料補助及び被災地しごと開発事業補助等25事業 （拡充）生活復興資金貸付金利子補給、被災者住宅再建支援事業補助、産業復興ベンチャーキャピタル制度及び災害復興ボランティア活動補助等19事業	・基金の増額(3000億円) ・住まい復興、生活復興に係る詳細プログラムの策定等
9年10月	（追加）被災中高年恒久住宅自立支援制度、事業再開等支援資金利子補給等7事業 （拡充）住宅債務償還特別対策、緊急災害復旧資金利子補給等8事業	・住まい復興、産業復興対策の充実
10年3月（'98年）	（追加）被災宅地二次災害防止緊急助成、被災商店街空き店舗等活用支援事業等3事業 （拡充）生活復興相談員設置事業補助、住宅再建に係る利子補給事業等28事業	・期間延長等
10年5～7・10月	（追加）公営住宅入居待機者支援事業補助等5事業 （拡充）被災者自立支援金（従来の生活再建支援金、中高年自立支援金を拡充）等4事業	・恒久住宅への入居促進対策、被災者自立支援対策等
11年3月	（拡充）緊急災害復旧資金利子補給等17事業	・期間延長等
11年7月（'99年）	（拡充）政府系中小企業金融機関災害復旧資金利子補給等2事業	・期間延長

作成：兵庫県阪神・淡路大震災復興本部総括部（2000.2.23）

ては一層の効果があったであろう。「あまりにも遅い」と被災者の多くが嘆いたのは当然である。大震災から2年余り経った1997年3月末時点では、力尽きて「孤独死」した人たちが140人にものぼっていたことを銘記しておかなければならない。

4…「復興基金」の問題点と改善の方向

兵庫県などはこれまで「復興基金」事業の各対策が順調に推移していると説明しているが、順調どころか多くの問題点をもっていた。

表2-3 「復興基金」事業の内容と申請状況（2000年1月現在）

区分		事業内容	現行計画 ①		申請（1/15現在）②		比率
			件数	金額	件数	金額	②/①
住宅対策	持家の再建・購入・補修に対する支援	住宅を再建・購入する場合の住宅融資に対する利子補給　等（被災者住宅再建・購入支援事業補助、民間住宅共同化支援、被災マンション建替支援利子補給）	件 37,500	億円 469	件 34,899	億円 400	%
		（住宅債務償還特別対策、県・市単独住宅融資利子補給高齢者特別融資利子補給他）	29,548	188	19,375	99	
		小計	67,048	657	54,274	499	
	賃貸住宅入居者への支援	民間賃貸住宅等の家賃の初期負担軽減のための助成	29,806	255	30,851	279	
	賃貸住宅建設等への支援	公的・民間賃貸住宅の建設費への助成・利子補給、家賃の助成	24,726	264	14,368	107	
	その他	宅地防災、まちづくりの支援等	—	106	—	50	
	計		—	1,282	—	935	73
産業対策	災害復旧資金借入等の支援	被災した中小企業者等の災害復旧資金借入金に対する利子補給	44,925	388	36,183	288	
	新規成長事業等への支援	新規成長事業を展開しようとする企業者への助成等	—	119	—	11	
	雇用対策事業	被災者の雇用促進や雇用安定のための事業主への助成	—	74	—	70	
	その他	商店街等、観光復興事業助成等	—	27	—	16	
	計		—	608	—	385	63
生活対策	被災者自立支援金の支給	被災者の生きがいある自立生活を支援するための支援金の支給	134,000	1,250	140,557	1,356	※
	生活復興資金利用者の支援	生活復興資金貸付金を借り入れた被災者に対する利子補給	24,000	104	26,564	54	
	その他	被災者の生活復興の支援等	—	295	—	245	
	計			1,649		1,655	100
教育・その他の対策		私立学校の復興や文化財復旧、周年記念事業等への助成	—	50	—	44	88
合計			—	3,589	—	3,019	84

※被災者自立支援金は12月支給実績まで。
出所：兵庫県 阪神・淡路大震災復興本部総括部（2000年２月23日）

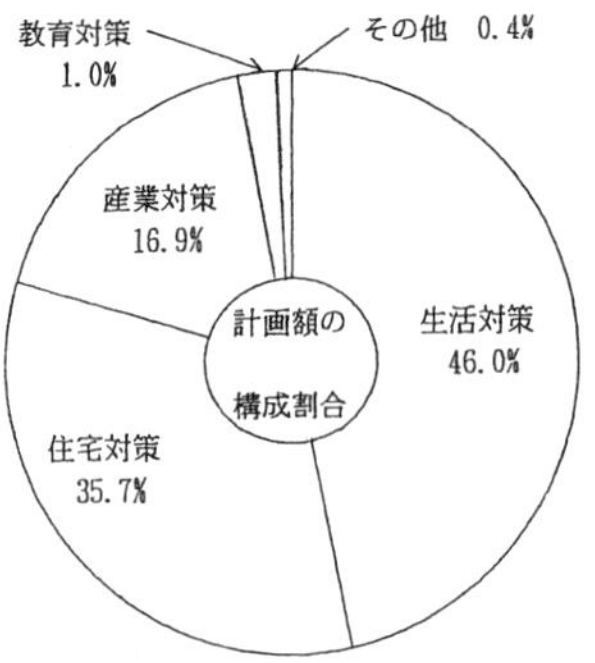

図2-2 「復興基金」事業の計画額の構成割合（1999年10月現在）
出所：兵庫県 阪神・淡路大震災復興本部総括部（1999年11月）

表2-4　「復興基金」事業の計画額（1999年10月現在）

区分	全体計画	
	事業数	金額（億円）
住宅対策	33	1,282
産業対策	32	608
生活対策	11	1,649
教育対策	4	37
その他	113	13
合計	26	3,589
うち事業修了済	261	119

出所：兵庫県 阪神・淡路大震災復興本部総括部（1999年11月）

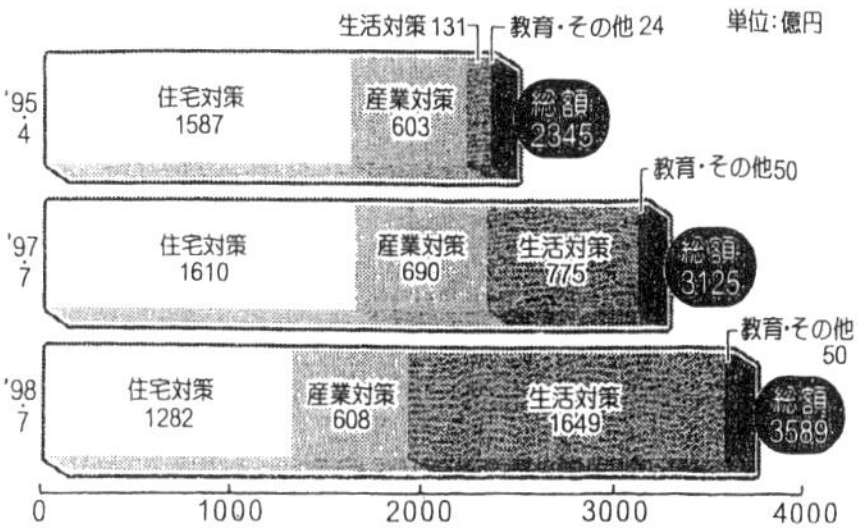

図2-3　「復興基金」計画ベースの推移

出所：「神戸新聞」（1999年7月17日付）

　大震災から2年半経った時点で「復興基金」の利用は計画の2割程度、3年経った98年1月時点でようやく計画の4割程度という状況であった（資料2－1）。また、運用益で事業を進めるため一度に多額の費用が確保できないとして、支援金の支給は分割にしていた（資料2－2）。その後この点は一転して「被災者自立支援金」の一括支給が可能になった。不足する資金については「復興基金」が金融機関より事業資金を借り入れ、それを兵庫県と神戸市が借入先の金融機関に対し損失補償を行うという「債務負担行為」をすることで一括支給を可能にした。知恵が発揮され決断がなされた。

　問題は噴出していた。「生活再建支援金がなぜ仮設住宅の世帯に支給されないのか」「家賃補助は、手続きが複雑で家主がいやがり、借主の所得証明書まで出すことになっていて、借主のプライバシーが侵される」「明石海峡大橋のケーブル照明塔に復興基金から何億円も出すのは筋違い」「利用条件が厳し過ぎる」「ダブルローン対策では補修世帯を対象外にするべきではない」など問題点を指摘する声が高まり、神戸新聞やサンテレビなどマスコミも「復興基金」のあり方を問う報道をした。

　筆者も当時、問題点を整理し二度にわたって改善の方向を提起した。その時の論稿「『復興基金』の内容も規模も抜本的に改善を―思い切って事業を精選し、被災者が利用しやすいように」（『震災研究センター』№28、1997年8月20日）と「『復興基金』の改善は急務―大震災の被災者が利用しやすいように―」（『震災研究センター』№36、1998年4月20日）では、次のように提起した。その後、いくつかは改善された。

(1)思い切って事業を精選し、一般施策で可能なものは移行させる。

　事業は84もあり「豊富」であるが、被災者が利用しにくいものもあり一つひとつの中身の再検討が必要である。

一般施策の中で実施できると思われるものがかなり入り込んでいたり、基金の事業として不適切なものがある。これらは次年度から一般施策に移行させたり、中止すべきである。そうすれば、少しでも財源を生み出すことができる。

例えば、産業対策の中には次のようなものがある。

●産業復興ベンチャーキャピタル制度：
120億円(220件)

●新産業構造拠点地区進出企業賃料補助：
10億9400万円

●新産業構造拠点地区中核施設建設費補助：
10億7400万円(3件)

●観光対策推進事業補助：4億6200万円

これらは基金事業として実施しなくてもいいのではないか。なかでも、観光対策の4億6200万円は「橋梁証明整備事業」として明石海峡大橋のケーブル照明灯に充てるというから疑問や批判が出るのは当然であった。

「復興基金」の設立目的は「被災者の救援及び自立支援」と「被災地域の総合的な復興対策を長期・安定的、機動的に進めること」になっているが、前者の「被災者の救援及び自立支援」に絞るべきであった。

(2)二つの規制を緩和する。

その一つは、複雑さを取り除き、支給要件を緩和したり、支給方法を改善することである。

実現可能な改善案のなかからいくつか例示しておくことにする。

①利子補給や支援金の分割払いを止めて、一括して支給する。

②ダブルローン対策では、補修世帯も対象にする。

③民間賃貸住宅家賃補助の支給額と支給方法を改善する。

家主に支給する方法が採られているため、基金と家主と借主の三者で契約を結ぶなど手続きが煩雑でトラブルもあとを断たない。現在の利用状況は、6714件・56億2342万8000円（26・43%）と極めて低調である。複雑なことはやめて、直接、借主に支給すればいい。要は、被災者が利用しやすく、役に立つようにすることである。

④生活再建支援金は、恒久住宅に移った世帯だけを対象にするのではなく、仮設住宅の世帯も対象にする。また、65歳以上という年齢制限も60歳まで引き下げる。

計画では、3万世帯・380億円（約130万円／世帯）で、1回目の決定（1997年7月31日現在）では、2万1721世帯・39億円となっている。ちなみに、仮設住宅は8月1日現在、2万9045世帯で、対象を拡大した場合の必要額は、約370億円である。財源は生み出すことができる。

二つ目は、国の規制を緩和し自主的・主体的に事業決定できるようにすることである。地方交付税措置がされているため、事業内容の決定にあたっては国に伺いをたてなければならないと言われている。一つ目の規制を緩和し被災者の要求にそった事業を進めるためにも国の規制緩和は必要不可欠である。

(3)基金の規模を大震災の被害額に見合ったものにする。

1997年3月末にようやく3000億円積み増しされて9000億円の規模になった。しかし、大震災の被害の規模に見合ったものではなかった。雲仙・普賢岳災害の場合と比較してみよう(表2－5)。

雲仙・普賢岳災害の場合、1991年9月に300億円規模でスタートし、その後5回の増額をして1996年4月に1070億円の規模にまでした。雲仙・普賢岳災害の場合が被害額に相当しているからといって、機械的に10兆円規模にとは言わないが、9000億円規模では低過ぎる。まして、積み増しされた3000億円は5年間だけである。

大震災の被害額と、2年7か月経った被災地と被災者の現実を考えれば、大幅な増額はどうしても必要である。

以上の基金の問題点や改善の方向は、これですべてではない。財団法人であるため県議会や市議会のチェックがかかりにくいことや、事業の執行状況など肝心な情報がほとんど発表されないことなど運営上改善しなければならないことがあった。基金の理事会構成は兵庫県知事と神戸市長（ほかに副知事、助役など）、そして、西宮市長の合計12人で全員行政サイドのみとなっていることが関係しているのかも知れない。財団法人雲仙岳災害対策基金の場合、理事会には知事や市長・町長のほか議会、商工会議所、農協、漁協、大学、弁護士会などから参加していた。一考に値するものであった。

以上の改善の方向を踏まえて、改善要求案を例示しておくことにする。

①一般施策で可能な事業は移行させ、

表2-5　雲仙災害と阪神大震災の被害額と基金規模の比較一覧表

	被害額	基金	備考
雲仙・普賢岳災害	1,400億円	1,070億円	義援金から40億円を繰入
阪神・淡路大震災	9兆9,268億円	9,000億円	被害19兆円の試算もある

兵庫県震災復興研究センター作成

思い切って精選すること。

②事業内容は「被災者の救援及び自立支援」に絞り、5年で打ち切りの事業は期間を延長すること。

③事業の複雑さを取り除き、支給要件を緩和したり、支給方法を改善すること。

(ⅰ)利子補給や支援金の分割払いを止めて、一括して支給すること。

(ⅱ)ダブルローン対策では、補修世帯も対象にすること。

(ⅲ)民間賃貸住宅家賃補助の支給額を増額し、直接、借主に支給すること。

(ⅳ)生活再建支援金(65歳以上)や中高年自立支援金(45歳以上)は、仮設住宅の世帯も対象にすること。また、中高年自立支援金は45歳未満も対象にすること。

④財源の確保については、事業の精選と国負担の大幅増額で対処すること。

⑤基金の運営を改善すること。そのため、理事は行政サイドのみではなく、議会や民間からも推薦できるようにすること。また、事業の執行状況を月単位で発表するなど、情報を積極的に公開すること。

この間改善されたこと以外は、今後も引き続き追求しなければならない。改善されたことは次の通り。

①被災者自立支援金の一括支給が可能になったこと。

②被災者自立支援金の支給対象の中では、年収500万円以下の世帯では、年齢制限をはずしたこと。また、仮設住宅の世帯には「前借り特例」として支援金と同額を貸し付け、恒久住宅入居時にこの貸付金を支援金で相殺。

③ダブルローン対策では、補修世帯も対象にしたこと。

④民間賃貸住宅家賃補助については、家主の代わりに第3者機関を設置して代行するなどの改善が図られたこと。

⑤民間賃貸住宅家賃補助など5年で打ち切りの事業の期間延長や拡充・要件緩和をしたこと。

5：「復興基金」の新たな展開を

一般施策だけでは底上げできないから特別施策を実施し補完することは必要なことである。同和対策事業のことを想起すれば、このことは明らかであろう。「復興基金」事業の性格は一般施策を補完する特別施策であるが、「財団法人阪神・淡路復興基金」をつくりそこを迂回して施策を実施せざるを得なかったのは、政府が「個人補償はできない」とし、そのような政府のミスリードに追随した兵庫県や神戸市の

震災復興基金

利用、計画の4割

兵庫県まとめ 「条件厳しい」の声

被災者の自立を支援しようと創設された「阪神・淡路大震災復興基金」の利用が、震災からまる三年たっても計画の四割に届いていないことが、兵庫県のまとめで分かった。特に住宅を再建する人への利子補給や家賃補助など住宅対策での利用は二割台と低調だ。「利用条件が厳しすぎる」「事業内容が複雑だ」との批判もあり、基金側は制度の手直しの検討を始めた。さらに、明石海峡大橋のケーブル照明灯など、本来、自治体の予算で賄うべき事業に基金が利用されているという指摘もある。

基金は、震災が起きた一九九五年の四月に県と神戸市の起債六千億円で創設され、九七年三月に三千億円が積み増しされた。利子の運用で十年間、事業を実施する。現在進めている事業は百六。事業計画額は三千百三十九億円にのぼっている。

自宅を購入・再建する被災者への利子補給や、賃貸住宅への入居者への家賃補助、商店主や中小企業が事業再開のために借り入れる資金への利子補給など、被災者の生活再建に直接かかわる事業が主だ。

ところが、昨年十一月の県のまとめでは、住宅対策の計画額千六百十二億円に対し申請は四百十四億円（二六％）しかない。産業対策は七百五億円の計画に対し三百二十七億円（四六％）。そのほかの事業を合わせた全体でも申請は計画の四割に満たない。

背景にあるのが利用条件の厳しさだ。二重ローンを抱えた被災者への助成が、「住宅の補修」では認められなかったことや、家賃補助が入居者でなく家主に支給される仕組みになっていて、面倒な手続きを嫌う家主が申請を拒むために入居者が補助を受けられないなど、制度への疑問の声が被災者から寄せられている。

これに対し基金側は、すでに二重ローン助成の対象に「大規模補修」を加えたほか、家賃補助にあたって家主を代行する第三者機関を今年度内につくったりするなど、制度の手直しを始めている。

一方で、基金の使途についての指摘も出ている。研究者らで作る民間団体、兵庫県震災復興研究センターの出口俊一事務局長は「新産業構造拠点地区に進出する企業への補助や、ベンチャー企業への資金提供など、産業対策の中には基金でなく一般財源から拠出すべきものが多い。また、明石海峡大橋のケーブル照明灯に基金から四億円以上も支出されているが、これも目的が合わないのでは」と批判的だ。

県大震災復興本部総括部の大村敏郎総務課長補佐は「基金があるからといって、一般財源で対応しなければならない事業を回しているわけではない。大橋への補助も観光の復興、地域の産業再建に相当な効果があるはずだ。基金には直接的な個別の対策ばかりでなく広範囲にわたる底上げのための事業も求められている」と話している。

1/18「朝日」

姿勢ゆえである。直球勝負をさけ、「復興基金」という変化球で凌いできたと言える。

大震災から5年間の経緯と現状を踏まえるなら、被災地では「復興基金」事業の改善で被災者支援策を充実させていくほかはない。従って、従来のような彌縫策ではなく、政策効果をよく考え被災者に安心感を与えるものでなければならない。

再建支援法成立

自然災害の被災者への現金支給に初めて踏み込んだ「被災者生活再建支援法」が成立した。今後、阪神大震災の被災地では「法に相当する程度」と付帯決議された行政措置の行方が焦点となる。一方、地震などへの備えを検討する自治体では、同法を組み入れた被災者対策の見直しも始まった。災害行政の転換ともいえる新たな制度だが、まだ第一歩を踏み出したにすぎない。（森玉 康宏、西海恵都子記者）

（4面に特集）

被災地への「措置」焦点

現金給付は分割の方向

一括支給で生活に力を

「分割支給では被災者支援の効果は極めて薄い」。兵庫県震災復興研究センターの出口俊一事務局長は、被災地への行政措置について「一括支給でこそ、心理的・経済的効果が上がる」と主張する。

行政措置の内容はまだ決まっていないが、阪神・淡路大震災復興基金の生活再建支援金、中高年自立支援金を支給総額から差し引いて対応し、分割支給の可能性が高い。

分割支給にならざるを得ないのは、金融機関に預けた運用益で事業を進める基金の性格にある。一度に多額の費用が確保できない。

「基金の積み増しなど知恵と政治的な決断が必要」と出口事務局長。さらに、生活再建支援金などは「自立支援」を名目に仮設から恒久住宅に移らないと支給されないが、今回の行政措置でも同じ支給方法が取られては意味がないとする。

百十一にも上る復興基金事業。しかし、対象要件の厳しさなどから「使い勝手が悪い」との批判は根強い。行政措置もその延長線で検討されつつある。

◇ ◇

「今、成立しました」「ありがとうございました」。十五日午後、静岡県庁別館四階の防災局に大きな声が響いた。生活再建支援法成立の連絡に、幹部らは互いの労をねぎらった。

東海地震対策の検討を続ける静岡県では、阪神大震災以前から全国知事会で被災者支援のための基金創設を呼び掛けてきた。大震災後、生活再建対策の重要性を再認識したという。

第二次東海地震被害想定は、マグニチュード8の規模で地震予知がなかった場合、県内で全・半壊四十三万三千棟、県内世帯の一割を超す約十三万二千世帯が一カ月以上避難生活を強いられる、とする。

復興・検証

災害行政は転換へ一歩

島明彦・防災計画室長は「現金支給の仕組みができたことで、仮設住宅戸数を下方修正できるかもしれない。この法律だけでは不十分な面もあるが、被災者救済の大きな柱になるのは確か」と評価する。

阪神大震災を教訓に生活復興マニュアルを策定した東京都。仮設住宅の建設戸数を最小限に抑えたい考え。同法が被災者の自立支援につながると期待するが、とても十分な内容ではないとする。「例えば、仮設の建設費用を個人の住宅再建に回すような、現在の法の枠組みを超えた運用を考える必要がある」（伊藤章雄・災害対策部長）

新しい制度はできたが、被災者支援の仕組みは扉が開いたばかりだ。

5/17「神戸」

上・資料2-1「朝日新聞」（1998年1月18日付）
下・資料2-2「神戸新聞」（1998年5月17日付）

それでは被災者に安心感を与えるためにはどうしたらいいのか。例えば、民間賃貸住宅家賃補助事業では、2000年度から細かく家賃補助を減額するなどということは止めて、現行の月額3万円をあと3年以上延長するとか、被災者支援策の中では全く抜け落ちていた「災害援護資金」の貸付金利子3％（災害援護資金最高350万円場合の利子約30万円）については「復興基金」から利子補給することなどが考えられる。

今回の民間賃貸住宅家賃補助事業の改善内容は、2000年度・月額2万円（改善幅／5000円増）、2001年度・月額1万円（改善幅／1年間の期限延長）で合計18万円になるが、折角改善されたにもかかわらず「これでよかった」というより「改善幅がちまちまして細かい」という受け止めがされてしまい、政策効果が半減してしまうことになる。この種の問題はまだある。支援策はきめ細かく、臨機応変に対処しなければならないが、支援策の内容は細かいものにしてはならない。

また、「財源がない」という言い訳は通用しない。財源は「復興基金」の事業計画の組み替えで生み出せる。さらに「復興基金」を1年延長するだけで100億円単位の財源が確保できる。どうしても不足する時は、「復興基金」そのものの取り崩しも視野に入れて対処すればいい。兵庫県幹部の言う「ウルトラC」は1回に限ることはない。何回でも繰り返すことが必要である。

神戸都市問題研究所は2000年2月、神戸市に提出した「震災復興の都市政策的検証と提言」の中で、「復興基金」事業で被災者への個人給付が行われたことを評価した上で次のように述べている。

「将来の激甚災害に備え、災害の規模に対応した復興基金の創設を予め制度化しておく必要がある。復興基金がその効果を発揮するのは、既存の施策でなく、現地の状況に対応する新施策を創出していく場面であり、行政を補完する基金事業による各種支援金は、災害直後に支給される方が効果は数倍であるからである。同時に、基金事業として導入された数々の注目すべき施策を震災特例にとどめず、一般的な制度とするよう検討すべきである」（「震災復興の都市政策的検証と提言」〝提言3：将来の激甚災害に備えた復興基金事業の制度化〞、2000年2月）。

基本は、個人補償施策を実施することを基本にすることである。その上で、きめ細かく、臨機応変に対処するためにこの提言がいう「復興基金の創設を予め制度化」することは選択肢の一つであろう。また、「数々の注目すべき施策を震災特例にとどめず、一般的な制度とする」ことも必要なことである。

一方、兵庫県の畑喜春住まい復興局長（その後、復興本部総括部長）は、「復興基金」の運用は自治体の裁量によって行われ、独自の施策を打ち出すことができたとして、次のように述べている。

「税金を使った従来の統一的な施策では踏み込めない公的

支援が実現できた。事業の種類によって税、基金、あるいはその組み合わせとバランス良く使い分け、多様な課題に取り組める。企画、運営で県と市町が一体になって取り組む意義も大きい」(兵庫県『阪神・淡路大震災復興誌』第1巻、1997年3月31日)とその効用を強調している。

「復興基金」事業はすべて行政が執り行ってきたものであり、実質的には大方が国の交付税で賄われている。すべてが税金で賄われているのである。「税金を使った従来の統一的な施策では踏み込めない公的支援が実現できた」と言うが、実際は税金を使っているのである。

「きめ細かく、臨機応変に対するには基金しかない」と言うが、基金できめ細かく、臨機応変にできるのなら、一般施策もそのようにきめ細かく、臨機応変に対処できるようにすればいい。踏み込めないなら踏み込めばいい。前例がないなら前例にすればいい。制度がないなら制度をつくればいい。それだけの知恵は十分にある。十分になかったのは、決定権限をもつ首相、知事、市長などの政治的決断であった。

この5年の歳月が、被災地と被災者に教えてくれたことである。

（2000年5月）

[注]

(1)本稿（第2節）の執筆時点（2000年5月）では、「復興基金」に関する既往の研究は、神戸商科大学教授・舟場正富「震災復興における公共の役割の検証と課題」（神戸都市問題研究所『都市政策』第99号所収、2000年4月）の論文の中で、「5．復興基金の設置とその役割」が記されているだけであった。その後、研究が進み、代表的な論稿として、兵庫県立大学大学院教授・青田良介「災害復興基金と中間支援組織が連動した上での地域主導による復興推進のあり方に関する考察」（地域安全学会論文集№12、2010年3月）が、阪神・淡路大震災以降の中越、能登、中越沖などで造成された「復興基金」との比較研究を行っている。

(2)「阪神・淡路大震災復興基金」は、2020年度で解散する見通しとなった。基金の残高が2018年末に2億2000万円になり、残り2年で底をつく見込みとなったことが理由である（「朝日新聞」2019年1月17日付）。

第3節 1800億円の義援金とその配分
大震災の教訓は何か（2000年5月）

1 問題の所在

大震災から5年、震災義援金の最終配分は兵庫県内のほとんどの市町が、「復興に資する事業」としてボランティア支援に充当することを決めた。ボランティア支援は必要なことであるが、義援金から支出することは、拠出した市民の意思から大きく逸れている。総額1800億円近くもの巨額の義援金が寄せられながら、当初の配分方針が誤っていたため、最終配分もこのようなことになってしまった。

大震災から1年3か月近く経った1996年3月末時点、義援金は1754億1000万円寄せられ、その内被災者への配分額の合計は995億7000万円で、配分はようやく半分を超えたところであった。

「いったい、どんな基準で配分を決めているのか」『持ち家修繕助成』の対象は、全壊・全焼となっているが、全焼の場合、修理しようにも修理ができない。こんなおかしな配分計画はない。腹が立ってしようがないが、役所に言いに行く暇もない」などと長田や須磨で家が全焼した被災者たちは、その憤懣を語っていた。

全壊・半壊・焼失の被災世帯数は46万7283世帯(兵庫県、大阪府、京都府、徳島県などの合計)で、義援金総額は1792億4700万円。従って、1世帯あたり約38万円を早期に配分することが可能であった。最大の問題は、配分方針にあった。

ここでは、義援金をめぐって生じた問題点を整理するとともに、今後の義援金の取り扱いに関する方向をまとめておくことにする。

2：義援金の受け入れと配分方針

義援金の受け入れ

義援金の受け入れ状況は表2－6、表2－7の通りである。月別受け入れ状況を見ると、大震災直後の95年2月末にはすでに1000億円を超え、4月末には1600億円近くになっていたことがわかる。その後は4年余りかかって200億円という状況である。被災から数か月で一挙に巨額の義援金が寄せられたのである。

「兵庫県南部地震災害義援金募集委員会」(募集委員会)は、この月別受け入れ状況の資料作成はしていたが、これまで積極的に公表をしてこなかった。一方、兵庫県は95年2月中旬に、全壊・半壊・焼失世帯数が40万以上に上る被害状況を発表していた。

義援金の配分方針

募集委員会は95年1月25日に設置され、日本赤十字兵庫県支部や兵庫県・神戸市、そしてマスコミなど26機関で構成された。募集委員会の開催状況は表2－8の通りである。この募集委員会が義援金の集約・管理・配分計画などすべてを取り仕切った。

募集委員会は、義援金の配分について次のような基本方針を決めた。

①義援金は性格的にも災害の見舞金であり、個人補償金ではない。

②今回の震災では、程度の差はあるものの阪神・淡路地域の殆どの住民が被害に遭っており、義援金総額と被災者数を考慮すると対象者を絞り込んで配分するしかない。

③①②の観点から、特に被害が大きかった人や援護・教育・住宅などに支援を必要とする人を優先対象とする。

なお、募集委員会の構成団体になったマスコミは、問題点を正確に把握できる立場にあったにもかかわらず、当初は義援金問題の分析・解説などの報道をほとんどしなかった。構成団体ゆえの自己規制なのかどうかは明らかではないが、マスコミの使命から考えるならば大いに反省すべきことであった。

義援金の配分状況

義援金の第一次配分は被災直後の95年1月29日に決定され、死亡者・行方不明者見舞金として10万円、住家全・半壊（焼）見舞金としてそれぞれ10万円が配分された。配分額は合計457億円であった（表2－9、表2－10)。このあと第二次配分の要援護家庭激励金と持ち家修繕助成各30万円などが4月21日に決定され、合計641億円が配分された。第二次配分は方針の①と②が適用された。

要援護家庭激励金や持ち家修繕助成などは義援金から支出するのではなく、税金から支出しなければならなかった。とりわけ、持ち家修繕助成（1世帯30万円）は、災害救助法23条6号「災害にかかった住宅の応急修理」を適用すれば、当時で1世帯29万5000円支給できた（2000年時点では、53万1000円）。義援金とほぼ同額である。ちなみに、今回の応急修理の実施件数は、1万96件・2億6300万円（事業費ベース）に過ぎない。災害救助法に基づき正当に税金で対処しなければならなかったにもかかわらず、わずかの支出で抑え、その代わりに義援金で対処したと言える。被災者はその分だけ、値切られたのである。

義援金をあてにしていた従来の災害保障

大震災までの災害保障は、災害救助法や災害弔慰金の支給等に関する法律（弔慰金法）などに基づく現物給付、見舞金・貸付金と義援金などで何とか賄われてきた。そして、政府が震災後いち早く「個人補償はできない」と表明したことなどが相俟って、募集委員会の②と③の方針が立てられた。国民の善意である義援金をあてにして災害保障を考えていたことが、ここには如実に示されている。

第一次配分の住家全・半壊(焼)見舞金10万円に加算して、同様の基準で残額を一気に配分すれば大きな問題は残らなかった。

2年数か月もかかった義援金の配分

義援金の配分方針が誤り、その上に大震災から1年3か月近く経っても配分がようやく半分を超えるような現状を憂えて、96年7月26日、識者42人が連名で「私たちは要求します　義援金をすぐに被災者に配分してください」というアピール（資料2－3）を発表し、代表が募集委員会に要望する行動を起こした。そのような行動を起こさざるを得ない状況であった。

第三次配分は96年7月19日、住家全・半壊(焼)世帯(総所得690万円以下）に10万円（97年4月28日に5万円追加）を決定した。配分額は合計558億円であった。「総所得690万円以下」と、公費を支出する時のように所得制限を設けることは適切ではなかった。

こうして、第三次配分が終了するまで、大震災から2年数か月かかった。こんなに時間がかかったため、義援金の効果は半減してしまった。

3 : 今後の義援金の取り扱いについて

『義援金取扱いのガイドライン』（日本赤十字社）

日本赤十字社は、義援金をめぐって「配分の基準・方法・時期等について様々な意見・苦情が兵庫県の義援金募集委員会のみならず日本赤十字社等募金団体にも寄せられた」ことを踏まえて1996年10月15日、『報告書』をまとめた。そして、この『報告書』の内容に基づき98年7月、『義援金取扱いのガイドライン』を作成した。『ガイドライン』は少なからず大震災からの教訓を踏まえたものとなっている。『ガイドライン』はその冒頭「義援金の理念」を次のように整理した。

義援金は、市民の自発的意思（善意）によって拠出された民間の寄付金である。それは、拠出する市民の意思を考慮すると、慰謝激励の見舞金の性格を濃厚にもつものであり、一義的には被災者の当面の生活を支えるものと位置づける。従って、その配分に関しては、できるだけ早く配るという「迅速性」、寄託者の意思を生かし、かつ適正に届けられる「透明性」、被災者皆に被害の程度に応じて等しく配られる「公平性」といった、いわば義援金の3原則が守られる必要がある。

一律性と迅速性を基本に、一気に配分を

大震災から5年、被災地と被災者の運動で不十分ながら公的支援・個人補償を実現させ、前進させてきた。「義援金の理念」が以上のように整理されたのも、被災地と被災者の公的支援を求める運動の前進が少なからず影響しているからであろう。自然災害における公的支援はいまや多くの国民の合意となっている。

今後の義援金の取り扱いについては、大震災の第一次配分の基準を参考に、一律性と迅速性を基本に一気に配分することが必要である。市民の自発的意思である義援金はあくまでも自発的なものであって、国や地方自治体は、その自発的意思をあてにしてはならない。義援金があろうがなかろうが、被災者が自然災害から立ち上がれるように支援していくことこそが国と地方自治体の責務であるからである。

「国、地方公共団体及びその他の公共機関」は、「国土並びに国民の生命、身体及び財産を災害から保護する」と災害対策基本法は1条にこのように規定している。最近、政府や地方自治体は「自助・共助・公助」をよく強調するが、「共助」をあてにしたり、「自助」を説教することは無用である。銀行への70兆円の「公助」ではなく、被災者への「公助」こそが最も望まれている。

（2000年5月）

表2-6　義援金の受け入れ

受入機関	金額	受入機関	金額
兵庫県	43,718,924,417円	大阪市	250,626,654円
大阪府	1,165,995,866	豊中市	163,400,000
被災市町	1,4944,793,749	池田市	32,471,407
神戸市	9,576,924,473	吹田市	35,532,428
尼崎市	543,930,625	箕面市	38,270,719
西宮市	1,682,439,088		
芦屋市	878,872,215	日本赤十字社	102,781,513,839
伊丹市	337,574,668	中央共同募金会	15,940,779,026
宝塚市	560,354,399	義援金募集員会	76,471,367
川西市	287,476,127		
明石市	314,782,267	小計	178,628,478,264
三木市	77,083,298		
洲本市	35,772,371	預金利息	618,774,496
津名市	12,569,000		
淡路町	5,225,000		
北淡町	25,511,000		
一宮町	15,680,000		
五色町	6,366,000		
東浦町	4,161,000		
緑町	17,484,859		
西淡町	12,706,421		
三原町	15,933,822		
南淡町	13,645,908	計	179,247,252,760

出所：「兵庫県南部地震災害義援金報告書」（平成12年1月、兵庫県南部地震災害義援金管理委員会）

表2-7　義援金月別受入状況

（単位：百万円）

月　　別	金　　額		月　　別	金　　額	
	当該月分	累　計		当該月分	累　計
平成7年1月	42,386	42,386	平成10年1月	28	178,646
2月	67,015	109,401	2月	21	178,667
3月	39,633	149,034	3月	74	178,741
4月	8,817	157,851	4月	27	178,768
5月	5,759	163,610	5月	21	178,789
6月	3,920	167,530	6月	166	178,955
7月	835	168,365	7月	7	178,962
8月	916	169,281	8月	12	178,974
9月	725	170,006	9月	10	178,984
10月	1,833	171,839	10月	6	178,990
11月	815	172,654	11月	11	179,001
12月	299	172,953	12月	11	179,012
平成7年　計	172,953		平成10年　計	394	
平成8年1月	572	173,525	平成11年1月	40	179,052
2月	311	173,836	2月	12	179,064
3月	1,574	175,410	3月	88	179,152
4月	806	176,216	4月	17	179,169
5月	79	176,295	5月	4	179,173
6月	420	176,715	6月	25	179,198
7月	278	176,993	7月	8	179,206
8月	64	177,057	8月	38	179,244
9月	71	177,128	9月	2	179,246
10月	22	177,150	10月	1	179,247
11月	78	177,228			
12月	97	177,325			
平成8年　計	4,372		平成11年　計	235	
平成9年1月	110	177,435			
2月	115	177,550			
3月	634	178,184			
4月	49	178,233			
5月	107	178,340			
6月	62	178,402			
7月	117	178,519			
8月	15	178,534			
9月	15	178,549			
10月	27	178,576			
11月	17	178,593			
12月	25	178,618			
平成9年　計	1,293				

出所：「兵庫県南部地震災害義援金報告書」（平成12年1月、兵庫県南部地震災害義援金管理委員会）

表2-8　兵庫県南部地震災害義援金募集委員会開催状況

回数	開催日	議題	審議結果
	(平成7.1.25)	義援金募集委員会設置	兵庫県地域防災計画記載11機関及び兵庫県共同募金会並びに大阪府、日本赤十字社大阪府支部及び大阪府共同募金会で構成
		義援金募集要領決定	兵庫県、日本赤十字社兵庫県支部等で協議決定
第1回(文書協議)	平成7.1.28	第1次配分基準について	死亡者・行方不明者見舞金10万円、住家損壊見舞金10万円の配分基準を決定する。
	(平成7.2.17)	義援金募集委員会の構成機関の追加	津名町、新聞社7社、放送局1局、通信社2社追加
	(平成7.2.28)	義援金募集期間の延長	「平成7年2月28日まで」を「平成7年4月17日まで」に延長する。
第2回	平成7.3.11	今後の配分方針について	(1) 次の配分基本方針を決定し、支給対象者を把握のうえ、早期に支給時期を決定することとする。 ア　重傷者見舞金　5万円 イ　要援護家庭激励金　30万円 (2) 震災により遺児となった者に被災児童特別教育資金として100万円を支給することとし、その支給方法等については継続検討とする。 (3) 住宅の復元に対する助成金（持家再建、持家修繕、賃貸住宅入居）として30万円支給案については、対象者数の把握、請求方法等を継続検討とする。 (4) その他の配分対象については、次回で検討する。
第3回	平成7.3.29	第2次配分基準の決定について	(1) 決定された事項 ア　重傷者見舞金　5万円 イ　要援護家庭激励金　30万円 (2) その他の配分（特に住宅助成）については意見が分れているため、継続審議とする。
第4回	平成7.4.11	(1) 第2次配分基準の決定について (2) その他	(1) 決定された事項 ア　被災児童特別教育資金については、支給方法を修正のうえ承認する。 イ　被災児童・生徒教育助成金については、保育児を加えることで承認する。 (2) 支給期間が長期にわたることが予測される義援金（被災児童特別教育資金、住宅助成金）の必要資金の運用管理及び資金交付事務を（財）阪神・淡路大震災復興基金に委託することについて承認する。 (3) 義援金募集期間を「当分の間」に修正する。
第5回	平成7.4.21	(1) 住宅助成金の対象について (2) 死亡見舞金の支給対象者の拡大について	(1) 被害数の増加により住宅助成金について新築等を対象外とすることを認め、住宅助成金について承認する。 (2) 死亡見舞金の支給対象遺族に兄弟姉妹を加えることとする。
第6回	平成7.10.13	(1) 義援金募集期間の延長について (2) 市町交付金について (3) 阪神・淡路大震災復興基金への業務委託について	(1) 義援金の募集期間を一応平成8年3月末日までとする。 (2) 市町交付金については、各委員から多くの意見が出され、結論が出ず継続審議となる。 (3) 阪神・淡路大震災復興基金への業務委託については承認する。
第7回	平成7.11.14	(1) 市町交付金について (2) 義援金の広報について (3) 日本公認会計士・近畿会からの調査協力について	(1) 150億円を市町交付金の原資とし、市町の募金状況、被災状況により配分をすることで承認する。 (2) 全国紙に広報することとし、記事内容等については、事務局に一任する。 (3) 調査協力について承認する。

第８回	平成８．３．７	(1) 募集委員会の設置期間について (2) 義援金にかかる紺綬褒章の取扱いについて (3) 死亡見舞金等の市町窓口の閉鎖について (4) 胎児の取扱いについて	(1) 募集委員会は、配分が終了するまで存続させるべきとの意見が大勢を占め、推移をみてさらに検討することとする。 (2) 紺綬褒章については否定的な意見が多数のため、この意見を兵庫県を通じて厚生省に報告することとする。 (3) 死亡者・行方不明者見舞金、住家損壊見舞金、重傷者見舞金、要援護家庭激励金、被災児童・生徒教育助成金については、配分開始後相当の期間が経過しており、未請求者も少なくなっているものと思われるので、平成８年６月末日で市町での受付けは締切り、その後は募集委員会事務局で対応することとする。 (4) 震災時胎児であったものも、義援金の支給対象者として特別教育資金等を支給することとする。
第９回	平成８．３．26	(1) 今後の配分について (2) 今後の義援金の募集について	(1) 今後の配分については、今後の募金額がある程度まとまった時点で決定することとする。 (2) 今後は、特定目的を掲げない募金を継続することとする。
第10回	平成８．７．19	(1) 義援金の再配分について	(1) 住宅助成金が見込件数より少ない申請状況であるので、この余剰財源を、その後寄せられた額を財源として、新たに生活支援金として、所得制限を設け、平成７年総所得金額690万円以下の世帯に、10万円を配分する。
第11回	平成９．４．28	(1) 義援金の再配分について (2) 義援金の請求期限について	(1) その後の募金額と第１～３次の配分残を合せ、配分可能資金が約190億円となるので、生活支援金の追給として５万円を配分する。 (2) 義援金の請求期限等については、次回に審議することとする。
第12回	平成10．１．22	(1) 義援金の申請期限について (2) その他	(1) すべての義援金の請求期限を平成11年３月31日までとし、十分にそれまでの間に周知を図ることとし、請求もれのないようにする。 ただし、土地区画整理事業地区内等で、これらの事業計画が確定していないために、住家の復旧ができない者については、猶予制度を設けるものとする。 (2) その他 ア 市町交付金についても精算を行い、過不足を調整することとする。 イ 平成11年３月31日までの義援金の支給状況及び応募状況をみて、今後の配分等を検討する。 ウ 募集委員会については、申請期限のある間、存続させる必要があり、その後のことについては、その時点で検討することとする。
第13回	平成11．７．21	(1) 義援金の残額の処理について (2) 今後寄せられる義援金について (3) 募集委員会の改組について (4) 報告書の作成・配布について	(1) 平成11年６月末日の残額見込額は、２億8,400万余円で、被災者に均等配分すれば600円程度にしかならないので、被災率に応じて、市町に配分し、復興事業等に活用することとする。 (2) 今後は余り大きな額は期待できないので、一定の額が生じた時点で、兵庫県・大阪府に案分し、それぞれ指定された団体に交付する。 (3) 義援金の募集は、おおむね終了したので、今後資金の管理を主とした義援金管理委員会に改組する。 (4) 義援金募集委員会の業務の報告書を作成し、全国に配布することとし、その経費については、義援金の利息を充てることとする。

出所：「兵庫県南部地震災害義援金報告書」（平成12年1月、兵庫県南部地震災害義援金管理委員会）

表2-9　義援金分配基準総括表

区分・名称	内容	配分単価（千円）	支給開始日
第1次配分（平成7年1月29日決定）			
①死亡者・行方不明者見舞金	死亡者・行方不明者に見舞金を支給する。	100	平成7年2月1日〜
②住家損壊見舞金	住家の全・半壊（焼）した世帯に見舞金を支給する。	100	
第2次配分（平成7年4月21日決定）			
①重傷者見舞金	1ヵ月以上の治療を要した負傷者に見舞金を支給する。	50	平成7年5月15日〜
②要援護家庭激励金	住家の全・半壊（焼）した世帯で、次の要件を有する要援護家庭に激励金を支給する。	300	
ア　ひとり暮らし老人	80歳以上のひとり暮らし老人		
イ　要介護老人世帯	65歳以上の介護を必要とする老人のいる世帯		
ウ　母子世帯	配偶者のいない女子で児童を扶養している世帯		
エ　父子世帯	配偶者のいない男子で児童を扶養している世帯		
オ　両親のいない児童世帯	父母ともいない児童が同居している世帯		
カ　重度障害者世帯	(ア)　1・2級の身体障害者手帳の交付を受けている身体障害者（児）及びこれらの者が同居している世帯 (イ)　A判定の療育手帳の交付を受けている精神薄弱者（児）及びこれらの者が同居している世帯 (ウ)　1級の特別障害者証明書等の交付を受けている精神障害者及びこれらの者が同居している世帯		
キ　生活保護世帯	生活保護法による保護を受けている世帯		
ク　特定疾患患者世帯	特定疾患患者及びこれらの者が同居している世帯		
ケ　公害認定患者世帯	特級〜2級の公害認定患者及びこれらの者が同居している世帯		
コ　原爆被爆者世帯	原爆被爆者の認定書等の交付を受けている者及びこれらの者が同居している世帯		
③被災児童・生徒教育助成金	次の要件を有する児童・生徒に助成金を支給する。		平成7年6月19日〜
ア　高校生等教科書購入費助成	平成7年4月2日現在高校等に在学している者で、震災により授業料の減免を受けているもの	20	
イ　新入生助成	平成7年度に幼稚園、小学校、中学校、高等学校、盲学校、聾学校、養護学校（全日制の外国人学校、専修学校を含む。）に1学年として入学したもの及び同年1月18日から8年3月31日までに保育所に入所したもの	保育所10 幼稚園10 小学　20 中学　50 高校　50	
④被災児童特別教育資金	被災により両親又は父母のいずれかを失った児童に特別教育資金を支給する。	1,000	平成7年10月9日〜
⑤住宅助成金　持家修繕助成	全・半壊（焼）した持家（住家）を修繕した者に助成金を支給する。	300	平成7年8月24日〜
⑤住宅助成金　賃貸住宅入居助成	住家を全・半壊（焼）した世帯で、民間賃貸住宅に入居した者に助成金を支給する。		
第3次配分（平成8年7月19日決定・追加分は平成9年4月28日決定）			
生活支援金　当初分	住家を全・半壊（焼）した世帯で、平成7年の総所得金額（山林所得金額を含む。）が690万円以下のものに支援金を支給する。	100	平成8年9月2日〜
生活支援金　追加分		50	平成9年5月26日〜
被災市町（15市10町）の実態により配分するもの（平成8年3月25日決定）		総額150億円	平成8年4月2日〜

表2-10　義援金支給状況

（平成11年10月31日現在）

区分		件数	金額（千円）
死亡者・行方不明者見舞金		5,802	580,150
住家損壊見舞金		450,446	45,044,506
重傷者見舞金		11,086	554,300
要援護家庭激励金		49,160	14,748,000
被災児童・生徒教育助成金		53,223	1,739,310
被災児童特別教育資金		462	462,000
住宅助成金	持家修繕	71,437	21,430,943
	賃貸住宅入居	84,025	25,124,565
生活支援金	当初	372,331	37,233,100
	追加	371,512	18,575,700
市町交付金	住宅再建	43,369	13,006,200
	その他	5,127	93,060
計		1,517,980	178,591,834

出所：「兵庫県南部地震災害義援金報告書」（平成12年1月、兵庫県南部地震災害義援金管理委員会）

資料2-3

私たちは要求します
義援金をすぐに被災者に
配分してください

全国から心温まる義援金が1,764億円集まっています（1996年５月末現在）。しかし、兵庫県南部地震災害義援金募集委員会はこの義援金をいまだ被災者に配分しきっていません。

同委員会は、第１次配分（1995年１月29日決定）として死亡者見舞金と全半壊・全半焼世帯に各10万円、合計457億円を配分し、第２次配分（1995年４月21日決定）として要援護家庭激励金等（193億円）、住宅修繕や賃貸住宅入居への助成（940億円）、災害市町への配分（150億円）などを決定しましたが、この第２次のうち800億円がまだ配分されていないのです。

義援金は全国からの被災者への生活救援金・見舞金として寄せられたものであり、すぐに配分すべきものです。いまだに配分されていないことは全く理解できません。義務金がまだ配分されていないことを知って、全国から驚きと怒りの声が沸きあがっています。アメリカの震災調査団員も“クレージー”と言っています。全国のみなさんの善意と誠意にこたえなければなりません。

募集委員会は配分が遅れている理由として、住宅修理や民間賃貸住宅入居助成にどれだけいるかわからないから保留しているといっています。これはおかしな話です。災害救助法には住宅修理は政府の責任であることを明記しています。したがって、この940億円はただちに被災者の生活支援のために配分すべきものです。

収入が少なく蓄えも底をついてきた被災者がたくさんいます。仮設住宅で生活する人の３割が年収100万円以下です。身寄りや知人宅に寄宿する人たちの心労や生活苦は筆舌に尽くしえません。高い民間賃貸住宅で生活する人々、二重ローンに苦しむ人々、 やっとの思いで営業したが 街に人が少なく営業困難に陥っている人々など、今日の生活に困窮し、途方にくれている人たちがたくさんいます。震災による認定された死亡者は6,300人ですが、人口調査によると認定されていない死亡者が2,000人を超えているといわれています。

事態は急を要します。生活に困っている人たち（全半壊・全半焼世帯）へ生活支援の一助として、直ちに義援金を配分すべきです。

1996年７月26日

発　起　人
置　塩　信　雄（神戸大学名誉教授）
北　山　六　郎（元日本弁護士連合会会長）
合　志　至　誠（兵庫県保険医協会理事長）
馬　部　貴司男（作　家）
平　田　　　康（神戸をほんまの文化都市にする会代表）

賛同者　　　　（順不同、敬称略）

阿部　節（兵庫県母親大会連絡会会長）
明石　和成（㈶神戸青年仏教徒会理事長、済鱗寺住職）
荒木　重信（弁護士）
一番ケ瀬康子（日本女子大学名誉教授）
井口　美代子（芦屋あすなろ友の会事務局長）
伊賀　興一（自由法曹団大阪支部幹事長・弁護士）
伊勢田　史郎（神戸芸術文化会議議長）
伊藤　寿美枝（新日本婦人の会兵庫県本部会長）
伊藤　誠（神戸芸術文化会議副議長）
石神　襄次（神戸大学名誉教授）
市川　禮子（特別養護老人ホーム喜楽苑施設長）
宇野　稔（日本基督教団兵庫教区総会議長）
上田　耕蔵（兵庫県民主医療機関連合会会長）
桂　米朝
神垣　守（弁護士）
叶　治泉（神戸癒しの学校校長）
北村　行彦（兵庫県病院協会会長・兵庫県私立病院協会会長）
菊本　義治（神戸商科大学教授、阪神・淡路大震災救援・復興兵庫県民会議代表委員）
呉　相　現（鬆１・17市民通信代表）
島田　誠（「アート・エイド・神戸」事務局長）
高村　勣（コープこうべ顧問）
陳　舜　臣（作家）
暉峻　淑子（埼玉大学名誉教授）
中田　作成（大阪工業大学助教授）
中西　覚（作曲家）
西川　榮一（兵庫県震災復興研究センター代表・神戸商船大学教授）
野田　正彰（評論家）
橋本　明（社会福祉団体職員）
早川　和男（神戸大学名誉教授）
福島　浄行（兵庫県商工団体連合会会長）
藤田　佳代（舞踏家）
前田　圭子（神戸ＹＷＣＡ）
前田　貢（弁護士）
峰　広幸（兵庫県労働組合総連合議長）
宮崎　定邦（神戸弁護士会元会長）
杜山　悠（小説家）
山口　牧生（彫刻家）

以上　４２人

資料2-4

日本赤十字社義援金取扱いのガイドライン

（平成10年7月）

Ⅰ．義援金の理念

義援金は、市民の自発的意思（善意）によって拠出された民間の寄付金である。それは、拠出する市民の意思を考慮すると、慰謝激励の見舞金の性格を濃厚に持つものであり、一義的には被災者の当面の生活を支えるものと位置付ける。

従って、その配分に関しては、できるだけ早く配るという「迅速性」、寄託者の意思を生かし、かつ適正に届けられる「透明性」、被災者皆に被害の程度に応じて等しく配られる「公平性」といった、いわば義援金の三原則が守られる必要がある。

Ⅱ．義援金取扱いに関する留意事項

1．義援金の受付

⑴　受付を行う基準

義援金の受付は、原則として災害救助法が適用された場合あるいは適用の可能性のある災害で被災者の生命・財産に大きな被害を受けた場合に行うものとする。

なお、義援品については、被災者のニーズ等の確認が困難なことから、原則として取扱わないものとする。

⑵　受付主体

被災地域が局地的な災害の場合は、原則として当該都道府県支部が中心となって受付を行い、とりまとめを行う。被害が広域的で大規模な災害の場合は、全国的な受付を行い、本社がとりまとめを行う。

⑶　受付期間

受付期間は、災害救助法の適用期間を中心として、原則として1～3か月間とする。

但し、災害の規模並びに被害状況、義援金の寄託状況等に応じて、その期間を延長する。

⑷　受付方法

①　義援金の使途等について寄託者から申し入れのあった場合には、次の項目を参考とし、災害の種類・規模等に応じて本社若しくは支部が予め選定した項目から指定を受けるよう努めるものとする。

但し、個人又は団体を特定した寄託は、受付けないものとする。

なお、それぞれの項目の受付結果により、他の項目と比べ著しく小額で寄託者の意向に添った配分が困難な場合は、配分委員会の審議により他の項目に振替えることがあることについて予め寄託者の了解を得るものとする。

（受付項目例）1．生活支援金

2．見舞金

①　負傷者等

②　住家損壊

③　要援護家庭

②　原則として、直接持参又は郵便局・金融機関等への口座振込によって行う。

③　義援金受付の専用口座を設定する場合は、速やかにこれを行い広く周知する。

⑸　受領証の発行

寄託者の氏名、金額、日付、災害名を明記した受領証を原則として発行する。

但し、金融機関等の口座振込による寄託の場合は、当該金融機関等の発行する「払込金受領証」等で受領証に代えることができる。

なお、この場合であっても、寄託者からの要請があった場合には、受領証を発行するものとする。

⑹　受付後の処理

本社及び各支部で受付けた義援金は、受付主体となった本社又は支部がとりまとめて、配分委員会の指定する口座に速やかに送金することとする。

なお、日本赤十字社は、義援金の使途、配分方法、配分の時期等について必要がある場合には、寄託者の意向等を受けて配分委員会に申し入れるものとする。

また、災害が複数の都道府県にまたがる場合で、配分委員会が個別に設置されたときには、被害状況に応じて委員会ごとの割合を決定のうえ送金するものとする。

(7) 配分委員会解散後に寄託のあった義援金の扱い

配分委員会解散後に寄託のあった義援金で被災者に改めて配分することが困難なものについては、速やかに被災地都道府県若しくは市町村に送金するものとする。

(8) 地方自治体との連携

義援金の受付・配分にあたっては、地方自治体との連携を密にするものとする。

2．義援金の配分

(1) 義援金の配分主体

義援金の配分については、国の「防災基本計画」の規定に基づき関係自治体が、義援金収集団体及びマスコミ等を加えて組織する配分委員会において行うものとし、日本赤十字社は、その指名を受けて配分委員会の一員として参画するものとする。

(2) 配分委員会における日本赤十字社の役割

配分委員会の委員は、義援金の配分にあたって寄託者、被災者双方の意思に配慮し、被害の程度に応じて等しくかつ迅速に被災者に配分されるように努めるものとする。

また、透明性の確保のため、受付状況及び配分基準、配分状況について定期的に報告するよう配分委員会に求めるものとする。

(3) 義援金による物資の配分

被災地都道府県知事若しくは市町村長の要請がある場合、又は発災直後で特に必要と認められる場合に限り、義援金をもって物資等を購入しこれを配分することができるものとする。

3．広報・報告

(1) 広　報

① 災害が発生し、義援金を受付けることが決定された場合は、直ちに、受付期間、受付方法及び義援金の使途について、放送・新聞等のマスコミの協力を得て広く広報し、協力を求めるものとする。

② 本社及び支部は、義援金の受付から配分までの取扱方法について、日頃から広く国民に周知して理解を求めるよう努めるものとする。

(2) 報　告

義援金の受付状況及び配分基準、配分状況については、定期的に報告（赤十字新聞・官報による報告を含む）して透明性を確保するものとする。

なお、義援金の取扱いに関する報告は、配分委員会により行われるものであるが、多額の義援金が寄託される場合は日本赤十字社においても補完的な立場からこれを行うものとする。

4．義援金取扱いにかかる事務経費について

(1) 事務経費の支出

義援金は、すべて被災者に配分するものとする。

但し、義援金寄託者のために必要とされる次の経費は、被害が甚大な災害で多額の義援金の寄託があった場合に限り、義援金の中から次の実費を充てることができるものとする。

ア．義援金受領証の作製・郵送経費

イ．受付・配分状況、結果の広報費用

ウ．義援金の受付、配分委員会への送金についての監査費用

(2) 事務経費の節減

本社・支部は、地方自治体と連携し、災害時の義援金業務に関する広報の便宜供与について、日頃からマスコミと密接な関係を確保するなどして、経費の節減について協力を得るように努めるものとする。

5．監　査

義援金の受付、配分委員会への送金については、公正性を確保するため厳正に監査に、その結果を広く報告するものとする。

なお、被害が甚大な災害で多額の義援金の寄託があった場合は、第三者による監査を行う。

出所：「兵庫県南部地震災害義援金報告書」（平成12年1月、兵庫県南部地震災害義援金管理委員会）

第4節　大震災と人権の救済（2002年1月）
国連社会権規約委員会、被災者支援策を批判、是正を勧告

1：社会権規約（国際人権規約・A規約）は、国内法と同等の効力

国連に1998年9月提出された「経済的、社会的及び文化的権利に関する国際規約」（社会権規約・A規約）に基づく第2回日本政府報告書の審査が2001年8月21日、国連欧州本部（スイス・ジュネーブ）で行われ、同31日に阪神・淡路大震災被災者支援策に関連して画期的な勧告が出された。(1)

この社会権規約は、1997年12月現在、国連加盟の137か国が批准しており、日本はこれを1979年に批准し、第1回日本政府報告書の審査が1986年に行われている。社会権規約は、国内法と同等の効力をもっているものである。

2：大震災被災者の人権救済問題を国連社会権規約委員会の俎上に
――国際舞台を通して、被災者支援の閉塞状況打開の取り組み

今回審査された第2回日本政府報告書の中には、阪神・淡路大震災（大震災）に関することが全く取り上げられていないことがわかった。1999年4月、それではということで、国際人権規約（自由権規約・社会権規約）を生かし、日本の遅れた人権状況の改善に取り組んでいる国際人権活動日本委員会（NGO）や日本弁護士連合会と連絡をとりながら、第2回日本政府報告書へのカウンターレポート（反論書）作成などに着手し、取り組みを開始した。国と兵庫県や神戸市などの復興施策は社会権規約11条(2)が示す水準に悖り、被災者の人権を侵害し続けているとの基調でまとめた。

この取り組みでは、兵庫県震災復興研究センターと阪神・淡路大震災救援・復興兵庫県民会議が共同して、政府報告書の審査を実効あるものにするために、まず「国連社会権規約委員会による日本政府に対する質問事項」を提出（1999年12月）し、引き続きカウンターレポートを作成、国連に提出したものである（2000年5月）。また、日本弁護士連合会（社会権規約問題に関するワーキンググループ：座長　藤原精吾弁護士）や社会権規約NGOレポート連絡会議なども同趣旨のカウンターレポートを国連に提出した。

そして、これらの取り組みの結果、国連社会権規約委員会は最終的に日本政府と兵庫県に対し、その復興策を厳しく批判し、是正の勧告を出した（2001年8月31日）。そ

れに先立って、社会権規約委員会作業部会は2000年5月18日、日本政府への「質問事項」の中に「30．阪神・淡路大震災の被災者の復興のため日本政府がとった措置に関する情報を提供されたい」と明記した。その後2001年7月18日、ようやく日本政府の回答が提出されたが、その政府回答の基調は、大震災からの復興は順調に推移したかのようになっていたため、改めて、被災地と被災者の現状を明らかにした補充レポートを提出した(2001年8月)。また、復興県民会議は、4月と8月に合計6人の代表をジュネーブに派遣するなどして、直接被災地からの訴えを行った。前後5回のカウンターレポートなどの提出や代表団の直接の訴えが功を奏し、大きく実を結んだのである。

こうして、被災者の人権救済問題を国連社会権規約委員会の俎上に載せることができた。国際舞台を通して被災地と被災者の深刻な事態を前進的に打開していく展望が出てきたと言えるのである。

3…日本政府に対する質問（1999年12月10日）

国連社会権規約委員会に提出するカウンターレポート（2000年5月）に先立ち、社会権規約11条に関して日本政府に提出した質問は、次の通り。

(1)質問事項――阪神・淡路大震災被災者の「居住の権利」について

①1995年1月17日の阪神・淡路大震災による多くの被災者の長期にわたる人権と居住の権利の侵害は重大な社会的・政治的問題であるが、報告書にはなぜ取り上げられていないのか。被災者への政府・自治体の救援・復興の政策・計画は、国際人権規約の水準を満たしていたと政府は認識しているのか。

②多数の住居の倒壊によって、多くの死者が犠牲になった事実が認められるが、震災発生前に住居の「安全」を確保する建築基準法など政策・法律とその運用は、「居住の権利」を守るに相応しいものと考えるのか。被害を大きくした原因は何であったと考えているのか。

③震災後の被災者への救援・復興に関する避難所や仮設住宅などの政策・法律とその運用は、被災者が「平和に尊厳をもって」生活できる場所を確保し得るようなものであったと判断しているのか。具体的に説明していただきたい。

④被災後の避難所での「震災関連死」や仮設住宅や復興公営住宅での「孤独死」と呼ばれている死者は、物心両面のケ

アの欠如と放置が死の主な要因ではないのか。状況からみて予見は可能であったと考えられるが、政府・自治体はその努力を怠り、実効ある対策を講じなかったのではないのか。

⑤被災地では、恒久住宅化にあたって被災者が自分の意思に反して移された場所から、もと住んでいた場所へ戻る権利が保障されず、従来のコミュニティが二度にわたって崩され、被災者が正常な暮らしを営むことを困難にしている状況があるのではないか。

⑥被災直後の4市1町の14地区の区画整理事業、市街地再開発事業の都市計画決定による建築制限は、第11条が保障するもと住んでいた地域に住み続けることができる「居住の権利」の侵害ではないのか。禁じられている強制立ち退きに相当するのではないのか。

⑦被災地の都市計画、住宅建設計画の策定過程において、住民が民主的に参加する権利が保障されず、多数の被災者の反対にもかかわらず、行政・議会が計画を一方的に決定した経過があるが、これは「一般的意見4」[(3)]に違反するものではないのか。

(2)質問の理由、現状について

第2次世界大戦が終わって50年、日本はひたすら高度経済成長を突っ走ってきた。瓦礫の中から不死鳥のように蘇って世界で有数の経済国になった。しかし、1995年1月17日の数十秒の地震で再び瓦礫の世界をみることになった。

阪神・淡路大震災は、日本の一地域で起こったことでしかないが、それが警告することは日本はもとより世界各国の開発問題などとも通じることを含んでいる。

大震災では6430人もの犠牲者が出た。負傷者は、3万5000人を数え、避難所生活者はピーク時で31万人を超え、7か月経った時点でも2万人近い被災者が、プライバシーもなく食事も貧しい避難所生活を送っていた。日本の災害救助法に指定された地域は、神戸市など10市10町、人口は360万人に及んだ。

倒壊家屋は約20万棟・40数万世帯、焼失家屋は約7500棟・1万世帯。被害を受けた医療機関は総数2931のうち診療不能205、全半壊435、店舗の被害も大きく、商店街の3分の1、市場の半数が甚大な被害を受けた。学校や保育所、障害者の作業所などの被害も大きかった。

仮設住宅は4万8300戸建設されたが、1Kタイプ（20

㎡）に4人家族を押し込むなどの人権無視も横行した。仮設住宅での「孤独死」は、233人を数え、この仮設住宅を解消するのに、大震災から5年もの歳月を要した。

犠牲者の内訳をみると、高齢者や女性の死亡率が高く、とりわけ経済的弱者に厳しかった。生活保護受給者の死亡率は、神戸市民の死亡率の5倍にもなった。

大震災の被害総額は発表されているだけで10兆円。なぜこのように被害が大きくなったのか、それは次の2点に集約される。その一つは、政府や地方自治体の怠慢な防災対策、もう一つは、日本経済が徹底した利潤追求に走ってきたからである。具体的事例を列挙する。

①政府は、防災関係の予算を抑えてきた。例えば、消防に必要な最小限度の施設及び人員は、消防ポンプ車の場合、2万5861台であるのに対して、現有数は2万2930台。消防職員は20万190人の基準数に対し、14万1403人（1993年4月1日現在）。防火水槽も不足していた。消防車がないため、水がないため多くの尊い命が奪われた。

②国土の乱開発が自然環境を破壊した。環境の破壊、緑や自然の少なさは災害に対して極めてもろい都市をつくりあげた。人間が自然を克服できるという思い上がった考えが環境を破壊し、災害に無防備な都市をつくりあげた。また、公的資金が優先的に開発のために使われ、安全・防災対策がおざなりになった。

③行財政改革によって安全・防災対策費は低く抑えられてきた。政府の一般会計予算は、1990年を100とすると1994年は172、防災対策予算は127でしかなく、防衛費は210にもなっていた。その結果、旧市街地の安全対策や生活環境整備が遅れ、人口密集・老朽家屋がそのままに放置され、それが震災を大きくしたひとつの原因になっている。

阪神・淡路大震災の被害が大きくなった原因は以上の理由による。その結果「居住の権利」は侵害され続けたのである。

4：国連社会権規約委員会に提出したカウンターレポート（2000年5月）

2000年5月、国連社会権規約委員会に提出した兵庫県震災復興研究センターなどのカウンターレポートの全文は次の通りである。

阪神・淡路大震災（1995年1月17日）により、犠牲者は6430人も数え、倒壊家屋は約20万棟・40万世帯、焼失家屋は約7500棟・1万世帯。避難所生活者はピーク時で31万人を超えた。社会的弱者をはじめ被災者は健康を損ない、暮らし・営業の基盤を失った。仮設住宅は4万8300戸建設されたが、1Kタイプ（20㎡）に4人家族を押し込むなどの人権無視も横行した。仮設住宅での「孤独死」は、233人を数え、この仮設住宅を解消するのに、大震災発生から5年もの歳月を要した。

さて、第2回日本政府報告書は、この大震災の問題については全く何も記述していない。社会権規約11条が保障する「居住の権利」が侵害され続けた事態は次の通りである。

第1に、多数の住居の倒壊によって、多くの市民が犠牲になったが、住居の「安全」を確保する建築基準法などの法律とその運用、そして政策は「居住の権利」を守るに相応しいものではなかった。被害を大きくした原因は、政府・自治体の怠慢な防災対策と日本経済が徹底した利潤追求に走ってきたからなのである。

第2に、被災後の避難所や仮設住宅などの救援対策は、被災者が「平和に尊厳をもって」生活できる場所を確保し得るようなものではなかった。

第3に、被災後の避難所での「震災関連死」や仮設住宅や復興公営住宅での「孤独死」は、物心両面のケアの欠如と放置が死の主な要因である。予見は可能であったが、政府・自治体はその努力を怠り、実効ある対策を講じなかった。

第4に、被災地では、恒久住宅化にあたって被災者が自分の意思に反して移された場所からもと住んでいた場所へ戻る権利が保障されず、従来のコミュニティが二度にわたって崩され、被災者が正常な暮らしを営むことを困難にした。

第5に、被災からわずか2か月後の3月17日に強行された4市1町・14地区の区画整理事業、市街地再開発事業の都市計画決定による建築制限は、11条が保障するもと住んでいた地域に住み続けることができる「居住の権利」の侵害である。同時に市場・商店街業者の営業し生活する権利も奪われた。

第6に、被災地の都市計画、住宅建設計画の策定過程において、住民が民主的に参加する権利が保障されず、多数の被災者の反対にもかかわらず、行政・議会が計画を一方的に決定したが、これは「一般的意見4」に違反するものである。

第7に、11条の権利の実現を確保するための「適切な措置」として、被災者への公的支援金の支給が行われなければならなかったが、政府・自治体は、ともにその支給を拒否し続けた。

第8に、政府・自治体の救援・復興の政策・計画の重大な誤りで、多くの被災者の長期にわたる人権と居住の権利が侵害された。日本政府の対応は、世界各地で発生した巨大災害時の当該政府のとった諸施策と比べて、国際的レベルに逆行したもので、また、国際人権規約の水準を満たしたものではなかった。

震災から5年、多くの被災者は復興公営住宅に移ったが、居住適合性・コミュニティの欠如した居住条件下におかれ、いまもなお健康や人間らしい暮らしの権利は失われている。大震災はまだ終わっていない。

5：被災者の人権（個人の尊重・居住権・生存権）保障はなされたか

社会権規約に照らしてみれば以上の通りであるが、同時に日本国憲法に照らして考えるならばこれらの事態は、個人の尊重（13条）、居住・移転の自由（22条）、生存権（25条）など被災者の人権がことごとく踏み躙られたことである。国際的にも国内的にもこれらの人権を回復し、震災被災者の最後の一人まで救済することは被災地と被災者に課せられた重要な課題である。

国連社会権規約委員会の勧告にもかかわらず10月から11月にかけて、兵庫県の井戸敏三知事や政府の村井仁防災担当大臣は相次いで、「国連の勧告は、多種多様な施策が理解されておらず、事実誤認がある。極めて不当である」との見解を表明した。復興支援策の誤りや不十分さを反省するのではなく、「事実誤認」論で問題をあいまいにし、誤魔化そうとしている。しかし、被災地と被災者の実態は、「事実誤認」論で片付けられるようななまやさしい状況ではない。カウンターレポートで指摘した通りである。大震災から7年経ってもなお被災者の生活再建は終わっていない。それどころか、厳しさを増しているのである。

被災者を元気づけることが被災からの立ち上がりの基本である。そのためには、速やかに公的支援とくに住宅と店舗再建のための個人補償をなすべきであった。しかし、政府は私的な利潤追求に失敗した銀行へは70兆円の公的支援を行える体制を速やかにつくり上げたが、「住宅や店舗などの個人財産への公的支援は駄目だ」とし、現在も頑なに個人補償を認めていない。ここに生活再建の遅れの根本的な原因がある。震災1週間後に現金給付を行った台湾や地震発生後11日目に住宅再建に一律３００万円の補助金支給などの施策(4)を発表した鳥取県の片山善博知事（当時）と大違いである。被災者が生きることさえできなくなろうとしている時に、個人補償をすることは憲法的要請である。それこそが最大の人権救済である。

大震災から7年、憲法や法律（災害対策基本法や災害救助法など）は脇に置かれ、国と兵庫県・神戸市などの誤った復興政策がまかり通ってきた。このような事態を転換し、憲法を生かすためには被災者自身の「不断の努力」（12条）によるほかはない。被災地と被災者の「不断の努力」が反映して一昨年（2000年）10月、鳥取県知事は被災者支援の閉塞状況に風穴をあけた。

［注］

(1)【国連社会権規約委員会の最終見解（2001年8月31日）抜粋】

《主要な懸念事項》

27. 委員会は、阪神・淡路大震災後に兵庫県により計画し実行された、大規模な再定住計画にもかかわらず、最も震災の影響を被った人々が必ずしも十分に協議を受けず、その結果、多くの独居老人が、個人的注意がほとんどあるいは全く払われることなく、全く慣れない環境に起居していることに懸念を有する。家族を失った人々への精神医学的又は心理学的な治療がほとんどあるいは全くされていないようである。多くの再定住した60歳を越える被災者には、地域センターがなく、保健所や外来看護施設へのアクセスを有していない。

28. 委員会は、阪神・淡路地域の被災者のうち、貧困層にとっては、自らの住宅再建資金の調達がますます困難になっていることに懸念をもって留意する。これらの者の中には、残余の住宅ローンの支払いのために、住宅を再建し得ないまま財産の売却を余儀なくされた人々もいる。

《提案及び勧告》

54. 委員会は、締約国（日本）が兵庫県に対し、とりわけ高齢者及び障害者への地域サービスの向上及び拡大を勧奨することを勧告する。

55. 委員会は、貧しい被災者が、住宅ローンの支払いを続けるために財産を売却せざるを得なくなることを防ぐために、それらの者が破壊された住宅を再建するために公的住宅基金あるいは銀行ローン債務の支払いを支援するため、締約国が規約第11条の義務に従って、効果的な措置を迅速にとることを勧告する。

(2)【社会権規約11条1項】

この規約の締約国は、自己及びその家族のための相当な食糧、衣類及び住居を内容とする相当な生活水準についての並びに生活条件の不断の改善についてのすべての者の権利を認める。締約国は、この権利の実現を確保するために適当な措置をとり、このためには、自由な合意に基づく国際協力が極めて重要であることを認める。

(3)【適切な居住への権利（The right to adequate housing）に関する一般的意見4第6段、第7段、第11段（1991年国連社会権規約委員会作成）】

第6段　適切な居住への権利は、すべての者に適用される。「自己及びその家族」という言及は、規約が採択された1966年において一般に受け入れられていた性的役割および経済活動のパターンを反映しているが、この文言は今日、個人、女性を世帯主とする家庭またはその他の集団へのこの権利の適用可能性の制限を含意するものと読むことはできない。したがって、「家族」の概念は、広い意味で理解されなければならない。さらに、家族と同様に個人も、年齢、経済的地位、集団もしくはその他の所属、またはその他の要因にかかわらず、適切な住居に対する権利を有している。特に規約第2条2項にしたがい、この権利の享受は、いかなる形態の差別にも服してはならない。

第7段　委員会の見解では、居住権は、例えば単に頭上に屋根があるだけの避難所に等しい、または住居をもっぱら物品とみなす、狭い又は制限的な意味で解釈されるべきではない。むしろ、居住権は、安全、平和および尊厳をもって、ある場所に住む権利とみなされるべきである。これは、少なくとも二つの理由で、適切なことである。第一に、居住権は、他の人権および規約の基本原則と不可分に結び付いている。したがって、規約中の権利が由来するといわれる「人間の固有の尊厳」は、「居住」の語を、さまざまなことを考慮に入れて解釈することを要求するが、その最も重要なことは、居住権は、収入または経済資源へのアクセスにかかわらず、すべての人に確保されるべきだということである。

第11段　締約国は、不利な条件の下で生活している社会的集団に対して特別の配慮を与えることによって、それらの集団に正当な優先順位を与えなければならない。　政策および立法は、したがって、他の者を犠牲にして、すでに有利な状況にある社会的集団を利することを目的とすべきでない。……外的に生じた問題であっても、規約上の義務は妥当し続け、かつ、経済的緊縮の際には、おそらくより関連性を持つ。したがって、締約国の政策および立法上の決定に直接帰する、生活および居住条件の一般的劣化は、補償措置を伴わなければ、規約上の義務に適合しないであろう。

(4)出口俊一「自然災害と個人補償―阪神・淡路大震災と鳥取県西部地震の教訓は何か」(『総合社会福祉研究』第19号所収、総合社会福祉研究所、2001年10月)を参照されたい。

第5節　「復興公営住宅の家賃滞納・強制退去問題に関する7項目提言」の発表（2003年9月5日）

「復興公営住宅の家賃滞納・強制退去問題に関する7項目提言」は、2003年3月の合宿研究会とその後の4回にわたる研究会などでの議論や岩崎健一氏（災害被災者支援ボランティア）と塩崎賢明氏（神戸大学教授／当時）の論稿―いずれも機関誌『震災研究センター』所収―を踏まえたものである。

2003年9月5日、本提言を兵庫県庁にて発表した。

それに先立って、兵庫県知事、神戸市長に直接手交するとともに、内閣総理大臣、防災担当大臣、国土交通大臣には9月3日午後、郵送した。本提言の前文にはこの問題をめぐる経緯や視点などを記述した。本提言は、国と自治体はもちろんのこと、各団体や当該の被災者を対象にしており、合意できると思われる内容を整理したものである。

8月11日、第1次案を提案して以来3週間に20人を超す研究者、運動家、市民の方々から、直接、電話、FAX、メールで具体的かつ貴重なご意見が寄せられた。当初の案を7回にわたり修正した。

被災者の居住の権利保障を
復興公営住宅の家賃滞納・強制退去問題に関する
7項目提言

2003年9月5日

阪神・淡路大震災の被災者が入居している復興公営住宅において、家賃滞納の末、強制退去となるケースが増えている。「行政がすすめている一連の措置は、生活の実情を無視したもので、被災者の生活不安をいたずらに拡大する怖れがある。長引く不況による失業や病気などで滞納に至るケースが大半」と被災者の相談に応じている「ひょうご福祉ネットワーク」などでは、被災者の居住の権利保障を国内外に訴えている。

復興公営住宅入居者の生活全般の苦しさは、兵庫県が実施した入居者調査のショッキングな結果(2003年8月29日発表)が如実に示している。

兵庫県震災復興研究センターでは、本年(2003年)1月以来5回にわたってこの問題を検討してきた。その検討結果を以下の7項目に整理し、提言する。

この提言は、日本国憲法、公営住宅法、国際人権規約などの条約及び関連する国際基準―「強制立ち退きに関する決議」「社会権委員会 一般的意見4、7」など―に基づき、いま復興公営住宅で起きている家賃滞納・強制退去問題の解決の基本方向を示すものである。

この提言は、被災者の困窮状態を配慮しているとは言い難い国・自治体の行政のありようをただし、被災者の困窮を当面救済するとともに、生活の自立支援を目的とするものである。

したがって、当然ながら支払い能力がありながら所得を偽るなど故意に不払いを続けている家賃滞納者を「救済する」ものではない。

1．被災者が、復興公営住宅の家賃を6箇月以上滞納せざるを得なくなった場合、自治体は、現行の条例・規則・要綱などを機械的に適用するのではなく、病気、失業その他の事情を丁寧かつ親切に事情を聴くこと。また、「滞納月数が6箇月以上又は納付督励及び指導に対して誠意がみられない者」を直ちに「長期・悪質滞納者」とせず、きめ細かな配慮を講ずる必要がある。さらに、市役所（区役所を含む）には気軽に相談に応じられるよう生活相談窓口を設けるとともに、日常的な生活援助体制を確立し家賃滞納を防ぐための適切な対応をすること。

2．家賃滞納をした場合、現在、①家賃減免打ち切り措置、②通常家賃の適用とそれに続く近傍同種家賃の適用などにより実質的には5倍近い家賃の値上げ、③年10・95％の延滞金の加算という懲罰的措置が執られている。このような措置は、家賃滞納の解決につながらず、かえって滞納額を雪だるま式に増やす結果を招いているので、直ちに中止すること。

3．家賃滞納の返済にあたっては、一括返済だけでなく、事情に応じて分割・少額返済も可能にすること。兵庫県は「滞納整理事務処理要綱」第7項12にある「分割納付等」という規定を積極的に活用し、実効あるものにすること。分割・少額返済は、すでに「災害援護資金」の返済にあたって執られている措置でもある。また、「世帯の経済状態」（同要綱第7項2）如何では滞納分の返済猶予も可能にすること。

4．収入が生活保護基準を下回っている世帯には、家賃を免除すること。この際、法律・条例・規則・要綱などを実態に即して改正するとともに、家賃免除制度を確立すること。なお、神戸市は、要綱などの公文書を積極的かつ無条件に公開すること。

5．法的措置の手続きにあたっては、文書または面談・臨戸による催告だけでなく、家賃滞納の当事者または代理人が弁明する機会を設けること。また、神戸市は、訴訟を提起するにあたっては、行政の専決事項とせず議会の審議に諮ること。

6．家賃滞納にともなう強制退去によってホームレスをつくってはならない。兵庫県や神戸市は、復興公営住宅の強制退去者の追跡調査を行い、その調査結果を公表すること。

7．強制退去は、日本政府が批准した国際人権規約などの条約並びに一連の国際基準に悖る措置である。現行の法律・条例・規則・要綱などが国際基準を下回っている場合（右記1〜6を含む）は、これを満たすよう直ちに改正すること。これは、人権救済・確立にあたっての重要な取り組みのひとつである。

以上

column

「神戸の壁」は、神戸に　「なぜ津名町に？」の声

神戸市が「公費支出は無理」と突っぱねたため、保存運動が暗礁に乗り上げた「神戸の壁」（神戸市長田区若松町）は、柏木和三郎町長が引き取りを名乗り出た津名郡津名町（当時／現　淡路市）へ1999年２月末、移送された。同町の町議会選挙でも「神戸に残すべき」「なぜ津名町に？」の声が上がった。

空襲と大震災をくぐり抜けた防火壁は、高さ７m、幅15m。2000年１月完成予定の町立美術館の壁面の一部にする計画であったが、あてにしていた寄付金が大幅減額となり、建設中断。今度はしづかホール横に建てる野外ステージの一部にするというものである。

壁は現在、津名郡志筑の空き地に置かれている。1999年６月３日、私は現地を訪れ、町議会議員らから説明を聞いた。「一方的な移設計画で、町民の合意は得られていない。なぜ津名町で保存するかの議論も含め、徹底した情報公開が必要」との意見表明があった。私は、「歴史を証言する貴重な遺跡として、神戸でこそ保存すべきもの」との考えを伝えた。

その後、同町は自治体合併を経て、淡路市となり、「神戸の壁」は2009年、淡路市北部の「北淡震災記念公園」に再度移設され、保存されている。

（1999年６月）

神戸大空襲、阪神・淡路大震災をくぐり抜けた神戸の壁

野島断層の横に移設され、保存されている神戸の壁

第2章 多発する自然災害と「災害救助法」徹底活用

第1節 東日本大震災6か月、いまこそ被災者救済を

1…阪神・淡路大震災16年

兵庫県南部地震（震災名は阪神・淡路大震災）発生以来16年8か月経ったいまもまだ大震災は終わっていない。2000年1月の仮設住宅解消までの5年間、被災者の孤独死は233人、復興公営住宅入居開始からの11年間の孤独死は681人、合わせて914人を数えている。

阪神大震災の被災地と被災者をはじめ、全国各地の心ある人びとの「不断の努力」（日本国憲法12条）の賜物として被災者生活再建支援法の制定（1998年）と2度の改正により成果を上げてきている一方、この16年余りの復興過程において行政などの不適切な対応により追加的にもたらされる被害が発生することが明らかになってきた。

①神戸市営空港の破綻（事業費：3100億円超）、②新長田駅南地区の再開発（事業費：2700億円超）、③震災障害者（少なくとも349人）、④震災アスベスト被害（2人死亡）、⑤孤独死（914人）、災害弱者のその後の問題など数多くの問題である。兵庫県震災復興研究センターはそれらを総称して「復興災害」と呼んできた（兵庫県震災復興研究センター編『大震災15年と復興の備え』クリエイツかもがわ、2010年4月17日）。

さらにこの間、〝終の棲家〟（人生最後の住まい）として入居した復興公営住宅での家賃滞納を理由に強制退去させられる事例が急増、2009年4月からはこの事態に追い打ちをかけるような神戸市営住宅の家賃減免改変、その上、神戸市では「借上公営住宅」からの〝住み替え〟と称する追い出しが計画・実行されており、入居者に不安が駆り立てられている。新たな「復興災害」がつくり出されているのである。6000日以上経った阪神の被災地ではいまも大震災の後遺症や「復興災害」に見舞われているのである。

2…2011年3月11日午後2時46分

2011年3月11日午後2時46分、マグニチュード9・0の大地震・東北地方太平洋沖地震（→東日本大震災）が発生し、死者1万5735人、不明者4467人、計2万2022人（2011年8月27日現在、警察庁調べ）もの犠牲者を出す巨大災害に遭遇した。

その当日、筆者は前日の3月10日にあった「借上公営住宅」問題で神戸市会に提出した「陳情書」の「採否を決しないで、審査打ち切りとする」意見決定をうけ、次の取り組みをすべく準備作業の真っ最中であった。発生直後から震災研究センターの事務所の電話と携帯電話は鳴りっぱなしで、しかも各地からのEメールが多数寄せられた。

「とにかく、何とかしなければならない」。震災研究センターの塩崎賢明、西川榮一両代表理事と連絡をとり、3月13日夜、急遽集まり、今回の巨大災害への取り組みを開始し、6か月が経った。

3月13日の夜は、役員を含め18人もの人たちが「何かしなければならない」と2時間近く話し合った。まず、兵庫県知事宛てに東日本を応援するべく奮闘されたいとの提言を出そうということと、しばらくの間、毎日でも集まって、情報交換・課題整理・取り組み方針などを話し合おうということになった。

3…7本の政策提言を作成

阪神大震災後の新潟県中越地震（2004年10月）、能登半島地震（2007年3月）、新潟県中越沖地震（2007年7月）発生直後も政策提言を作成し、公的支援を求めてきた。震災研究センターは16年8か月前の発足以来、50本近くの政策提言を作成し、国や地方自治体に提出し、生み出してきた成果として2度の改正を含む被災者生活再建支援法がある。阪神の教訓を踏まえた政策を提言することが、東北地方の巨大災害の被災地と被災者のみなさん方に貢献できることであろうと、7本の提言をまとめ、提出してきた。幸いなことに2年前の夏から、全国の都道府県・市町村の災害対策や危機管理関係の部署宛てにEメールをいっせい送信できるソフトを導入していたので、国と地方自治体には同時に提出できることになっている。

7本の提言は、国・地方自治体のホームページにて得られる情報、新聞・テレビ・ラジオなどのマスコミ情報、事務所に送られてくるいくたのEメールによる情報、独自のルートと現地調査を通じての情報などを短時間で読み込み、整理し、3月13日以来、週単位で会合を重ね、まとめてきたものである。

4…被災者を元気づける即効薬は何か

被災者を元気づける即効薬はすみやかな現金給付であるが、阪神大震災の場合、当初、支援は日常品の支給や避難所・仮設住宅など現物支給が主であった。また、義援金（1793億円）の配分も大幅に遅れた。ちなみに、東日本大震災での義援金は8月19日現在、3166億円に達し、うち51％にあたる1628億円の支給にとどまっている。

なぜ支給が遅れているのか。全壊(焼)に35万円、半壊(焼)に18万円と被害認定にリンクさせたことで、大きな被害を受け手薄になっている基礎自治体に作業を丸投げしたため確認作業に多大の時間を費やさざるを得なかったからである。4月8日に「義援金配分割合決定委員会」（会長＝堀田力・さわやか福祉財団理事長、事務局は厚生労働省)が決めた基準・方針が適切でなかったためである。

被災者の声が高まるにつれて、利子補給、家賃補助、生活再建支援金（のちに被災者自立支援金）などの現金給付が行われるようになったが、所得制限や年齢制限が厳しく、被災者を支援するものではなく、かつ少額であったから自立できるものではなかった。災害直後などは、「迅速性、一律性」が重要であるが、「公平性」が前面に出て、後手後手にまわっている。

5…政策提言の基調

救援・復旧・復興に関する震災研究センターの政策提言の基調は、「すみやかな現金給付こそが、被災者を元気づける即効薬」であり、自然災害に遭遇して落ち込んだ被災者の生活を迅速に元に戻すことが何よりも復興の基本に据えられなければならないということである。まちは、きれいになったが、そこに住む人々がいなくなってしまうことほど空しいことはない。人々の生活・住宅再建が基本に据えられること、つまり人間の復興こそが基本なのである。

4月23日、東京の首相官邸で開かれた東日本大震災復興構想会議では「単に元に戻すのではなく、未来の社会をつくる創造を、〝創造的復興を〟」「農地と漁港の集約を、効率化を」「復興財源として、3％の消費税増税を」など、被災地と被災者の現実を脇において議論がなされ、その延長線上で6月25日、『復興への提言～悲惨の中の希望～』がまとめられた。

そして、7月29日、政府の「東日本大震災からの復興の基本方針」が発表された。大震災から4か月余り・141日も経ってからである。〝復興の備え〟ができていなかったからである。

その時点で、家族を失い自宅を失い避難所生活を送る人々、これからの生活に希望を見出せず途方に暮れる被災者に政府は、どのような具体策を打ち出し、手を差し伸べていたのであろうか。避難者は依然9万9236人（2011年6月30日現在、内閣府調べ）、また震災関連死は、岩手、宮城、福島の3県で少なくとも524人にのぼっていた。

「第1次提言」（3月22日）は、「災害救助法の正当な運用と徹底活用」「被災者生活再建支援法の適用改善・改正」「災害弔慰金法の適用改善・改正」を柱に、簡潔に3頁におさめた。

東日本大震災の被災者救済、避難・仮設居住に関する第1次提言

2011年3月22日

1．災害救助法の正当な運用と徹底活用
2．被災者生活再建支援法の適用改善・改正
3．災害弔慰金法の適用改善・改正
4．義援金の配分
5－1．避難―被災地
5－2．避難―県外
6．仮設居住
7．災害廃棄物

「第2次提言」（4月10日）は、極限状態におかれている「被災自治体への支援の強化」を強調し、引き続き「災害救助法の正当な運用と徹底活用」と、ようやく配分の決まった義援金について、その配分基準・方針の弱点を改めることを求めた。新聞、週刊誌、テレビなどから義援金に関する取材が相次いだ。

東日本大震災　被災自治体支援強化、災害救助、義援金に関する第2次提言

2011年4月10日

1．被災自治体への支援の強化
2．災害救助法の正当な運用と徹底活用
3．義援金の配分

また、「第2次提言」は4月12日午後、政府の「被災者生活支援特別対策本部」に赴き直接提出した。1時間のやり取りの中で、政府の担当者（課長補佐）は真摯に耳を傾け、必死にメモをとっていた。「私は3月末に急遽、この本部に配属された。いまお聞きしたようなことは、はじめて知った……」と、取材のジャーナリストも同席していたが、率直な感想を漏らした。

「第3次提言」（5月7日）は、政府の「被災者生活支援特別対策本部」が行った「3県全避難所に対する実態把握調査結果」に基づき、「避難生活の改善」を強調するとともに「仮設居住の改善」で福島県（3000数百戸）、岩手県住田町（100戸）の地元産の木材を使用した仮設住宅の紹介と普及に言及した。そして、「生業支援の実現」と「震災アスベストの対策」を求めた。なお、この「震災アスベストの対策」については、宮本憲一・立命館大学名誉教授のご提案を全文取り入れさせていただいた。

東日本大震災　救援・復旧に関する第3次提言

2011年5月7日

はしがき

1．避難生活の改善を
2．仮設居住の改善を
3．生業支援の実現を
4．災害救助法の徹底活用と改正を
5．義援金を直ちに被災者の手元に
6．震災アスベストの対策を
7．安全災害廃棄物処理と環境汚染の防止を

「第4次提言」（6月20日）では、遅々として進まない義援金配分についてさらに具体的な配分方法を提言し、6月に入って発生した生活保護打ち切り問題に言及した。厚生労働省や福島県南相馬市に電話による取材をしたが、生活保護の停止や廃止が不当な措置であることは明白であった。

そして、引き続き「災害救助法」「災害弔慰金の支給等に関する法律と政令」「被災者生活再建支援法」の3法の改正の課題を整理し、提言した。この「第4次提言」では災害救助法23条1項、2項、3項の全文を掲載した。その理由は、震災研究センターに都道府県や市町村から「提言」に関する次のような問い合わせが相次いだからである。

「災害救助法23条1項7号の『生業に必要な資金、器具又は資料の給与又は貸与』は、ほんとうに法文にあるのか」とか、「そのような条文は知らなかった」などである。東北地方のA県の担当者は、「はじめて知った」と述べていた。

東日本大震災の救援・復旧に関する第4次提言

2011年6月20日

1．義援金は〝迅速・一律性〟を基本に、直ちに被災者の手元に
2．被災者の不安をあおる生活保護打ち切りは、是正措置と「特段の配慮」を

3．災害救助法の徹底活用と改正を
4．災害弔慰金の支給等に関する法律と政令の改正を
5．被災者生活再建支援法の改正を

6…「国会は、一体何をやっているのですか！」

被災者の生活・住宅再建が迅速に進められない限り、大震災からの復興は終わらない。「7万人が自宅を離れてさまよっている時に、国会は、一体何をやっているのですか！」と、児玉龍彦氏（東京大学教授・アイソトープ総合センター長／当時）が7月下旬、衆議院厚生労働委員会で国の放射線対策を厳しく批判した。

国会と政府がなすべきことをしないで、首相の首のすげ替えに血道をあげている姿ばかりが目につき、被災地の復旧・復興の具体的進展がみられないからである。阪神大震災の時もそうであったが、国や被災自治体の施策が後手後手にまわり、その内に仮設住宅での孤独死が急増したのである。

東日本大震災では「復興災害」を繰り返してはならない。阪神と東日本の被災地の現状と課題を見極め、被災者の救済を進めるため、「政策提言」を作成し、発信し続けなければならないと考えている。

第2節 「災害救助法」の評価の変遷

1…「災害救助法はギマン的」（1963年）、「災害救助法は被災者の『壁』」（1995年）

2011年夏、医学生のシンポジウムに参加した中で、伊勢湾台風（1959年9月）後に救援活動を経験された医療団体の文書を拝見した。その文書には、「政府や地方自治体は、いつも大きな被害が起った後で、自己の責任を隠蔽し、被災者の憤激を緩和するために、限られた地域に、僅かの期間、災害救助法を発動し、食糧・衣類・寝具・住宅・医療などについて、ほんの見せかけの保障をする。そして一方では、マスコミを通じて国民に助けあい運動をよびかけ、あたかも救援の責任が国民にあるかのような錯覚を起させる。災害救助法にもとづいて、官公立病院や日赤などが行う医療救援は、このような政策の一環にほかならない。したがって、本質的にギマン的なもので、……お座なりで、官僚的な場合が多い」（大阪民医連、1963年6月21日）と、記されていた。

当時、実際に救援活動を経験された人々の評価・受け止

めの一断面を垣間見た思いである。また、阪神・淡路大震災後、公的支援活動を展開された弁護士の伊賀興一氏も「災害救助法が被災者の『壁』に」と、同氏の論文「自然災害被災者に対する公的支援制度の検討」(甲斐道太郎編『大震災と法』所収、2000年1月)の中で述べている。

ひとたび大災害が発生すれば、直ちに適用される重要な法律であるにもかかわらず、災害救助法の評価は、50年近く前は「ギマン的」、16年前は「被災者の『壁』」、そして、法学者・法律家にもあまり研究対象とされなく、省みられることがなかったのであろう。

筆者も阪神・淡路大震災に遭遇するまで、災害救助法の内容は知らなかった。当時、災害救助法が大事だということで手元の『岩波基本六法』を繰ってみたが、同法は掲載されていなかった。急遽、分厚い『六法全書I』(有斐閣)を引いて、条文に出会った記憶がある。

阪神・淡路大震災後「災害救助法の徹底活用」を繰り返し主張してきたが、東日本大震災後、その声はより大きくなり、日本弁護士連合会や兵庫県弁護士会も正面から取り上げるようになった。これは、とても大きな変化であった。

2 …「災害救助法」徹底活用の提起

そして、東日本大震災2か月の時点で、「神戸新聞」は次のような社説を掲げた。

「兵庫県弁護士会は、災害救助法23条に基づき、生業再開に向けた現金・現物支給を行うべきだと緊急提言している。

23条では『生業に必要な資金、器具または資料の給与または貸与』を救助の一つに挙げており、法律に基づいて現金・現物支給ができるはずだ。

このことは阪神・淡路大震災でも議論になったが、国は公的な貸付制度が充実してきたことなどを理由にこれまで資金給与には踏み切っていない。

復興には経済的基盤の回復が欠かせないが、津波ですべてを失った事業者らへの支援は乏しい。仕事の再開に向け、柔軟な対応が求められる。

被災者は今、自立したくても困難な状況にある。生活再建に向けた、より強い後押しが必要だ」(2011年5月11日付)

阪神・淡路大震災から16年余の時点で、法律家や新聞の論調も大きく変化した。しかし、いまだ「災害救助法」徹底活用という状況には立ち至っていない。どのように打開していくべきか。災害問題の研究会などでは社会的に訴え、被災者の権利を確立するため、行政訴訟の提起が必要ではないかといった意見も出されるようになってきた。

そのような中で、ふと40数年前に経験し、印象深く脳裏に残っていることが蘇ってきた。筆者がまだ大学生であった時、民法学者の末川博氏（立命館大学総長／当時）の講演や著書に接した時に末川氏は必ずと言っていいくらい19世紀オーストリアの法学者・イェーリンク著『権利のための闘争』（岩波書店）の冒頭の一節を引用され、「不断の努力」を訴えておられたことである。

「法の目標は平和であり、これに達する手段は闘争である。法が不法の側からの侵害に対して用意せねばならぬ間は—しかもそれはこの世の存する限り続くであろう—法に闘争を避けるわけにはいかない。法の生涯は闘争である。諸々の民族の、国家権力の、階級の、個人の闘争である。この世における一切の法は闘い獲られたものである」。

災害救助法という法律の条文—23条1項7号、2項—は存在しても、「適用」「発動」されない限り、被災者にとっては絵に描いた餅に過ぎない。「災害救助法」徹底活用と主張する限り、必ず「適用」「発動」させなければならない。「避けるわけにはいかない闘争」をどのように進めていけばいいかの解はいまだ出すことはできていないが、引き続き知恵を寄せて実現しなければならないと考えている。『「災害救助法」徹底活用』（クリエイツかもがわ、２０１２年1月）を読んでいただいた方には協働を呼びかけたい。

さて『「災害救助法」徹底活用』は、２０１１年7月18日に開いた兵庫県震災復興研究センターの会議で出版しようということになって検討を重ねてまとめたものである。わかりやすく解説・紹介を書く、災害救助法の運用の問題点を整理する、改善の方向を具体的に提案するなどを基本に、これまでの研究と実践・実務を踏まえまとめを試みたものである。

編集しながら、執筆者の面々の熱い思いが文面から伝わり、早く出版して、各方面に届けたい、伝えたい、提案していることを実現したいとその想いを強めている。

（２０１２年1月）

第3節　「災害救助法」の徹底活用を
東日本大震災　被災者救済の現状と課題
（２０１２年2月）

1 ∴ 東日本大震災（２０１１年3月11日）から1年

２０１２年2月11日、東日本大震災から11か月（３３７日）経っているにもかかわらず、家族を失い、自宅を失い避難所生活を送る人びと（1月16日現在、約６８０人）、これからの生活に希望を見出せず途方に暮れる被災者に国や自治体は、どのような具体策を打ち出し、手を差し伸べているのであろうか。

避難者は依然34万1411人(2012年1月26日現在、復興対策本部調べ)、また震災関連死は、岩手、宮城、福島、茨城の4県で960人(「神戸新聞」2011年12月18日付)が認定され、阪神大震災の921人を上回った。4県では1677人の申請を受け付け、54人が不認定、663人は審査中や審査待ちである。1000人を大きく超すのは確実となっている。

「復興」とは、災害によって一度は衰えた被災者および被災地が「再び盛んになること」「再生すること」である(宮原浩二郎/「復興」とは何か、兵庫県震災復興研究センター編『災害復興ガイド』所

表2-10 震災関連死の認定状況(2011年12月18日現在)

	申請	認定	不認定	審査中・待ち
岩手	170	69	0	101
宮城	746	434	47	265
福島	735	448	5	282
茨城	26	9	2	15
計	1677	960	54	663

作成:兵庫県震災復興研究センター

収、2007年1月、クリエイツかもがわ)。

「単に震災前の状態に戻すのではなく、21世紀の成熟社会にふさわしい復興=創造的復興」(1995年、兵庫県)ではなく、自然災害に遭遇して落ち込んだ被災者の生活を迅速に元に戻すことが何よりも重要である。「それは、原型復旧だ」という専門家もいるが、それこそが復興である。人間の復興こそが基本なのである。

2 :: 東日本大震災の被災者の現状

多くの被災者は、いまだ避難生活を余儀なくされ、仕事に就きたくても仕事場がなく、家族を亡くした人びとが全く次の一歩を踏み出せなくても「震災前よりもっと新しい街をつくろう」とか「震災を契機に新しい価値観を生み出そう」といったことが語られる。被災者は、今日・明日をどのように生きていこうかと呻吟しているのに、である。

あの忌まわしい大震災から1年を前にして、被災地と被災者の実情を見るとき、被災者の生活再建の遅れに愕然とせざるを得ない。

待機所や旧避難所、テントで生活する人々、身寄りや知人宅に寄宿する人々、住み慣れたところから遠く離れた仮設住宅でひっそりと暮らす人たち、失業や休職をしている

人々、営業を再開しようとしてもできない人々、再開しても寂れた街で思わしくいかない人々が、生活の見通しをもてず途方にくれている。

とりわけ心配されるのは、仮設住宅などで知人もなく孤独な生活を余儀なくされている人たち、収入も乏しく僅かばかりの蓄えもなくなってきた人たちのことだ。この人たちの中には、明日どころか今日の生き甲斐を見失い、生きる気力を失いつつある人々もかなりの数にのぼっている。自殺者や孤独死が後をたたない。また、環境の変化のために病状を悪化させた人たちもたくさんいる。

このようにこれまでの生活の基盤が崩れたために、医療や福祉の手をさしのべることも困難な、生命と人権に関わる重大事態が生じているのである。

いまこそ医療・福祉の充実とともに、生活の基礎である「人の住める家とまち」の再建のため、公的支援の抜本的強化が強く求められている。

ロサンゼルス大地震の際には、被災者救援がまず優先され一定の生活保障金も支給されたが、日本では公的資金で個人への援助がなされないのを、今回現地を訪れた外国からの調査団の多くが「非常時になぜ」という疑問を抱いたと報告している。

「政府は、現行法制度ではできないと言いますが、それならば必要な法的整備を行うべきです。被災地において医療・福祉・生活・研究・教育・文化・人権などに関わってきた私たちは、政府に対して、被災者の生命と人権、生活を保障するために、以下の項目を早急に実施するよう、一層の努力と英断を求めます。

1．仮設住宅の高齢者をはじめ被災者の人権と生命を守るため、生活資金の支給、生活保護の適用拡大、医療費免除、保健・福祉訪問活動などの緊急措置を強めること。インナーシティに特別養護老人ホームをはじめ、福祉・医療施設を整備すること。

2．住宅・店舗の修復と自力再建をめざす人々への公的支援を拡充すること、低家賃の公営住宅建設を大幅に増やすこと、民間賃貸住宅建設への公的支援を拡充すること。

3．激甚災害にたいする「公的災害保障制度」を立法化すること」

この文章は16年前、阪神大震災1年を前にした1996年1月10日、兵庫県内の医師会、学界、弁護士会、報道機関などの代表48人が、生命と人権の危機を憂慮し、被災者の生活再建の遅れに愕然とするとして発表した「公的支援の拡充を求めるアピール」（本書31～34頁）である。
筆者がこの間、東日本大震災の被災地（岩手、宮城、福島の3県）を訪れ、見聞したことは、16年前の「アピール」の現状認識とオーバーラップするのである。阪神大震災から16年後に発生した東日本大震災であるが、この11か月の国や地方自治体の遅々とした取り組みは、17年前と同じではないか、一番大事な「人間の復興」をどのようにしていくかの視点が抜け落ちているからではないか、という思いに駆られる。

東日本大震災1年を前に、いま何よりも求められるのは被災者の日々の生活と生業への支援である。5年・10年先のまちづくりの見取り図を見せられても、それは文字通り絵に描いた餅に過ぎない。

青森、岩手、宮城、福島、茨城、千葉の被災自治体（43市町村）の9割を超える市町村（41市町村）が２０１１年度中に「復興計画」を策定する予定である。策定された「復興計画」に共通しているのは、復旧期から復興の入口に辿り着いたと認識され、また防災関係の研究者も概ね同様の議論を展開しているが、果たしてそうであろうか。

被災者の生活が、復旧しているとは言い難い。「２０１１年3月11日」の前日までの状態に早く戻すことが、何よりも優先されなければならない。家族を亡くした被災者にとっては、「3月11日」までの状態に戻ることはできないが、公的支援を含む各種の支援があれば、生き延びることができた生命を長らえることは可能であり、被災者および被災地が、再び盛んになり、再生することができるのである。

では当面、どのような手立てが講じられなければならないのであろうか。

3：前進した中小業者への公的支援策・グループ補助金の実施（２０１２年2月9日）

阪神大震災後の公的支援要求は、「住宅・店舗再建に５００万円、生活支援に３５０万円」であった。そして、住宅再建の支援策は、大きく前進したが、店舗再建への支援は実現させることができず、支援策は融資と利子補給に限られていた。

ところが、東日本大震災後のこの分野では次のような注目すべき支援策が２０１１年秋から講じられている。宮城県経済商工観光部発行の『中小企業施策活用ハンドブック』—宮城県経済商工観光部ホームページ http://www.pref.miyagi.jp/keisyo/—によると、

①中小企業施設・設備復旧支援事業（上限：２０００万

円、下限：100万円／予算：30億円、申請数：598件）

②商店復旧支援事業（上限：300万円、下限：100万円／予算：4億5千万円、申請数：598件）

③商業活動再開支援事業（上限：300万円、下限：100万円／予算：4億円、申請数：413件）

④観光施設再生支援事業（上限：1000万円、下限：100万円／予算：10億円、申請数：200件）

など震災前からの従来分と国の分をあわせて100もの支援策が紹介されている。

「民宿再建へ　1000万円交付―復旧経費の5割を補助」（「全國商工新聞」2011年11月21日付）と大きく報道され、また永澤利夫宮城県連事務局長の「公的補助獲得に全力を挙げて」（『月刊　民商』2012年2月号所収）に、被災業者の取り組みがリアルにリポートされている。

一方、政府（中小企業庁）の「中小企業等グループ施設等復旧整備補助事業」で、施設・設備の復旧・整備費の四分の三を補助する事業が創設された。

これらの補助金には、申請が殺到しており、予算の増額と申請手続きの簡素化などが求められるが、阪神大震災から16年余の継続的な取り組みが実を結んできていると言えよう。

さらに、二重ローン問題でも前進し、2012年3月から支援事業が開始されることになった。支援の内容は、次のようなものである。

①旧債務の整理

●金融機関等からの債権の買い取り．

●債権の買い取り後、一定期間の弁済猶予、債務の一部免除等が可能．また、第三者保人の保証債務等の免除が可能．

②新事業の支援

●専門家の派遣・助言．

●債務保証、出資、つなぎ融資等．

いずれも十分とは言えないが、歯牙にもかけられなかった17年前とは隔世の感がある。

昨年来（2011年）、第1次補正予算（4兆153億円、5月2日）、第2次補正予算（1兆9988億円、7月5日）、第3次補正予算（11兆7335億円、11月21日）の合計17兆7476億円が予算化され、実行に移されている。短時日に巨費が投じられているので、国・県・市町村の予算執行にあたっては、従来にも増して取り組みの強化と監視を強めていくことが求められている。

4：求められる災害救助法23条1項7号、2項の発動

現下の被災者救済のため、災害救助法の徹底活用がなされなければならない。災害救助法（昭和22年10月18日法律第118号）は、23条(1)に以下のような「救助の種類」を定めている。

1項

一　収容施設（応急仮設住宅を含む。）の供与

二　炊出しその他による食品の給与及び飲料水の供給

三　被服、寝具その他生活必需品の給与又は貸与

四　医療及び助産

五　災害にかかつた者の救出

六　災害にかかつた住宅の応急修理

七　生業に必要な資金、器具又は資料の給与又は貸与

八　学用品の給与

九　埋葬

十　前各号に規定するもののほか、政令で定めるもの

2項　救助は、都道府県知事が必要があると認めた場合においては、前項の規定にかかわらず、救助を要する者（埋葬については埋葬を行う者）に対し、金銭を支給してこれをなすことができる。

3項　救助の程度、方法及び期間に関し必要な事項は、政令でこれを定める。

(1) 生業資金、器具又は資料の給与又は貸与、現金給与

災害救助法23条1項7号は、都道府県知事は「生業に必要な資金、器具又は資料の給与又は貸与」することができると規定する。「生業」とは、生活のための仕事をいう。漁業を行うには舟艇、魚網、漁具等が必要である。農業を行うには、農機具、種苗等が必要である。商工業を行うには、店舗・事務所・工場等が必要である。

漁具や農機具や店舗はまさに生業に必要な器具、資料であり、これを給与又は貸与することにより、直ちに漁業、農業、商工業を再開することができる。同条項に基づいて、たとえば漁網の貸与などを直ちに実施すれば、応急的な仮設の船着き場とともに、生業再開の後押しが可能となる。

災害救助法は、生活のための仕事に必要な①現金の給与、②現金の貸付、③器具・資料の給与、④器具・資料の貸出しができると定めているのであるが、厚生労働省（厚労省）は、いずれも認めていない。

そこで、①の生業に必要な資金の給与についてみてみると、厚労省が認めない理由は、「現物給付の原則」によるというものである。しかし、「現物給付の原則」などというものは、存在しない。また、災害救助法23条1項1号～6号、8号、9号は現物給付の規定であるが、これらの規定が現金支給の7号の規定に優先するとの文言はないので文言上、「現物給付の原則」をとっていないことは明らかである。

また、厚労省は、現金支給をしない理由を災害弔慰金法の貸付制度が設けられたことも理由にしている。しかし、貸付はいずれ返済しなければならないもので給与に代わるものではないし、災害救助法にも現金貸与制度があれば現金の支給はなされないとは規定していない。以上から、生業に必要な資金の給与を行うべきである。

例えば、①の現金給与額は、被災者生活再建支援法に準じて、事業所の被害認定（全壊、大規模半壊）に応じて、100万円を上限に支給すべきである。

また、③④の生業に必要な器具・資料の給与や貸与も認めるべきである。法律に明文の規定があるので、これらの規定を適用しない理由は認められない。生業に必要な器具・資料とは、民事執行法の差押え禁止動産に準じて（同法131条）、農業では、欠くことのできない器具、肥料、欠くことのできない種子をいい、漁業では漁網その他の漁具、えさ、稚魚をいい、その他の業務では欠くことのできない器具等をいうものである。

そして、2項が「前項の規定にかかわらず」と1項の10項目の救助と関係なく現金を支給できることを定めていることからすれば、生業に必要な資金だけでなく、それ以外のいかなる事項にも金銭を支給することができる。日本弁護士連合会は、雲仙普賢岳の噴火災害における警戒区域からの避難者に対して旧国土庁・長崎県が実施した「食事供与事業」に準じて、東日本大震災原発事故の警戒区域からの避難者に対して1人1日1000円4人家族で1か月12万円の現金支給を提言している。

⑵ 現物給付主義の誤り

厚労省が「現物給付の原則」に固執し、あえて硬直的な運用を行う理由はどこにあるのだろうか。建前としては2点ある。一つは、災害が発生すると物資が欠乏し又は調達困難となるので金銭が物資購入にその用をなさなくなる場合が多いというのである。被災地では通貨の強制通用力が失われるという意味である。確かに、災害救助法制定当時の昭和22（1947）年は終戦直後で物資の乏しい時代だったから、金銭より現物の方が被災者には有難かっただろう。しかし、現代は高度に発達した貨幣経済社会である。物資の流通も高度に発達している。阪神・淡路大震災や東日本大震災の例を見ても明らかな通り、被災地で通貨が強制通用力を失った例などない。

もう一つは、金銭を給付すれば救助が足りるような災害は、法による救助は不要であるというのである。「金銭を給付すれば救助が足りるような災害」とは、現物給付を必要としない災害（極めて小規模の災害）の意味と思われるが、このような災害に法による救助が必要ないとしても、だからといってなぜ現物給付の原則の根拠になるのか全く不明である。

このように実際の災害の経験からも、社会常識からも、納得できる理由などはないのである。背景となっている立法経緯に視点を移してみよう。明治32（1899）年に制定された罹災救助基金法(旧法)は戦後、災害救助法(新法)の制定と同時に廃止された。新法に掲げられた救助項目は、旧法の規定にほぼ照応してつくられたが、旧法には現金支給の規定がなく現物給付原則が取られていたことから、厚生省職員は、旧法に引きずられて現物給付の原則を残してしまったのである。

これもまた明らかに誤っている。①災害救助法を制定し、同法附則2項で罹災救助基金法を廃止したのであるから、失効した旧法を根拠に新たに制定された法律の解釈をすることなどできない。②旧法と新法が同一性を有するなどという明文の規定もない。③新法と旧法は目的・内容を全く異にしており、根本的に拠って立つ憲法も異なるのである。

実際、新法下で金銭が支給された実例もある。昭和28（1953）年8月8日の参議院・水害地緊急対策特別委員会の議事録によれば、生業資金として1世帯1万円を支給していた。現物給付主義は、既に見直された経緯があるのである。

結局、実質的な根拠は、現金支給に対する国の強い拒絶感にほかならない。しかし、現在は、災害弔慰金法（1973年）や被災者生活再建支援法（1998年）ができて、被災者への現金給付はもはやタブーではなくなった。アメリカ合衆国をはじめ海外の災害では、当然のように現金給付が行われている。ニーズに即した適正な現金支給を行えば、むしろ復旧・復興に資するから、トータル的には経済的合理性もあり、財政難は理由にならない。また、被災者に現金を持たすと、酒やパチンコ等で浪費するのでよくない、という声もある。

しかし、被災者は生活や生業の回復に現金を使用するのが通常であり、一部の例外的浪費事情を中心に施策を行うのは本末転倒である。むしろ、酒に逃避せざるを得ない心の病の原因に目を向けるのが先であろう。現物給付主義の誤りを正すこと、それが災害救助の健全化、正常化への第一歩である。

(3) 現金支給と私有財産形成のドグマ

政府には個人への現金支給は、個人資産の形成となるから、現金を支給しないというドグマ（教条）がある。これは、資本主義国家の下では、資産の形成は国民の自由競争に委ねられているので、国が被災者に現金を支給することは国民の資産形成に関与することなので認められないというものである。

しかし、①被災者は資産形成のため現金を求めているのではなく、被災状態を脱して公正な自由競争のスタートラインに立つために現金支給が必要なのであり、現金支給はわが国が自由主義を取るからこそ認められるのである。②憲法13条が幸福追求権を、同25条が生存的基本権を保障していることから、被災者を支援することは国の責務というべきである。③国は経済政策、農業振興等様々な政策目的で現金を個人・法人に支給しており、被災者にも自立支援、被災地の経済活性化、被災地の文化・コミュニケーションの維持等の政策目的で支給できるはずである。④憲法上財政支出制限があるのは宗教団体等への支出を禁じた89条だけであり、法治国家において明文の規定もなく被災者支援の支出制限をするべきではない。政府の言うドグマは、誤りである。(2)

［注］

(1)災害救助法は、2014年改正された（平成26年5月30日　改正公布）。「23条」（旧法）は、「4条」（新法）に。

(2)永井幸寿「現金支給が可能な災害救助法」を参考にさせていただいた。（兵庫県震災復興研究センター編『「災害救助法」徹底活用』所収、クリエイツかもがわ、2012年1月）

5 東日本大震災後の適用

災害救助法は2011年3月11日午後8時、東北地方太平洋沖地震の被災市町村に適用された。その後、3月17日午後4時30分に、追加された。次の通りである。

宮城県全35市町村／岩手県全34市町村／東京都47区市町村／福島県全59市町村／長野県1村／新潟県2市1町／青森県1市1町／茨城県28市7町2村／栃木県15市町／千葉県6市1区1町

政府の「緊急災害対策本部」発表の文書―「平成23年（2011年）東北地方太平洋沖地震（東日本大震災）につい

て」（平成23年9月6日付）――には、次のような説明も付け加えられている。

「今回の大震災による被害の甚大さにかんがみ、被災地でない都道府県が積極的に避難者の救助に当たれるよう、災害救助法の弾力的運用について被災地でない都道府県を含め全都道府県に通知。これにより、被災地でない都道府県が避難所や応急仮設住宅を設置した場合や旅館ホテルを借り上げた場合でも相当な経費を国庫負担（被災自治体財政力に応じ5割〜9割）することを明確化。都道府県が支出した費用は、予算措置後速やかに簡素な手続きで交付。岩手、宮城、福島の三県に、当面の救助費用計301億円の支出を決定（3月28日）」

同法の適用権限が国にあるかのような表現は、少し気にかかったが迅速に適用されたことに筆者は胸をなでおろしていた。

ところが、である。時間の経過の中で今回もまた、現金支給を可能としている同法23条1項7号、2項は発動されずに推移していることを知り、「政策提言」を通じて、同法の該当条項の適用を国と都道府県・市町村すべての自治体に訴え続けてきている。災害救助法が適用されるというのは、いうまでもなく同法のすべての条項が適用されるということである。同法23条1項7号、2項を除外するとはなっていない。にもかかわらず、除外されているのである。

東日本大震災から11か月が経ち、すでに被災地の岩手、宮城、福島の3県とも「復興計画」を策定した。3県の各市町村も9月から10月にかけて「復興計画」を策定すべく作業を進めている。3県の「復興計画」を見ると、「生業の支援」「生業の再生」などが謳われているが、同法23条1項7号、2項を適用しようという方向は見られない。同法の発動時期はすでに過ぎていると考えられているのであろうか、それとも同法の活用は行政や政治の担当者の脳裏にないのであろうか。

東日本大震災後、「政策提言」の発信や講演会などで次のようなことを見聞きした。

「災害救助法23条1項7号の『生業に必要な資金、器具又は資料の給与又は貸与』は、ほんとうに法文にあるのか」とか、「そのような条文は知らなかった」などである。講演会に参加している老練のみなさん方も驚くこと頻りであった。

東北地方のA県の担当者からの問い合わせの電話では、「はじめて知った」と率直に語っていた。その後も、M県の県会議員諸氏も「県の資料や広報には、災害救助法23条1

項7号についてはまったく掲載されていないから、はなから問題にもしなかった……」。さらに9月に入って、東北地方のF県の首長段階においても、同法23条について認識されていない現状を知るに至った。

厚労省の次のような見解が、大きく影響しているのであろう。

「災害救助法には、生業資金の給与又は貸与が規定されているが、これまで生業資金の給与は行ってこなかったところであり、貸与については制度発足当初は行っていたものの、公的資金による長期かつ低利の各種貸付制度が整備・拡充されてきたことから、現在ではこの生業資金の貸与制度は運用されていない」(『災害救助の運用と実務―平成23年版―』災害実務研究会編、第一法規)との見解が示され、厚生労働省社会・援護局総務課と同災害救助・救援対策室が毎年実施している「災害救助担当者全国会議」においても同法の該当条項は省かれている。

事実、兵庫県の文書―「災害救助法の適用について(通知)」(平成7年1月17日)―を見ると、そのことが如実に示されている。

「1月17日の『平成7年兵庫県南部地震』による被害は、災害救助法施行令第1条第1項の規定に該当し、応急救助を必要と認めますので平成7年1月17日から第23条第1項各号に規定する必要な救助を実施します。―後略―」と、当時の貝原俊民兵庫県知事名で10市10町(当時)に通知されているが、「市長に権限を委任する規則」(昭和40年7月30日兵庫県規則第68号)には、災害救助法23条1項7号のみ外され、救助の種類が次のように記されている。

「(1)避難所の供与、(2)応急仮設住宅の供与、(3)炊き出しその他による食品の給与及び飲料水の供給、(4)被服、寝具その他生活必需品の給与又は貸与、(5)医療及び助産、(6)災害にかかった者の救出、(7)災害にかかった住宅の応急修理、(8)学用品の給与、(9)埋葬、(10)死体の捜索及び処理、(11)災害によって住居又はその周辺に運ばれた土石、竹木等で、日常生活に著しい支障を及ぼしているものの除去」

法律には明記されているが、長年にわたる行政府の「棚上げ・無視・放置」といった状態が続き、県段階の規則からも法文の条項そのものが外され、認知されなくなっているのである。

国会で制定された法律を、内閣の一つの省である厚生省(現在の厚生労働省)が「行ってこなかったところであ」るとの見解を表明して法律の適用をしてこなかったことは、法治国家のあり方を疑わせるものだ。災害救助法に規定されている通り適用し、被災者の救済を速やかに図らなければならない。

また、同法は、被災者を救助する方法を広く定め、地方自治体に広範な権限を与え、被災地の現場に即して弾力的に運用することが可能な仕組みとなっており、本来、被災者は同法によって手厚く保護されることになっている。同法が、有効に活用されれば、多くの生命が救われ、被災者の不安も相当改善されるのである。同法は被災市町村が実施する災害救助事務に係る経費のすべてを都道府県と国が支出支援するもので、被災自治体にとって災害時に最大限活用すべき財政支援法なのだ。

例えば、住宅の応急修理についても所得制限が撤廃されていないこと、仮設住宅の供給についても従来の慣行にとらわれることなく、岩手県住田町や宮城県山元町、そして福島県が実施している木造の仮設住宅を増やし地元企業・事業者の活用を図ることなどである。厚生労働省の基準は、国庫財政負担基準に過ぎず、被災者の救助の必要があれば救助はなし得るのである。

また、法学者の研究不足や行政訴訟が提起されることもなかった。阪神・淡路大震災後、出版された法学書の中で、災害救助法の検討・解釈がなされたものは、『大震災の法と政策』(阿部泰隆、日本評論社、1995年12月)、『大震災と法』(甲斐道太郎編、同文館、2000年1月)などであるが、前者では、同法23条1項7号や2項には全く言及されていない。後者では、池田恒男氏(龍谷大学法学部教授／当時)と伊賀興一氏(弁護士)の論稿に詳述されている。災害救助法に関する個別の論文は、散見されるが、同法に正面から取り組んだ研究は極めて少ないと言える。

16年半前の阪神・淡路大震災発生直後から、兵庫県震災復興研究センターは、ことある毎に同法23条1項7号の適用を主張し続けてきている。

阪神・淡路大震災直後の「震災復興のための提言」(1995年1月29日)では、被災者への「資金援助などをおこなう」ことを国や被災自治体に求めたのも、同法23条1項7号の規定が念頭にあったからである。その後、「被災者が早期に戻れる住宅を再建するための5項目提言」(1995年10月27日)でも、「生活再建緊急6項目提言」(1996年3月19日)でも災害救助法を含む「現行法の徹底活用で公的支援は可能」との基調で提案を具体化した。さらに、新潟県中越地震(2004年10月23日)、能登半島地震(2007年3月25日)、新潟県中越沖地震(2007年7月16日)などでも同法23条1項7号の適用を求め、今回の東日本大震災においても、繰り返し適用を求め続けてきている。

被災者生活再建支援法は、大震災後の被災地と被災者の「不断の努力」の成果であるが、大震災から1年以上の期間は、「現行法の徹底活用」「災害救助法の徹底活用」を主張して公的支援の実現を求めていた。ところが、なかなか埒があかず、その後被災者の生活・住宅再建の実現は新規立法で対処していこうとの新たな合意が形成され、1998年5月の被災者生活再建支援法の実現を生み出したのである。

東日本大震災11か月時点のテレビや新聞の報道で共通していたのは、これからの生活に展望が見出せないで途方に暮れている被災者の姿であった。どのようにバラ色の「復興計画」がつくられようとも今日・明日を生きていけない被災者には、絵に描いた餅にしか過ぎない。今日・明日を生きていけなくなった被災者を救済できないようでは、その先はないのである。先の支援法が制定された1998年5月の時点で、仮設住宅で孤独死した被災者は216人にものぼっていたことを想起せざるを得ない。応急手当をしないと傷は化膿し、取り返しがつかなくなるのである。

誰にもわかる極めて単純・明快なことが、なぜ、こうも理解されず、実行されないのか、もどかしい思いが募る。

いまからでも遅くはない。災害救助法の適用権限は、都道府県の知事にある。同法22条には、次のように明記されている。

「都道府県知事は、救助の万全を期するため、常に、必要な計画の樹立、強力な救助組織の確立並びに労務、施設、設備、物資及び資金の整備に努めなければならない」。

知事の決断さえあれば、多くの被災者は救済される。2000年10月の鳥取県西部地震において当時の片山善博知事は、自治省（当時）などとたたかいながら被災者の住宅再建に300万円の補助を決断、実行し、成果をあげた。救済されたのは、鳥取県の被災者だけでなく、その後、この支援策は被災者生活再建支援法の2度の改正に大きな影響を与え、現在、300万円までの住宅再建支援金が支給されるまでになっている。

当時、片山知事は災害救助法の該当条項を適用するとは主張していなかったが、住宅再建の支援策を実行した。ましてや、法律に明記されていることを適用するのであるから、法治国家であるわが国では至極当然のことを行うに過ぎない。東日本大震災被災地の知事は、いまからでも災害救助法23条1項7号、2項を発動して被災者を救済しなければならない。

第4節 「災害復興制度」確立は急務(2011年)

1 :: 制度設計の一視点

2010年9月11日~12日に神戸で開かれた「基礎経済科学研究所第33回研究大会」において「『災害復興制度』の確立は急務」と題して報告した時の質疑を紹介しておく。

被災者への支援策、つまり個人補償制度の確立を求める16年近くのプロセスの中で筆者は、政策の内容に関して、年齢や所得制限を撤廃し「一律性」「迅速性」が必要であることを主張し続けてきた。被災者生活再建支援法の2度の改正ではこの面での画期となり、大きく前進した。

報告の中で「一律に支給すれば、金持ちにも支給することはある。それでもいいのではないか」と発言したことに関連して次のような質問が出された。「所得制限などを撤廃して一律支給の要求は、国に対してはそれでいいが、社会科学的に、『階級的観点』から考えると、検討が必要ではないか」と。

筆者は従来、「被災者・国民」の立場に立って、また日本国憲法や国際人権規約の精神・基調や文言から考えてはきたが「階級的観点」で政策を考えたことはなかった。質問者の「階級的観点」は、つまり「労働者階級の立場に立って」ということになるのだと考えられるが、それが社会科学的とは考えられない。

権利の主体は、自然人である一人ひとりの国民である。労働者階級も中産階級も資本家階級もすべて包含されている。「社会科学的に検討すれば問題があるが、国への要求は構わない」との論理は、腑に落ちない。質問には大いに触発されたが、「階級」とか「階級的」「階級闘争」などの言葉や概念からはなれて考えることも必要ではないかと、考えた次第である。

2 :: 大震災から16年の時点で

大震災から16年もの時間が経っているにもかかわらず、なぜ復興の課題が語られ、復興の取り組みを継続しなければならないのか。それは、災害復興のあり方を定めた法制度がないからである。だから、時には迷走し時間がかかる。

大震災から10年経った2005年頃から「災害復興制度」を確立する必要性が語られ始め、以来6年が経った。兵庫県震災復興研究センターや関西学院大学災害復興制度研究所などでの研究が進化し、「災害復興基本法」（案）が発表され、かなり具体的なイメージを共有できる段階まできている（兵庫県震災復興研究センター編『大震災15年と復興の備え』、クリエイツかもがわ、2010年4月参照）。

しかし、菅直人第2次内閣においても「防災相」と「環境相」を兼務させる程度の位置づけであることに見られるように政党と政治家の関心はいまひとつ低く、また災害復興支援の運動をしている団体などにも説明などのアクセスを試みるが、制度要求への関係者の関心を喚起するまでには至っていない。現在、筆者が考えている制度のアウトラインは、次の通り。

3…必要性と現行法

被災者生活・住宅再建支援制度の「上乗せ」「横出し」は、30都道府県2市2町まで広がっている。

- 2000年10月：1県（鳥取県）
- 2004年11月：8府県1町
- 2007年4月：30都道府県2市2町

そこで、被災者・国民や国・自治体にとって、継ぎ接ぎだらけではなく、わかりやすく使い勝手のいい復興施策の明示を法制度の中で整理しておくことが必要である。東日本大震災発生まで、政府や国会でこの問題を検討しているということは、寡聞にして知らない。

○災害対策関係法律（『平成22年版　防災白書』平成22年7月、内閣府）55本＋7本（『防災白書』の中では抜けている法律→次の⑥⑦⑧⑨⑬⑭⑮）＝62本

○『「資料　現行の被災者支援策一覧」（兵庫県震災復興研究センター編『世界と日本の災害復興ガイド』所収、2009年1月）

4…構成

「災害復興制度」とは、次の(1)〜(5)の各種制度の総称とする。「(1)災害復興基本法」と「(5)被災者支援の財源に関する法律」は仮称。なお、災害対策基本法（1961年11月、内閣府、消防庁）の抜本改正も同時に検討する。現行の災害対策基本法体系と新・災害復興基本法体系の2本立てでいくこととする。

(1)災害復興基本法

①理念を明示する災害復興基本法（案）は、次の通り（津久井進「災害復興法制」兵庫県震災復興研究センター編『大震災15年と復興の備え』所収、2010年4月）。

災害復興基本法案

我々は、幾多の自然災害に遭い、多大な犠牲を代償に数々の教訓を得てきたが、地球規模で大災害が続発する中、災害列島たる日本国土で暮らす我々に突き付けられた課題は尽きない。たとえ我々が防災・減災に力の限りを尽くしても現実の被害は避け難く、災害後の復興の取り組みこそが求められる。

自然災害によって、かけがえのないものを失ったとき、我々の復興への道のりが始まる。我々は、成熟した現代社会が災害の前では極めて脆弱であることを強く認識し、コミュニティと福祉、情報の充実を図りながら、被災地に生きる人々と地域が再び息づき、日本国憲法が保障する基本的人権が尊重される協働の社会を新たにかたち創るため、復興の理念を明らかにするとともに、必要な諸制度を整備するため、この法律を制定する。

第1条　復興の目的

復興の目的は、自然災害によって失ったものを再生するにとどまらず、人間の尊厳と生存基盤を確保し、被災地の社会機能を再生、活性化させるところにある。

第2条　復興の対象

復興の対象は、公共の構造物等に限定されるものではなく、被災した人間はもとより、生活、文化、社会経済システム等、被災地域で喪失・損傷した有形無形の全てのものに及ぶ。

第3条　復興の主体

復興の主体は、被災者であり、被災者の自立とその基本的人権を保障するため、国及び地方公共団体はこれを支援し必要な施策を行う責務がある。

第4条　被災者の決定権

被災者は、自らの尊厳と生活の再生によって自律的人格の回復を図るところに復興の基本があり、復興のあり方を自ら決定する権利を有する。

第5条　地方の自治

被災地の地方公共団体は、地方自治の本旨に従い、復興の公的施策について主たる責任を負い、その責務を果たすために必要な諸施策を市民と協働して策定するものとし、国は被災公共団体の自治を尊重し、これを支援・補完する責務を負う。

第6条　ボランティア等の自律性

復興におけるボランティア及び民間団体による被災者支援活動は尊重されなければならない。行政は、ボランティア等の自律性を損なうことなくその活動に対する支援に努めなければならない。

第7条　コミュニティの重要性
復興において、市民及び行政は、被災地における地域コミュニティの価値を再確認し、これを回復・再生・活性化するよう努めなければならない。
第8条　住まいの多様性の確保
被災者には、生活と自立の基盤である住まいを自律的に選択する権利があり、これを保障するため、住まいの多様性が確保されなければならない。
第9条　医療、福祉等の充実
医療及び福祉に関する施策は、その継続性を確保しつつ、災害時の施策制定及び適用等には被災状況に応じた特段の配慮をしなければならない。
第10条　経済産業活動の継続性と労働の確保
特別な経済措置、産業対策及び労働機会の確保は、被災者の生活の基盤と地域再生に不可欠であることを考慮し、もっぱら復興に資することを目的にして策定、実行されなければならない。
第11条　復興の手続
復興には、被災地の民意の反映と、少数者へ配慮が必要であり、復興の手続きは、この調和を損なうことなく、簡素で透明性のあるものでなければならない。
第12条　復興の情報
復興には、被災者及び被災地の自律的な意思決定の基礎となる情報が迅速かつ適切に提供されなければならない。
第13条　地域性等への配慮
復興のあり方を策定するにあたっては、被災地の地理的条件、地域性、文化、習俗等の尊重を基本としつつ、社会状況等にも配慮しなければならない。
第14条　施策の一体性、連続性、多様性
復興は、我が国の防災施策、減災施策、災害直後の応急措置、復旧措置と一体となって図られるべきであり、平時の社会・経済の再生・活性化の施策との連続性を考慮しなければならない。復興の具体的施策は目的・対象に応じて、速やかに行うべきものと段階的に行うべきものを混同することなく多様性が確保されなければならない。
第15条　環境の整備
復興にあたっては、被災者と被災地の再生に寄与し防災・減災に効果的な社会環境の整備に努めなければならない。
第16条　復興の財源
復興に必要な費用は、復興の目的に資するものか否かを基軸とし、国及び地方公共団体は、常に必要な財源の確保に努めなければならない。

第17条　復興理念の共有と継承
復興は、被災者と被災地に限定された課題ではなく、我が国の全ての市民と地域が共有すべき問題であることを強く認識し、復興の指標を充実させ、得られた教訓は我が国の復興文化として根付かせ、これらを教育に反映し、常に広く復興への思いを深め、意識を高めていかなければならない。

(2)生活・住宅再建に関わる法律

②当面、災害救助法（厚生省→厚生労働省、１９４７年10月）の活用と改正をめざす。

○厚生労働省による「災害救助事務取扱要領」（同省作成のマニュアル）などを通じての脱法的運用を改めるとともに、現行法の徹底活用を図る。

○避難所：「福祉避難所」などは本法に位置づける。

○応急仮設住宅：４００万円程度（建設費＋解体・撤去費）。民有地にも建設可能にする。

○住宅の応急修理：半壊又は半焼の住家に現在、50万円以内となっているが、極めて使い勝手が悪いので、改善する。

○生業資金の給与：弔慰金法等の制定を口実に、適用が棚上げされている。脱法的運用を糺す。

③当面、災害弔慰金の支給等に関する法律（厚生省→厚生労働省〔議員立法〕、１９７３年9月）を改正する。

○災害援護資金：限度額３５０万円の貸付（利子３％、5年据置で10年償還）→利子3％を完全撤廃する。

○見舞金：５００万円（世帯主の死亡見舞金）、２５０万円→世帯主とその他の区別をなくし、金額を同等にするとともに、兄弟姉妹も対象とする。

④当面、被災者生活再建支援法（国土庁→内閣府〔議員立法〕、１９９８年5月）の3度目の改正を行う。

○生活再建支援金：１００万円（１９９８年5月）

○居住安定支援制度：２００万円（２００４年3月）

○住宅再建に「見舞金」：３００万円（２００７年11月）

④の年齢、収入要件撤廃が実現したので、支給対象（半壊世帯、１世帯以上）や支給金額を改正する。支給額は１０００万円程度まで増額する。③の所管は、内閣府とする（本稿執筆後、政府は所管を内閣府に移管した）。

(3)公営住宅や労働・社会保障に関わる法律

⑤公営住宅法（建設省→国土交通省、１９５１年7月）

○公営住宅：２７００万円（兵庫県試算の建設費）

⑥労働基準法（労働省→厚生労働省、１９４７年４月）
⑦雇用保険法（労働省→厚生労働省、１９７４年12月）
⑧生活保護法（厚生省→厚生労働省、１９５０年５月）
⑨社会福祉事業法（厚生省→厚生労働省、１９５１年３月）
⑤～⑨も必要に応じて改正する。

(4) 住宅・まちづくり等々に関する法律

⑩罹災都市借地借家臨時処理法（法務省、１９４６年８月）→現行法→廃止

本法は、第２次世界大戦直後に制定された法律。本法の改正の課題については２０１０年、日本弁護士連合会が「意見書」をまとめていた。

⑪被災市街地復興特別措置法（建設省→国土交通省、１９９５年２月）
⑫建築基準法（建設省→国土交通省、１９５０年５月）
⑬都市区画整理法（建設省→国土交通省、１９５４年５月）
⑭都市計画法（建設省→国土交通省、１９６８年６月）
⑮都市再開発法（建設省→国土交通省、１９６９年６月）

以上の法律の改正の課題についても、同時に検討する。

(5) 被災者支援の財源に関する法律

⑯災害復興支援交付金特別措置法（案）〔豊田利久・神戸大学名誉教授の案〕などが、すでに提起されているが、財源について最終的には国が担保を行い、自治体に過重な負担がかからないような仕組みを設けることが必要である。

5：「被災者総合支援法」（仮称）の構想

災害救助法による救助は、被災者の応急救助を含めた総合的な生活再建に連なる一連の支援の一部であり復旧・復興の段階と分断して考えるべきではない。

現在、被災者の支援に関わる法律である災害救助法、災害弔慰金法、被災者生活再建支援法は、目的、手続などが分離して極めて煩瑣で、継ぎ接ぎだらけである。

そこで、被災者のためにこれらの法律を整理総合して「被災者総合支援法」（仮称）として再構成し、所轄官庁も一括すべきである。被災者にとってもまた、国や自治体にとっても役に立ち、使い勝手のいい制度にしていかなくてはならない。

近年、「防災・復興省」（仮称）などの設置が必要だと、自治体（関西広域連合）、マスコミ（神戸新聞、朝日新聞、毎日新聞）、国会議員、研究者などからも提案され始めている。

必要性が認識され始めているからであろう。

具体的なイメージとしては、災害応急時から本格的な生活再建に至までのすべてのフェーズを網羅した法制度で、これまではアンオフィシャル形でしか支援がなされなかった部分（柔軟な居住場所の確保、生業支援・所得保障など）についても、法定化する。

筆者が所属する関西学院大学災害復興制度研究所ではこの間、「被災者総合支援法」（仮称）策定に向けて研究が精力的に進められており、近い内に、その法案の全容が発表されるところまできている。[1]

［注］

(1)「被災者総合支援法提言へ」（「河北新報」２０１９年３月31日付）

第5節 「復興」について初の恒久法の制定（２０１３年）

２０１３年６月、大災害級の復興の道筋を定める「大規模災害復興法」が制定され、同時に、「災害対策基本法」が大幅に改正された。また、災害救助法の所管が、厚生労働省から内閣府に移され、担当省庁は一本化された。しかし、本書で繰り返し指摘している災害救助法の徹底活用はいまだできていない。

２つの法律のポイントは、次の通り（「神戸新聞」２０１３年６月23日付、磯辺康子編集委員）。

大規模災害復興法のポイント

- 大災害時、首相をトップとする復興対策本部を設置
- 政府が復興基本方針を策定
- 市町村は政府の基本方針に即して復興計画を策定
- 自治体が管理する道路や河川などの復旧事業を国が代行可能
- 財政措置は災害ごとに立法

災害対策基本法・改正のポイント

- 災害対策の基本理念として「減災」を明確化
- 国が自治体の応急措置（救助、障害物除去など）の代行可能
- 避難に支援が必要な人の名簿作成を市町村に義務付け
- 罹災証明の迅速な発行を市町村に義務付け
- 市町村は被災者への支援状況を集約した台帳を作成できる

「復興」の迅速化につながることは期待されるが、同法制定後に発生した熊本地震（2016年4月）や、2018年に相次いだ大阪北部地震（2018年6月）、西日本豪雨（同7月）、台風20号（同8月）、台風21号（同9月）、北海道胆振東部地震（同9月）、台風24号（同9月）、台風25号（同10月）などでどこまで生かされたかの検証はできていない。

2つの法律の制定・改正は、一歩前進と言えようが、災害法制を被災者に役立つものにし、もう一歩前進させるためにも第4節で紹介した「被災者総合支援法」（仮称）の制定は、不可欠であろう。

【第1編、第2編の参考文献】（発行年月日順）

文部省『あたらしい憲法のはなし』（文部省、昭和22〔1947年〕年7月）

清宮四郎『憲法Ⅰ　法律学全集3』（有斐閣、昭和32〔1957年〕年9月）

芦部信喜『憲法学Ⅱ　人権総論』（有斐閣、1994年1月）

石橋克彦『大地動乱の時代―地震学者は警告する―』（岩波書店、1994年8月）

兵庫県労働運動総合研究所編『みんなできりひらこう震災復興』（兵庫県労働運動総合研究所、1995年3月）

兵庫県震災復興研究センター編『震災復興への道』（兵庫県震災復興研究センター、1995年6月）

神戸大学〈震災研究会〉編『大震災100日の軌跡』（神戸新聞総合出版センター、1995年11月）

遠藤勝裕『阪神大震災　日銀神戸支店長の行動日記』（日本信用調査(株)出版部、1995年12月）

阿部泰隆『大震災の法と政策』（日本評論社、1995年12月）

市民がつくる神戸市白書委員会編『神戸黒書　阪神大震災と神戸市政』（労働旬報社、1996年1月）

田中康夫『神戸震災日記』（新潮社、1996年1月）

兵庫県震災復興研究センター編『生活再建への課題』（兵庫県震災復興研究センター、1996年5月）

兵庫県震災復興研究センター（菊本義治、西川榮一）編『大震災と人間復興』（青木書店、１９９６年10月）
神戸大学〈震災研究会〉編『苦闘の被災生活』（神戸新聞総合出版センター、１９９７年２月）
兵庫県、震災復興調査研究委員会『阪神・淡路大震災復興誌〔第１巻〕１９９５年度版』（（財）21世紀ひょうご創造協会、１９９７年３月）
※『阪神・淡路大震災復興誌〔第２巻〕１９９６年度版』（１９９８年３月）、『阪神・淡路大震災復興誌〔第３巻〕１９９７年度版』（１９９９年３月）、『阪神・淡路大震災復興誌〔第４巻〕１９９８年度版』（２０００年３月）、『阪神・淡路大震災復興誌〔第５巻〕１９９９年度版』（２００１年３月）、『阪神・淡路大震災復興誌〔第６巻〕２０００年度版』（２００２年３月）、『阪神・淡路大震災復興誌〔第７巻〕２００１年度版』（２００３年３月）、『阪神・淡路大震災復興誌〔第８巻〕２００２年度版』（２００４年３月）、『阪神・淡路大震災復興誌〔第９巻〕２００３年度版』（２００５年３月）、『阪神・淡路大震災復興誌〔第10巻〕２００４年度版』（（財）阪神・淡路大震災記念協会、２００６年３月）
神戸大学〈震災研究会〉編『神戸の復興を求めて』（神戸新聞総合出版センター、１９９９年５月）
長岡豊編『震災復興の歩み―産業と都市の再生―』（知碩書院、１９９８年１月）
小田実『これは「人間の国」か　西方ニ異説アリ』（筑摩書房、１９９８年１月）
立命館大学震災復興研究プロジェクト編『震災復興の政策科学　阪神・淡路大震災の教訓と復興への展望』（有斐閣、１９９８年３月）
「科学」編集部編　室崎益輝・藤田和夫ほか著『大震災以後』（岩波書店、１９９８年３月）
水野浩雄『天災予知は可能か　予測の科学と人々の暮らし』（勁草書房、１９９８年４月）
市民とＮＧＯの「防災」国際フォーラム実行委員会編『阪神大震災　市民がつくる復興計画―私たちにできること』（神戸新聞総合出版センター、１９９８年７月）
毎日新聞大阪本社震災取材班 著『法律を「つくった」記者たち「被災者生活再建支援法」成立まで』（六甲出版、１９９８年10月）
出口俊一「大整理・激甚災害と個人補償―被災地・神戸の要求が国会に届くまで（一）」（『賃金と社会保障』１９９８年10月上旬号、旬報社、１９９８年10月）
出口俊一「大整理・激甚災害と個人補償―被災地・神戸の要求が国会に届くまで（二）」（『賃金と社会保障』１９９８年11月上旬号、旬報社、１９９８年11月）
出口俊一「大整理・激甚災害と個人補償―被災地・神戸の要求

が国会に届くまで(三)」(『賃金と社会保障』1998年12月上旬号、旬報社、1998年12月)

島本慈子『倒壊　大震災で住宅ローンはどうなったか』(筑摩書房、1998年12月)

高崎啓子編著『議会という装置　神戸空港住民投票　臨時市議会記録』(長征社、1999年3月)

木を植える人たちの会『神戸空港は希望の星か?』(鹿砦社、1999年3月)

額田勲『孤独死　被災地神戸で考える人間の復興』(岩波書店、1999年5月)

高寄昇三『阪神大震災と生活復興』(勁草書房、1999年5月)

神戸大学〈震災研究会〉編『大震災5年の歳月』(神戸新聞総合出版センター、1999年12月)

甲斐道太郎編著『大震災と法』(同文舘出版、2000年1月)

神戸新聞社編『大震災　問わずにいられない　神戸新聞　報道記録1995－99』(神戸新聞総合出版センター、2000年2月)

兵庫県震災復興研究センター編『大震災いまだ終わらず』(兵庫県震災復興研究センター、2000年5月)

広原盛明・安藤元夫・塩崎賢明・池田清『開発主義神戸の思想と経営』(日本経済評論社、2001年10月)

日本社会保障法学会編『講座　社会保障法　第6巻　社会保障法の関連領域―拡大と発展』(法律文化社、2001年12月)

神戸大学〈震災研究会〉編『大震災を語り継ぐ』(神戸新聞総合出版センター、2002年1月)

遠藤勝裕『今だからこそ　日銀の真実を語る』(ビジネス社、2002年9月)

塩崎賢明・西川榮一・出口俊一・兵庫県震災復興研究センター編『大震災100の教訓』(クリエイツかもがわ、2002年10月)

出口俊一「住宅再建支援制度創設に至る経緯と課題」(立命館大学経済学会『立命館經濟学』第53巻特別号、2004年4月)

塩崎賢明・西川榮一・出口俊一・兵庫県震災復興研究センター編『英語版・大震災100の教訓』(クリエイツかもがわ、2005年1月)

塩崎賢明・西川榮一・出口俊一・兵庫県震災復興研究センター編『大震災10年と災害列島』(クリエイツかもがわ、2005年1月)

震災10年市民検証研究会『阪神・淡路大震災10年　市民社会への発信』(文理閣、2005年1月)

神戸新聞但馬総局編『円山川決壊　台風23号　記録と検証』(神戸新聞総合出版センター、2005年7月)

長岡市災害対策本部編集『中越大震災―自治体の危機管理は

機能したか』（ぎょうせい、２００５年７月）
塩崎賢明・西川榮一・出口俊一・兵庫県震災復興研究センター編『災害復興ガイド』（クリエイツかもがわ、２００７年１月）
片山善博・津久井進『災害復興とそのミッション』（クリエイツかもがわ、２００７年８月）
塩崎賢明・西川榮一・出口俊一・兵庫県震災復興研究センター編『世界と日本の災害復興ガイド』（クリエイツかもがわ、２００９年１月）
竹山清明『サステイナブルな住宅・建築デザイン　新しい空間創造の方法』（日本経済評論社、２００９年２月）
塩崎賢明『住宅復興とコミュニティ』（日本経済評論社、２００９年６月）
生田長人編【シリーズ・防災を考える４】防災の法と仕組み』（東信堂、２０１０年３月）
塩崎賢明・西川榮一・出口俊一・兵庫県震災復興研究センター編『大震災15年と復興の備え』（クリエイツかもがわ、２０１０年４月）
日本弁護士連合会　災害復興支援委員会編『災害対策マニュアル―災害からあなたを守る本』（商事法務、２０１０年９月）
津久井進『Q＆A　被災者生活再建支援法』（商事法務、２０１１年５月）
遠藤勝裕『くらしの防災手帳―「いざ！」という時のために』（ときわ総合サービス(株)、２０１１年５月）
内橋克人編『大震災のなかで　私たちは何をすべきか』（岩波書店、２０１１年６月）
石橋克彦編『原発を終わらせる』（岩波書店、２０１１年７月）
山中茂樹『漂流被災者―「人間復興」のための提言』（河出書房新社、２０１１年７月）
塩崎賢明・西川榮一・出口俊一・兵庫県震災復興研究センター編『東日本大震災　復興への道―神戸からの提言』（クリエイツかもがわ、２０１１年10月）
阪神・淡路まちづくり支援機構附属研究会編『ワンパック　専門家相談隊　東日本被災地を行く』（クリエイツかもがわ、２０１１年10月）
海渡雄一『原発訴訟』（岩波書店、２０１１年11月）
大島堅一『原発のコスト―エネルギー転換への視点』（岩波書店、２０１１年12月）
津久井進・出口俊一・永井幸寿・田中健一・山崎栄一・兵庫県震災復興研究センター編『「災害救助法」徹底活用』（クリエイツかもがわ、２０１２年１月）
石橋克彦『原発震災　警鐘の軌跡』（七つ森書店、２０１２年２月）
福田徳三著／山中茂樹・井上琢磨編『復刻版　復興経済の原理及若干問題』（関西学院大学出版会、２０１２年３月）
長尾武『水都大阪を襲った津波　石碑は次の南海地震津波を警告している』（長尾武、２０１２年４月）

津久井進『大災害と法』（岩波書店、２０１２年7月）
塩崎賢明・西川榮一・出口俊一・兵庫県震災復興研究センター編『東日本大震災　復興の正義と倫理―復興への50の検証と提言―』（クリエイツかもがわ、２０１２年11月）
遠藤勝裕『被災地経済　復興への視点―阪神大震災に学ぶ』（ときわ総合サービス(株)、２０１３年6月）
災害救助実務研究会編『災害救助の運用と実務―平成23年版―』（第一法規、２０１３年8月）
山崎栄一『自然災害と被災者支援』（日本評論社、２０１３年9月）
大水敏弘『実証・仮設住宅　東日本大震災の現場から』（学芸出版社、２０１３年9月）
平山洋介・斎藤浩編『住まいを再生する　東北復興の政策・制度論』（岩波書店、２０１３年11月）
岡田知弘・自治体問題研究所編『震災復興と自治体―「人間の復興」へのみち』（自治体研究社、２０１３年11月）
阪神・淡路まちづくり支援機構附属研究会編『士業・専門家の災害復興支援　1・17の経験、3・11の取り組み、南海等への備え』（クリエイツかもがわ、２０１４年1月）
高寄昇三『政府財政支援と被災自治体財政　東日本・阪神大震災と地方財政』（公人の友社、２０１４年2月）
関西学院大学災害復興制度研究所『検証　被災者生活再建支援法』（自然災害被災者支援促進連絡会、２０１４年3月）
石橋克彦『南海トラフ巨大地震　歴史・科学・社会』（岩波書店、２０１４年3月）
日野行介『福島原発事故　被災者支援政策の欺瞞』（岩波書店、２０１４年9月）
岡本正『災害復興法学』（慶應義塾大学出版会、２０１４年9月）
池田清『災害資本主義と「復興災害」』（水曜社、２０１４年10月）
小柳春一郎編『災害と法』（国際書院、２０１４年11月）
塩崎賢明『復興〈災害〉』（岩波書店、２０１４年12月）
塩崎賢明・西川榮一・出口俊一・兵庫県震災復興研究センター編『大震災20年と復興災害（クリエイツかもがわ、２０１５年1月）
岡田広行『被災弱者』（岩波書店、２０１５年2月）
兵庫県保険医協会／協会西宮・芦屋支部編『巨大災害と医療・社会保障を考える　阪神・淡路大震災、東日本大震災、津波、原発震災の経験から』（クリエイツかもがわ、２０１５年6月）
松岡勝美・金子由芳・飯　孝行編『災害復興の法と法曹―未来への政策的課題』（成文堂、２０１６年3月）
永井幸寿『憲法に緊急事態条項は必要か』（岩波書店、２０１６年3月）
関西学院大学災害復興制度研究所編『緊急事態条項の何が問

題か』（岩波書店、２０１６年5月）
綱島不二雄・岡田知弘・塩崎賢明・宮入興一編『東日本大震災復興の検証　どのようにして「惨事便乗型復興」を乗り越えるか』（合同出版、２０１６年6月）
田結庄良昭『南海トラフ地震・大規模災害に備える　熊本地震、兵庫県南部地震、豪雨災害から学ぶ』（自治体研究社、２０１６年7月）
兵庫県『伝える　改訂版―1・17は忘れない　阪神・淡路大震災20年の教訓』（ぎょうせい、２０１６年7月）
桒田但馬『地域・自治体の復興行財政・経済社会の課題　東日本大震災・岩手の軌跡から』（クリエイツかもがわ、２０１６年11月）
佐々木晶二『防災・復興法制　東日本大震災を踏まえた災害予防・応急・復旧・復興制度の解説』（第一法規、２０１７年2月）
志岐常正『災害と防災　これまでと今』（本の泉社、２０１８年12月）
みやぎ震災復興研究センター・綱島不二雄・塩崎賢明・長谷川公一・遠州尋美編『東日本大震災１００の教訓　地震・津波編』（クリエイツかもがわ、２０１９年2月）

column

「災害救助法」と教育

先ごろ、『災害救助の運用と実務—平成18年版』（災害救助実務研究会編、第一法規、2006年10月30日）を購入した。『災害救助の実務』（平成4年版、同8年版、同16年版）に続いて4冊目である。同書は表紙が赤いので通称、「赤本」と呼ばれている。

12年前の兵庫県南部地震（阪神・淡路大震災）直後、「災害救助法」の法文を探したがすぐには見つからなかった。同法は、法学部の学生なら必携の岩波書店の『基本六法』や有斐閣の『小六法』には掲載されていない。仕方がないので、高額の『六法全書』を購入してようやく同法の法文にお目にかかったことを記憶している。

法文を読んで目に入ってきたのが、同法第23条の[救助の種類]であった。その6号に「災害にかかった住宅の応急修理」、7号に「生業に必要な資金、器具又は資料の給与又は貸与」と規定してあるではないか。これは、使える。

大震災の被災地でいち早くまとめて発表した「震災復興のための提言」（1995年1月29日）の中で、「資金援助などをおこなう」ことを国や被災自治体に求めたのは、同法の規定を念頭においていたからである。その後、1年余りの間、「災害救助法の徹底活用」を主張し続けたのも、この時のベースがあったからである。

その後、「赤本」を知り、厚生省（当時）が同法23条7号を棚上げしていることを知った。

国会で制定された法律を政府の一役所である厚生省が、棚上げ・運用停止をするとは、と大いなる疑問を抱いた。法的にはこのようなことを「脱法行為」というのではないかと、ある法学者に尋ねたら、賛同を得た。

厚生労働省や全国の自治体の防災担当者は、この「赤本」をもとに同法などの具体的適用をしているのであろうが、各大学の法学部で「災害救助法」など災害法関係の講義が開設されているかどうかは寡聞にして知らない。この12年間に聞いた法学部関係者の話ではなかった。推測するに、ほとんど開かれていないのではないだろうか、と考えざるを得ない。

災害法関係の主な著書は、『大震災の法と政策』（阿部泰隆、日本評論社、1995年12月）、『大震災と法』（甲斐道太郎編、同文館、2000年1月）、『社会保障法の関連領域』（日本社会保障法学会編、法律文化社、2001年12月）の3冊であろう。これらの著書には同法の歴史や解釈などが論述されているが、それ以外はどうであろうか。

いったん災害に遭遇すると、とても重要な法律である「災害救助法」など災害法関係の講義を、大学の法学部では設けてもいいのではないか、と思うこと頻りである。

「今の学習指導要領では、防災教育を計画的・体系的に指導することができない」と和歌山、静岡、千葉、高知の4県の教育長が連名で2006年10月、学習指導要領のなかに防災教育を位置づけてもらうよう文部科学省に要望を提出した（「毎日新聞」2006年12月25日付）。

小学校から高等学校までの教育で、防災教育を教育課程の中に位置づけることと、大学教育で、各学部が「防災・復興」をテーマにした講義を実施していくなら、国民の「防災・復興」の基礎学力は向上していくであろう。

2004年、立命館大学経済学部の「災害経済論」を担当した時と、この3年間、阪南大学の「教育学」「人権問題論」の講義の中で、私なりに把握してきた「災害救助」など災害復興のことを学生に伝えてきた。　（2007年1月）

第3編

大災害への備えを考える

―インタビュー　知事が語る大災害への備え

第1章

「富国強兵」路線の克服こそ、被災地再生の道

救援ボランティアと神戸空港住民投票運動は私の原点

信州・長野県知事
田中康夫

大切なのは「復興ではなく再生」

研究センター　大震災から10年、いま私たちは検証作業に取り組んでいます。田中知事はボランティアとして阪神の被災地に入り、神戸の人びとと交流を重ねてこられました。この10年を振り返っての感想をお聞かせください。

田中　震災直後に被災地を訪れた、フランスの優れた社会学者のジャン・ボードリヤールは、「物質的には繁栄を遂げた筈の日本という国家で何故、斯くも市民は傷ついてしまったのか。それは、日本の経済の豊かさが組織の為であり、如何に市民という個人が豊かではなかったかの証だ」と言っています。

私は4年前から県知事を務め、高度経済成長時代の富国強兵型とは違う、経世済民型の公共事業のあり方や、21世紀の新しい雇用を生む福祉・医療、教育、環境への予算の傾注投資、更には開かれた社会参加のあり方を目指してきました。でも、日本全体を見回してみれば、「阪神」から10年経ってなお、旧態依然の前例踏襲ではないか、どころか、更に息苦しい大政翼賛な社会へと突き進んではいまいか、という気がしますね。

私は「復興ではなく再生だ」と言い、長野県においても「物質主義から脱物質主義へ」と言ってきました。「脱物質主義」は目に見えにくいのです。物質主義は、目に見える変化です。ハコモノやダムは、5年経っても10年経っても、それを目にするたびに「けしからぬ！」とか「すごいじゃないか！」というふうに感じるわけです。ところが、6年生まで30人学級を実施したり、知的障害者の地域移行を進めたりすることは、そのサーヴィスを受けている長野県民自身ですら、目に見えにくい。子どもを通わせている保護者にとっては嬉しいでしょうが、その内に慣れてしまいます。慣れてしまうと、「もっときめ細かくしてよ」と思うわけです。

それは単純に贅沢を言っているわけでもなくて、人間の良い意味での進化への欲望だと思います。

「復興」とは異なる「再生」は、数字で表しにくく、目に見えにくい。だから、かなりの努力をしていても、それが伝わらない。被災地でのそうした努力は、市民の側にはあったかもしれない。被災地でのそうした努力は、市民の側にはあったかもしれない。行政の側も、そこで携わる一人ひとりは人間だからそうした思いを抱いていたかも知れません。しかし、特区的・支援法的な法律はできたにせよ、官僚による「統治」即ち「官治」から私たち住民による「自治」に変わったわけではないし、公共事業の形も根底では未だ、補助金の問題ひとつとっても大きく変わっていない。これは国土交通省の問題だけではなく農林水産省も林野庁も一緒です。おそらく多くの人は、林野庁について「森林整備をしてくれているのだろう。環境省と同じようなことをしているのだろう」と思っているでしょうが、実は林野庁が森林整備に費やしている公共事業費は僅か7、8%だけで、残りは山の中にコンクリートで谷止め工というミニ砂防堰堤のような代物を造っているんです。当の環境省も、環境庁から環境省になったら、国立公園のなかに多くの豪壮なビジターセンターという建物が建ちました。しかしパークレンジャーは、尾瀬でも上高地でも片手で数えられるほどしかいない。それこそは雇用を生むのにね。福祉・医療、教育、環境も公共事業と似たか寄ったかの公共投資のひとつであり、その建物も所詮はハコモノで、大本は変わっていないのです。

「山　海へ行く」と称して三宮からは見えない六甲山の裏側を削り取り、ベルトコンベアで海岸へ運んで埋め立て地を造り続けた「株式会社・神戸市」は、高度経済成長期頃までは先駆的な都市計画だと評価されていました。しかし成功体験が大きかったが故に、その後の転換が遅れてしまった。その意味では、震災後10年というレンジで捉えて感想を述べるのは難しい。確かに立派な震災記念館や美術館や会議場や復興住宅ができて、それは目に見える変化です。しかし、それは起債主義で埋め立て地にハコモノを造り続けた震災以前のまちづくりの延長でしかない。

150万人もの人が暮らすまちでは、「再生」というキーワードの下、いい意味でみんながゆるやかに結集する力とはなりにくいのでしょうね。もっと小さなまちであれば、どうでしょうか。必ずしも農村でなくても、たとえば長野県の小布施町のような規模のところでは、良い意味で人の顔と体温が感じられる街を再生していくことができる。年間150万人もの人が訪れるようになった栗菓子で知られる小布施町は、大きなハコモノ的な都市計画ではなくて、栗の木が多いからと、栗の木で歩道をつくりました。車椅子の人も通れるように、日曜日にみんなで一緒に作業をして、なめらかな栗の木の歩道をつくっていく。これこそは、私が言っている「コモンズ＝集落」の絆です。こういう集落の絆を引っ張っていく「バカ者」詰まり、変な人というか尖った人、そうしたドン・キホーテが地域に居るかどうかが最初の条件。そこに、しがらみとは無縁の「よそ者」が魅力を感じて入ってきて、一緒に活動する。すると、今までは集落の中で声を出しにくかった、けれども変えなくてはと考えていた地元の人々が、年齢に関係なく、「わか者」として参加し出す。こうして街は活性化していくのです。

　神戸も実は、源平合戦以降、明治維新までは歴史の教科書にも登場しない農漁村だった。富国強兵で沖縄や九州から、海外からも「よそ者」が移り住んで、その中には「バカ者」も「わか者」も居て、魅力的な街となった。でも、今は昼間人口が減少する偉大なるベッドタウンとしての150万人都市。なかなか、一人ひとりの想いが結集しにくいんですね。

研究センター　田中知事がおっしゃったことは、市町村合併への問題提起だと思います。田中知事が『神戸震災日記』で指摘された問題があります。特に新長田の再開発は象徴的で、にっちもさっちもいかなくなっています。これが「創造的な復興」の名のもとに進められてきましたが、田中知事はどうお考えですか。

「みんなのために尖《とんが》った人」の出現を

田中　やはり基本的に「復興」であり「ハコ」なんです。あの時、とても象徴的な言葉として、「今度は震度7に耐えられるような高速道路や新幹線の橋脚を造ろう。これだけの強度にすれば耐えられますよ」と言われた。私は「本当なの？」と思ったんです。直下型地震だったという以前に、50年前の家が窓ガラスは割れているかもしれないけれど立っていて、その横の決して手抜き建築ではなかったであろう築10年にも満たないコンクリート建物が壊れていた事実を、どう考えるのか。私たちは自然を力づくでは制御しきれない、と理解すべきなんです。

　でも、それは「行政は何もしなくていい」と言っているわけではない。最近の局地的な豪雨を見ても、科学的予想を超えたことが起こり得るわけで、問題は、その時に被害をいかに最小限にくい止め、みんなの気持ちを早めに元に戻していけるかです。都市計画法第33条には、「急傾斜地や土石流危険渓流や砂防指定地には家を造ってはいけない」と書かれています。ところが、同じ都市計画法第29条には「社会福祉施設や医療機関においてはこの限りではない」と書かれ

ているんです。つまり、「崖崩れが起こりそうな土地には、年寄りや体の弱い人のための病院や施設はつくってもいい」と書かれているわけです。ホントだよ。これはいったい何なのか。

農協や建設会社は、こうした危ない土地を「有効活用」できるのかも知れません。でも、それは現代の姥捨て山を認めているってことですよ。確かに狭い国土かもしれない。でも、市町村長や議員は、「たとえ法律はそうなっていいよ」うと、お年寄りのための施設をそこに造ってもいいのか」と疑問を抱かないのか。「法律上認められているから、私が体を張って阻止するわけにもいきません」とみんな諦めて、「粛々と」という私の最も苦手な行政用語が民主主義であるかのように、手続きが進められてしまうわけです。

これを乗り越えるのは、自分の権限以外のことにも口を出せる、いい意味での「お節介な気持ち」だと思います。社会を良くするために法律を乗り越えさせる「お節介」の気持ちを、どれだけみんなが持てるか、どれだけそれを忘れずに行動として続けられるかということだと思います。そういう点で、県知事として感じるのは、「法律を維持するために新たな法律がつくられたり、その維持の為に働く役人でいいのか」ということです。人びとを守るために働いているのなら、自分の権限外であっても言わなくてはいけないはずでしょう。

あるいは、そういう法律を最初につくった人が、その時に想像力を持っていれば、「変だな」と思うはずです。それがない。みんな、タコツボなんです。

崖っぷちのミニ開発に関してはいろんな除外規定があったので、広島で大雨が降った時に多くの人たちが不幸な目に遭われた。そこで小渕恵三内閣の時に、そうした場所については「当該市町村長が『家を建ててはいけない』という規定を設けることができる」という法律ができたのですが、実はこの「当該市町村長」というのが問題なんです。私は全国唯一、いかなる政党からも推薦も支持も支援も受けていないし、いかなる労働組合からも、補助金を交付されているさまざまな団体からも、推薦も支持も支援も受けていない人間ですが、多くの首長や議員はそうした人たちから支援をもらって当選している。個人によって選ばれたのではありません。そして、往々にしてこうした人たちは、大きな農業組織や建設組織の出身で、施設をつくりたいのです。

つまり、「当該市町村長」はしがらみがあり過ぎるのです。もしかしたら「当該都道府県知事」や「当該国会議員」もそうかもしれない。そうであるなら、先ほど言ったように、いい意味で「みんなのために尖った人、みんなの心を温かくするために尖ったことを言う人、みんなが思っていても言えないことを言えるよそから来た人、人間として、人の道として、言うべきことを言ったり行動する人」がいないといけない。これは決して「文句を言う人」と同義ではありません。多くの市民団体やオンブズマンは、大切な仕事をしているけれども、具体的なプランをなかなか出せない。出そうとしても、役人が「法律に則っていなければならない」とか言うから、出せなくなってしまう。そういう時「彼らは法律以上に大切なことを言っているんだ」ということを言わなければならない。リーダーにはそうした哲学や歴史観や人間性、更には覚悟と行動と想像力が必要なのですが、なかなかそういう人は登場しません。

研究センター　私たちも、災害救助法などを調べて、「現行の法律でもこんなことができる」と提起したことがあります。避難者がいたにもかかわらず、95年8月20日に災害救助法の適用が打ち切られ、道路や橋はどんどん復旧するけれども「ひと」が置き去りにされていく感じがしました。災害は防げないにしても、復興するためには人間が最も大事にされないといけないのではないか。その意味で、10年経っても、震災は終わっていないと感じています。

当時の兵庫県知事は、単に元に戻るだけではだめで、創造的復興が大事だと強く言われ、創造的復興には神戸空港や神鋼火力発電所が含まれています。でも住民は、震災を千載一遇のチャンスのようにして「きれいなまち」を唱えるのではなく、もともと住んでいたところに戻してもらいたかったのではないかと思います。先ほどの新長田駅南地区再開発ですが、大正筋などはいい飲み屋さんもあって、いい雰囲気なのですが、超高層ビルでまちが壊されているのではないかと、新長田に行けば行くほど思います。私たちは、復興の手法として再開発事業を入れたことが大きな問題で、軌道修正が必要だと問題提起をしています。

上からの碁盤目づくりか、路地からのまちづくりか

田中　街を創造する場合、上からの碁盤目のようなつくりか、一人ひとりの路地からの街づくりか、二つあると思います。たとえば平安京や平城京は、碁盤の目のような街です。当時は民主主義ではなかったから可能だったのかも知れませんが、その後の人々が体温の通う街にした。パリも、ナポレオン三世がジョルジュ・オスマンという都市計画家に命じて造らせた。しかしジョルジュ・オスマンは「大通りの広さはこれぐらい。マロニエの木がなければいけない。家の高さもこれぐらいの6階建て」というふうに基本的なルールだけ決めて、若い建築家たちを競わせた。それで、文化的なパリの街ができた。いまでは、パリの街自体に行きたいから、観光客がやって来る。街自体の雰囲気がひとつのブランドになっているからです。

神戸も、ある意味では碁盤目づくりだったのかもしれない。満州から戻ってきた役人の人たちが碁盤の目をつくった。実際、そうでしょう。しかし一方で、日本には路地があって、神戸にもある。真野地区も路地です。北野にも裏には路地がある。路地から若い人の店ができて、人気を博して表に行くかもしれない。日本の路地というのは、「民活」とかいう行政用語を超えた、一人ひとりの遣る気を引き出す時空です。

コンピュータでいえば、ウィンドウズ型か、それともリナックス型かといえるかもしれない。ウィンドウズ型は集中型資本主義で、「アメリカのビジネススクールを出たらお金が儲かる」となれば、後からでもボコボコ手を挙げる形のビジネスです。そうではなくて、そこそこの収入がある人は社会還元をして、みんなから「ありがとう」と言われ、「なんだか嬉しいけど、そんな大したこともしてないから、もうちょっとやるかぁ。でも、なんか気分いいなぁ」というのがリナックス型です。もしかしたら、これは横町で袖すり合っていたソロバンと一緒ではないかと思います。つまり、じいちゃん・ばあちゃんのソロバンの良識と、「ニート」と

呼ばれるフリーターっぽい若い人たちの「そこそこ暮らせたら、他のヤツとも仲よくするよ」というリナックス型とは、似ているんですね。

研究センター　「六割復興」とか「八割復興」だと言われてきました。

田中　マスメディアは「何割ですか？」と聞くのが好きだから、行政もそれに答えないといけないと思っているけれども、本当は「何割なんてことは一人ひとりの満足度によって違うのだから、一人ひとりが考えてください。行政に頼るなという意味ではなく、一人ひとりが自分の満足度は何なのかと考えて、もっと参加して行動してください」と言わなければいけない。でも、マスメディアに聞かれると、つい「〇割復興です」と言わないといけない気になっているし、言わないと「行政の怠慢」と言われてしまう。これはとても不毛な議論です。「やるのか、やらないのか、正しいのか正しくないのか、白なのか黒なのか、晴れなのか雨なのか」と言うけれど、「晴れ時々曇り」も「天気雨」も「通り雨」もあるでしょう。雨だって、しとしと降って、あじさいが咲いていれば、「いいな」と思う時もあるし、晴れていても、ヒマワリが倒れるほどのピーカン晴れではつらい時もあるから、「数字」だけでは表せないわけです。

なのに、こんなことは行政の人は言わないし、「そんなことは文学の領域だ」なんて言われてしまう。でも、私は「政治は言葉」だと思うんです。たとえば「被災者の生活再建を支援します。住宅再建を支援します」と言っても、家の大きさは個々に違うし、かかった値段も違うし、建てた年代も壊れ具合も違うのだから、「それを全部支援します」というのは、社会主義や国家主義の国でもできない。だったら、それをどうするのか。

その時に為政者やリーダーがやるべきことは、やはり言葉で冷静に人びとを勇気づけ、人びとを鼓舞することだと思うんです。それは「国のため、組織のため」ではなく「地域のために、隣人のために」です。そういう言葉をかける人がどれだけいるのかが大事だと思うのですが、そういう言葉を発すると、往々にして日本のマスメディアは「抽象的だ」とか「理念だ」とか言う。でも、理念を言わずして、まちづくりなんかできますか？……と言いたいですね。

人びとの体温の通うまちづくりを

研究センター　震災においてもトップが「心配いらない」という言葉をどちらに向けて言ったのかが大きかったと思います。神戸市長は震災のわずか一週間後に「神戸空港は希望の星だ」みたいなこと言いました。98年、神戸空港の是非を問う住民投票要請署名では、30万以上の署名が集まりました。田中さんも何度も神戸に来られて、署名を集めてくださり、当時の被災地の人びとの気持ちが現れています。しかし住民投票の実現は拒否されました。

田中　妙に「訳知り顔」で、「いま住民投票をして空港計画が止まったら、国に巨額の補助金を返さないといけないから、行政がパンクする」なんて言う人がいる。そんなことを言っていたら、「『脱ダム』宣言」なんか永遠にできません。まずリーダーが「こういうふうにしたい」と言わなければいけない。リーダーが言ったことに対して、「とんでもない」と反発してもいいし、「そうだよね」と言ってもいいし、「そうだと思うから、ここをもっとこうしようよ」と言ってもいいのですが、リーダーが言わないから、役人が書いた匿名性の台本になってしまう。

震災直後、特に救急や消防の人へのあからさまな批判があまりなかった。それは、彼らが人を救うために法律を超えて行動し、共通の無念さを感じたからです。行政はよく「これはしてはいけません。これはこうしなさい」と言うけれど、消防や救急は違う。「避難してください」とは言うかもしれないけれども、あとのことは人間としての嗅覚で他者を助ける為に動くんです。行政には「人間の嗅覚」がなくなってしまっているんです。

研究センター　そういうリーダーを被災地も望んでいます。

田中　神戸はずっと、「進んだまち」「ハイカラなまち」でした。震災で壊されたり焼けたりした後のまちに、アルミサッシのグレーの家ができていくのを見た時、「もう一度、体温の通うまちはできるのかな？」と思いました。たしかに家は新しくなった。ジャン・ボードリヤールは「こんなに豊かに見える経済のもとで、こんなに人びとは貧しかったのか」と言ったけれども、次にはその「豊かに見える」高層ビルが、のっぺりした顔の新しい住宅になっていく。でも、体温はなくなって、人の心はもっと寒々しくなっていく。

研究センター　そうです。復興公営住宅でも「孤独死」が絶えません。被災者の中に「仮設住宅のほうが良かった」という意見が出るくらいです。

田中　それは私も書きました。仮設に断熱材を入れて、クーラーも付けた方が路地としての街だったかも知れない。

それと、やっぱり大きなまちは不幸ですね。各区ごとに仮設ができたら良かった。政令指定都市の区には権限がない。だから、長田区どころか垂水区の人まで同じ仮設に入ってしまった。見知らぬ同士が、やっと1、2年かけて仲良くなったら、また別れて復興公営住宅に入ってしまった。お年寄りにとっての「住」はいったい何だったのかと思います。

研究センター　大震災の教訓を踏まえていないかのような事態が、また神戸に起ころうとしています。神戸市立中央市民病院をさらに遠くのポートアイランド二期埋立地に建てようとしています。そこで神戸市は「創造的復興」事業の一つである医療産業都市事業を進めていて、市民病院移転もその事業の一環にしようというのです。もっと市民に便利な病院をということで、現地での補修で可能という市民案を提起しています。「阪神・淡路大震災の教訓を踏まえて」と言いながら、10年経ってもなお富国強兵路線で進められようとしています。

「富国強兵」から「経世済民」へ

田中　富国強兵というのは、国を強くするために兵隊になることを強いることです。経世済民は、民を救うことによって、逆に世の中の経済は元気になるということです。神戸には昔、賀川豊彦という大変な人物がいました。彼は、富国強兵のために九州や沖縄から神戸に移り住んで製鉄所や港の労役で働いている人びとの生活改善運動をやった人です。何もせずに自分だけ豊かになろうとしていた自称・神戸っ子から石持て追われた彼が神戸でやった社会運動を、振り返ってもいいのではないか。彼は私財を投げ打って、あれだけのことをした。もう一度、賀川豊彦の精神を神戸の街から発信する。富国強兵の「株式会社・神戸市」、高度成長を他の地域より先駆的に行ってきた神戸が、経世済民（21世紀の私たちの新しいまち。福祉や教育や環境に配慮することや、人のお世話をして初めて成り立つ雇用であり産業だ、という考え方）を発信する。

人間の尊厳ある生活は、大きな高層ビルや電子化していることではないんです。「自分は生きてる。自分は社会のなかで独りぼっちじゃない。こんな年老いている自分だって、貢献できることがある」と感じるのは、賀川豊彦的なのです。路地の生活の温かさを保ちながら、路地を衛生的にする。それも、異物をすべて排除するのではなくて、いろんな人が暮らせるようにする。

研究センター　最近、国も自治体も自助・共助・公助の組み合わせが大事だと言うようになっています。われわれ市民も災害の時はもちろん自助が大事だと思いますが、上から「自助・共助が大切だ」と言われると疑問が生じます。

ピラミッドでなくまっ平な行政を そうしてこそ〝自助・共助〟が生きる

田中　従来のピラミッドの発想のなかで「自助・共助」を言っていると、行政の新たな下部組織になってしまいます。スイスは公務員がほとんどいなくて、一つひとつの自治体も小さいのですが、消防は広域でやっています。日本だって借金を増やすばかりの合併特例法で合併する前から、消防やゴミは広域で行っているんだけど、スイスでは、前年に消防や救急をどれぐらい使ったかで、翌々年の各自治体の負担金が決まるんです。ところが、日本の場合は人口や面積で決めるんです。

消防や救急を使ってはいけないとスイスでは言っているのではない。本当に必要な時に使うけれども、その場合、住民にも妙な甘えは抱かないでね、という話なんです。日本で「自助・共助」と言うと、すぐに「行政に頼り切るな」という福祉切り捨て話になってしまう。そうではなくて、呼びたいと判断した人は、呼んでいいんです。「自己責任」なんてイヤな言葉を超えた自分の判断として。ただし、利用回数が無制限に増えるのは好ましくないから、一人ひとりの自律的判断を求めて、スイスはその分をみんなで、地域で負担しようというのです。日本のような抑えつけとは意味が違います。日本の場合は単なる人口割りだから、誰も努力しなくなるんです。

私がいちばん苦手なのは「おかみのすることは仕方がない」と言う人で、そう言う人に限って、「おかみのくれるものはできるだけもらっておこう」と思うんです。これもだめなんですね。その発想が、「ダムをつくるのに国が72・5％も出してくれるんだから、つくらにゃ損々」となる。でも、国のお金って誰が出しているんですか？　北海道の礼文島から沖縄の西表島まで、神戸も長野も含めたみんなの借金ですよ。それを忘れているんですね。

大震災で物欲のあり方が変わった そのことを忘れないで 新しい「脱物質主義」を

研究センター　最後に神戸の被災者へのメッセージをお願いします。

田中　震災直後に「もう物欲がなくなった」と言った人がいて、新聞ではこれが大見出しになった。でも、私は少し違った。物欲がなくなったのではなくて、物欲のあり方が変わったように思えた。本当に物欲がなくなったのなら、極論すれば、食べる意欲もなくし、餓死してしまう。言葉尻をとらえているのではありません。あの時、一杯のおかゆを見ても、亡くなってしまった友人を思い浮かべたり、たった一個のおにぎりでも「ああ、ありがたいな」と思った。だから、物欲のあり方が変わったんです。でも、人間はいつの間にかそれを忘れてしまう。だから、そういうことを思い出す「震災の日」である必要があると思う。早朝に役所の人が集まって、会議をやって、それがテレビに映っている……というのでは単なる「儀式」になってしまう。常に思い続け、あの時に変わった物欲のあり方を思い出して、神戸から「物質主義」ではない新しい「脱物質主義」を発信し、社会の絆をどう復興するのか。数十年前の神戸にいた賀川豊彦という人の、隣人愛を求めた社会運動と地域運動にもう一度、立ち返ること。そうすれば、全国の人が「ああ、神戸は真の意味で人間的でおしゃれな街だ」と頷いてくれると思います。

そのためには神戸から、制度や仕組みのみならず、行政や組織の意識を根底から変えるぐらいの、いい意味での「尖った人」がガンガン出たり、「尖った人」と一緒に、誰もが何時でも何処でも街を人間的に取り戻すために行動していかないと、と思いますね。

研究センター　長時間、ありがとうございました。

（インタビュー・出口俊一、髙田富三）

第2章
大震災から10年、被災の原点を忘れるな

鳥取県知事
片山善博

研究センター　震災から10年を迎えるにあたり、私たちは検証作業に取り組んでいますが、県も市もかなりの予算をつぎ込んで、大がかりな検証作業をやっています。

片山　どんな調査ですか。

研究センター　例えば復興公営住宅などを対象にした現状調査ですが、設問自身にかなり問題があるように思います。私たちの印象では「10年で区切りをつける」という雰囲気があります。

片山　少し言葉は悪いのですが、みなさんや神戸のいろんな団体の方々が「しつこく」こだわっておられますね。私は、これがとても重要だと思うんです。

　災害があった時、よく「風化させないように」と言いますが、往々にして風化してしまいます。行政は、悪気はないのですが、どうしても「10年経ったから行事をやろう。セレモニーをやろう。記念の施設を造ろう」という方向になってしまう。というのは、役所は知事も含めて人がコロコロ変わるので、原体験をした人がいなくなってしまいます。そうすると、間接体験とか聞いただけの人が多くなり、「何かやらなきゃいけない」という話になっても、どうしてもうわべだけになってしまうわけです。

　そこで、本当に原体験をした人が、その時にどういうことに最も怒りを感じたのか、どういうことに最も課題意識を持ったのかということをしつこく言い続けるのは、非常に意味があると思っています。これは一種の「原理主義」であって、政策は原点との照合が常に必要だということです。原点がないとズレてしまって、イベントになってしまうのです。

　災害で何がいちばん困ったか、その原点は「住むところやコミュニティがなくなって、多くの人が生活の基盤を失った。そのためにいろんな困難や障害が出てきた」ということだと思います。それは原体験をした人が一番よくわかっているわけで、それを「原理主義」に基づき言い続けることが

必要だと思います。

私は常に原点と照合してみて、方向がズレていないかを確認しているつもりです。実際はどうしても原点との間で距離が出てくる時もありますが、そこから遠ざからず、近づくようにしたいと思っているのです。だから、神戸の震災で常に原理主義的な情報を発信してこられた皆さん方は、非常に貴重だと思います。ただ、表層で漂う行政から見ると、とても煙たい存在かもしれませんね(笑)。

西部地震で鳥取県独自の支援金、住宅再建支援の道をひらく

研究センター　鳥取県でも西部地震を受けて、知事からすぐに住宅再建支援金を出すという発表がありました。あれが突破口になって、不十分ながらも住宅再建制度が進みつつありますが、「鳥取県は行政の規模が小さいからできたのであって、神戸や兵庫県ではあんなことはできなかった」という話もあります。私たちは、そうではなくて、意思決定をする立場にある人が、事態をどう見てどう動くべきか、その判断のできることが大きなカギだと思っています。

片山　私は、「奇をてらってやった」とか「政府の言うことにあえて反旗を翻した」という気はさらさらありませんでした。というよりも、そもそも、神戸の震災の時に住宅再建支援をすることの可否をめぐる議論があったことさえ知りませんでした。私は、被災した現場に行って、今何をしなければいけないのか、何がいちばん大切なのかということを考えたのですが、現場を見れば一目瞭然、高齢の被災者に今すべきことは住宅再建支援だとわかるんです。私の部下もみんな、「これは住宅再建支援しかないですね」と言いました。「じゃ、やろう」となってから、障害があることがわかったんです。やろうと決めてから、「いえ、やってはいけないんです」とか「神戸でもやれなかったんです。政府が強硬に反対しましたから」と言われて、「へぇ、そんな問題があったのか」と思いました。でも、やってはいけないと、いったいどこに書いてあるのか？　そこから始まったんです。

いちばん大事なのは現場で何が必要かということです。役所はすぐ「制度上何ができるか」と考えます。もちろん、それも念頭に置いておかねばなりませんが、最も大事なのは現場で何をしなければいけないのかということです。その際、制度との抵触や齟齬があれば、そこをどう解決していくか、ということが大切なんです。しかし、その時住宅再建支援をやることについて、私が調べた限りでは、制度との抵触も齟齬もないんです。なのに、なぜ「やってはいけ

ない」などという横やりが入ってくるのか？……というところからスタートしたんです。ですから、「現場が第一」です。

「鳥取県は小さいからできたんじゃないですか」というのは、私もよく言われましたし、そういう面もないわけではないと思います。しかし、鳥取県は、人口も少ないけれど財政規模もいちばん小さいんです。人口が多いところは被害も大きいでしょうが、それ相応に財政力も大きいのです。だから「鳥取県だからできて、うちはできない」というのは、あまり説得力がない。

もう一つ、この議論で少しずるいなと思うのは、「だったら最初からそう言っておきなさいよ」ということなんです。「うちは、やりたいけれども、あまりにも規模が大きいからできません。お手上げです」と言っておいたらよかったのです。それを「これはできないんです。制度上、憲法上、財政法上できないんです」と言っておいて、それができるとわかった途端「鳥取県は規模が小さいからできたんだ」というのは、論理のすりかえだと思います。

研究センター　兵庫県では、井戸敏三知事の決断だと思いますが、この度の台風災害で２００万円の補完制度が実現しました。これが震災直後にあれば大きな効果だったと思いますが、前知事時代から「それはできない」という姿勢が続いていました。その意味では前進ではないかと思います。北海道の平取町は単独で４００万円で、鳥取県の施策を参考にしたと言っていました。単独でも実施する自治体が出てきて、ひとつの流れになってきています。本来なら国が率先しなければならないのですが。２０００年10月に鳥取県の措置がひとつの道をつけたのだと思います。

片山　私は、ある種のトラウマがあったのではないかと思っています。政府も兵庫県も、「やりたくても理屈上できないんだ」というまやかしからスタートしてしまったので、それにとらわれて変な方向に筋書きがいってしまった。というのは、兵庫県が音頭を取っていたのは保険制度でした。「公費では支援できない。だけど、なんとかしなければいけない。今さら『実は公費でできるんです』とは言いにくいから、保険制度でやろう」ということになったと思うんです。しかしそのために時間をずいぶん無駄遣いしたと思います。

結局、政府と知事会でつくった制度は、金額としてはある程度の額になりましたが、住宅本体は再建支援の対象になっていません。最初から住宅本体の再建支援も対象に入れるべきだという運動が兵庫県などから起こっていれば、事態はずいぶん違っていたと思います。

研究センター　兵庫県の検証がそのような方向で進められたらいいのですが。

片山　本来なら行政は、最初に言っていたこととの間にどう整合性があるのかという検証もしなければなりません。

研究センター　兵庫県は、住宅共済制度を最高600万円で来年スタートさせますが、いまだに「共助」にこだわって共済制度を言っているわけです。

片山　先ほどの200万円は共済制度ではないでしょう。

研究センター　共済ではありません。どうやら二本立てで行くようです。今夏の豪雨災害で福井県がわりあい早く支援を打ち出したし、兵庫県ももたもたできないということだったのだと思います。それはいいことですが。

自助・共助と公助の役割

研究センター　最近大きな自治体などで、自助を盛んに言い出しています。

片山　自助・共助は必要だと思います。でも、それだけでは地域の生活基盤の再建は難しい。高齢者をはじめ、現にできない人がいますから。私たちがなぜやったかというと、地域の真の復興なのです。道路や橋の復興が今までの災害復旧ですが、生活基盤を復興しないと真の地域の復興はないので、それだったら住宅が最も重要だということで住宅再建支援策を打ち出したわけです。保険などで用意して自助でできる人もいるけれども、そうでない人もいる。それなら、最低限の基礎部分だけは公助で公が手助けをして、あとの上乗せは自助や保険の共助でもいい。最低限の支援を公がすれば、あとは自助・共助が組み合わさっていいと思います。

研究センター　自助・共助は言わば当然のことですが、政府や自治体が言うと公助をしない口実に聞こえます。

片山　確かにそんな感じもありますね。

研究センター　東京都が震災予防条例を改正する時に、「阪神・淡路大震災の教訓を踏まえて、まず自分で助けるような人間になろう」ということを打ち出しました。研究者や個人ではなく自治体や国が言うととても重みを持つので、石原知事に意見書を出しました。公助することによって自助・共助が進む、という形にもっていかないといけないと思います。

片山　そうです。地震災害の場合、「基礎部分は公がみる」という点が大切だと思います。

研究センター　生活基盤という意味で、10年前にはゼロだった被災者生活再建支援法が、少しずつ充実されつつありますが、神戸では今も住宅が最大の問題であると同時に、中小企業や商店の人たちは仕事の基盤も失いました。この仕事再建に対してある程度実施されてきた運転資金の補助も、10年経って「貸したものを返せ」と言ってきたり、支援制度を打ち切るといった動きもみえます。地元で生活を支えている仕事の基盤の再建が大事になるわけですが、公でできる部分についてどうお考えですか。

片山　先ほどの「原理主義的点検」という意味では、災害が発生して被害を受けた後、どのように再建するか、その基本は「できるだけもと通りにしてあげる」ということだと思います。しかし、「創造的復興」というのは、たぶん、それとは違うのでしょう。住むところだけではなく仕事の面がある、というのもその通りです。それに、住むのも、単に住めればいいのではない。近隣関係や自分がずっと暮らしてきた環境が非常に重要だと思います。だから、その人がもといた環境に戻してあげる。完全にもと通りにはなり得ませんが、できるだけそうなるようにしてあげることが基本だと思います。そういう観点で施策をやっていくことが重要で、「この際だから区画整理をやってしまいましょう」となると、何もなくなってしまう。住むところは復興住宅ができるかもしれないけれど、近隣関係も界隈も、仕事の場も生活基盤もなくなる。だから、とくにお年寄りの場合は、なるべくもとに近い形に戻してあげることが重要だと思います。例えば散髪屋ひとつとっても、行き慣れた散髪屋を変えるのはストレスですよ。医者、買い物をする店もそうです。

制約多く不合理な仮設住宅の要件

研究センター　仮設住宅も、なぜ壊れた家の近くに建てなかったのか、議論になりました。

片山　私もそれがいいと思いました。被災地は屋敷が比較的広いし、隣に農地もあるので、仮設住宅をその人の敷地のなかにつくってあげよう。そうすると、土地を確保する必要がない。水道も来ている。大事に使えば壊さなくてもいいかもしれない。いいことがいっぱいあるので、「それがいい。そうしよう」ということになったのですが、「それはだめ。補助金が出ません」ということでした。仮設住宅には要件があって、要するに「居すわられてはいけないから」ということなのでしょうが、「土地は行政に地上権や所有権がなければいけない」「一定の期限が来たら必ず撤去する」が条件でした。

「個人の敷地に建てて、あとは勝手に使ってください」ではだめだ、と言うのです。でも私はその方が合理的だと思います。壊れた家の隣に仮設住宅があって、そこに住んでいれば、家の番もできます。荷物もすぐに持ってこれて便利だし、土地代も要らない。そこを離れにでも使うとなれば、撤去の手間もない。「こんないいことはない」とかなり折衝したのですが、だめでした。

実はそれで住宅再建支援に踏ん切りがついたのです。「それなら仮設住宅はやめよう」と思いました。最終的に約20戸は建てましたが、たった20戸です。「それよりも住宅再建支援を通じで被害者自身に建ててもらうのがいい」という考えに至ったのは、仮設住宅の門戸の狭さがきっかけです。

住宅再建支援、災害支援と知事会の動き

研究センター　ある種、税金の無駄遣いだと思います。被災者支援に関する制度ですが、災害対策基本法と被災者生活再建支援法ぐらいが目立って、災害救助法などはあまり変わらないままです。今後、国に向けて発信なさりたいことは？

片山　被災者生活再建支援制度ができたことは、一歩前進だと思います。今度、拡充されて、金額的にもそこそこになりました。しかしやっぱり政府は最後までトラウマで、「住宅本体への再建支援はだめ。ガレキ処理など周辺部分のみ」です。神戸の時に最初に「制度上できない」と言った手前、最後までこだわり続けています。

今春改正の法律も「住宅本体の再建支援はだめ」という制

度として拡充するのが政府の案でした。この改正に対して知事会は「知事会も同額の金を出すので、そのために基金を300億円積み増ししましょう。鳥取県も応分の額を払え」ということになったわけですが、私は「住宅本体の再建支援が重要だから、あくまでそれを主張しよう」ということから始めました。しかし国は「住宅本体は再建支援の対象にしない」という法律をつくってしまった。「それなら次善の策としてわれわれも付き合うけれども、決してこれは完成形ではないという意思表示をしよう。だから、今300億円全額を出すのではなく、200億円ぐらいにしておこう。残り100億円は、住宅本体が再建支援の対象になった時に出そう。こういう案でどうですか」と問題提起したのですが、46対1で負けました。相手側の非原理主義的根回しがすごいんです（笑）。結局、原理主義的対応をしたのは私だけでした。

その後福井や新潟の豪雨があった後の8月18～19日、新潟で知事会が開かれました。この会議で提案された政府に対する要請申し入れ案には、一番は「災害復旧の補助金を拡充すること」、二番目に書かれていたのは「被災者生活再建支援制度の対象に住宅本体を加えること」でした。「私が主張したことだから内容については異論はないが、ついこの間、みなさんが46対1で否決した内容そのものではないですか。今になって急に手の平を返して、政府に対してえらく居丈高に『対象に加えること』なんて書いているのは、どういう意味ですか。経緯を説明して下さい」と言うと、誰も答えない。「おかしいじゃないか。内容は賛成だけど、ついこの間、それは必要ないと一蹴しておきながら、災害が起きたら急に政府が悪いみたいに偉そうに『加えること』なんて言うのか。自らの反省が要るんじゃないですか。それが聞けないようなら私は反対です」と言って、今度は私が反対しました。すると「ちょっと待ってください」と言って引っ込めました。

翌日再提出されて縷々説明があり、「今度は知事会として本気になって住宅本体を再建支援の対象にすることに取り組もうということですから、片山さん、賛成してください」ということでした。「それならいいですけど、紙に書いて出して、それで終わりじゃないですか。それだったら私は賛成できませんよ」と言ったら、「いや、みんなで行動しましょう」ということになったんです。だから、「4年後の見直し」も、さっそく来年から見直すようにしようということになりました。

8月の知事会はこういうてん末があったのです。「住宅本体支援は私が言っていたことでしょう。あなた方は反対したじゃないですか」と言うと、「それ何のことですか？」という知事がほとんどです。皮肉が皮肉として通じないんですね（笑）。その程度の認識で根回しに篭絡された結果が、46対1だったわけです。しかし今度はだいたい覚醒しました。田中康夫さんが、私の発言を受けて「片山さんの言うとおりだ。みんなで行動しよう」という話をして、やろうということになりました。井戸知事は4年後の見直し説を主張していましたが、もう思い直されたはずです。

研究センター　制度よりも、被災地の現場を見て何をしなければいけないのかというところから出発すべきだとおっしゃいましたが、その意味では、住宅再建がとても重要だと思います。阪神・淡路大震災では「個人の財産に公的資金は出せない」という議論で推移してきました。厚い壁ですが。

片山　政府にも「今までの被災者生活再建支援制度では足りない」ということは共通の認識としてあったんです。片山や、超党派の議員連盟「災害議連」が「住宅本体の再建支援を」と言い、一時は800万とかかなりの金額を掲げていたので、政府には「なんとかしないと押し切られてしまう」という思いがあったはずです。知事会側も、去年6月、飛騨高山の知事会では「住宅本体を再建支援の対象にするということで運動しよう。基金を300億円積み増ししよう」ということになっていたのです。

ところがです、これは先ほど話した知事会のてん末の前段の話になるのですが、昨年末になって政府は「何かするけれども、住宅本体は絶対にだめですよ」ということだったらしいです。それで何人かの知事が中心になって、「住宅本体抜きでもいい。金額は実質増額じゃないか」ということで知事会の案をまとめてしまったのです。そこに私が原理主義的批判を加えた、というのが先ほどのてん末です。

防災・安全は行政の最大の課題

研究センター　鳥取県も防災計画をお持ちだと思いますが、今後、地震の活発な時代に入ると言われているし、異常気象も増えていますし、災害対策の重要性が増しています。防災計画は行政施策の上位に位置づけられるべきと思っていますが、神戸はなかなかそうはなっていません。片山知事はどのように対応しようと考えておられますか。

片山　私は、防災や安全は行政の最大の課題だと思っています。教育や文化など重要なものは他にもありますが、一番は防災だと思います。どんなにすばらしい文化行政や魅力あるまちづくりをしていても、いざという時に非力で、何も準備していなかったために被害をいたずらに大きくしたり、未然に防げなかったら、行政の評価はとても低くなると思います。行政を担う私たちにとって評価はとても重要です。行政は人気取りとは違って、プロとして自分のやっている行政の結果がどんな評価を受けるかが重要です。私が重きを置くのはいざという時の対応です。

従来、都道府県など自治体の防災は位置づけがとても低かったのです。阪神・淡路大震災が起きる前はどこもそうでした。防災行政は、災害が起きた時に橋や道路を治すのが主流で、土木部の仕事でした。だから、災害があったらすぐに土木部が出て行きました。それも大事ですが、それより前に、いざという時にどういう対応をするか、どういう避難をしなければいけないか、未然にどのような安全装置を設けておくか、といったことをやっておかなくてはいけない。これは計画その他ソフトの取組みが中心となるので、しっかりした防災部門が必要なのです。

ところが、従来の防災部門の中心は総務部消防防災課防災係ですからトップは係長です。しかも、実質的には何もやっていなかったに等しいのです。地震編も含めて防災計画はつくっていましたが、それは自治省・消防庁に提出するためのもので提出したら終わりです。それが実態でしたから、地震が起きた時に兵庫県がまごまごしたとしてもあながち責められない面がある。私はそれを他山の石として、知事になった時に防災をやらねばと考え、一番痛い目

に遭った所から学びました。兵庫県は防災監をつくっていました。従来なら防災係長です。鳥取県も生活環境部消防防災課防災係ですから防災係長でしたが、私は就任3か月後に防災監の職を新たに設けました。そして防災監といっしょになって、防災行政の見直し点検作業をやりました。それが西部地震の時に効果を発揮しました。もしやっていなければ、まごまごしたり、慌てふためいたりしたと思います。

研究センター　確かに、災害対応は制度も大切ですが、それらを運用するプロフェッショナルが重要ですね。

片山　「常に防災のことを考えている人」が要るのです。より高位の職で、常に防災のことを考えてハラハラしている人が要る。知事や市町村長は、四六時中防災のことを考えていられない、いろいろ考えることがある。そうすると片手間になりがちで、しかも、すぐ目に見える話でもない。道路は、つくればすぐ目に見えて効果があるが、防災は起こって初めて検証できるのです。だから何もやっていなくても、当座は何も困らない。起こった時に初めて「ずさんでしたね」と評価されるだけです。だから防災はつい手抜きになるのです。

それではいけないから、防災のことだけを考えて一生懸命にやるエンジンをつくっておく。そうすれば、放っておいてもガンガンやってくれます(笑)。

研究センター　西部地震の後、孤独死や自殺された方はありませんか。

片山　それはありません。

研究センター　神戸は残念なことに５００人を超えています。

片山　私はわかるような気がします。高齢になって、なんとか生きがいや暮らしの支えとして存在していた生活基盤がなくなるわけです。75歳を過ぎて「さあ新しい地域で一からやりましょう」と言われたら、泣いちゃいますよ。悶々として過去を振り返り、今の境遇を嘆き、不安だらけですよ。

私は県庁の幹部に「もし自分が目の前の人と同じ境遇にあったとしたらどうか、想像してみましょう。今は部下たちがチヤホヤしてくれているかもしれないけれど、例えばポツンと独居で復興住宅に入ったところを想像しなさい」とよく言うのです。皆さん我が身の問題として考えてみたらいいと思うんですが。痛い目に遭ってやっと、福井や新潟の知事が「住宅本体の再建支援が必要だ」と言い出されたんですが、それでは困るんですね。

研究センター　長時間ありがとうございました。

（インタビュー・西川榮一、出口俊一）

第3章 大震災の教訓と南海大地震への備え

高知県知事
橋本大二郎

阪神・淡路大震災後の変化

研究センター　阪神・淡路大震災からまもなく10年を迎えますが、この戦後最大の災害の後、今日までの経過についてどのように感じておられますか。

橋本　高知県としては東南海・南海地震への備えが言われ続けています。阪神・淡路大震災が起きた時は、地震への備えが県民意識としてもう少し盛り上がるかと思いましたが、それほどでもなかったように思います。むしろ、平成13年（2001年）だったと思いますが、南海トラフの地震の長期評価が確率で発表され、それがかなりの確率で、しかも30年という近い時期に起こると県民のみなさんが感じ始めたり、マスコミでも取り上げられたりしたことのほうが、高知県の震災対策としては大きかったのではないかと思います。

私自身、阪神・淡路大震災の後の変化などについて感じるポイントはいくつもありますが、ひとつは自衛隊の関わりが自治体にとってはずいぶん変化して、お付き合いが濃密になったのではないかと思います。あの後、中部方面の陸自や呉の海自の方々から直接お話を伺ったことがありますが、例えばヘリコプターで飛ぼうと思っても、当時の運輸省の高さ制限でその許認可を一々取らなければいけなかったとか、警察との関係で言えば、自衛隊のほうが先に着いて、震災で亡くなられた方のご遺体の処理をしようと思っても、検死は警察しかできないので、警察が来るまで手がつけられなかったとか、行ってみたら重機が何もないので、中部方面など彼らの拠点まで取りに帰るだけで半日以上の時間を費やしたとか、いろんな問題点を指摘されました。詳しいことはわかりませんが、それに対する法的な運用の柔軟さや各省庁とのやりとりにも問題があったと思います。

そういうことを受けて、自衛隊に訓練などに直接入っていただいて、いっしょに計画づくりをしたり、船に来てもらう、大型ヘリに物資を運ぶ訓練をしてもらうといったことを、各自治体がアレルギーもなくやるようになりました。また、現役・ＯＢを問わず、危機管理や防災担当などのセクションで人事交流が進んだことも大きな変化のひとつだろうと思います。

もうひとつは、情報通信機器の変化です。最近、県内を回ってとくにそう思うのですが、携帯電話など通信手段の持つ意味は、阪神・淡路大震災の時も取り上げられましたが、さらにそのウエイトが増してきているのではないかと思います。阪神・淡路大震災の時は、たしか携帯電話が約４００万台で、そのために電波の錯綜が起きずに、携帯電話が情報手段としてかなり大活躍したと聞いていますが、去年の宮城県沖地震の時は、みんなが携帯をかけるので、いっぺんに錯綜して、ドコモが90%カットをしました。先日の和歌山の地震の時も、たまたま私の長男が大阪府茨木市にいますので電話をしたのですが、携帯も固定電話もすべて「この地域の電話は現在、地震のために……」というテープが流れていました。

携帯電話が使えるかどうかは今後、大きな課題だと思います。去年（２００３年）の選挙の時に、人口千数百人の、ゆずで有名な馬路村へ行くと、あるおばさんに「知事さんは南海地震への備えをやると言うけれど、この村じゃ携帯電話も通じないところがある。いまどき携帯電話も通じないで、何が防災対策か。携帯電話が通じるようにすると言うなら、一票入れてやる」と言われました。直接答えるわけにはいかないので、「それは大きなテーマですね。ぜひ前向きに検討します」などと言っておきましたが、そういう経験があります。また、つい先日の台風で、大川村という人口５００人余りの小さな村が大きな被害を受けたので、お見舞いがてら視察に行って、避難所の公民館を慰問しました。そこでも70歳代のおじいさんが「ここはふだんは携帯電話も通じるが、鉄塔が被害を受けたのかどうか、息子たちとも連絡が取れなくなって、とても不便だった」と言われるのを聞きました。

すでにお年寄りの間でも、複雑な機能は別にして、携帯の電話機能や簡単なメール機能を使う限りにおいてはデジタル・デバイドはなくなってきているのだろうと思います。その意味では、携帯をどう生かし活用するかは、阪神・淡路大震災以降10年間の大きな変化ではないかと思います。それは私たちも考えねばなりませんし、また国としても考えてもらわないといけないことではないかと思います。

生活復興支援制度をめぐって

研究センター　今おっしゃったことは地震が起こった当座の問題として大変重要なことだと思います。私たちはこの間、災害後の復旧・復興の問題に取り組んできましたが、これはとても大きな問題で、私たちは生活と営業を立ち上げるための支援をしなければいけないと主張してきました。やっとのことで被災者生活再建支援法ができましたが、これも不十分で、少し改善されて、現在の居住安定支援制度になりました。個人補償もしくは生活再建支援の制度をめぐるこの間の経過については、どのようにごらんになっていますか。

橋本　結論から先に言えば、国と県の分担は別にして、やはり公で補償していくべき課題だと思います。ただ、量的・財政規模的な問題があるので、他のこととともバランスをとって、いざという時には検討しなければいけないだろうと思いますが、理念としては国が前に出て取り組んでいくべきことではないかと思います。阪神・淡路大震災の後も、小田実さんが運動をなさっていて、私もお会いしたことがありますが、大前提の基本はそうあるべきだと思います。

研究センター　今、兵庫県では共済制度を盛んに進められています。自助・共助・公助の3段階があり得るだろうと思いますが、兵庫県の発表によると、共助・共済に加入してもいいという県民がかなり多いということでした。私自身は、3つとも必要で、公が何もしないで個人が勝手にしろというのはあり得ないのではないかと思っています。

橋本　そうですね。要はバランスの問題であって、「いざという時は公・官がきちんとやるべきだ」と言うと、「おまえはああ言ったじゃないか。全部やれ」とおっしゃる方が出かねません。そうではなくて、地震保険に入ったり、昭和56年（1981年）の建築基準法以前の建物は耐震検査をすることが必要で、それに対して公が補助を行うことは各

地域の政策課題ですが、自らが意思を持って手を挙げないといけないだろうと思います。

20年も地震対策をやっておられる静岡県にお聞きしても、住宅の耐震化をされる方は、かなりの補助をつけても10％の壁を大きく超えないので、せめて命を守るためにと、地震に強いベッドを開発したということでした。もちろん、情報提供を官・公がきちんと行うことは前提ですが、やはり自ら守るんだという意識を持っていただいて、そのアクションもあった上で、いざという時には公が出ていって、住宅も含めてできるだけ早く普通の生活に戻れるように支援していくことだろうと思います。

やはり、最初から「国も県も手は出しませんよ」ということには絶対にならないだろうと思います。国の姿勢としては、「地震発生の規模と被害の規模がわからないから、今のうちから全部の財政負担についてお約束するわけにはいかないけれども、国として責任を持って何らかのことはします」と表明しても悪くないと思います。法や制度でパーセントを確定してしまうと後で身動きできなくなる、ということはわかりますが、東海・東南海・南海地震は、何らかの被害を受ける国民は相当な割合ですし、日本の中枢が太平洋ベルト地帯に並んでいるわけですから、国としての対応方針を何らかの名前で発表されることはあってもいいのではないかと思います。

研究センター　この問題について、阪神・淡路大震災の被災者が最初におかしいと思ったのは、国が「個人の資産形成につながるものに対して公の金を出すのはあり得ない。まかり通らぬ」と言ったことで、それは今も生きています。再建支援法の改正においても、結局、「200万円は出すが、住宅建設費には使えない。間接経費にだけ使いなさい」という形でこの理念が残っています。しかし、当時は住専に巨額の公金を投入しているわけで、「なぜ、公のお金を、税金を払い悪事も働いていない住民に出さないのか」という感覚でした。

橋本　その問題点は、いろんな切り口で指摘できると思います。そもそも、個人の資産形成につながる個人補助を本当に法律が排除しているのかどうかという議論もあるでしょうし、私は、そういうことは時と場合によってあってもいいと思います。それはセカンドベストだとしても、例えば農業に対する補助金を考えてみると、今言われたような理屈があるために、農協など団体を通じての補助という形をとっていますが、最終的な使い道としてはビニールハウスをつくるなど、明らかに個人の資産形成に役立っていきます。もちろん、それは食糧づくりという公益的な仕事に資するという背景はありますが、一方で「個人の資産形成につながる」という点だけで言えば、結果的に個人の資産形成になっているわけで、このような例はいくらでもあります。ですから、そのことだけを理由に「できない」と言うのはおかしいと思います。

これは、明らかに「それを言い出すと国が財政的にもたない」ということがあって、その理屈付けとして「個人の資産形成云々」と言っているのだと思います。このように、本音と建前を分けて、建前であることが透けて見えるような言い方をされれば、住民意識が高まっている現在の日本の社会では「おかしいのではないか」ということになると思います。

研究センター　実際、鳥取県・福井県・宮城県などの現場を見ると、そんなことでは住民は救えないということがはっきりしてきています。

橋本　そのままにしておくと、個々の住民が救えないということと同時に、片山さんがいつもおっしゃっているように、地域そのものが消滅してしまうでしょうし、それを県がやむを得ないこととして認めるのかということだと思います。例えば南海地震においても、基本的には県の独自財源の中で何らかの個人補償をしようと考えると思います。ただ、割合や範囲はその時の財政の体力や他の仕事との兼ね合いで決まってきますので、それを一律いくらとか100％やりますとは、本県のみならず他の自治体も言えないと思います。しかし、実際に災害が起きて、それが局地的なできごとで、その地域を維持する上で住宅の再建が欠かせない課題だとなれば、多くの都道府県知事や市町村長は支援を考えるだろうと思います。

住宅の耐震補強をどう進めるか

研究センター　この件に関わって、一方では「住宅再建の支援を、あらかじめ公助という形でしてもらえるとなっていれば、予防的処置としての耐震補強・改修の意欲をそぐのではないか」という議論もあります。つまり、「壊れても国や県が面倒を見てくれるのなら、改修しなくてもいいのではないか」というふうに、耐震改修と住宅再建支援の制度がトレードオフのような関係になるのではないかという議論なのですが、どうお思いになりますか。

橋本　それは金目のことを考えるために出してきた理屈ではないかと思います。耐震補強は、「いざという時、財産はつぶれるかもしれないが、命だけは守ろう。そのためにできれば公的にも補助をして、みんなに意識を持ってもらおう」ということでしょうし、同時に、バタバタと家が倒れると避難路を塞ぎかねないので、公益的な利用のために行うものです。ですから、公益上は、被災された方の次の生活を支援することとはまったく理屈が違ってきます。

研究センター　この資料は、私の研究室でこの1、2年やっている研究のアウトラインをまとめたものですが、実は高知市の浦戸や種崎といった地区でも調べています。住宅が倒れると、津波から逃れるための避難路も塞がされるということがあって、それを併せて考えると、あらかじめ住宅を強く保てることの公共性がありますね。

橋本　そうです。そのことを私たちももっとうまくアピールして、理解してもらうようにしないといけませんね。耐震補強は、自分にとっては命を守ることだし、近所や周囲にとっては避難路確保の可能性を強めることなんだ、ということを理解してもらうことが必要です。先ほどの理屈について言えば、住民のみなさんは「家が壊れた時、国や県が面倒を見てくれるのなら、自分は何もしない」というところまで深く考えられないと思います。

それ以前に、「もう自分は70歳だ。30年後に40％の確率で大地震が来ると言われても、その時は自分はもういないし、生きていたとして、耐震住宅に住んでいても、自分は家の外には出られない。もう津波にのまれて死んでもいい」という方がほとんどではないかと思います。「まさか40％ぐらいの確率なら来ないかもしれない」というのと、「そうなったら、もう仕方がない」というふうに、あまり切迫しない危機に対する諦めであって、「建設費が国から出るから自分ではやらない」というふうに深くは思わないでしょう。もし、それほど深く考えてくださるのなら、もっとアピールの仕方はあると思います。

研究センター　市民は、必ずしもお金がないから予防しないのではなくて、お金があっても住宅の補強には使わなくて、ほとんど貯金しています。老後や孫子のために残すという人が多いわけです。

橋本　それはまったく別の、日本の福祉と経済の大きな問題ですね。住宅の耐震化は、ご自分のためにも公的にも意義あるものですし、しかもすそ野が広く、大手がやる事業ではないので地域経済にも回ってきて、地域おこしには最もいいお金の使い方だと思います。にもかかわらずそれができないのは悩ましいですね。

研究センター　高齢化が進んでいる集落では、地震も危ないけれども、もっと確実に来るのは自分の加齢です。5年経ったら5歳年を取るのは１００％確実ですが、30年間に40％というのは確実ではないので、「3～5年生きている間に足が動かなくなったら、無一文ではどうしようもない」と考えるのかなと思います。その意味では、防災よりも自分の介護や生活をどうするかが切実で、それをドッキングしないと、お金を持っていても使わない人が多いのではないかと思います。

震災復興のための制度準備を

研究センター　東南海・南海地震は、阪神・淡路大震災のような直下型ではないので、被害の様相もずいぶん違うと思います。われわれが多少とも神戸から発信する意味があるとすれば、地震が一段落した後の長い期間にどんな種類の困難があるのかということで、その点では社会的に用意しておかなければいけないシステムの問題が非常に大きいと考えています。住宅再建はその最たるものですが、それ以外にも、行政が担当する仕事の中で、復旧・復興に役立つような、改善が必要な仕事がたくさんあるのではないか。例えば商売をなさっている方が立ち上がれるかどうかとか、県外避難の方々の問題です。

一度出ていってしまうと、仮設住宅の抽選にあたりにくいとか、復興公営住宅の抽選の知らせが来なかったといった不利益があります。当時、行政の方と話していると、「そんなことは簡単で、全国どこの都道府県でも約束事を交わしておいて、どこから逃げてきた人でもその県の人と同じように扱うというルールさえ決めておけばいいんだ」と言っ

ていました。この仕組みは、今でもほとんどできていませんが。

橋本　そういうルールをつくろうとすれば、技術的な角度でかなりのことができると思います。知事会も、以前のように寄り集まって報告するだけの会ではなくなってきて、かなり具体的な話をするようになりましたから、今のご提案のようなことは知事会の災害対策の部分で投げかければ、下から積み上げて、相当きちんとやっていけると思います。

研究センター　それは一例ですが、たぶん生活再建支援法以外に目立った改正はなくて、災害救助法もほとんど変わっていません。地震が起こった直後は、自衛隊や消防や警察などが動きますが、一段落した後の様相は、たぶん阪神・淡路大震災の時とあまり変わらず、家を失ってオロオロし、商売も始められないという状況になるのではないかと危惧しています。

橋本　それは一概に言えないので、法制度に関わるものから「住民力」までさまざまだと思います。法制度で思うのは、国にどうしろというものではなくて、県としての大きな課題ですが、神戸の場合も地籍調査が終わっていなかったために、後の都市計画やまちづくりで相当もめました。

　実は高知市もいろんな理由でほとんど進んでいないという状況ですが、例の「三位一体」改革で、これが補助金・負担金の廃止・削減項目に入っているわけです。県としてはこれを除くようにと主張したのですが、知事会の中でもまとまりませんでした。今後まず検討しなければいけない課題ですし、復興する上でボディブローのように効いてくる課題ですので、なんとかしなければいけない。国にどうしろというよりも、とにかく自分たちでスタートを切らなければいけないし、そのための財源をどう確保するかという課題のひとつだろうと思います。

住民の自主防災力

橋本　自主防災の組織づくりについては、浦戸と種崎で言えば、浦戸は非常に進んでいて、「うちもなんとかせにゃいかん」と焦りと盛り上がりを持って取り組んでいますが、県内全域ではかなり遅れているところも含めて濃淡があります。これも、国よりも県が、率先してリーダーシップを持って取り組んでいきたいと思っています。

　ただ、本県の場合、98年に高知市を中心にした集中豪雨の大災害があって、その時初めてボランティアによる救援後の復興支援に取り組み、県職員も出て、道路のゴミの片付けも含めてやりました。そのノウハウが生きて、

２００１年に西南地区（土佐清水、大月町など）を中心にものすごい集中豪雨があった時は、全壊家屋も数多く出たのですが、亡くなった方は一人もいませんでした。その最中は、消防団が一人暮らしのお年寄りなどを把握して、みんなで助け出した数分後に家が流れたとか、おばあさんを連れ出した途端、水が上がってきたという話があちこちでありました。この間の何度かの台風でも、川を見に行って落ちたり、高潮という形の被害はあっても、従来型の災害で亡くなった方は一人も出ていません。その意味では、目に見えた形で測れないところで、力がついてきているのではないかと思います。

　消防庁の全国防災力指数によると、本県は42位です(笑)。しかし、目に見えないところで力がついていると思います。台風銀座ですから、対応に慣れていて、言わなくても自主避難をしたり、市町村から避難命令が出たら当然すぐに逃げて、その前に危険を察知したりすることは進んできたと思っています。台風の災害と、いつ突然来るかわからない地震とは少し違いますが、どう津波から逃げるかという意味でも、自主的に避難する力は大切ですし、そういう住民ご自身の力と逃げ場所を各地域で確保するという私たちの仕事がかみ合っていくことが今後の大きなポイントだろうと思います。例えば種崎は、高台がまったくない地域ですので、公民館にあたるセンターが唯一の高台です。センターまでは遠いですし、おばあさんは屋上まで登るのは難しいので、それをどうするかといった課題があります。

研究センター　一番端っこに保育園がありますが、子どもを連れてセンターまで40分かかるので、逃げるのは無理です。最近、デイケアセンターのようなものができて、そこは避難ビルとして有効に機能するようですので、ああいうものをもう少しつくっていけばと思います。

南海地震に備えて

橋本　そういうことをきめ細かく見て、場所をきちんと確保することが私たちの仕事でしょうね。

　科学技術的に言えば、夢のような話かもしれませんが、地殻で揺れた時点での感知の可能性ですね。今法律的にも東海地震と東南海・南海特別措置法は別になっていて、東海のほうは予測が可能だという前提をもとにした法律ですし、東南海・南海特別措置法は予知できないという前提です。現在の科学技術水準ではそのとおりだと思うのですが、実際に地殻の中で揺れが起きてから地上で大きな揺れになるまでには何十秒間かのタイムラグがあると言われています。実際に揺れが来てしまうと、消防署のシャッターが歪んで動かなくなったり、用意したものが使えなくなることがあると思うので、地殻で地震発生を感知した時点でそれを衛星に打ち上げて、一斉に主要なシャッターを開ける…なんてことができないかなと思ったりします。この話は、いちおう文部科学省にも持っていったことがあります。[1]

研究センター リアルタイム予測はずいぶん行われていて、この間の地震では、新快速は100キロを超していましたが緊急停車しました。なぜ止まったのかわからなかったのですが、停車した後に揺れが来て、「ああ、これか」と思いました。

橋本 それはすごいですね。それで具体的に人の命が助かるかもしれませんから。

研究センター 直下型に対応できていないのが問題ですが、さすがだなと思いました。こういうことに税金を投じるのであれば、国民は100％支持すると思います。高さが低かったので大事に至りませんでしたが、津波が来るまでに情報を出したのは和歌山県でも2市町だけです。それ以外は何も言わない間に来てしまいました。有名な温泉がある那智勝浦町も、両方から津波が来るので、本格的に来ると助からないという大変なところですから、地殻の揺れを感知した時点で手を打つというのは実現させたいと思います。

最後に、地震も津波も両方が来るというのが高知県の大きな特徴だと思います。今後、予防対策としてどのようなことに取り組むべきか、県としてどんなことに力を入れていくか、という辺りについてお願いします。

橋本 もちろん、ハードで少しでも予防・減災するのは必要だと思います。しかし、お金がなくなったからという意味ではありませんが、「すべての場所を100％」と考えると、いくら財政が豊かでもきりがないということになります。河口部が開いているところで、津波が遡った時にどれぐらい影響があるかというシミュレーションをしていますので、それによって「地震が来たら逃げてください。ハードの整備によるこれ以上の防災はできません」というところと、高知市など人口規模が大きくて、ハードに相当の投資をしても守っていくところを分けて、住民に説明をしようとしています。

防潮堤や防波堤などは、ハードとしてはほぼ整備されていますが、それが地震の時にもつかどうかとか、ハード施設としての耐震性や液状化が起きるかどうかといった調査はできていません。調査をして、だめだとなれば、またお金がかかるという議論もありますが、少なくとも調査をして、「ここはだめだから逃げてください」とか「ここは、設備はあるけれども、実際に災害が起きた時にもつかどうかわからない」ということも、ハザードマップ的にお知らせせざるを得ないと思います。

ただ、このような調査は都道府県だけではなかなかできません。ですから、特別措置法の中で国としてある程度支援してもらいながら、やっていかなければと思っています。

このように、ハードでできる部分はある程度区切りながら、あとは先ほどお話ししたような耐震化です。人がたくさん集まる学校など公共的な建物は積極的にやらねばなりませんが、住宅での耐震化を進めるための促進策を、とくに高知市などでどう進めていくかということと、避難の際のちょっとした避難道を設けることと、住民のみなさんの住民力を高めるためのインセンティブをどうつくるかということだと思います。

いずれにせよ、課題が多過ぎます。静岡県も20年もやられていますが、いくらでも課題があるという状況ですから。

研究センター　東南海・南海地震で、私たち阪神・淡路大震災を経験した者が最も想像しにくいのは、海岸線が長くて一斉に襲ってくることです。和歌山県の場合、国道42号線しかなくて、「これをどうするんですか」と聞くと、「何箇所寸断されるか、ヘリコプターが何機必要か、船で行くのかなんてことは、考えようもありません」ということでした。高知県も似たような状況で、あっちで500人、こっちで700人というふうに、被災者がバラバラと集落ごとに出てくるのではないか。神戸の場合とはまったく違う様相になるのではないかと思いますが、それについて何か考えておられることがありますか。

橋本　冒頭に携帯電話の件で言いましたように、お互いの情報連絡を、一次系・二次系・三次系……というふうに確保する手段をつくることが必要だと思います。きわめてプリミティブですが、例えばドコモがだめでもauが動くということがあるので、県の出先事務所も公共携帯はすべてドコモだというのではなくて、auを何台か入れたりすることから始めて、防災無線あり携帯系あり……というように、いくつかの手段を確保して、何かが通じるようにしたい。情報が双方向で流れることが最も肝心なことです。

研究センター　どうもありがとうございました。

（インタビュー・塩崎賢明、出口俊一）

［注］

(1) その後、地震波の（primary wave＝最初の波）とS波（Secondary wave＝第二の波）のタイムラグを使った「緊急地震速報」が2007年10月1日から、全国で運用開始されている。

column

宮城県石巻市や熊本県南阿蘇村の小・中学校で好評を博した「童謡サロン＆パントマイム」の公演

これまで、東日本大震災の被災地である宮城県石巻市の小学校や同県亘理町、福島県南相馬市や岩手県宮古市の仮設住宅で、ソプラノ歌手の深川和美さんとピアニストの多久雅三さん、俳優の上海太郎さん、室町瞳さんらの“童謡サロン”を実施し、好評を得てきた。

東日本大震災の被災地・石巻市立広渕小学校と同須江小学校では、2013年1月、2014年1月、2015年1月、2016年2月と過去4回、同万石浦小学校では、2015年1月、2016年2月、同蛇田小学校では、2013年1月、2014年1月、同北上小学校では、2016年2月、“童謡サロン”を実施し、その記録をCDにおさめ、すべての子どもたちと教職員に手渡してきた。

また、福島県南相馬市、宮城県亘理町、岩手県宮古市の仮設住宅においても“童謡サロン”を実施。

熊本地震の被災地では、2016年10月、南阿蘇村立久木野小学校、同白水小学校、同南阿蘇西小学校、同南阿蘇中学校で“童謡サロン＆パントマイム（この道はいつかきた道）”を実施。

学校においても仮設住宅においても共通しているのは、「神戸からわざわざ来ていただいて、復興への意欲や元気や勇気をいただいた」「また、来てほしい」と好評を得たことである。

2017年10月15日～17日、熊本地震の被災地・南阿蘇村の４小学校－南阿蘇村立久木野小学校、同白水小学校、同中松小学校、同南阿蘇西小学校－で“童謡サロン＆パントマイム（母の肖像）”を実施した。異口同音に「来年も是非来ていただきたい」との感想をいただいた。

●久木野小学校の保護者・峰松菜穂子さん：育ちゆく息子と母親の喜び、悲しみに感動や涙のひとときでした。息長く南阿蘇を思って支援して下さることがほんとうにありがたいと思います。

●久木野小学校の校長・合志正輝さん：学年が始まって半年、この時期（10月）で、とてもよかったです。子どもたちの内面を引き出していただいて、全体が演技と歌に引き込まれていきました。笑いに包まれる場面もあり、ほんとうに感動しました。

●中松小学校の校長・井正文さん：子どもたち、教職員、保護者みんな感動してよかったとの感想を述べていました。なかには、涙している者もいました。

●南阿蘇西小学校の校長・奴《ぬ》留《る》湯《ゆ》雅士《のりひと》さん：みんな、天井が抜け落ちるくらい笑いました。とてもいい機会を感謝します。

●南阿蘇村教育委員会教育長・松野孝雄さん：久木野小、白水小の公演を鑑賞させていただきました。

南阿蘇村の子どもたちに上質な音楽とパントマイムを届けていただき、心から感謝申し上げます。

そして、2018年10月10日～12日、南阿蘇村のすべての小学校（５小学校）―南阿蘇村立久木野小学校、同白水小学校、同両併小学校、同中松小学校、同南阿蘇西小学校―で３回目の“童謡サロン＆パントマイム（少年と木）”を実施した。

これらの取り組みは、芸術家の被災地支援への熱い想いと兵庫県震災復興研究センターとの協働があり、そして自治体の助成を得ることができたので、被災地支援を実行することができた。（2018年10月）

第4編

いまなお「復興災害」

第1章　新長田南再開発に未来はあるか

第1節　災害便乗型巨大再開発

1…復興再開発の完了は、2021年度以降の見通し

阪神・淡路大震災（大震災）から24年が経った。震災復興事業としての新長田駅南再開発事業は、いまだ2工区を残し終わらない。

新長田（神戸市長田区南部）のまちは、神戸の地場産業のひとつであるケミカルシューズの工場や卸売店舗が多く、アーケードで覆われた商店街が縦横にはりついた住宅・商業・工業の混合地域である。建物の多くは2階建て以下の木造で、幹線道路以外は無数の路地で構成された神戸の代表的な下町である。震災ではケミカル工場が多かったこともあり、市街地は大火に見舞われ、ほぼ壊滅状態となった。

この焦土と化した20・1haに及ぶ広大な地域を神戸市は、高層ビルを含む39棟（後に45棟）のビルを建設するという大規模な震災復興再開発計画を立てた。第2種市街地再開発事業として市が従前権利者の土地・家屋を全面的に買収し、権利者は希望によって新たに建設される再開発建物の床を譲り受けることができるという管理処分方式で、事業費は2710億円。住民や一部の研究者からは「それほどの需要はない」「過大だ」と問題点が指摘されていた開発であった。

筆者は1995年3月14日、神戸市都市計画審議会において「都市計画決定は、急がず、ちょっと待て」との趣旨の意見陳述をした。

「都市計画案（区画整理、再開発計画）は、多くの住民の知らないうちに決定されようとしています。近隣の避難所のみならず、他地域・他府県に避難をしている住民も多数にのぼっています。1月17日以前の状況とは全く違っているのです。住民への周知徹底はなされていません。都市計

画法は、今回のような大震災を想定しておらず、従って、法の規定する縦覧期間2週間は、今回の事態の中ではあまりにも短かすぎます。神戸市として国・県に対して期間の延長などを求める必要があります」。

２０１9年4月時点で、再開発ビルは40棟が完成、1棟が２０１9年6月完成。2工区が建設中と検討中。2工区が事業者未決定である。国道2号線の南側に位置する「アスタくにづか」（大正筋商店街）はうち9棟を占め、住宅以外の商業スペース約8万５０００㎡のうち、売却は約4万５０００㎡に止まっている（「朝日新聞」２０１4年7月10日付）。神戸市は２０１4年3月末、全事業の完了は大震災から23年を過ぎた２０１7度末にずれ込む見通しを明らかにしたが、その後、２０１8年度末でも完了しないことが明らかとなり、早くても２０２1年度以降になる予定である。

24年経った現在、すでに完了している商業スペースの多くは〝シャッター通り〟状態となっている。賃貸料はダンピングされて、タダに近い価格にまで落ち込んでいる。

商業スペースの大部分を神戸市が出資した第3セクターのような「新長田まちづくり㈱」が管理しているが、１４５㎡で1か月の家賃が1万円という区画も出てきている。さらには、「財団法人阪神・淡路大震災復興基金」（復興基金）事業で数百万～１０００万円近くの内装までして貸し出すことも行われてきた。総額は、45店で約3億１０００万円に上る。賃貸の安さから大阪、東京から出店する業者もいたが、収益が上がらず数か月で撤退していく悪循環が続いている。

2：「神戸市が市民をだますようなことはしません」との言葉を信じてきた被災商業者

元々、この地域で商売をしていた被災者の多くは、神戸市の半ば強制的な再開発によって借金をしてビルの店舗床を分譲購入した。入居した被災商業者（区分所有者）は、高額な管理費—店舗9：住宅1というとんでもない不公平な割合で、３０００円超／㎡という管理費—を払いながら、商売を続けているが、赤字が続き負担が増えていくばかりである。商売が立ち行かなくなり、床を売りに出しても買い手がつかず、不動産取引が成立しなくなってしまっている。「このまちを、市場経済のルールが適用されるまちにしてほしいと……」と店舗床を購入した被災商業者は、嘆く。

大正筋商店街で祖父の代から70年にわたり飲食業を営んできた横川昌和氏（七福／アスタくにづか4番館東棟）は、

まちに活気が戻ることを信じて神戸市の再開発事業を受け入れた。銀行からの借り入れで新しいビルの床を分譲で取得したが、大震災から24年経っても再開発のにぎわいからは程遠く、多額の借金を抱えている。

「神戸市が市民をだますようなことはしません。信じて下さい」と懇願する神戸市の職員の言葉を信じて長田区で営業を続けてきた被災商業者たちは、赤字を背負い、ローンの返済、管理費、そして固定資産税などの税金の支払いに追いかけられ、逃げることのできない苦しみを味わっている。

24年前の都市計画の意思決定をした当時の責任者、つまり兵庫県知事や神戸市長、助役・副市長はじめ課長以上の幹部職員、賛成した神戸市会議員、推進した研究者、コンサルタントは、誰一人としてその責任をとろうとしないでいる。次の2人の発言が無責任性を物語っている。

神戸市助役であった松下綽宏氏は、「順調とまではいえないが、着実に進んでいる。遅れているとはいえない。住宅も含めて量的には復興のめどがつく。ただ、震災の前後から保留床が売れる時代でなくなった。賃貸契約が多いのは事実。計画は空き床が出る状態を想定していない。空きが出たまま事業が終わっても、市が責任を持って対処していく」(「神戸新聞」2003年1月15日付)と言明したが、「責任を持って対処」してきたとは言い難い。

また、新長田駅南地区再開発にコンサルタントとして関与した白國高弘氏（元神戸市職員、新長田まちづくり株式会社の設立に携わり、株主で取締役に就任)は、「内容に欠ける部分があったとしても震災復興はとにかくスピードが重要。平時とは違う」（「神戸新聞」2015年12月6日付）と神戸のまちづくりの歴史を学ぶ

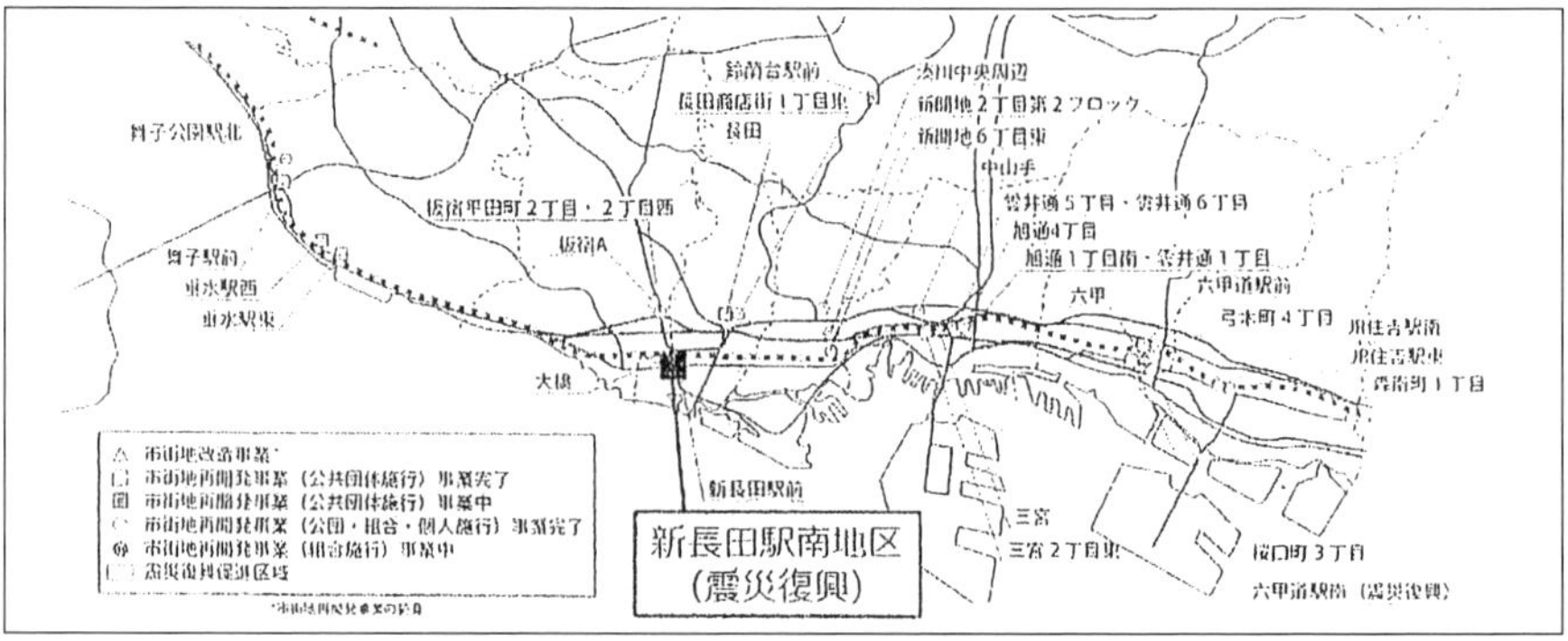

図4-1　新長田長南地区　位置図　震災復興第二種市街地再開発事業

出所：神戸市の説明資料／新長田駅南地区再開発事業の紹介

「ユースセミナー」の中で強調した。

3…〝創造的復興〟がもたらした「復興災害」

新長田駅南の再開発地区は、林立するビルでまちの雰囲気が一変した。かつてのように人々の行き交いでにぎわっておればいいのだが、真新しいビルでは多くのシャッターが下りたままになっている。あの大震災から24年経って、瓦礫は取り除かれきれいなまちになっているが、かつての雰囲気は戻っていない。震災から10日も経たないうちに、このときぞばかりにと20・1haにも及ぶ巨大な復興再開発事業が計画され、実行されてきた。

「100年先を見通したまちづくり」が〝創造的復興〟の名で遂行されてきたのである。100年先には、現在の市民・被災者はいない。先を見通すことは時には重要なことではあるが、大震災に遭遇したような時に、震災を奇貨として「100年先を見通したまちづくり」は必要ではない。とにかく、「元の暮らし」ができるようになった時に、つまり危機の時ではなく、平時の時に住民と行政が相談して進めたらいいのである。

24年は、生まれた子どもがすでに成人になり4年制の大学を卒業し、社会人として活動しはじめる年月に匹敵する。ほんとうに長い年月が経ったにもかかわらず、復興は終わらず、次から次へと様々な問題が持ち上がってきている。筆者が事務局を担当している兵庫県震災復興研究センターでは2006年、それらは、国や自治体の復興政策の誤りや不十分さ＝〝創造的復興〟路線がもたらしたもので、「復興災害」と呼んで警鐘を鳴らし、解決に向けて取り組んできている。

復興災害をもたらした要因には2つのものがある。1つは、復興に名を借りた便乗型開発事業の側面であり、その典型が、新長田駅南再開発や神戸空港や地下鉄海岸線の建設である。もう1つは、復興プログラムの貧困さ、非人間性、非民主性、官僚性、後進性で、そこから生まれた単線型住宅復興政策は大量の孤独死を生み出し、「借上公営住宅」からの強制退去、震災障害者の長期にわたる放置などをもたらした。新長田駅南再開発は、便乗型開発事業の側面と復興施策の非人間性、非民主性、官僚性の側面が重なって、最悪の状況をもたらしている。[1]

【復興災害の類型】

《復興政策の貧困さ、非人間性、後進性、官僚性、無知・不作為》

(1)「借上公営住宅」からの強制的退去

(2)巨大再開発事業—新長田駅南再開発事業
(3)震災アスベスト
(4)震災障害者
(5)孤独死

《便乗型開発事業》
(1)巨大再開発事業—新長田駅南再開発事業
(2)神戸空港
(3)地下鉄海岸線

[注]
(1)塩崎賢明「阪神・淡路大震災—復興災害の20年」(『大震災20年と復興災害』クリエイツかもがわ、2015年1月)

本稿では、その復興災害のひとつである新長田駅南再開発事業の克服の方向を探っていきたい。

第2節 計画され過ぎた神戸の下町・新長田というまち

1…震災前

数十時間にもおよぶ大震災の大火で、一面、焼け野原と化したまち、新長田、そこは、ゴム工場や商店街と長屋・アパートが入り交じった典型的な神戸の下町であった。神戸といえば、異人館やポートアイランド、ハーバーランドなどファッショナブルでモダンなまちという印象をもつ人が多いが、その神戸にも人情の厚い下町がどっしりと存在していたのである。しかし、その下町が震災で壊滅的な打撃をうけ、そこに目も眩むような超高層ビルの聳え立つ巨大な再開発が計画された。誰もがこの落差に戸惑いを覚えたのであるが、再開発事業の現状・課題の検討に入る前に、その舞台となっている新長田という地域がどういうまちなのかをみておこう。

(1)長田のなりたち

神戸市長田区は市の中央部よりやや西に位置し、北に高取山、南に瀬戸内海、そして新湊川・苅藻川に形づくられた南北に細長い地域である。「長田」という地名は、苅藻川沿いに長くひらけた田が続いていたことからつけられたと言われている。その歴史は古く、蓮池、尻池、重池などの地名にみられるように、条里制耕地を灌漑する溜池が数多くつくられており、その痕跡が今でも残っている。明治から大正期に市街地の開発が行われ、太平洋戦争前は神戸市の人口増加を受け持っていた地域である。北部地域は丘陵地帯になっており、1955年(昭和30年)以降、急速に開発の進んだ住宅地域である。最北部には北区にまでおよぶひよどり越森林公園がある。

中部地域は、地下鉄（西神山手線と海岸線）をはじめ、神戸高速鉄道、山陽電鉄、ＪＲ線などの鉄道網が整備されており官公庁が集まる高速長田駅周辺と、市場・商店街やケミカルシューズ産業などが多く立地するＪＲ新長田駅周辺を中心に発展してきた。南端にある長田港は、建設資材や食料品、重油などの積み降ろし港でもあり、また、いかなごを水揚げする漁港でもある。

長田区の人口は、太平洋戦争直前の１９４０年（昭和15年、当時は林田区）には22万９３５６人で全市の23・７％を占めていた。戦後においても、産業の発展とともに再び順調に伸び、１９６７年（昭和42年）には21万４５６６人と、戦前のピーク時に迫る勢いを示した。

しかし、その後社会・経済情勢や産業構造の変化から、地場産業は停滞し、人口の減少や高齢化が進んだ。神戸市の65歳以上の人口の割合は23・1％であるが、長田区では29％（新長田駅南地区では32％）にもなっている（平成22年国勢調査）。長田区は、震災前からインナーシティ問題が最も深刻な区と言われていたのである。

長田区は１９４５年（昭和20年）、かつての林田区から分離・統合して誕生した。面積は神戸９区（５５７・02㎢）の中では最も狭く（11・36㎢）、人口密度は８５９７人／㎢（２０１５年9月1日現在）と非常に高く、密集地域である。ちなみに神戸市平均は人口密度は２７５７人／㎢であり、長田区はその3倍以上である。

戦時中の空襲によって市街地は罹災したが、この地域は焼け残った家屋も多く、戦前長屋を震災前まで残していた。戦後は北部の丸山を中心として住宅開発が進み、山麓部にも市街地が広がった。庶民的住宅のまち、中小企業のまち、生活に便利な下町情緒あふれるまちとして発展してきた。

(2)連担商店街や長屋・併用住宅と密接なコミュニティ

長田区は、東隣の兵庫区とともに神戸西部地域における重厚長大型産業の中心として、また、マッチ・ゴム・ケミカルシューズなどの地場産業の活況により神戸経済を支えてきた。そうした産業に働く労働者を基盤にして、地域に根ざした商店街や小売市場が軒を連ね、住居と福祉と職場が一体となった下町のコミュニティが形成されてきたまちである。『少年Ｈ』（妹尾河童）の舞台となったまちでもある。

新長田駅南側一帯は、市場や量販店などを含む南北、東西とも約５００ｍにわたって形成された商業地区である。

この地区は国道2号線で南北に分けられ、北側には、新長田一番街やジョイプラザ（１９７７年開設）→東急プラザに衣替え(2014年開設)、再開発ビル「ピフレ」(1998年開設)を中心に、物販・飲食・サービス業などの個店が建ち並んでいる。

一方、南側には、南北方向に大正筋商店街や本町筋商店街、東西方向に昭和筋商店街、西神戸センター街および六間道商店街など商店街が連担しており、そのほかに、まるは市場や丸五市場、神戸デパート(1961年の市街地改造事業第1号ビル)、腕六ビル(協同組合)、スカイビル、ダイエー西神戸店(1961年開設)など、新旧、大小の小売店舗、飲食・サービス業店舗が多数分布していた神戸市の西部地域では最大の商業集積地区である。この地区は古くから商業のまちとして栄え、戦災からも免れ、戦後のすさんだ世相に一条の灯りを与える一大オアシスとしてにぎわいをみせてきたのである(図4−2、表4−1、表4−2)。

長田区の小売店舗は概して零細である。神戸市の既成市

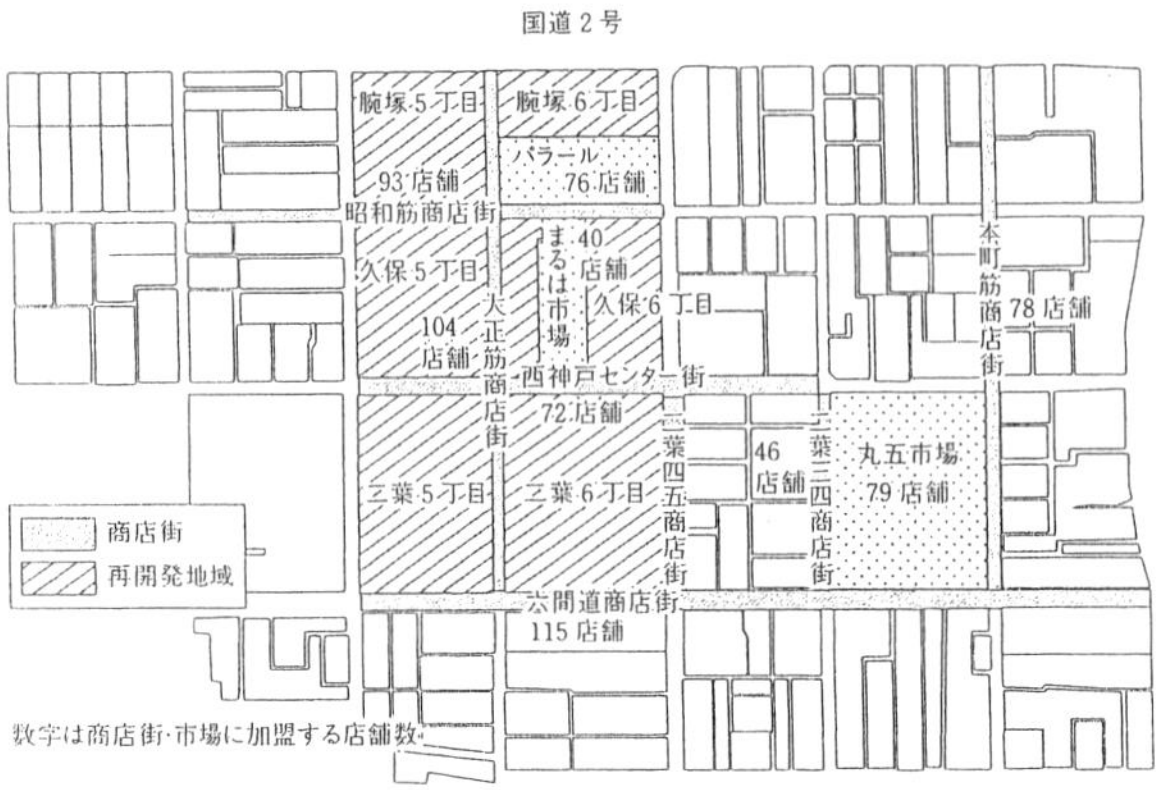

図4-2　商店街・市場の分布図
出所：塩崎賢明ほか編『現代都市再開発の検証』日本掲載評論社、2002、pp.59〜61

表4-1　店舗構成（業種）　（単位：件数（%））

	飲食店	食品販売	物品販売	サービス	不明	計
大正筋商店街	14(13.5)	16(15.4)	65(62.5)	6(5.8)	3(2.9)	104(100.0)
本町筋商店街	22(28.2)	13(16.7)	33(42.3)	6(7.7)	4(5.1)	78(100.0)
昭和筋商店街	23(24.7)	17(18.3)	32(34.4)	18(19.4)	3(3.2)	93(100.0)
西神戸センター街	19(26.4)	12(16.7)	32(44.4)	8(11.1)	1(1.4)	72(100.0)
六間道商店街	29(25.2)	11(9.6)	59(51.3)	16(13.9)	0(0.0)	115(100.0)
二葉三四・四五商店街	13(28.3)	11(23.9)	13(28.3)	7(15.2)	2(4.3)	46(100.0)
まるは市場	0(0.0)	33(82.5)	7(17.5)	0(0.0)	0(0.0)	40(100.0)
丸五市場	0(0.0)	60(75.9)	18(22.8)	1(1.3)	0(0.0)	79(100.0)
その他	166(42.3)	59(15.1)	90(23.0)	66(16.8)	11(2.8)	392(100.0)
計	286(28.1)	232(22.8)	349(34.2)	128(12.6)	24(2.4)	1,019(100.0)

出所：図4-2に同じ

表4-2　商店街被災度　（単位：件数（%））

	全焼	全壊	半壊	小破	被害なし	計
大正筋商店街	75(72.1)	6(5.8)	17(16.3)	6(5.8)	0(0.0)	104(100.0)
本町筋商店街	0(0.0)	32(41.0)	19(24.4)	14(17.9)	13(16.7)	78(100.0)
昭和筋商店街	37(39.8)	10(10.8)	24(25.8)	16(17.2)	6(6.5)	93(100.0)
西神戸センター街	27(37.5)	11(15.3)	8(11.1)	19(26.4)	7(9.7)	72(100.0)
六間道商店街	0(0.0)	6(5.2)	27(23.5)	46(40.0)	36(31.3)	115(100.0)
二葉三四・四五商店街	0(0.0)	24(52.2)	8(17.4)	7(15.2)	7(15.2)	46(100.0)
まるは市場	35(87.5)	5(12.5)	0(0.0)	0(0.0)	0(0.0)	40(100.0)
丸五市場	0(0.0)	1(1.3)	24(30.4)	34(43.0)	20(25.3)	79(100.0)
その他	30(7.7)	98(25.0)	93(23.7)	94(24.0)	77(19.6)	392(100.0)
計	204(20.0)	193(18.9)	220(21.6)	236(23.2)	166(16.3)	1,019(100.0)

出所：図4-2に同じ

街地の各区と長田区の小売店舗の営業実態を比較してみると、中央区や東灘区および須磨区では、1店あたりの年間販売額は1億円以上となっている。ところが、兵庫区や長田区では、それらの半分ほどの販売額である。床面積あたりの販売額は、あまり違わないことから、売場面積の規模が兵庫区や長田区では、地区の半分程度となっていることが原因している。また従業員1人あたりの販売額でも、長田区が1650万円で最も低い(表4－3)。

次に再開発地区の小売店舗の実態をみると、新長田一番街や新長田商業地区の小売店舗は、平均売場面積35㎡(10・6坪)～52㎡(15・8坪)、1店あたり平均年間販売額は3500～6700万円、従業員1人あたりの販売額は、1100～1400万円程度である。一方、神戸デパートの場合は、1961年の市街地改造事業による再開発ビル内の商業施設で、1店あたりの売場面積や年間販売額の規模は、新長田一番街や新長田商業地区に比べて2倍以上と多くなっている(表4－4)。

再開発地区の小売業の営業実態を長田区平均と比べると、新長田商業地区の販売額は、長田区平均の3分の2程度と低迷している。このように新長田駅南一帯は、長田区の中でもさらに零細な小売店舗が集積した地区と言えるのである。

表4-3　区別小売商業の実態

区別	売場面積／店	年間販売額／店	年間販売額／人	年間販売額／m²
神戸市	84.5m²	127.1百万	22.7百万	1.5百万
東灘区	86.7	134.1	22.5	1.6
灘　区	52.3	79.1	18.1	1.5
中央区	104.5	164.4	29.1	1.6
兵庫区	48.2	70.5	17.6	1.5
長田区	43.6	65.5	16.5	1.5
須磨区	76.5	123.7	20.4	1.6

出所：図4-2に同じ

表4-4　再開発地区内小売店舗の平均的営業状況

	売場面積／店	年間販売額／店	年間販売額／人	年間販売額／m²
新長田一番街	51.5m²	66.5百万	14.2百万	1.3百万
新長田商業地	36.8	35.4	11.6	1.0
神戸デパート	152.9	134.0	17.4	0.9

注：神戸デパートは、震災前イズミヤと個店の寄合店舗であったが震災により倒壊した
出所：商業統計立地環境調査（1997年10月）より作成

2 震災後

(1)地域のコミュニティのよさと抜群の便利さを破壊

大震災直後の1995年6月、集合仮設店舗としていち早く営業を再開したパラール（核店舗ダイエーと地区内99の個店の寄合)では、1999年11月に約60店が、隣接する腕塚5丁目の第1工区に完成した再開発ビルに仮移転（1店舗の面積は約5坪でパラールより小さく、家賃は無料で共益費は自己負担)し、さらにその後移転跡地に建てられた

再開発ビルに再度移転した。この2回の移転を機に廃業またはは転出する店舗もあり、さらに仮入居したビル店舗の大半は地階にあり、当初は地上と吹抜けの構造になっていたため、ビル風や雨の吹き込みといった問題が生じ、入居早々から営業不振に見舞われた。

また、再開発が行われている新長田駅南地区の震災前の土地利用状況をみると、併用住宅が43%、長屋21%であわせて64%にものぼっている。しかもそれらの住宅の規模は小さく、75㎡未満の建築物の割合がこれまた69%にもなっている。

このように狭小な長屋や併用住宅、そして老朽化した木造賃貸住宅が多く、当然家賃は安く、月2万円以下でも住むことができた。地域のコミュニティのよさと便利さは抜群であり、自宅の狭さは、地域での共同利用によって解決されていた。朝と昼の食事は近所の食堂でとり、居間や客間は近所の喫茶店で、そして風呂は公衆浴場でといった生活が展開されていた。まちで他人とふれあう生活スタイルが、また密接なコミュニティを育む条件ともなっていたのである。

(2)ケミカルシューズ産業に支えられた住工商一体の下町

長田の代表的な地場産業はケミカルシューズであり、全国一のシェアを誇ってきた。1994年時点で長田地域のケミカルシューズメーカーは、日本ケミカルシューズ工業組合加盟の170社とそれ以外の250社の計420社程度であった。また、1600社の関連企業が立地しており、それらの業種は多様である。1足の靴を作るにも、その工程は複雑多岐にわたっており、甲材、底材、金具・装飾品、包装材などを供給する資材業者、木型、金型、抜き型、機械設備などを供給する専門業者、糊引、裁断、縫製、付属加工などを行う加工業者、卸業者などがネットワークをつくって生活している。

こうして、ケミカルシューズ産業は、メーカーと関連企業など合計2000社・2万人の労働者を抱えて長田の地域を支えていた。その内訳は、日本ケミカルシューズ工業組合加盟メーカーの従業者数6621人、その他のメーカーや関連企業の従業者数約8000人、縫製などの内職従業者数約5000人(多くは高齢者)である(表4－5)。

長田区・須磨区のケミカルシューズ産業に関連する2業種「ゴム製品」「なめし革・同製品」の製造品出荷額をみるとピーク時の1990年には2324億円に達し、全市の製造品出荷額に占める割合も、7%前後で推移していた。大震災の壊滅的打撃により、日本ケミカルシューズ工業組合に加盟している企業の約8割が操業不能となり、1995

表4-5　製造品出荷額等の長期推移（全事業所）
（単位：百万円）

	全業種（全市）	ゴム製品、なめし革・同製品（長田区・須磨区）			
		合計	ゴム製品	なめし革・同製品	全業種に占める割合(%)
1965年	567, 242	30. 654	30, 184	470	5. 4
1968年	811, 435	46, 219	44, 510	1, 709	5. 7
1970年	1. 076, 031	70. 489	63. 489	7, 000	6. 6
1973年	1. 522. 508	103, 944	96. 124	7, 820	6. 8
1975年	1, 837. 468	125, 263	114. 096	11, 167	6. 8
1978年	2, 079. 313	165, 873	134, 384	31, 489	8. 0
1980年	2, 368. 821	173. 060	132, 315	40. 745	7. 3
1983年	2. 688, 077	207. 070	163, 818	43. 252	7. 7
1985年	2. 862, 382	217. 853	178. 078	39, 775	7. 6
1988年	2. 752, 541	216. 899	159. 524	57, 375	7. 9
1990年	3. 292. 248	232, 399	151. 574	80, 825	7. 1
1993年	3. 229. 249	209, 175	125, 523	83, 652	6. 5
1995年	2, 789. 548	110, 918	66, 169	44. 749	4. 0
1998年	2, 957, 255	117. 310	71, 937	45. 373	4. 0
2000年	2, 672, 185	93. 537	54, 088	39. 449	3. 5

出所：『神戸市統計報告』平成13年度、No.5

年の製造品出荷額等はピーク時の半分以下に落ち込んだ。その後、不況の影響も重なり、2000年の調査では、1995年を下回る結果となっている（表4－5）。従業員2万人のうち約5000人が失業したとみられる。

大震災が工場に与えた被害は、日本ケミカルシューズ工業組合加盟の158社が全半壊・全半焼、関連企業約1600社（1994年時点）のうち、約80％が全半壊・全半焼という状況である。

大震災による体力疲弊、分散立地による集積の拡散、円高と中国製品の大量輸入、長引く不況の影響で個々の企業と業界は存亡の危機に立っているが、この危機を乗り越えるための様々な創意工夫も生み出されてきた。壊滅的打撃を受けたケミカルシューズ業界ではあるが、この地場産業に期待をかけ、注目する産業界の声も聞かれた。「この地域は人材が豊富で、この業界には大企業が進出できない。今は大変厳しい時期だが、ケミカルシューズ産業には未来がある」と新長田に支店を置く淡路信用金庫の支店長はきっぱりと述べていた（1999年6月21日のヒアリング）。また、「関西経済の再生に、復興から学ぶべき点は多い。例えば、復活をめざしている神戸・長田のケミカルシューズは、町全体が工場のような分業ネットワークが作られ、栄枯盛衰の厳しい業界で生き残っている」（「神戸新聞」1999年7月21日付）と関西経済連合会会長（当時）の秋山嘉久氏もこのように述べていた。長田には30か国もの外国人が居住し、多国籍な民族文化が育まれ、とりわけ新長田というまちは、地場産業のケミカルシューズ産業に大きく依存し、長田区内に住み、働き、そしてそこで消費する典型的な下町文化地域であり、ケミカルが不況になれば、住む人も働く人も風邪を引くと言われてる地域でもある。いわば、住工商が混在した域内循環の高い下町なのである。

3 ∴ インナーシティ再生の課題

震災前後の長田の状況をみたが、このような長田の将来を考える上で、インナーシティをどのように再生させるかという問題が戦略的に最も重要であったことはいうまでもない。神戸市は、震災後、これまでの開発行政が震災被害を大きくしたとの批判に対して、インナー対策もやってきたし、これから本格的にやろうとしているところへ地震がやってきたのだと弁明していた。果たして長田地区のインナー対策はどのようになされようとしていたのか。また、その政策の延長上に、今回の巨大再開発は連続してつながっているのだろうか。

(1)コミュニティの破壊でインナーシティ再生はできるか

「神戸市としても…、対症療法的施策は、長田区真野地区をはじめ、市内の十数の地区でまちづくり協議会を発足させ行ってきた。しかしいずれにせよ住環境整備事業などさまざまの手法があるが、事業量がすくないだけでなく、住民の積極的協力がえられる地域は限定される」「なぜインナーシティ再生は、時間がかかるかである。それはそこで住民が一応は、満足して生活しているからである」「既成市街地の老朽密集住宅の改良は、コミュニティの破壊と巨額の財源の投入という犠牲なしには達成されないのである」。これは、神戸市の元幹部・高寄昇三氏（甲南大学名誉教授）の著書『阪神大震災と生活復興』（1999年5月、勁草書房）に述べられている一節である。ここには神戸市のまちづくりの政策の基底にある考え方が率直に語られている。それにしても、下町の心ともいうべきコミュニティを破壊しなければインナーシティは再生できないとは、どういうことか。詰まるところ、インナーシティという場所を全く別のまちにしてしまう以外に方法はないということであろう。しかしこれでは、産湯とともに赤子まで流してしまう、のたぐいである。復興再開発の巨大計画に通じる考え方・思想がここにも示されている。

大震災の前から新長田駅南地区の再開発事業は計画されていたが、20・1ha、2710億円もの事業費を投じる巨大再開発は大震災が契機であった。高寄氏の「既成市街地の老朽密集住宅の改良は、コミュニティの破壊と巨額の財源の投入という犠牲なしには達成されない」という考え方からすれば、大震災は「千載一遇のチャンス」であったのだろう。

表4－6は、小林郁雄氏（まちづくりプランナー）がある座談会で明らかにしたものである。そして、その時に次のように語っている。

「1月23日の日付の入ったメモを、神戸市と相談した時にいただきました。…当時のペーパーを整理したのが『神戸市震災復興計画予定事業』という表です。…結論だけ申しますと、26日にほぼ現在の事業決定の内容に近いものができあがっています」（神戸まちづくり協議会連絡会・こうべまちづくりセンター編『震災復興まちづくり「本音を語る」』、1999年5月）。

表4-6　神戸市震災復興計画（激震復興重点区域）予定事業
神戸市都市計画局・住宅局（1995年1月23〜26日）メモ

重点地区名（面積：ha）		事業メニュー等（予定事業等）1/23	1/24	1/25	1/26
森南	(50)	地区計画・街路事業	(同左)	(同左)	区画整理事業、地区計画
六甲	(270)	———	住市総事業	———	住市総事業
六甲道駅周辺	(30)	区画整理事業、地区計画・住市総事業、再開発事業	(同左)	(同左)＋地区改良事業	区画整理事業、住市総事業再開発事業、街路事業、地区計画
六甲東	(64)	———	地区改良事業	———	地区改良事業、住市総事業
東部新都心	(300)	———	住市総事業	———	区画整理事業、住市総事業
三宮	(160)	———	———	———	再開発事業、地区計画
神戸駅周辺	(58)	———	住市総事業	———	住市総事業
兵庫駅南	(35)	———	住市総事業	———	住市総事業
上沢・松本	(20)	区画整理事業	(同左)	＋住市総事業	区画整理事業、住市総事業
御菅	(10)	区画整理事業	(同左)	＋住市総事業	区画整理事業、住市総事業
真野	(40)	総住事業、区画整理事業	(同左)	総住事業、地区改良事業	総住事業、地区改良事業
新長田駅周辺	(170)	———	住市総事業	———	住市総事業
大道	(20)	地区計画・住市総事業	(同左)	＋地区改良事業	地区改良事業、地区計画、住市総事業
細田・神楽	(20)	区画整理事業	(同左)	＋地区改良事業	区画整理事業、改良事業、住市総事業
五位池線沿道	(30)	再開発事業	(同左)	＋住市総事業	再開発事業、住市総事業
鷹取東	(30)	区画整理事業	(同左)	＋地区改良事業	区画整理事業、改良事業、住市総事業
西須磨	(100)	街路事業、区画整理事業	(同左)	(同左)	街路事業、地区計画
計	(約1,213)				

注：この表は担当者レベルの検討メモを小林郁雄が整理したもので、神戸市が公表しているのではない
出所：神戸まちづくり協議会連絡会・こうべまちづくりセンター編『震災復興まちづくり「本音を語る」』1999

大震災直後の1月26日頃には、神戸市は新長田駅南地区（五位池線沿道）に30haの巨大再開発事業を考えていたことがわかる。

なかなか進まなかった既成市街地の老朽密集住宅の改良などが、地震によって老朽密集住宅とコミュニティが破壊されたことで、ここぞとばかり震災に便乗した巨大再開発事業によって目的を達成していこうという意図が窺える。震災直後に小川卓海助役（震災の翌年1996年に焼身自殺）が「幸か不幸か」と発言して問題となったが、思わず本音が出てしまったのであろう。

(2)政策転換の契機・『〝インナー神戸〟新生プラン21』

さて、神戸市は30年近く前にまちづくり政策の中にインナーシティ問題を位置づけ、基本計画を策定している。政策転換の契機となった『神戸市インナーシティ総合整備基本計画―〝インナー神戸〟新生プラン21』（1989年12月、神戸市企画調整局）は次のような問題認識に基づいて立てられている。

「インナーシティとは、『大都市の都心部と周辺郊外地に挟まれた市街地において、人口・企業の流出に伴う経済・社会・土地利用の問題が集積し、活力の衰退・低下している

地域』と言われている。また、それらの問題を総称してインナーシティ問題という。

神戸のインナーシティは、都心地域とともに開港以来120年余にわたり神戸の発展を支え、経済的に大きな役割を果たしてきた地域である。神戸が将来に向けてさらに発展していくためには、神戸全体の活力の向上や都心機能の強化とともに、その活性化が不可欠の用件となっている。……。

インナーシティ問題は、大都市の発展過程で生じる構造的な問題であり、欧米の大都市のように一度は歩まなければならない道である。

神戸においても昭和50年代に入り、既成市街地、特に中央4区を中心にインナーシティ問題が現われ始めた。これらの地域では、人口の減少・高齢化、低所得者の割合の増加、地域産業・小売商業の停滞、木造住宅等の老朽化、コミュニティの弱体化といったさまざまな問題を抱え、都市機能等の更新から取り残され、新しい都市活動に対応できなくなっている」。

以来神戸市は、次の通り数々の計画を立ててきたが、いずれも『新生プラン』で確立した政策転換路線を踏襲している。

●『神戸市総合基本計画　第4次基本計画案』（1994年4月、神戸市企画調整局）
●『神戸市総合基本計画　区別計画案』（1994年4月、神戸市企画調整局）
●『豊かな心が育つまち　長田区マスタープラン／区別計画』（1994年4月、1996年3月に一部修正、神戸市企画調整局・長田区役所）
●『神戸市復興計画』（1995年6月、神戸市震災復興本部総括局）
●神戸市『神戸市総合基本計画　第4次基本計画』（1995年10月、神戸市企画調整局）

(3)インナーシティ計画は長田を救うか

神戸のまちづくり政策転換の契機となった」『〃インナー神戸〃新生プラン21』の特徴は、広原盛明氏（元京都府立大学学長）によれば、次の通りである（広原盛明『震災・神戸都市計画の検証』1996年1月、自治体研究社）。
①インナーシティの抜本的な活性化のためには、これまでのような市街地再開発、住宅・住環境整備、インナー工業団地整備などの対症療法的な個別事業の積み上げでは限界があると、神戸市自身が従来の施策を否定的に評価している。
②インナーシティ活性化の起爆剤として、大阪ベイエリ

ア開発の大プロジェクトと連動したハーバーランド整備事業などの19のリーディング・プロジェクトを掲げ、その具体化にインナーシティの「抜本的」活性化の鍵を託している。

③神戸市インナーシティ最大の地場産業であるケミカルシューズ産業について、「情報感度の高い知識集約的な産業地域社会へと脱皮していくことが必要である」などとわずか6行ほど触れられているだけである。19のリーディング・プロジェクトとしてはもとより一般施策としても完全に無視されている。

④インナーシティ整備を進める主体として、住民の自発的エネルギーを活用するよりも行政の先導性を強調し、「協働」という名の行政先導型のまちづくりを推進しようとしている。

つまり、神戸市のまちづくりの政策ではインナーシティ問題の所在については認識していたものの、最大の地域である長田やそこでの地場産業については、必ずしも重要課題とは位置づけられておらず、むしろ、リーディング・プロジェクトによる開発事業が重視されていたのである。その中に、新長田関連として位置づけられていたプロジェクトは、地下鉄海岸線、駅前再開発、五位池線整備だけであった。他の多くは道路整備、工場跡地を含む港湾再開発などである。インナー地域の既成市街地を面的に整備する課題について予め方針をもっていたとは言い難く、まさしく、震災を奇貨として巨大再開発が計画されたのである。大震災から10日も経ないうちにである。

(4)『〝インナー神戸〟新生プラン21』の検証と新たなインナーシティ対策の確立を

1998年、新長田駅南地区の地元でまとめられた『長田南部地域のまちづくり〝現状と活性化〟案』(西の副都心街づくり協議会)の中では、次のような問題意識と課題が提示されている。

①住民サイドの問題点
・高齢化　・核家族化　・借地、借家権のトラブル
・働く場所がない
・区画整理、再開発事業の長期化問題(住宅になかなか戻れない。土地を売って他へ移転する)
・震災等による体力の衰え、借金の増大等

②商業サイドの問題点
・人口の減少　・売り上げの減少　・高齢化、後継者難　・景気の低迷

・区画整理、再開発事業の長期化問題(高齢による商売の継続。従前権利との問題。新しい場所。人の流れ。共益費等の問題)

③工業サイドの問題

・借金・倒産　・ケミカルの衰退　・組織の問題　・景気の低迷　・銀行の貸し渋り

④公共事業サイドの問題点

・工事の遅れ　・進まない管理処分　・制度上の諸問題　・空き住宅の増大　・空き店舗増大

下町・新長田を再生していく課題は、このように住民の側から具体的に提示されていた。神戸市は、大阪湾ベイエリア開発の大プロジェクトと連動した19のリーディング・プロジェクトがインナーシティ活性化の起爆剤としているが、リーディング・プロジェクトには産業政策がなく下町・新長田の再生に奏功したとは言い難い。

インナーシティ再生に時間がかかるからといって、また、住民の積極的協力がえられる地域が限定されるからといって、行政主導の「協働」のまちづくりを押し付けるのでは住民の意欲は削がれ、問題の解決は遠のいてしまうのである。

その意味では巨大再開発のもとになった『〝インナー神戸〟新生プラン21』の検証作業と新たなインナーシティ対策の確立が不可欠であろう。

(5)全市からみた長田区、兵庫区の人口の推移

兵庫区、長田区とも、2001年(平成13年)以降、社会動態による人口増加と比べ、自然動態による人口減少が大きくなっている。自然動態の特徴としては、兵庫区、長田区とも死亡率が全市平均より大きく上回っている一方で、兵庫区の出生率は全市平均と同水準となっている。

また、社会動態の特徴として、長田区は全市平均に比べ、市外からの転入者が少なくなっている(表4－7)。

(6)市街地西部地域における人口及び高齢化率の推移

人口推移について、2001年(平成13年)と比べ、兵庫区は、兵庫区南部を含めてほぼ横ばい傾向である。一方、長田区では、長田区全域で、大きく減少しているが、長田区南部については、増加している。これは、新長田駅南地区内の住宅戸数が増えたことに依るものである。

高齢化率については、兵庫区、長田区、両区南部も含めて全市平均と比べ高くなっているが、高齢化率の増減については、兵庫区は、全市平均よりも低くなっており、長田区についても長田区全域、長田区南部も含めて、全市平均と比べ同水準となっている(表4－8、表4－9)。

表4-7　人口推移表（神戸市、兵庫区、長田区）　（単位：人）

年次	人口増減数	自然動態			社会動態						a）人口（10月1日現在）	出生率1000人あたり	死亡率1000人あたり
		自然増減数	出生	死亡	社会増減数	転入			転出				
						総数	うち市外から転入		総数	うち市外へ転出			
							転入者数	人口割合					
兵庫区													
H13年	413	△ 208	895	1.103	621	7.816	3.927	3.7%	7.195	3,141	107.354	8.34	10.27
18年	227	△ 344	908	1.252	571	7.282	3.676	3.4%	6.711	3.200	107.206	8.47	11.68
23年	△ 491	△ 545	862	1.407	54	6.909	3.644	3.4%	6.855	3.237	107.935	7.99	13.04
26年	△ 242	△ 559	844	1.403	317	7.228	4.083	3.8%	6.911	3.308	106.453	7.93	13.18
長田区													
H13年	△ 217	△ 294	829	1.123	77	5.920	2.530	2.4%	5.843	2,297	105.177	7.88	10.68
18年	△ 486	△ 450	792	1.242	△ 36	5.239	2.215	2.1%	5.275	2.115	103.324	7.67	12.02
23年	△ 595	△ 697	715	1.412	102	5.104	2.205	2.2%	5.002	2,204	101.027	7.08	13.98
26年	△ 506	△ 821	653	1.474	315	4.997	2.139	2.2%	4.682	2.146	98.391	6.64	14.98
全市													
H13年	9.562	1,814	13.110	11.296	7.748	95.641	59.607	4.0%	87.893	51,911	1.503.480	8.72	7.51
18年	.3.075	236	12.984	12.748	2.839	86.088	54.009	3.5%	83.249	51,268	1.529.817	8.49	8.33
23年	501	△ 1.642	12.954	14.596	2.143	78.657	50.290	3.3%	76.514	47.949	1.544.496	8.39	9.45
26年	△ 3.005	△ 2.863	12.218	15.081	△ 142	76.918	49.169	3.2%	77.060	48.057	1.537.864	7.94	9.81

注：各区の人口について、各年の数値は国勢調査結果及び国勢調査結果をもとに算出した「推計人口」であり10月1日現在
出所：神戸市企画調査局「未来都市創造に関する特別委員会（市街地西部地域の活性化）」平成27年12月22日

第3節　新長田のまちの二つの課題と施策

新長田のまちには克服しなければならない二つの課題が横たわっている。その一つは、どこのまちでも抱えている活性化（にぎわいづくり）の課題と、もう一つは、まちの正常化、つまり高額な管理費設定とそれを推進してきた「新長田まちづくり㈱」の異常とも言える管理システムの克服の課題である。

表4-8　人口の推移

	H13.9	H27.3	増減率
全市	1.502,853	1.535,373	102.2%
兵庫区	107,307	106,276	99.0%
（兵庫区南部）	24,260	24.093	99.3%
長田区	105,270	98.020	93.1%
（長田区南部）	21.741	22.754	104.7%

出所：表4-7に同じ

表4-9　高齢化率の推移

	H13.9	H27.3	増減
全市	17.4%	26.0%	+8.6%
兵庫区	23.7%	28.9%	+5.2%
（兵庫区南部）	23.5%	30.1%	+6.6%
長田区	23.0%	31.9%	+8.9%
（長田区南部）	25.9%	34.2%	+8.3%

出所：表4-7に同じ

1：活性化（にぎわいづくり）の課題と施策

神戸市は、先にみた『〝インナー神戸〟新生プラン21』に基づく施策の検証をすることなく、なし崩し的にこのまちの活性化策として①新長田駅南地区再開発エリアへの兵庫県・神戸市関係機関の移転、②くにづかリボーンプロジェクト、③ＪＲ新長田駅快速停車及び東改札口設置の３つを挙げている。

(1)大震災から20年、「新長田駅南地区再開発エリアへの兵庫県・神戸市関係機関の共同移転」（新長田合同庁舎）の発表

大震災から20年余り経った２０１５年9月28日、新長田駅南地区の活性化策の一つとして「新長田駅南地区再開発エリアへの兵庫県・神戸市関係機関の共同移転」が発表された。その後の決定内容を含め概要は、次の通りである。

①趣旨

新長田駅南地区に、兵庫県と神戸市が協調し、関係機関を共同移転することによって、まちの活性化と行政組織の業務の効率化、さらには県民・市民サービスの向上を図っていく。

阪神・淡路大震災から20年、県と神戸市は、震災からの復旧・復興に向けて懸命な努力を重ねてきた。とりわけ甚大な被害を受けた新長田駅南地区においては、市街地再開発事業を進めるとともに、阪神・淡路大震災復興基金を活用しながら、商店街の振興や再開発ビルの空き床対策など地域の活性化に取り組んできた。

しかしながら、今なお昼間人口の回復は遅れ、まちのにぎわいは戻っていない。今後、人口減少、超高齢化が加速するなか、早期の対応が求められる。また、このたび県議会や神戸市議会からも、まちの活性化に向けた要望・要請が行われた。

このため、県と神戸市が協調・連携し、それぞれの関係機関を同地区へ共同移転することにより、職員や来所者等による新たな人の流れを生み出し、本格的な復興を図るとともに、行政組織の業務の効率化、県民・市民サービスの向上に資する。

②移転先

●アスタくにづか5番館南棟の東側（神戸市長田区二葉町5）再開発事業の特定建築用地に業務ビルを建設

●最大延床面積 約１９０００㎡（最大想定 約１０５０人規模）

③移転機関

神戸市関係	所掌
本庁税務部門（2～5階）	課税部門、徴税部門
各区市税事務所（2～5階）	各区役所から再編集約
神戸すまいまちづくり公社（8階）	サンパル（三宮）より移転

職員数：約750人　面積規模：約12000㎡

兵庫県関係	所掌
神戸県民センター県民交流室（6、7階）	県民センターの中核機関
神戸県民センター神戸県税事務所（6、7階）	市内（東灘、灘、中央、兵庫、北）の県税事務所
神戸県民センター西神戸県税事務所（6、7階）	市内（長田、須磨、垂水、西）の県税事務所
兵庫県住宅供給公社神戸事務所（6、7階）	県営住宅、公社住宅の管理、入居募集
兵庫県立神戸生活創造センター（1階）	生活創造活動の拠点（JR神戸駅前の神戸クリスタルタワーから移転）

職員数：約300人　面積規模：約7000㎡

④総事業費：90億円

・兵庫県（30億円）、神戸市（42億円）、神戸すまいまちづくり公社（10億円）、国からの補助金（8億円、これは、再開発の総事業費2710億円の中から）

⑤新長田駅南再開発事業の進捗・課題

公共施設、住宅供給等のインフラ整備は進捗し、夜間人口は震災前の水準を超えているが、昼間人口や小売業の事業所数・販売額の回復は遅れ足元商圏は衰弱化している。勤労者や来街者の増加等、昼間人口の回復によるまちのにぎわいの創出が急務である。

・事業区域　85％（17・01ha／20・1ha）
・公共施設（道路・公園等）　100％
・住宅供給　従前の1・7倍（1500戸→2586戸）
・商業施設整備　従前の1・1倍（4万8000㎡→5万2000㎡）
・居住（夜間）人口　従前の1・3倍（4397人〈H7・1住基〉→5863人〈H27・7住基〉）
・従業者数（昼間人口）　従前の7・1割（4906人〈H3事業所統計〉→3499人〈H24経済センサス〉）
・小売業（事業所数）　従前の5・7割（700事業所〈H6商業統計〉→396事業所〈H24経済センサス〉）
・小売業（年間販売額）　従前の4・7割（426億6500万円〈H6商業統計〉→200億4500万円〈H24経済センサス〉）

（課題と再生の方向性）

主な課題→再生の方向性

ア　足元商圏の強化（昼間人口の増）→業務施設の誘致（県・市関係機関の移転）

イ　商業活性化→地元くにづかリボーンプロジェクト※の推進（業態の変更、店舗規模の最適化等）

※アスタくにづか地区において、若手商業者を中心とした地元が主体となり、魅力ある商業施設に向けて展開している取り組み

⑥移転による効果

●県市関係機関の大規模な事務所移転（約1050人）に伴い、職員及び来庁者の増加による直接的な需要効果とにぎわいの創出。

●税務部門の集約によるサービスの向上と業務の効率化が効果。また、住宅募集サービスの向上。

●三宮周辺再整備との相乗効果と市街地西部地域の活性化。

⑦スケジュール

●2016年度(平成28年度)実施設計終了

●2017年度(平成29年度)着工

●2019年度(平成31年度)供用開始

ようやく「1000人規模の職員の配置」がなされ、経済効果1億数千万円（神戸市推計）は、昼間人口が増え一歩前進である。しかし、今回の新長田合同庁舎の建設は、既存の空き床を活用せず、新たな90億円の箱モノづくりとなっている。また、各区役所の税務関係部門を集めることになっており、長田区以外の8区の区民は新長田まで来所しなければならなくなり、当然、不便が予想される。

今回の新長田合同庁舎の誘致だけでは既存の空き床の解消は困難であるので、今後の空き床の解消策としては、さらに①役所の都市局や建築住宅局のような部署の移転、②教育・福祉関連の施設の誘致を中心に対策を立てなければならない。従来、飲食店を中心とした店舗の誘致→短期間での撤退が繰り返されてきているが、先に見たように長田南部の人口と人口構成を踏まえれば、そろそろこのような誘致策は再検討しなければならない。また、2019年7月の新長田合同庁舎の供用開始（庁舎内に飲食店は設置しない計画）を見込んで、新たに飲食店の誘致が始まっているようであるが、どのような展開になるか現時点では、見通すことは困難である。

神戸市は現在、商業施設整備面積を「従前の1・1倍（4万8000㎡→5万2000㎡）」と公表しているが、この数字は、よく吟味しなければならない。「過大な商業床」との批判が影響しているのであろうか。

従前の「4万8000㎡」という数字の根拠、出所が不明である。かつて神戸市の松下綽宏助役が「神戸新聞」（2003年1月15日付）紙上で「従前の店舗床面積は

4万8000㎡だったが、20棟で約4万2000㎡に達する。順調とまではいえないが、着実に進んでいる。遅れているとはいえない。住宅も含めて量的には復興のめどがつく」と発言したことがある。神戸市の発表の数字は、これが根拠とされている。

筆者は、2015年11月24日、神戸市の新長田南再開発の担当部署に確認をしたが、「根拠を示す資料は見当たらない。現在は、当時の松下助役が発言した数字をもとにしている」とのことであった。

しかし、従来の新長田の再開発研究では、以下の2つのように分析されている。

①「震災前の再開発地区の店舗面積は、約2万〜2万2000㎡程度と推測される」(塩崎賢明・安藤元夫・児玉善郎編『現代都市再開発の検証』2002年12月、152頁)

②「震災前の再開発地区の店舗面積は、約2万1000〜2万6000㎡程度と推測される」(安藤元夫『阪神・淡路大震災　復興都市計画事業・まちづくり』(2004年2月、160頁)

少々、長くなるが、安藤元夫氏の分析を引用しておくことにする。

震災前の再開発地区内商業施設の規模

今回の再開発事業における商業床の規模を検討するためには、震災前の当地区の商業規模を知る必要がある。それを知ることは容易ではないが、いくつかのデータから接近する。

まず、震災前の1994年7月調査の商業統計を商業集積地区としてまとめた「立地環境特性統計編(小売業)」によれば、新長田駅南側の商業集積地区として、新長田一番街48店舗、神戸デパート35店舗、新長田商業地区416店舗の3つの地区があげられている。新長田商業地区416店舗のうち、再開発地区に立地するのは250店舗であり、それに前者の店舗数を加えると、再開発地区内の従前小売業は333店舗、売場面積は1万7005㎡になる(表4−10)。

これは小売業の従前店舗の実態なのでこれに飲食行等を加える必要がある。飲食業の震災前データは、1992年の長田区全体の店舗数1174、従業者数3626人、販売額155億2700万円で売場面積のデータはない。1994年の長田区の小売業の結果は、店舗数2210(1991年の店舗数は2410)、従業者数8254人、販売額1243億6600万円である(表4−11)。飲食業の店舗数は小売業の約半分であり、売場面積はわからないが従業者数、販売額からみて小売業よりかなり零細であることがわかる。平均の売場面積を下限で小売業の2分の1、上限で同じと考えると飲食業の店舗面積は4251～8503㎡になる。以上によって、震災前の再開発地区の店舗面積は、約2万1000～2万6000㎡程度と推測される」（安藤元夫『阪神・淡路大震災　復興都市計画事業・まちづくり』（2004年2月、158～159頁）。

「平均の売場面積を下限で小売業の2分の1、上限で同じと考えると飲食業の店舗面積は4251～8503㎡になる。以上によって、震災前の再開発地区の店舗面積は、約2万1000～2万6000㎡程度と推測される」というのが根拠も示されており、筆者は、この分析に基づく数字が妥当であると考える。

表4-10　新長田駅南再開発地区の従前小売業の状況

商業集積地区	商店街（店）	従業者数（人）	販売額（百万円）	売場面積（m²）
新長田一番街	48	225	3,192	2,474
神戸デパート	35	270	4,690	5,351
新長田商業地区	416	1,250	14,720	15,300
（うち，再開発地区内）	(250)	(756)	(8,832)	(9,180)
再開発地区内計	333	1,251	16,714	17,005
長田区集積地区計	1,044	3,752	57,201	53,343

（出所）商業統計表，立地環境特性統計編（小売業）『全国大型小売店舗総覧』東洋経済，1998年6月，より作成．

表4-11　長田区の小売業、飲食業

	商店街（店）	従業者数（人）	販売額（百万円）	売場面積（m²）
小売業（1994.7.1）	2,210	8,254	124,366	89,848
飲食業（1992.10.1）	1,174	3,626	15,527	—

（出所）神戸市統計書より作成．

(2)くにづかリボーンプロジェクト

活性化策の2つ目は、「くにづかリボーンプロジェクト」である。

神戸市は、新長田駅南地区再開発エリアの「アスタくにづか」（私たち〔英語のUS〕や明日〔あす〕と街〔英語のタウン〕を組み合わせた愛称）地区において、地元組織を主体に市や神戸常盤大学が参画して「くにづかリボーンプロジェクト」を進め、商業施設の再整備等により、商業活性化をめざすため、同プロジェクトにより、アスタくにづか地区におけるまちのあり方をまとめた「まちづくりマスタープラン」（2015年（平成27年）3月27日）を策定した。

神戸市は、「まちづくりマスタープラン」に基づき、権利床・神戸市の保留床を一体とした魅力ある商業ゾーニングの本格実施に向けた検証などを踏まえた新たな商業ゾーンの構築及び一体運営に向けた仕組みづくりなどを行い、まちのにぎわい創出を図る、としている。取り組みの一つとして、兵庫県の復興基金を活用した「アスタくにづか地区商業活性化モデル事業」では、新たなにぎわい創出及びまちの活性化に資する魅力ある商業ゾーンの構築を目的として実施しており、新長田駅南地区のにぎわいの創出につながるよう、同プランに基づき、具現化に向けた取り組みを進めていく、としている。

①くにづかリボーンプロジェクトメンバー

大正筋商店街振興組合、アスタくにづか新長田南テナント会、久二塚商業協同組合、住宅区分所有者、店舗区分所有者、神戸常盤大学、神戸市

②くにづかリボーンプロジェクト活動経緯

平成24年8月：久二塚地区商業者意識調査実施

平成25年3月：くにづかリボーンプロジェクト設立（第1回プロジェクト会議開催）

平成25年12月：コミュニティハウス開設（来街者アンケート調査・健康チェック開始）

平成26年9月：アスタくにづか地区商業活性化モデル事業者募集

平成26年11月：実証実験イベント「しんながた・くにづかワールドフェスティバル」開催

平成27年2月：長田区広報紙・ホームページによるプロジェクト周知・意見募集

平成27年3月：アスタくにづか地区商業活性化モデル事業「神戸アニメストリート」オープン

平成27年3月：「まちづくりマスタープラン」策定

③まちづくりマスタープランの構成

●商店街を含む商業ゾーンの活性化について

テーマ性のあるゾーニングにより、エリア全体を魅力的な一つの商業施設として、再生をめざす。

《1・3・5番館の3層プロムナードを活かし各番館をテーマ性を持ってつなげる》

・グローカルフードマーケット（地下1階中心）

・グローカル・ワールドバザール（1階及び大正筋商店街中心）

・クールジャパン　ポップカルチャー・ストリート（2階中心）

《既存テーマの強化》

・健康まちづくりの推進（5番館&コミュニティハウス中心）

・業務施設・オフィス等の利用（2・4・6番館中心）

●商店街を含む商業ゾーンの一体運営・管理について

不動産の資産価値維持管理と向上のため、市床・権利床・共用部の一体運営をめざす。

●街の建物や環境や周辺について

共用部活用やサイン見直しなどのハード整備や緑化などにより豊かで楽しい街をめざす。

④街全体の仕組みづくりについて

コミュニティハウスを中心とした街の仕組みとコンセプトの策定を進める。

⑤未利用地(事業用地)の活用について

昼間人口を増やすために、事業用地についての提案を行う。

⑥マスタープランの実現に向けて

a．計画実現に向けた実施プログラムの策定

b．進行管理及び推進体制

・PDCAによる進行管理を実施する。マスタープランは概ね3年を目途に見直し、実施プログラムには毎年施策の進捗状況を反映する。

・マスタープラン及び実施プラグラムの進行管理はリボーンプロジェクトが行う。

くにづかリボーンプロジェクトには、同メンバーに地元の区分所有者の参加を求めるとともに、当初「久二塚地区商業者意識調査」を実施し「まちづくりマスタープラン」を策定するなどして、同地区の現状打開に期待と希望を抱かせた面はあったが、神戸市の無責任で真剣な姿勢の欠如などが原因で、掲げられた打開の方向は、画塀に終わろうとしている(図4－4)。

同地区の区分所有者が、その解決を真剣に求めている「管理・運営」問題、つまり正常化の課題に切り込むことをしないが故、区分所有者が抱いていた期待は失望に転化してきている。

(3) JR新長田駅快速停車及び東改札口設置

活性化策の3つ目は、「JR新長田駅快速停車及び東改札口設置」である。

2008年度(平成20年度)よりJR西日本との意見交換

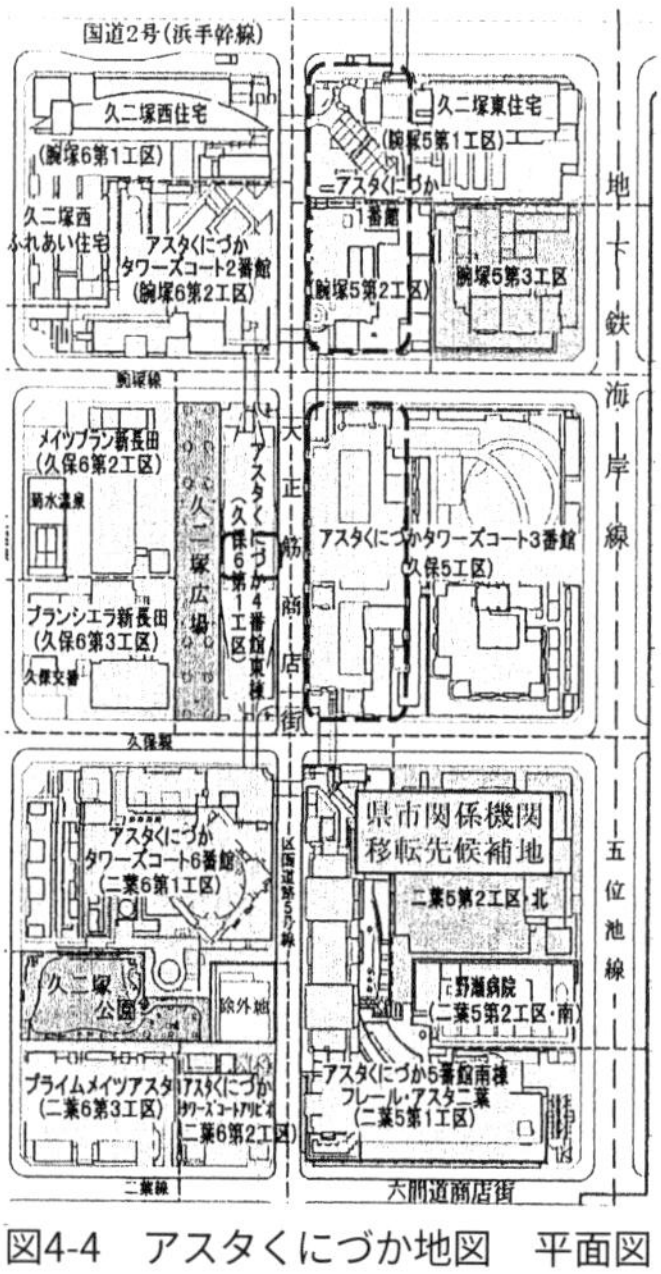

図4-4　アスタくにづか地図　平面図

(出所) 神戸市ホームページ，神戸市企画調整局『未来都市創造に関する特別委員会』市街地西部地域の活性化．提出資料，2015年12月22日．

会を実施しており（現在26回開催）、また、兵庫県に対しても同年度から快速停車についての予算要望を行っている。

ＪＲ西日本は、現在の運行ダイヤの維持と、新快速、快速の商品価値としての速達性の確保が鉄道事業上の最重要事項であるとの認識を示している。

今後もＪＲ西日本と、意見交換会を継続的に行う。「新長田駅南地区再開発エリアへの兵庫県・神戸市関係機関の共同移転」について、完成後のＪＲ新長田駅の乗降客数の見込みや新長田エリアでの人の流動、経済効果等を算出するとともに、更なる新長田駅の乗客数の増加や快速停車の実現に資する施策も検討し、ＪＲ西日本に働きかけを行っていく、としている。

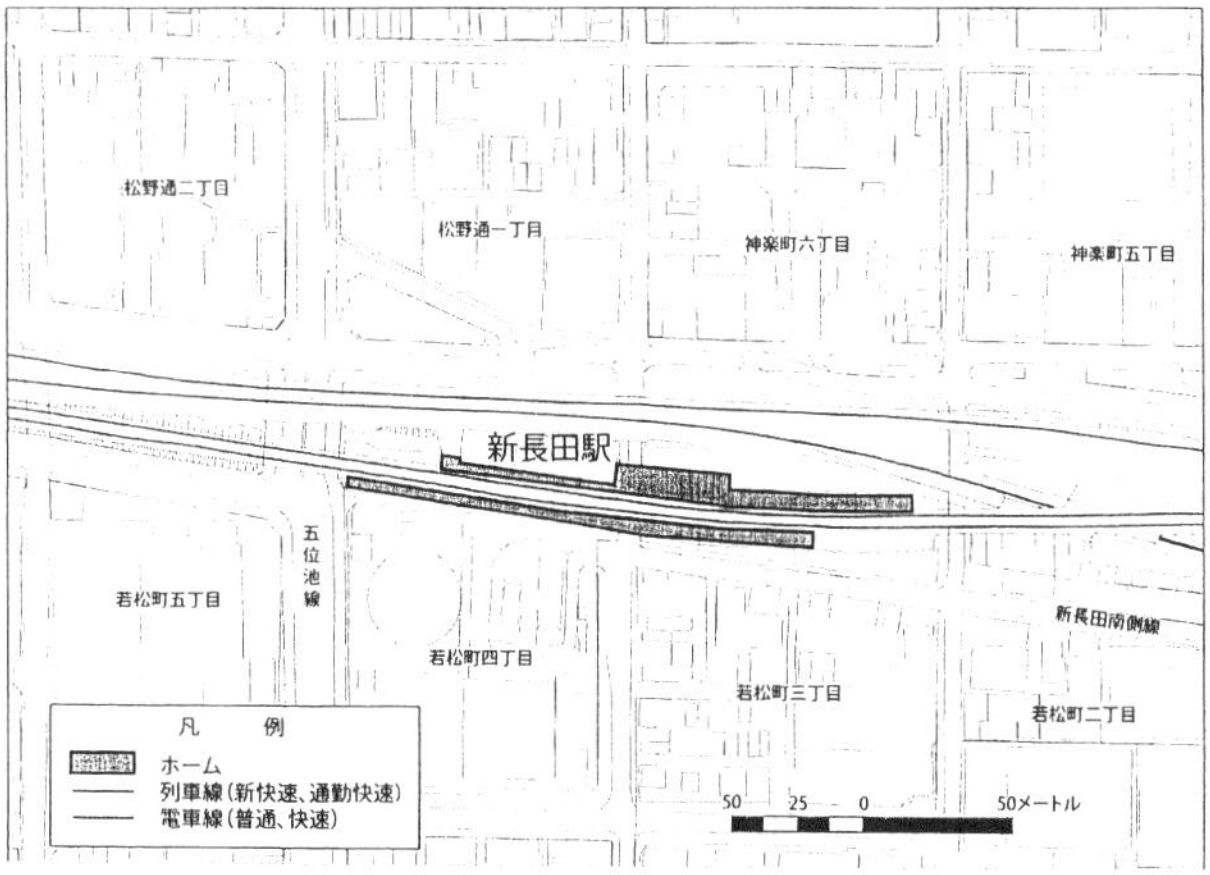

図4-5　JR新長田駅　平面図　　出所：図4-4に同じ

この「ＪＲ新長田駅快速停車及び東改札口設置」は数年前に、新長田の地元から神戸市議会に「請願書」が提出され、全会派一致で採択されている。しかし、その後、この問題の実現に向けての神戸市の熱意や実行は一向に伝わってこず、地元では諦めにも似た気分が漂っている。

2 正常化の課題

(1)神戸市の保留床による「市場経済」と「不動産取引」の破壊

新長田駅南、国道2号線以南にある再開発ビル「アスタくにづか」の商業エリアは、9棟、地下1階から地上5階、合計4万3710㎡（延面積20万3250㎡）で構成されている。

本来、再開発事業は床を売却して事業を終えることになっており、震災復興再開発ビル「アスタくにづか」においても同様で、被災権利者が「生活再建」のために床を取得した後、残った床を事業主である神戸市が「一般公募」で売却することになっていた。

しかし、「アスタくにづか」では、商業床の60％以上が売れ残るという悲惨な結果で、「権利床」の1万4888・66㎡は、この地区の被災権利者が生活再建のために取得したものに過ぎず、「保留床」の一般公募での売却はほぼゼロ、皆無に等しかったのが現状である。

●権利床（権利者が所有する床）
1万4888・66㎡（39・87％）
●保留床（神戸市が所有する床）
2万2449・82㎡（60・13％）

被災権利者は土地の明け渡し、建物の撤収など「特別の犠牲」を払うなどの事業協力をし、再開発ビルへの入店は「分譲のみ」という神戸市の当初の計画に従い、資金を掻き集め、借金を抱えるなどして、再開発ビルの商業床を購入し、内装工事を行った。そして、店舗区分所有者となった。

ところが、神戸市は再開発ビルが次々と完成する間際になって、「保留床」を一般公募で売却できないことを理由に、勝手に「分譲」から「賃貸」に変更し、それどころか、テナントの誘致もままならないことから、権利者に内緒で「家賃のダンピング」や「内装費の補助」を始めていたのである。

この地区の最大の問題点は、商業床を圧倒的に所有する神戸市が、「空き床対策」や「街の活性化」と称して、民間ではあり得ない固定資産税さえ下回るのではないかと思われる「家賃のダンピング」、明確な判断基準もないままに行われている破格の「内装費の補助」など、権利床とのバランスなどを考えず、保留床だけを優遇することによって、この地区の「市場経済」と「不動産取引」を一気に破壊させてしまったことである。

1999年（平成11年）に最初の再開発ビルがオープンして以来、「アスタくにづか」の商業エリアでは復興基金の助成金や補助金が垂れ流され、テナントの誘致と撤退、付け焼刃的なイベントが繰り返されているだけで、問題の解決になっていない。商業床の「正常化」の課題が、まずは神戸市によりもたらされたのである。

国道2号線以南に対し、以北の再開発商業エリアは、JR新長田駅前に位置し、14棟、地下1階から地上5階、合計2万9766・22㎡で構成されている。

この駅前エリアでさえ、「保留床」の一般公募での売却は皆無に等しかった。

●権利床（権利者が所有する床）
1万2982・69㎡（43・61％）
●保留床（神戸市が所有する床）
1万6783・53㎡（56・39％）

⑵復興を阻む「3層プロムナード構想」と「ゾーニング計画」

新長田駅南地区再開発において、「3層プロムナード」とは地下鉄「新長田駅」から始まり、アスタプラザファースト・イースト、アスタくにづか1番館・3番館・5番館といった再開発ビルの建物内部を通り、地下鉄「駒ヶ林駅」までを結ぶ、地下1階から地上2階にかけて展開する大規模な吹き抜け空間および商業通路のことである。

「3層プロムナード」は、商業エリアの中でもにぎわいにあふれた大規模空間になることが想定されていたが、実際にはこの地区の動線にもなっておらず、かえって建物内部における人の流れを分散させ、にぎわいが成立しにくい結果を招いてしまっている。

それどころか、吹き抜け空間および通路といった多くの共用部分、自動ドア、エスカレーターやエレベーター、トイレや空調といったコストのかかる多くの共用設備を生み出したことにより、高額な固定資産税や管理費負担が、事業経営や不動産のキャッシュ・フローを悪化させている。

また、再開発ビルにおける問題の一つに、「生鮮食料品店は地下1階」という「ゾーニング計画」がある。

「アスタくにづか」では、地上1階においても物品販売店や飲食店だけで埋めることは至難の業で、商業エリアはシャッター街となり、保留床の多くが展示コーナーや休憩コーナー、事務所や倉庫、介護ショップや介護施設といった商業エリアらしからぬ用途で使用される結果となり、にぎわいどころか、商業エリアの様相さえ失ってしまっている。

権利床も同様で、空き床を抱えたまま、高額な固定資産税と管理費負担に苦しみ、貸せるものなら、生鮮食料品店にでも貸したいと思うのは当然のことで、実際、地上1階は物品販売店に比べ、はるかに生鮮食料品店の賃貸需要があるが、地下1階の権利者が「生鮮食料品は地下1階」という再開発ビル建設計画当初の「ゾーニング計画」を持ち出し、地上1階の権利者が生鮮食品店に賃貸しないように裁判沙汰にするなど、トラブルになる始末である。

もう一つの大きな問題は、計画性のない神戸市の「管理処分計画」により、小さく点在する権利床によって膨大な保留床が虫食い状態になり、結果的に街全体として、商業床の有効活用ができなくなってしまっていることである。

例えば、アスタくにづか3番館地下1階の商業床の所有権割合は次の通りである。

●権利床（権利者が所有する床）
185・28㎡（5・95％）
●保留床（神戸市が所有する床）
2930・00㎡（94・05％）

計画性のない「管理処分計画」に始まり、「3層プロムナード構想」や「ゾーニング計画」はこの街の現実にそぐわない、無責任で中途半端な計画であったが、新長田駅南再開発ビルの一番の問題は、そのいずれもが見直されず、いつまでも改善されないことである。

⑶管理者並びに管理会社として「君臨する」三セク＝新長田まちづくり㈱

巨大再開発事業で空き床が増え、〝シャッター通り〟商店街に陥り、そこからの脱却、活性化、再生策を探るだけでも大変なことであるが、この新長田駅南再開発地域では、その上に、管理者並びに管理会社として「君臨する」神戸市が造成した三セク＝新長田まちづくり㈱の異常な振る舞いを是正しなければならない正常化の課題がのしかかっているのである。

新長田まちづくり㈱は、再開発ビルの一元管理を目的に、神戸市やイオンディライト、そして金融機関、損保会社などが出資をして1998年に設立された。この時、完成された各棟の管理規約に、同社を管理者とする条項を盛り込んだ。

国道2号線以南のアスタくにづか（大正筋商店街）の区分所有者である谷本雅彦氏（3番館のメンズショップ・PETの経営者）ら3人が2013年3月21日、神戸市議会に「新長田まちづくり㈱の不明朗会計について解明・是正」を求め、陳情書を提出するとともに意見陳述を行い4時間半にわたって質疑が行われた。

各党の意見表明は、次の通り。

民主党：以後、こういう陳情が出ることのないよう、新長田まちづくり㈱にちゃんと説明を求めることをお願いします。

自由民主党：管理の不明朗さ、それに対する改革の遅さは、陳情者の指摘にあるように全くその通りであり、必ず早期に説明を行っていただきたいと思います。

公明党：神戸市は区分所有者として、株主として新長田まちづくり㈱に対し、強く会計の透明性の確保を求めます。

日本共産党：みなさんが言われるように不透明、わからない点が多々あり、神戸市も新長田まちづくり㈱と同罪だというふうに思います。

自民党神戸：管理者と新長田まちづくり㈱がイコールというところが問題であり、会計の不明朗な点もあり、神戸市の指導力不足だと思います。

みんなの党：新長田まちづくり㈱の不透明さに対しては

解消することを求め、さらに、ビル管理者とビル管理会社が同一という構図の是正を求めます。

住民投票☆市民力：おかしなことは行政が監督・指導をしていかないと、世の中の根本が崩れていく。神戸市は全く当事者意識に欠けている。

新社会党：率直に感じるのは、やっぱり管理者・管理会社が一緒という仕組み、これが本当に会計をわかり難くさせている。

大震災後はじめて、神戸市議会の中でアスタくにづかの現状を当事者が告発し、各党も問題点を認識し、神戸市も重い腰をあげざるを得なくなった。

そして、先の横川昌和氏や谷本雅彦氏ら区分所有者は引き続き、同年5月24日、神戸市と新長田まちづくり㈱に対し、ビル管理に関する「6項目要求書」を提出し、神戸市と交渉を開始した。

「6項目要求書」は、次の通り。

1．防災センターの一元管理に関する業務内容及び費用の詳細を明らかにすること。

2．防災センターの費用負担「店舗9：住宅1」の負担割合の根拠を明らかにすること。

3．「管理運営費・諸経費15％」の根拠を明らかにすること。

4．神戸市は、議決権の行使を放棄すること。

5．平成23年度管理委託契約終了後の不正常に関する見解を明らかにすること。

6．「外部委託選定に関する検討並びに評価委員会の設置」の権原を明らかにすること。

神戸市と多数の区分所有者と専門家（50余人）は同年6月17日、第1回交渉を行った。神戸市市街地整備課の天野稔也課長(当時)は、「新長田まちづくり㈱の会計は不明朗」「必ずしも、新長田まちづくり㈱を擁護するつもりはない」と明言した。以後、区分所有者と専門家でつくる市民団体「新長田駅南再開発を考える会」は神戸市や新長田まちづくり㈱と交渉を重ね、正常化に向けて取り組みを進めてきている。

折しも9月21日、ＮＨＫ・Ｅテレ〔全国〕が〝「復興」はしたけれど～神戸　新長田再開発・19年目の現実～〟（1時間）を放映したが、1年近くにわたる取材をもとに制作された同ドキュメントは出色の出来栄えで、事態の局面展開に大きな影響を与えた。

さらに、「新長田駅南再開発を考える会」が中心となって2013年9月24日、「新長田まちづくり㈱を再開発ビル管理者から解任することを要求します」として、次のような要求署名(300人分)を神戸市に提出した。

「3月21日に開かれた神戸市議会における質疑でも明らかなように、アスタくにづか店舗区分所有者の多数は、再三にわたって水増し請求など数多くの不明朗な会計処理に対する説明と是正を新長田まちづくり㈱に求めてきました。しかし、新長田まちづくり㈱は説明を行うどころか、独断・独走、隠蔽工作、威圧的な言動、不誠実な態度により、新長田まちづくり㈱と店舗区分所有者の信頼関係は崩壊し、管理業務を行わせる基礎は完全に失われてしまいました。

本来あるべき（独裁ではなく、競争原理の働く）透明で善良な管理運営システムに改めることが『管理費負担の軽減』『資産の向上』『まちの活性化』に繋がることは明らかであるため、新長田まちづくり㈱を再開発ビル管理者から一刻も早く解任することを神戸市に求めます」。

なお、正常化に関する問題の所在は、２０１１年1月24日に開催された兵庫県震災復興研究センター主催のシンポジウムの中で、はじめて明らかにされたものである。

(4)“アスタくにづか”の不正常な状態・「管理規約」の問題点

アスタくにづか各番館の「管理規約」は、一般のマンション（区分所有ビル）と比べて、区分所有者の権限及び区分所有者の団体である「管理組合」の運営方式が特異であり、マンションやビル管理に関する法制上の基本理念を逸脱していることである。

法制上の根拠は、「区分所有法」（昭和37年4月制定）、「マンション管理適正化法」（平成12年12月制定）及び「同適正化法第3条の規定」に基づき定められた「マンション管理適正化指針」（平成13年8月1日告示）、さらに、関連する諸法令に準拠して国土交通省が公表した「マンション標準管理規約」などである。

通常は、第一にマンション管理の主体は、区分所有者全員で構成する「管理組合」である。第二に区分所有者全員が参加し、その意見が反映されることにより、管理組合の「自主的な運営」が成り立つ。そのためには、「情報の開示」「運営の透明化」「開かれた民主的運営」が必須条件である。第三に管理組合が支払う「管理費用は明朗」でなければならず、「会計の透明性」が必要である。

ところが、法制上の基本理念に照らしてみると、アスタくにづかの「管理規約」は以下の点が問題である。

第一に、管理者は、「新長田まちづくり㈱」に固定されていて、ハードルの高い規約改正の手続きを経なければ、管理者の変更ができないようになっている。第二に、本来あるべき「管理組合」の存在はなく、「管理組合の業務」として定めるべき事項はすべて「管理者の業務」に変更されている。その結果、現在の管理者「新長田まちづくり㈱」に権限が集中し、アスタくにづかの管理の主体は「区分所有者」ではなく、管理者「新長田まちづくり㈱」となっていて、区分所有者は費用負担の義務だけが課せられている。第三に規約上、「役員会」は存在するが、役員会の目的は「必要な協議を管理者と行うこと」と記載されているだけで、決定権は「区分所有者」ではなく、事実上、管理者「新長田まちづくり㈱」が握り、区分所有者の権利が侵害される結果となっている。

第三者である「新長田まちづくり㈱」に権限が集中するシステムがつくられたため、管理会社である新長田まちづくり㈱の暴走を許すことになってしまったのである。「管理者である管理会社が、同じ管理会社に発注する」。これは、明らかに利益相反で、本来の権利者である区分所有者には費用負担の義務だけが課せられている。

アスタくにづかでは、運営上、様々な問題が取り沙汰されているが、諸問題の根源は、管理者が「新長田まちづくり㈱」に固定されていることであり、過去には議決権の多くを持つ「神戸市」がこれに同調してきたことである。管理者「新長田まちづくり㈱」は、管理会社「新長田まちづくり㈱」と「管理委託契約書」を交わしているが、「管理者である管理会社が、同じ管理会社に発注する」ということであり、これは、明らかに利益相反行為である。また、「管理費用の明朗化」「会計の透明性」を担保する仕組みになっていない。そこで、規約に規定されている「管理者は新長田まちづくり㈱とする」を全面削除し、本来あるべき「管理組合」を明文化し、区分所有者で意思決定（区分所有者で管理委託先を選定するなど）ができる体制に改正することが、問題解決への一歩となるのであり、現在、各番館で一歩一歩、規約改正に向けての取り組みが行われている。

(5)「利益相反行為」をストップさせることは、活性化の第一歩

神戸市都市局（旧 都市計画局→都市計画総局→住宅都市局）が神戸市の西の副都心と位置づけている新長田駅南再開発エリア全域に「利益相反」の網を掛けたという事実と、現在も再開発エリア全域が第三セクター・新長田まちづくり㈱による「利益相反」ビル管理運営システムに蝕まれ続けているという事実である。

事業主・神戸市が分譲販売してきた全ての新長田駅南再開発ビルの管理規約には「管理者は、新長田まちづくり㈱とする」と記されており、管理者は本来あるべき管理組合ではなく、新長田まちづくり㈱であると定められている。

そもそも利益相反行為とは、複数の当事者がいる場合における、一方の利益となり、かつ他方の不利益となる行為のことです。

　民法総則においては、その108条の規定で自己代理・双方代理の禁止を禁止することで、利益相反行為を禁止している。

（自己契約及び双方代理）
第108条　同一の法律行為については、相手方の代理人となり、又は当事者双方の代理人となることはできない。ただし、債務の履行及び本人があらかじめ許諾した行為については、この限りでない。

　例えば、Aが、その所有する自動車をBに売却する場合、この売買契約の一方の当事者であるBが、もう一方の当事者であるAの代理人としても契約の当事者となる場合が該当します（「自己代理」の場合）。

　また、例えば、Aが所有する建物をBに対し売却する際に、司法書士Cがその建物の所有権移転登記について、AとBの双方の代理人となる場合も該当します（「双方代理」の場合）。

　このような場合に、一方の当事者に利益となり、他方の当事者に不利益となったときは、利益相反行為をおこなった当事者は、不利益を被った当事者から、損害賠償の請求（第709条）を受ける可能性がある。また、場合によっては、横領罪や背任罪などの刑事罰の対象となることもあり得る。


　これまでの神戸市議会でのやり取りは、次の通り。

神戸市議会においてはこれまで幾度となく、「利益相反」問題が取り上げられてきている。しかし、神戸市の担当部局は他人事のような姿勢を取り続けてきており、本腰を入れて解決する方針が不明確である。


【2012年3月6日】

平成24年予算特別委員会第3分科会〔24年度予算〕（都市計画総局）本文
○分科員（あわはら富夫）　○柳谷都市計画総局総務部
「そもそも管理会社が管理者となる管理方式で、実質管理会社を区分所有者が選ぶことができないという仕組みが問題であり、しかも市保留床の議決権が高く、その市保留床のサブリース事業者がまたもや新長田まちづくり会社であることから、規約すら変更できないという現状が起こっております。今回の集会には、区分所有者の神戸市が出席したというふうに聞いてますが、従前は契約に基づいてまちづくり会社が出席をしているようで、これではまちづくり会社が独断専行できる仕組みというものができ上がってしまっているのではないかと。このような管理方式では、区分所有者の利益を損なう民法上の利益相反行為が生まれる余地があるのではないかというふうに思いますが、局長の見解を伺いたい」。

【2013年3月5日】

平成25年予算特別委員会第3分科会〔25年度予算〕（都市計画総局）本文

○分科員（あわはら富夫）　○柳谷都市計画総局総務部長

「国土交通省は、管理者方式の採用に当たっては、管理者がみずからの関連会社に管理を専属的に任せることの是正を指導しています。ところが、新長田では、関連会社どころか、管理者と管理会社が同じという、全国にもリゾート開発で事例がある程度だと聞いています。

しかも、新長田では、管理会社がみずからの最大出資元に管理を丸投げしており、民法上の利益相反行為の疑いもあります」。

○柳谷都市計画総局総務部長

「まず、委員の方からご指摘のありました利益相反があるのではないかということでございますけれども、新長田の再開発ビルにつきましては、区分所有者以外の者が管理者に就任する第三者管理者方式を採用してございます。

新長田まちづくり会社が管理者と管理会社を兼ねていることが利益相反であるのではないかというご指摘でございますけれども、まちづくり会社としましても、区分所有者集会の議決を経ておりまして、会社の顧問弁護士に確認をとった中では、法的にも問題はないという見解を得ていると聞いてございます」。

言い換えると、不動産購入者（住宅・店舗）は、事業主が神戸市であることから、三セク・新長田まちづくり㈱を管理者とするビル管理システムに何の疑いももっていないだけのことである。

【2017年3月8日】

平成29年予算特別委員会第3分科会〔29年度予算〕住宅都市局）本文

○主査（平井真千子）　○谷口住宅都市局市街地整備部長

「しかしながら、区分所有者の利益を第一としたビル管理、また利益相反状態の解消、このことを求めるという点では、どなたも一致しているんではないかと思います。利益相反とは、第三者管理の課題であるとか、また管理者と管理会社が同じであり、競争原理が働かない状態のことを指しておりますが、いま一度、利益相反状態でよいのか、市としての見解をお伺いしたいと思います」。

利益相反行為の是正・正常化に関してまず、①区分所有者の自主的・主体的な取り組みで正常化を推進、すでに2013年6月、アスタくにづか1番館南棟、2番館北棟で管理組合をスタートさせてきた。そして2019年6月、5番館南棟で区分所有者の粘り強い取り組みの結果、規約改正をして、管理組合を結成する運びとなった。そして、神戸市長の英断によりこの正常化の取り組みを全面的にバックアップすることが必要である。

(6)2014年6月、三セク=新長田まちづくり㈱を解任

紆余曲折を経て2014年6月24日、アスタくにづか2番館北棟の集会(総会)において、新長田まちづくり㈱の「解任」が決められた。続いて26日、1番館南棟の集会(総会)においても同社の「解任」が決められた。大口の区分所有者である神戸市も同調。神戸市もようやく「新長田まちづくり㈱は混乱を収拾できない。区分所有者の総意を尊重したい」との姿勢に転換せざるを得なくなったのである。神戸市が、新長田まちづくり㈱解任に加わる異例の事態となったのである。1番館南棟ではその後、1年余りの時間をかけ、ようやく新長田まちづくり㈱から業務の引き継ぎを終え、管理組合の運営を軌道に乗せるところまできた。

アスタくにづかではその他の4番館東棟、5番館南棟でも必死の努力が重ねられ、新長田まちづくり㈱解任まであと一歩のところまできている。この間の取り組みの中では、マンション管理の専門家であるマンション管理士や弁護士らが、区分所有者と一緒になって取り組んできたことが解決に向けて大きな役割を果たしてきた。

(7)これまで行われてきた裁判

最近の5年余りの期間、アスタくにづかではわかっているだけでも次のように6件の裁判が行われている。

①2011年 7月：1棟の商店主らが新長田まちづくり㈱に電気料金などの賠償を求め提訴。

②2012年 1月：各棟の商店主ら52人（現在60人）が新長田まちづくり㈱に管理費過払い分の返還を求め提訴。2014年11月、結審。2015年2月10日、原告敗訴の判決。

現在、大阪高裁に控訴中（控訴人23人）で、2016年12月7日の第9回口頭弁論にて結審。2017年3月28日、控訴棄却の判決が下された。

③２０１２年11月：新長田まちづくり㈱が１棟の店舗部会に管理費など未払い金の返還を求め提訴。
④２０１２年12月：新長田まちづくり㈱が一部店舗に管理費など未払い金の返還を求め提訴。
⑤２０１３年 ４月：２棟の２店舗が新長田まちづくり㈱のビル管理者解任を求め提訴。
⑥２０１４年 ５月：６番館北棟にて、新長田まちづくり㈱が店舗部会に監視カメラの撤去等の請求を求め提訴。９月、口頭弁論。

第４節　動き出した区分所有者

１…被災商業者が中心となって市民団体「新長田駅南再開発を考える会」を結成

これまで見てきたような現状のもとで２０１０年来取り組んできた先の横川昌和氏、谷本雅彦氏らが中心となって２０１２年春、市民団体「新長田駅南再開発を考える会」（考える会）を結成し、まちの正常化と活性化の課題に取り組んできている。また、それを妨害しようとする人びとの動きも活発になってきている。地元の人びととの取り組みが活発になるにつれテレビ、ラジオ、新聞などマスコミも積極的・精力的に取材し、報道してきている。

【２０１２年】
- 1月の「神戸新聞」「毎日新聞」などの報道
- 1月&5月の朝日放送〔ＡＢＣ〕〝復興という名の地獄〟の報道(３回放映)
- 9月17日　関西テレビ／ニュースアンカーの報道

【２０１３年】
- 1月18日　ＭＢＳラジオ／報道するラジオ〔新長田駅南再開発問題〕〝阪神・淡路大震災から18年、復興の現実〟
- 6月14日　ＮＨＫ〔東日本エリア〕〝「復興」はしたけれど～神戸・大正筋商店街の18年～〟(43分)
- 9月21日　ＮＨＫ・Ｅテレ〔全国〕〝「復興」はしたけれど～神戸　新長田再開発・19年目の現実～〟(１時間)

【２０１４年】
- 1月以来、新聞各紙、各種雑誌、ＭＢＳラジオ〔1月27日〕、テレビ朝日(2月23日)、岩手放送(3月9日)が報道。

【２０１５年】
- 1月17日前後、すべての新聞とテレビ局がかつてなく

精力的に報道。

２：「新長田駅南地区震災復興再開発事業地区の正常化に向けた提言書」（２０１６年１月27日）の提出と神戸市の「回答」（２０１６年２月９日）

結成された「新長田駅南再開発を考える会」（考える会）は、神戸市議会に「陳情書」を提出し、意見陳述をするなどして、新長田駅南再開発地区で起きている事態を告発するとともに全会派への要請、また、神戸市や新長田まちづくり㈱との交渉を重ねてきた。

考える会は４年間の取り組みを踏まえて２０１６年１月27日、この街の正常化に向けた「提言書」を神戸市に提出した。「提言書」の内容は、次の通りである。

Ⅰ・目に余る「新長田まちづくり㈱」の行状

アスタくにづか各番館の収支報告書には不明朗な会計処理が数え切れないほど多く存在し、かねてより区分所有者は、管理者「新長田まちづくり㈱」に対し、集会や書面にて再三説明を求めてきました。

しかし現在に至るも、同社から、まともな回答は何ひとつなく、不明朗な会計処理の問題はアスタくにづかにおいてはいまだ解決されていません。それどころか、問題を揉み消すかのごとく、同社は、区分所有者やテナントに対し、管理費の支払い義務を声高に叫ぶばかりです。

例えば、アスタくにづか３番館では、共通会計の管理運営費・諸経費が他の番館と比較して桁違いに高額であるため、再三説明を求めてきましたが、「新長田まちづくり㈱」は、回答に応じるどころか、問題の揉み消しを画策する始末です。

アスタくにづかでは、管理会社である「新長田まちづくり㈱」が管理者に採用されています。

これでは「第三者管理・管理者管理方式」ではなく、単なる「管理会社管理方式」です。これにより、管理者と管理会社は立場が違うにもかかわらず同一人が行うことになります。したがって「管理者である管理会社が、同じ管理会社に発注する」ことになるので、「利益相反」なのです。

一方、神戸市は保留床（商業床の半数以上の面積を所有）を同じく「新長田まちづくり㈱」に管理させていましたが、アスタくにづかでは２０１５年（平成27年）４月１日より「株式会社くにづか」が床のサブリース事業を引き継ぐことになり、神戸市床取り扱いの是正による不動産市場の正常化が図られています。

しかし、「新長田まちづくり㈱」による「管理会社管理方式」のままでは、「株式会社くにづか」を立ち上げたところで、まともな業務が遂行できず、運営が行き詰まり、不動産市場の正常化を図ることができなくなることも必至です。

アスタくにづかにおいて、神戸市が採用した「管理会社管理方式」は、監査体制も情報公開等の透明性ももたない特定の管理会社にアスタくにづかのすべての権限を与えただけの「独裁者管理方式」とでも言えるような代物です。

神戸市はアスタくにづかの事業主であり、「新長田まちづくり㈱」の大株主(イオンディライトに次ぐ2番目の株主)であり、商業床の最大の区分所有者でもあります。これが阪神・淡路大震災で甚大な被害を受けた新長田駅南地区震災復興再開発ビル・アスタくにづかの現状です。

Ⅱ．解決すべき正常化に向けた3課題7項目の課題

1．再び、「工程表」(案)の作成を

アスタくにづか各番館において正常化とは、異常な管理形態である管理会社による独裁者管理方式からの解放で、「情報公開・情報共有」です。この角度から考えると、神戸市の施行事業である「アスタくにづか」の不透明性を明らかにし、透明性を高めることが必要不可欠です。

その上で、神戸市が設置した「新長田まちづくり㈱」の起用による双方代理(民法第108条—自己契約、双方代理の禁止)による利益相反を起点として発生した仕組みと運用の打破への道筋を考えていかなければなりません。

アスタくにづか1番館南棟等ではすでに規約改正が行われ、区分所有者による管理組合運営が軌道に乗りかけています。また、他の番館においても、各棟の多くの区分所有者が同様の目的をもって改革に取り組んでいますが、管理会社による妨害等、障害もあって道半ばです。神戸市は多数従属の姿勢ですが、現状の弊害を認めて速やかに正常な形を実現するため、一層の努力が求められています。

そこで、2013年8月末、神戸市は解決に至る「工程表」(案)を作成したことがありますが、今日の時点で、改めて、「工程表」(案)を作成し、提示して下さい。

2．コスト高の管理運営の抜本的是正を

アスタくにづか各番館の管理運営に関する次の事項について明らかにして下さい。

(1)「防災センターの一元管理」を導入した時期(年月日)と根拠を明らかにして下さい。

(2)防災センターの費用負担「店舗9：住宅1」の負担割合

を決めた時期(年月日)と根拠を明らかにして下さい。

(3)「管理運営費・諸経費」の消耗品費や水光熱費等すべての支出に対し、15%のマージンをとり続けていることについての見解を明らかにして下さい。

(4)神戸市の「三層プロムナード計画」に基づき、エスカレータやエレベータが早朝から深夜まで稼働し続け、コスト高になっていることについての見解を明らかにして下さい。

(5)神戸市の施策として再開発ビルに店舗と住宅以外の施設(老人福祉施設など)を配置する場合、現行の施設管理費等の減免を改め、「施策導入分担金」(仮称)を別途他会計から充当して下さい。現在のような他の区分所有者による負担を止め、区分所有者間の〝公平の原則〟を守って下さい。

なお、この件について1969年(昭和44年)の都市再開発法成立時の参議院建設委員会での附帯決議に「市街地再開発事業の推進を図るため、補助、融資等の助成措置について特段の配慮をすること」と、明記されています。

3.「新長田まちづくり㈱」の解体を

各棟において不透明な運営を改革し、民主的で合理的な運営と適正な管理費等の実現、公正で明瞭な管理組合の確立をめざさなければなりません。

そのためにも諸悪の根源たる「新長田まちづくり㈱」を解体し、①利益相反の解消、②競争原理の導入、③会計の透明化・ビル管理運営の再構築を行ったうえで、④商業床(保留床・権利床)の再生を図ることです。

以上

新長田のまちでは「正常化なくして、活性化なし」「正常化なくして、リボーン(再生)なし」なのである。

神戸市は後日(2016年2月9日付)、次のような「回答」をした。

新長田駅南地区震災復興市街地再開発事業は、震災により甚大な被害を受けた街の復興と、防災機能を高めた安全・安心のまちづくりを目的に、被災権利者の生活再建と住まい、商業の復興を最優先に、事業を推進してまいりました。

このような中で、地区内の多くの再開発ビルについては、第三者管理者方式により新長田まちづくり株式会社が管理してまいりました。管理の方式については、被災権利者の皆様の負担の軽減という点で一定の効果をもたらしたものと考えております。

しかしながら、国道2号以南のアスタくにづか地区では、ビル管理問題をめぐり新長田まちづくり株式会社に対する多数の区分所有者のご不満等から、一部のビルにおいて、平成24年度以降、区分所有者集会が開催できない、管理業務の委託契約の締結が承認されない等の状況が続きました。

市としては、同社に対して、多数の区分所有者からのご要望に応えることができるよう、できうる限りの情報開示等に努めてもらうことを従来から申し伝えているところですが、未だに不十分とのご認識があるという状況については、誠に残念であると考えております。同社においては、真摯に区分所有者のご意見等に耳を傾けた上で、まちの活性化など更なる努力をしていただきたいと考えております。

なお、同社が管理運営費等の支出に対し、15%のマージンをとり続けているとされていることにつきましては、企業である以上、一定の事務経費等は発生するものと理解していますが、会計の明瞭化などについて区分所有者への説明責任をしっかり果たしてもらいたいと考えております。

防災センターの集中管理につきましては、再開発ビルの管理にかかるコストをできるだけ抑制するとの考え方から導入したもので、基本的な考え方は最初のビル建設時である平成9年頃からあり、平成15年11月の3番館商業床の完成とともに、その当時完成していたビルの多くの情報を集約することとしました。

また、「店舗9：住宅1」の負担割合につきましては、平成10年に早期完成予定の4棟の再開発ビルを対象にして防災センター経費を試算しており、市の再開発ビルの事例を基に負担配分の検討作業を行い、「店舗9：住宅1」と設定したものです。

三層プロムナードにつきましては、当初、従来の店舗等が元に戻るためには、地下、2階にも商業床を確保する必要があったことから、そのために必要な動線として導入されています。これは、ここに住み、働く人々にとって安全かつ便利な動線であり、今後の地域活性化の基盤となる施設であると考えています。

今後は、この施設が本来の機能を発揮できるよう、昼間人口の増加を図り、まちのにぎわいを取り戻せるよう事業を進めてまいりますが、具体的な運用や負担の仕方については、その利用状況に応じた適正なものとなるよう関係者で話し合っていくべきものであると考えております。

店舗と住宅以外の施設の管理費につきましては、市も含めた区分所有者の皆様で協議を行い、見直し検討等を行っていくべきものであると考えており、ご提言いただいている「施策導入分担金」(仮称)の新設は考えておりません。

最後に、市としては、アスタくにづか地区における再開発ビルの管理等を含めた具体的な課題につきましては、市の意見を押し付けるのではなく、区分所有者の皆様で決定していくべきものと考えております。

現在、店舗・住宅それぞれの区分所有者の皆様との直接ヒアリング・意見交換を重ねているところですが、今後も引き続き、各ビルの区分所有者の皆様が望むビルの管理・運営がなされるよう、直接区分所有者の皆様との話し合いを続け、できうる限りの協力はしてまいりたいと考えておりますので、現在のところ、「工程表」の再作成並びに貴会との協議の場の設定につきましては予定しておりません。

以上が回答となります。この度は貴重なご提言を賜りまして、誠にありがとうございました。

今後とも、地域の活性化等に向け努力してまいりますので、何卒ご理解ご協力を賜りますようお願いいたします。

担当：住宅都市局市街地整備部市街地整備課

新長田のまちが抱えている課題を区分所有者と専門家が、実践を踏まえ協働して神戸市にはじめて提言した内容に対する「回答」は、以上である。区分所有者らに諦めを強要しているかのようで課題解決に真剣に向き合っての「回答」とは言えない無責任な他人事のような内容に終始している。

新長田再開発事業が抱える二つの課題の整理と解決の方向を考えてきたが、これらの課題を解決するためには、神戸市の担当部局の一層の奮闘が必要ではあるが、それだけではなく、別の方策も考えておかなければ、いつまで経っても、前進的解決は望めない。

大阪市の阿倍野再開発事業の『事業検証報告書』を見るにつけ、今から検証作業に取り組み、後の祭りにならないようにしなければならない。阿倍野再開発事業は、どのようになっていたのか。

大阪市は2017年2月2日、JR天王寺駅南西部で1976年から進めてきた阿倍野再開発事業(約28ha)の赤字が、約2000億円に上るとの事業検証報告書を公表した。大阪の南の玄関口として大型商業ビルやマンションなどを建設した大規模事業だが、報告書ではバブル経済崩壊など社会情勢の変化への対応を怠り巨額の損失を招いたと指摘。2018年度の事業終了後も、市民負担による返済は2032年度まで続く見通しである。

報告書によると、総事業費は約4810億円。都市再開発法に基づく用地買収方式で市が手がけた唯一の再開発事業で、住宅や店舗の複合ビル「あべのベルタ」や大型商業ビル「あべのキューズモール」を整備。残る道路整備を2017年度に終える。

報告書では、施設の売却収入約2257億円や売却が見込める資産の総額から、事業費や起債利子などを差し引くと、約1961億円の赤字になると算出。要因分析では、地価高騰時に買った土地の価格がバブル崩壊で急落し資産価値が下落。施設の需要も低迷したことなどを列挙した。

63階建てビル計画は中核になる予定だった大手百貨店「そごう」が撤退して中止、外資系企業との交渉も頓挫した後、あべのキューズモールが建設された。15年間で終える予定だった事業は3000人超もの権利者を抱えて合意形成が難しく、一部地区は計画決定まで約27年かかったことや度重なる計画変更で事業が長期化。立地の良さから最後は商業施設の売却益で賄えるとの期待があり、事業を抜本的に見直さなかった。

大阪市の見通しでは、赤字の穴埋めが始まった2009年度から終了見込みの2032年度までに一般会計から約2120億円を投入。2016年度も約120億円を計上している。用地買収費などの起債残高は約1446億円(2015年度末)で償還は2041年度まで続く。

地区に近接する「あべのハルカス」との相乗効果で一帯は市内有数のにぎわい。大阪市の吉村洋文市長(当時)は「まちづくりとしては良かったが、2000億円もの赤字が出たことは役所内にリスクマネジメントの欠如があった。無責任体制を反省すべきだ」と話した。歴代市長らの責任追及については「特定個人のミスではなく困難」と述べた。

検証は2016年1月、吉村市長の指示で有識者会議を設けて開始。報告書は、収支計画の十分な検討などの対応策をまとめた。

最後に、新長田駅南再開発の検証と課題解決のための方策を提案しておきたい。

神戸市において2004年(平成16年)3月31日に制定された「神戸市行政評価条例」に基づき、「新長田再開発事業検証委員会」(仮称)を設置して、担当部局とは別に「市民の視点に立って成果」(同条例1条)と課題を検証し、課題解決に向けてスピード感をもって取り組んでいく必要性がある。

また、新長田駅南再開発事業地区に、兵庫県と神戸市の合同庁舎が建設されることになったことは、昼間人口を増やし、一定の経済効果をもたらすであろうが、この合同庁舎建設で終わりにしてはならない。正常化の課題の項で指摘した通り、管理運営システムの抜本的改革をしなければ、このまちの再生は遠のくばかりである。「新長田まちづくり㈱」の解体を再生の出発点として、区分所有者自らが権利者として登場することのできるステージをつくっていくことである。

「新長田再開発事業検証委員会」(仮称)の設置と解決策の確認・実行は、急がなければならない。

おわりに

2019年1月、大震災から24年が経ったが、震災復興再開発事業を計画し、当初から事業を推進してきた神戸市関係者は2014年3月末で一人もいなくなった。震災当時の神戸市長は笹山幸俊(助役/故人)、その後2001年矢田立郎(助役)、2013年久元喜造(総務省官僚→副市長)、兵庫県知事は貝原俊民(自治省官僚/故人)、その後2009年井戸敏三(自治省官僚)と代が代わり、24年もの時間を要したが本事業は終了せず、まだ数年かかるのである。

新長田駅南地区再開発にコンサルタントとして関与した白國高弘氏の「内容に欠ける部分があったとしても震災復興はとにかくスピードが重要。平時とは違う」との発言には、首を傾げざるを得ない。1995年3月17日の都市計画決定の強行決定以外に本事業の進捗のどこにスピードがあったというのであろうか。

神戸市は「悪いようにはしない」と被災商業者に甘言を弄して事業を推進し、また莫大な借金と高額な固定資産税と管理費の負担を強いて「あとは野となれ、山となれ」とでも言うのであろうか。

「新長田駅南地区震災復興第二種市街地再開発事業」の行方ともうしばらく同行していかなければならない。

〔第4編第1章の参考文献・資料〕（発行年月日順）

落合重信『部落の起源』（社団法人兵庫部落問題研究所、1981年10月）

神戸市『神戸市インナーシティ総合整備基本計画―〝インナー神戸〟新生プラン21』（神戸市企画調整局、1989年12月）

神戸市議会『インナーシティ再生へのシナリオ―海岸線を中心とした地域活性化への政策提言』（都市活性化総合対策特別委員会、1994年4月）

神戸市『神戸市総合基本計画　第4次基本計画案』（神戸市企画調整局、1994年4月）

神戸市『神戸市総合基本計画　区別計画案』（神戸市企画調整局、1994年4月）

神戸市『豊かな心が育つまち　長田区マスタープラン／区別計画』（神戸市企画調整局・長田区役所、1996年3月）

神戸市『神戸市復興計画』（神戸市震災復興本部総括局、1995年6月）

神戸市『神戸市総合基本計画　第4次基本計画』（神戸市企画調整局、1995年10月）

広原盛明『震災・神戸　都市計画の検証―成長型都市計画とインナーシティ再生の課題』（自治体研究社、1996年1月）

北野正一・安藤元夫「住工商複合のまちづくり」（大震災と地方自治研究会編『大震災と地方自治―復興への提言』所収、自治体研究社、1996年1月）

神戸史学会編『住民参加の復興まちづくり―区画整理・再開発と住宅再建の展望』（復興市民まちづくり連絡会、1996年8月）

安藤恵一郎「復興まちづくり―市街地再開発事業」（神戸都市問題研究所編『震災復興の理論と実践―都市政策論集第17集』所収、勁草書房、1996年12月）

神戸商科大学街づくり研究会チーム編『被災二年の活動記録集―長田の良さを生かした街づくりについて』（1997年3月）

池田清『神戸都市財政の研究―都市間競争と都市経営の財政問題』（学文社、1997年4月）

北野正一・山口純哉「ケミカルシューズ産業の復旧・復興―注目される取り組みと方向性」（長岡豊編『震災復興の歩み―産業と都市の再生』所収、知硯書院、1998年1月）

西の副都心街づくり協議会『長田南部地域のまちづくり〝現状と活性化〟提案』（1998年）

高寄昇三『阪神大震災と生活復興』（勁草書房、1999年5月）

神戸まちづくり協議会連絡会・こうべまちづくりセンター編『市民まちづくりブックレットNo.2　震災復興まちづくり「本音を語る」』（阪神大震災復興市民まちづくり支援ネットワーク、1999年5月）

兵庫県震災復興研究センター編『大震災いまだ終わらず』（兵庫県震災復興研究センター、2000年5月）

広原盛明編『開発主義神戸の思想と経営　都市計画とテクノクラシー』（日本経済評論社、2001年10月）

塩崎賢明・西川榮一・出口俊一・兵庫県震災復興研究センター編『大震災100の教訓』（クリエイツかもがわ、2002年10月）

塩崎賢明・安藤元夫・児玉善郎編『現代都市再開発の検証』（日本経済評論社、2002年12月）

安藤元夫『阪神・淡路大震災　復興都市計画事業・まちづくり』

（学芸出版社、２００４年２月）
塩崎賢明・西川榮一・出口俊一・兵庫県震災復興研究センター編『大震災10年と災害列島』（クリエイツかもがわ、２００５年１月）
塩崎賢明・西川榮一・出口俊一・兵庫県震災復興研究センター編『大震災15年と復興の備え』（クリエイツかもがわ、２０１０年４月）
塩崎賢明・西川榮一・出口俊一・兵庫県震災復興研究センター編『東日本大震災　復興の正義と倫理』（クリエイツかもがわ、２０１２年12月）
塩崎賢明・西川榮一・出口俊一・兵庫県震災復興研究センター編『大震災20年と復興災害』（クリエイツかもがわ、２０１５年１月）
神戸市企画調整局『未来都市創造に関する特別委員会』（市街地西部地域の活性化）提出資料（２０１５年12月22日）
広原盛明・川島龍一・髙田富三・出口俊一『神戸百年の大計と未来』（晃洋書房、２０１７年８月）
神戸市の説明資料／新長田駅南地区再開発事業の紹介
http://www.city.kobe.lg.jp/information/project/urban/redevelop/nagata.html

第2章 「借上公営住宅」の強制退去問題を考える

はじめに

「借上公営住宅」問題は、①法制度上、②契約上、③信義則上、④財政上、⑤復興政策上、⑥人権・人道上、⑦入居者や民間家主の意向・実態など様々な角度から検討しなければならないと考え、本問題が2010年春に表面化して以来この9年、筆者ら兵庫県震災復興研究センターは、調査・研究と実践を重ね、神戸市長や西宮市長、兵庫県知事宛の「請願書」・「要請書」提出と交渉、神戸市議会宛の「陳情書」提出と意見陳述、シンポジウムや集会の開催、新聞紙上での意見表明、書籍（『大震災20年と復興災害』など）・資料にまとめるとともに、署名活動や裁判傍聴などを取り組んできた。

当事者である入居者の努力と支援者の活動は今、全国に広がりつつあるが、今日に至るも神戸市や西宮市を中心に「借上公営住宅」の強制退去という誤った政策が継続され、入居者に退去を求めている。

そこで、この重大な「借上公営住宅」問題についてこの間の研究と実践を踏まえ、経緯を整理するとともに改めて問題の分析と解決の方向を考えたい。

第1節 「借上公営住宅」とは

阪神・淡路大震災（大震災）の翌年1996年（平成8年）4月に導入された「借上公営住宅」は当初、兵庫県内5市と大阪府豊中市に7633戸あった（2010年12月末）。同住宅は制度導入から12年経った2008年度末時点で全国の公営住宅の1％、2万2000戸に止まっている。大震災被災地の2018年9月末時点での入居戸数は、全体で1814戸に減っている。

内訳は、兵庫県が当初、3120戸（UR）→818戸、神戸市が当初、3805戸（UR、公社、民間）→875

戸、尼崎市が当初、１２０戸(UR)→25戸、西宮市が当初、４４７戸(UR)→24戸、伊丹市が当初、42戸(民間)→42戸、宝塚市が当初、30戸（UR）→30戸、大阪府豊中市が当初、69戸(UR)→0戸(UR)となっている。

神戸市は、「震災復興公営住宅の大量供給の必要性からの臨時的措置であること、その後の住宅困窮者とのバランス（公平性）、市の財政負担の拡大などを考慮すれば、制度上の期限である20年で返還することを原則とすべきである」と言明し（２０１３年3月15日）、２０１６年1月末に「20年」の期限を迎えた3世帯の入居者に対し、①明け渡しと②損害賠償を求め神戸地裁に提訴した（２０１６年2月16日）。その後、西宮市が入居者7世帯（神戸地裁尼崎支部）、神戸市が第2次として、入居者4世帯を提訴し(２０１６年11月14日）現在までに数回の口頭弁論が行われ、すでに２世帯（2人）に判決が下されている。１世帯は、大阪高裁判決（２０１８年10月12日）→最高裁への上告棄却（２０１９年3月22日）。もう1世帯は、神戸地裁判決（２０１８年10月17日、２０１９年2月7日）で、いずれも入居者に退去を求める内容になっている。

神戸市、西宮市、兵庫県は20年の契約期間が終わるという理由で転居を迫り、実行に移している。被災者の声も聞かないままに、立ち退きを迫るのは、被災者の健康や安心、そして幸福を脅かす基本的人権の侵害である。

なお、宝塚市は２０１０年12月、いち早く全員の継続入居を公表し、伊丹市は２０１２年度、全員の継続入居を決定した。

「借上公営住宅は、民間事業者等が建設・保有する住宅を借り上げることにより供給される公営住宅であり、平成８年の公営住宅法（昭和26年法律第１９３号）の改正において、それまでの公営住宅の供給方式である直接建設方式に加え、民間住宅ストックを活用した公営住宅の供給方式として導入された制度である。

この民間住宅の借上げによる公営住宅の供給方式は、近年の公営住宅の供給に係る以下のような課題に対応するために有用な手法であると考えられる。

①建設費等の投資の軽減による効率的な公営住宅供給
②ストックの地域的偏在の改善
③地域の公営住宅需要に応じた供給量の調整

（「既存民間住宅を活用した借上公営住宅の供給の促進に関するガイドライン（案）」平成21年5月、国土交通省住宅総合整備課）

表4-12「借上公営住宅」に関する各自治体の方針

	要介護3～5	重度障害	85歳以上	80～84歳 介護1～2障害中度	80～84歳 その他	75～79歳 介護1～2障害中度	75～79歳 その他	75歳未満 介護1～2障害中度	75歳未満 その他	その他	継続入居の割合	入居戸数（上段）2014年2月末（下段）2018年9月末
宝塚市	継続入居										10割	30 30
伊丹市	継続入居										10割	39 42
兵庫県	継続入居				判定委員会の判定により一部継続入居				転居	転居	約6.5割	1,538 818
神戸市	継続入居			予約制期限猶予	転居	予約制期限猶予	転居	予約制期限猶予	転居	転居	約3.6割	2,227 875
尼崎市			継続入居（28世帯）			介護3～5障害・重度は継続入居（19世帯中、介護1～2と障害・中度を省く）		介護3～5障害・重度は継続入居（45世帯中、介護1～2と障害・中度を省く）		特別な事情がある場合は継続入居	3割以上要件に合致する世帯いかんで割合は増える.	111 25
西宮市	予約制 最大5年の期間中、登録した住宅が空き次第移転		期限内に転居								0割	348 24
豊中市	期限内に転居										0割	232 0
合計												4,525 1,814

2018年10月末現在　　兵庫県震災復興研究センター作成

第2節　歓迎されて導入された「借上公営住宅」

このように「借上公営住宅」は、自治体（供給者）の都合でなされたもので、被災者が好き好んで、というよりは一日も早く仮の住まいから恒久住宅に移りたいとの思いで、とにかく入居したものである。国の勧めもあって大震災の被災地で初めて導入された「借上公営住宅」は当初、歓迎されていた。神戸市などの公式文書や幹部の発言は、次のようにいずれも「借上公営住宅」方式が推奨されたものばかりである。20年経たずに問題が発生するというのは、制度に問題があるのか、運用に問題があるのかいずれかだ。

民法1条2項には「信義誠実の原則」―「権利の行使及び義務の履行は、信義に従い誠実に行わなければならない」―というのがあるが、この原則に照らして考えると、「よかった、よかった」と言って20年経ったら追い出すことは、信義に悖り法律に違反することである。

○「民間活力の利用によって、住宅復興はようやく軌道に乗ったといえるのではなかろうか。なかでも画期的制度が借上公営（民借賃）で、平成8年4月1日から施行

された」（元神戸市幹部の高寄昇三著『阪神大震災と住宅復興』、1999年5月）

○「……借上、買取公営住宅は、地域のなかでまちづくりと一体となって実現されたものであり、居住者にとっても地域のつながりを確保できる住宅供給となっている。こうした事例は、先の直接供給される公営住宅を補完するものとして十分に評価されよう。……今後、……充実させていくことが求められる」（神戸市震災復興総括検証研究会『すまいとまちの復興、総括検証／報告書』、平成12年3月）

○当時の金芳外城雄生活再建本部長も被災者団体との間で、「とにかく入居してほしい。20年先のことは悪いようにはしない。誠実に対処していく」と表明していた。筆者らとの2010年6月24日の神戸市交渉の席上でも、北山富久住宅管理課長（当時）は「当時の金芳外城雄生活再建本部長からそのことは聞いている」と表明。同課長と住宅整備課主幹は、「今後、個々の世帯に通知するが、あらゆる可能性を尽くす」「（被災者への不安を生じさせないようにという要望には）誠意をもって対応する」と表明していた。

○2014年1月12日付の「神戸新聞」―借上復興住宅20年目の漂流②　元幹部の証言――前略――

「初期投資が抑えられる借上方式がなければ、住宅の供給は難しかった」震災から6年間、神戸市住宅部長を務めた坂本幸夫さんは振り返る。だが、入居の際、行政が20年後の退去を丁寧に説明した形跡はない。計4回行われた「一元化募集」の要項にも20年経過する時は公団と新たに契約を締結していただきますと小さく書かれているだけだ。

入居者は話す。

「全く知らなかった」（神戸市長田区、65歳女性）△「仮設に神戸市の人が何度も説明に来たが、ほかの公営住宅との違いについて説明はなかった」（同市兵庫区、72歳男性）△「20年後の退去を知っていたら応募していない」（西宮市、68歳男性）行政は当時、どのような説明をしていたのか。神戸市の元幹部は打ち明ける。「一刻も早く仮設住宅を解消するのが最大の目的だった。庁内で返還問題を議論したことはないし、明け渡しの義務を入居者に説明していたかといえばノーだ。募集要項に一文書いているからといって契約を強調するのは、当時を知る者としては無理がある」さらに続ける。「だから4年前、神戸市が退去方針を打ち出した時は驚いた。ほんまにやるの？　と」

（木村信行）

第3節　強制退去策の先頭を走った神戸市の「第2次市営住宅マネジメント計画（案）」（2010年5月）

本問題の発端となった神戸市の「第2次市営住宅マネジメント計画（案）」は、どのような内容であったか、2010年5月31日付で神戸市都市計画総局住宅部住宅整備課に提出した筆者の意見書を次に示しておく。

(1) 復興公営住宅（借上住宅）入居者に4度、住み替えを強いることに

2010年5月19日夜、復興公営住宅（借上住宅）入居者の方から兵庫県震災復興研究センターの事務所に問い合わせの連絡があった。「何年か先にいま住んでいる市営住宅を出ていかんとあかんようになるみたいですが、ほんとうですか。ほんとうだったらどうしようかしら……」と。調べてみると、神戸市の「第2次市営住宅マネジメント計画（案）」（以下、「計画（案）」）の中に、「入居者の住み替えや一般募集への影響などに留意しながら所有者への返還を進めていく」（19頁）と記されていた。

「借上住宅」（107団地、3805戸、推定人口7200人余）は、神戸市側の都合で、所有者から借り上げて復興公営住宅にしたものであって、被災者の多くは〝終の棲家〟として入居しているのである。

住み替え方針を推進していけば、被災者は、あの阪神・淡路大震災から4度目の住み替えを強いられることになる。そして4度、コミュニティの崩壊を招きかねないのである。

「計画（案）」には「入居者の住み替え」とさらりと記されているが、「住み替え」を4度も強いられることは被災者にとって大きな心理的圧迫となり、悪影響が懸念され、「居住の安定の確保」（住生活基本法第6条）にはならないことを考えておかなければならない。

「計画（案）」が立脚しているとしている4本の法律、「住生活基本法」「住宅セーフティネット法」「公営住宅法」「耐震改修促進法」の中の「住生活基本法」（2006年6月制定）第6条には、次の通り明記されている。

（居住の安定の確保）

第6条　住生活の安定の確保及び向上の促進に関する施策の推進は、住宅が国民の健康で文化的な生活にとって不可欠な基盤であることにかんがみ、低額所得者、被災者、高齢者、子どもを育成する家庭その他住宅の確保に特に配慮を要する者の居住の安定の確保が図られることを旨として、行われなければならない。

「計画（案）」をまとめた神戸市すまい審議会の18人の委員（学識経験者ほか）と5人の参与（市会議員）、そして、神戸市住宅部の担当者は「住生活基本法」をどのように把握していたのであろうか。

神戸市は2010年4月末、「効果・効率性を考えながら長期的な視点での再編・改修と適切な維持管理を着実に実施するとともに、それらを支える健全な市営住宅会計を確立していくことにより、良好な住宅ストックの確保と活用を図り、住宅セーフティネットの中で求められる役割を果たしていくことを目指して」（1頁）「計画（案）」を発表した。そして、4月28日から5月31日の期間に市民の意見を求めたものである。

そこで、「計画（案）」の現状認識を検討した上で当面、数項目の提案をしておくことにする。

(2)「計画（案）」は、「戸数縮減→会計の健全化」に偏重

①入居者の居住権を保障するというよりは、戸数縮減→会計の健全化に偏重

「計画（案）」の管理戸数の数値目標は、次のようになっている。

「市営住宅の管理戸数は震災前の約4万戸から震災後のピーク時には5万5千戸を超え」（1頁）、「平成21年度末現在で、427団地、1270棟、5万3068戸となっている」（4頁）。「被災者世帯の減少にあわせた震災前水準への収束を意識しながら円滑な縮減を図り、当計画期間中に4万6000戸程度とする」（20頁）。今後、10年間で7000戸減らすということである。

なお、〈入居者の状況〉として、「平成21年度末現在で、8万9272人（入居戸数4万6943戸）」（11頁）との記述があるが、管理戸数と入居戸数の差が6000戸以上もあるというのはどういうことなのであろうか。6000戸以上も空き家（11・5％）にしておけば、それだけ「住宅使用料」が入ってこないことにもなる。

また、「健全な市営住宅会計を確立」（1頁）、「会計の健全化が不可欠」（15頁）、「健全な会計の達成」（18頁）、「会計の健全化を図っていく」（20頁）、「健全な市営住宅会計を確保していく」（28頁）と、最初から最後まで「会計の健全化」という言葉で貫かれている。「健全な会計」ということは、誰も否定できないことである。その否定できないものを錦の御旗にすることで、必要な住宅の戸数の縮減がなされ入居者の居住権が侵害されるような事態がもたらされるのなら、それは、本末転倒と言わざるを得ない。

②「計画（案）」は、「住生活基本法」に基づくものとなっているのか

「計画（案）」は、新たな住生活基本計画に位置づけていくとして、「住生活基本法」「住宅セーフティネット法」「公営住宅法」「耐震改修促進法」の4本の法律に基づくものであるとしている（3頁）。

その中の「住生活基本法」の基本理念は、以下の4点である。①住生活の基盤となる良質な住宅の供給、建設、改良又は管理（第3条）②良好な居住環境の形成（第4条）③サービスの提供を受ける者の利益の擁護及び増進（第5条）④居住の安定の確保（第6条）。ところが「計画（案）」は、住生活基本法の紹介を「この法律では、〝ストックの重視〟〝市場重視〟の視点を基本として……」（3頁）と書いている。これらの視点は、住生活基本法が制定される1年余り前の「住宅政策改革要綱」（2004年12月）のもので、制定された住生活基本法では、〝市場原理主義〟から〝市場制御〟に軌道修正されているのである。

続けて「計画（案）」は、「耐震性の確保やユニバーサルデザイン化の推進等により良質なストックを形成していくこと」、「公的賃貸住宅のみならず民間賃貸住宅も含めた住宅セーフティネットの機能向上を目指していくこと」が住生活基本法の目標に掲げられたと書いているが、このような文言は同法の条文（1条～22条）には、見当たらない。「計画（案）」は、何を引用し、何に基づこうとしているのか。「計画（案）」は、住生活基本法に基づくと言いながら、中身は同法にないものをもってきて説明しているようなので、審議の出発点に立ち返ることが必要である。

(3)「計画（案）」の〝基本方針1～3〟は、住生活基本法の基本理念を逸脱

「計画（案）」の「3項目の基本方針」（18頁）は、次のようになっている。

〔基本方針1〕「できるだけ長く使う」ことを基本とする一方、将来を見据え、適切な質・戸数の確保、市営住宅会計の収支、コスト、まちづくりなど総合的な観点から、改修・更新時期を迎える住宅について、改修・建て替え・廃止をバランスよく行っていく。

〔基本方針2〕高度成長期の大量ストックの更新時期と震災時の需要増に対応した借上住宅の返還時期を迎え、管理戸数については、将来を見据え、円滑な縮減を図る。

〔基本方針3〕将来にわたって、住宅セーフティネットの中で市営住宅に求められる役割を果たしていくために、マネジメント計画を通じた健全会計の確保を図る。

「戸数縮減→会計の健全化」が基調になっている。住生活基本法の基本理念は消えてしまい、逸脱していると言わざるを得ない。同法に基づくことが必要である。

(4)「計画(案)」への5項目の提案

「計画(案)」は、基づかなければならない住生活基本法の基本理念を逸脱しているので、審議のやり直しが必要である。そこで、差し当たり次のことを提案する。

①「計画(案)」を審議した「神戸市すまい審議会」に差し戻して、改めて住生活基本法の基本理念に基づき、再審議を行うこと。

②再審議にあたっては、無理な戸数縮減を目標に掲げないこと。

③再審議にあたっては、「借上住宅」問題について、所有者との間で契約期間の延長を求めることも検討すること。

④再審議にあたっては、コレクティブハウジングの実例を踏まえて「若年単身世帯」が入居できる方策を検討すること。

⑤再審議にあたっては、神戸市すまい審議会が2006年7月25日に開催したことのある公募型ヒアリングを開催し、市民の意見が直接表明できるようにすること。

(5)パブリックコメントのあり方について

最後に、パブリックコメントのあり方について述べておく。

「第2次市営住宅マネジメント計画(案)」(33頁)と「市営住宅マネジメント計画」(平成12年2月、18頁)の二つの文書は、合計51頁ある。「計画(案)」を読んで意見をまとめようとすれば相当な時間が必要である。

一読して理解できることと、少々わかりにくい内容がある。本文の記述と掲載のデータが判然としないもの―例えば、16頁の〈管理事業費の推移〉の「家賃減免……年間約40億円の負担」とあるが、掲載のデータでは確かめられない―もあり、尋ねておく必要のあるものが結構ある。正確に把握した上でないと意見をまとめることは困難である。

「計画(案)」を公表した後、質問を受け付け、それらへの回答を済ませた上で意見を求めるべきではないだろうか。市民が政策策定に参画しようと考えても、入口のところで立ち止まらざるを得ないのでは、参画の中身が形骸化していくように思われる。「神戸市民の意見提出手続に関する条例」では、「公表した日から30日以上の期間を定めて、市民から政策案等についての意見の提出を受けなければならない」(第5条)と実施機関の義務規定が設けられている。従って、１か月程度延長して、市民の疑問・質問に誠実に応えていただくことが必要である。

今見たように「第２次市営住宅マネジメント計画（案）」は、「戸数縮減→会計の健全化」が基調になっている。公営住宅法や住生活基本法などに基づくとしながら、この基本方針からは法律の目的や基本理念は消えてしまい、法律から逸脱してしまっている。自治体は、法律に基づかなければならない。

第４節　「借上公営住宅」はなぜ、20年間であったのか

そもそも「借上方式」がスタートした１９９６年時点では法制度上の制約―民法６０４条１項「賃貸借の存続期間は、20年を超えることができない。契約でこれより長い期間を定めたときであっても、その期間は、20年とする」―があったが、１９９９年、借地借家法29条２項：民法６０４条の規定は、建物の賃貸借については、適用しない（平成11法１５３本項追加）という改正により、「20年の期限」を超えることは、法制度上可能になった。

この問題で筆者は、担当の国土交通省住宅総合整備課と３回（２０１０年10月４日、同12月９日、同12月20日）、そして兵庫県住宅管理課（同12月21日）と神戸市住宅整備課（同12月24日）とそれぞれ、「法制度上可能である」との確認を行った。

にもかかわらず神戸市は、公営住宅法17条２項「国は、……事業主体が災害により滅失した住宅に居住していた低額所得者に転貸するため借上げをした公営住宅について、……５年以上20年以内で政令で定める期間、……補助するものとする（公営住宅の家賃に係る国の補助）」となっていることを根拠にすることがあるが、これは、国の補助期間の規定であり、この点について国土交通省は、「補助期間の延長については、協議に応じる」姿勢を明らかにしているので、全く問題はない。

唯一の根拠であった法制度上の制約はなくなっており、だからこそ、宝塚市や伊丹市は居住継続を決めることができ、神戸市や兵庫県も２０１３年３月、一部ではあるが居住継続の方針を発表することができたのである。

神戸市や兵庫県は、「期限通りに返還する原則」とか「移転を求める基本方針」と標榜しているが、いずれも法制度上の

根拠は失っており、誤った政策・方針を頑なに堅持しているのである。従って、神戸市長や西宮市長、そして兵庫県知事が政策の変更をすれば、直ちに解決できる問題である。

第5節　「第2次市営住宅マネジメント計画」は、策定根拠の住生活基本法や住宅セーフティネット法に違反

今回の20年期限の強制退去の根拠は、公営住宅法1条から54条の条文のどこを探しても見当たらない。神戸市が20年期限の強制退去の政策を打ち出したのは、先に見たように2010年（平成22年）6月に策定した「第2次市営住宅マネジメント計画」（第2次計画）であった。神戸市の政策変更により、現在のような入居者の居住の権利を奪うような事態が惹起されたのである。

そもそも公営住宅法の目的は、「国民生活の安定と社会福祉の増進に寄与すること」（同法第1条）であって、強制退去を根拠づける内容にはなっていない。

「第2次計画」策定にあたっては、4つの法律―住生活基本法（平成18年［2006年］6月制定）、住宅セーフティネット法（平成19年［2007年］7月施行）、公営住宅法、耐震改修促進法―に基づくものであるとしているが、その中の住生活基本法6条では先に見たように「居住の安定の確保」が基本と明記されている。

また、住宅セーフティネット法／住宅確保要配慮者に対する賃貸住宅の供給の促進に関する法律でも、その「目的」を次のように規定している。

第1条　この法律は、住生活基本法（平成18年法律第61号）の基本理念にのっとり、低額所得者、被災者、高齢者、障害者、子どもを育成する家庭その他住宅の確保に特に配慮を要する者（以下「住宅確保要配慮者」という。）に対する賃貸住宅の供給の促進に関し、基本方針の策定その他の住宅確保要配慮者に対する賃貸住宅の供給の促進に関する施策の基本となる事項等を定めることにより、住宅確保要配慮者に対する賃貸住宅の供給の促進を図り、もって国民生活の安定向上と社会福祉の増進に寄与することを目的とする。

神戸市は、住生活基本法や住宅セーフティネット法などの「基本」「目的」に反する内容を「第2次計画」に盛り込んだので、「第2次計画」は、今からでも見直し・再検討をしなければならない。

第6節　入居者の現状

(1) 入居者の声

2010年9月から10月にかけて、兵庫県震災復興研究センターの事務所に次のような入居者の声が寄せられた。

●避難所や仮設住宅を転々としたが、居住の権利が守られていると感じたことが少ない。

●10年少し暮らしてやっと地域のコミュニティができてきたのに……。

●20年の期限が来るのはあと9年も先のこと。もうこの世におらんわ……。市役所にものを言いたいが、そんな元気もない。むごいことするなあ。弱いもんイジメそのものや。

●神戸市のパンフレットが配られた9月から動揺が広がり、不安が生じてきた。

●死ぬまでここにおれると思った。

●83歳にもなって、引っ越しは無理だ。このままここにいたい。

●80歳以上になって、遠くに行けということは「早く死ね」ということではないか。

●(途中入居の人は)「20年」という期限を聞いていない。

●10年かかって、ようやく住民同士の絆ができてきた。

●神戸市からは一片の紙（第2次市営住宅マネジメント計画のお知らせ）だけが送られてきた。そんな一片の紙で、築いてきた絆が断ち切られようとしていることは、大変なことだ。コミュニティが神戸市の手によって壊されようとしている。1997年7月末にポートアイランド第6仮設住宅で起きた神戸市による給水停止による孤独死事件を想い起こさせる。今後、自分たちの意見を神戸市に伝えるようにしていきたいと考えている。

2010年の年末から年始にかけて神戸市内の「借上公営住宅」の全戸に配布したビラ（「借上公営住宅」にお住まいのみなさまへの重要な情報です／兵庫県震災復興研究センター発行)をご覧になった入居者の方から電話やメール、来訪での相談が相次いだ(2011年1月24日現在、17人、その後2013年6月5日までに47人)。1月6日夜に寄せられたメールには次のように記されていた。●は、事務局からの返信内容。

○相談があります。HAT神戸脇浜海岸通の公団借り上げ住宅の住人です。チラシが入っていたので教えて欲しいのです。去年11月29日に神戸市の説明会があり、12月5日までにアンケート結果の提出期限となっていて、書類を提出してしまっているので今回の内容の訂正が出来ません。どうしたら、いいのでしょうか。

●何らご心配の必要はありません。借上住宅を担当しています神戸市住宅整備課のT・N係長かG・M主査に電話をされて、口頭で訂正をされたらいいです。住宅整備課の方が、書き直した方がいいということでしたら、「アンケート用紙をもう1回送って下さい」と伝えられたらどうでしょうか。電話番号は、０７８－３２２－〇〇〇〇、〇〇〇〇です。基本は、入居者の方の「意思や気持ち」が尊重されるかどうかです。

〇早々の返信ありがとうございました。安心できました。団地内はお年寄りの方が多く、毎日不安な日々を過ごされています。全く先の見えない、これからの立ち退き後の人生を考えると、眠れなく、自殺も考えてしまうとか。生活保護を受けているお年よりは、何をしたらいいのかもわからず、福祉からの連絡もなく、誰に聞いていいのかわからない状態です。ここで、終の棲家と思っているし、引っ越しなんて一人でできないと。震災被災者にまだ追い討ちをかける神戸市が許せません。

(2) 極めて高い高齢化率

２０１０年11月26日、数種類の情報公開請求を行ない、12月8日、情報が公開された。その中の一つ「区別の借上住宅管理状況」（平成22年10月末現在、神戸市住宅整備課）は、次の通り。

入居者５１７２人の内、65歳以上は２９０９人（56・2％）。このデータも「神戸市すまい審議会」には提出されていなかった。このデータを明らかにすると「住み替えて下さい」という神戸市の方針を決めにくいとでも考えたのであろうか。

第7節 「返還の契約を守るべきだ」（矢田立郎神戸市長、２０１０年11月）は、ルールと常識に適っているのか

２０１０年10月20日、神戸市議会都市消防委員会において「借上公営住宅」問題の陳情書に関する意見表明が行われ、結果は「審査打ち切り」となった。

各会派の意見表明は、次の通り（表明順）。

民主：陳情者の心情はわかるが、「打ち切り」。

表4-13　借上住宅管理状況（平成22年10月末現在）

区	管理戸数	入居戸数	年齢別入居者数															高齢化率
			合計	0～19	20～24	25～29	30～34	35～39	40～44	45～49	50～54	55～59	60～64	65～69	70～74	75～79	80～	
東灘	117	111	148	8	4	2	3	7	3	4	4	9	17	9	16	22	40	58.8%
灘	276	255	398	48	5	12	14	23	22	14	15	21	37	46	47	45	49	47.0%
中央	552	519	669	39	7	6	14	22	23	18	16	24	77	93	104	100	126	63.2%
兵庫	1126	1071	1478	119	17	22	45	52	38	34	45	62	160	203	187	221	273	59.8%
長田	1168	1096	1688	182	47	32	47	70	59	71	54	100	163	212	231	179	241	51.1%
須磨	486	466	710	60	25	10	22	22	13	16	23	45	70	71	101	81	151	56.9%
北	80	74	81	2	0	2	0	1	2	1	1	7	4	16	9	14	22	75.3%
合計	3805	3592	5172	458	105	86	145	197	160	158	158	268	528	650	695	662	902	56.2%

区	管理戸数	入居戸数	65歳以上単身世帯数					単身高齢世帯率
			合計	65～69	70～74	75～79	80～	
東灘	117	111	68	7	13	14	34	61.3%
灘	276	255	121	25	30	32	34	47.5%
中央	552	519	308	65	72	73	98	59.3%
兵庫	1126	1071	587	123	122	145	197	54.8%
長田	1168	1096	510	115	128	108	159	46.5%
須磨	486	466	243	38	59	51	95	52.1%
北	80	74	56	16	8	12	21	75.7%
合計	3805	3592	1893	388	432	435	638	52.7%

出所：神戸市住宅整備課資料
（2010年12月８日付、情報公開資料）

表4-14　借上住宅管理状況（平成27年6月末現在）

区	管理戸数	入居戸数	年齢別入居者数															高齢化率
			合計	0～19	20～24	25～29	30～34	35～39	40～44	45～49	50～54	55～59	60～64	65～69	70～74	75～79	80～	
東灘	111	63	85	3	2	2	1	1	3	5	1	2	9	11	8	6	31	65.9%
灘	268	168	291	53	7	10	11	15	16	13	10	11	15	23	26	31	50	44.7%
中央	421	314	414	24	11	8	8	7	20	17	8	13	18	49	61	61	109	67.6%
兵庫	986	619	908	111	23	24	22	38	36	32	29	25	40	99	123	105	201	58.1%
長田	1,096	765	1,255	178	41	37	38	56	68	45	54	45	73	113	145	161	201	49.4%
須磨	439	328	503	62	13	13	12	23	20	9	20	16	29	53	53	67	113	56.9%
北	80	44	47	59歳以下3名									5	2	12	6	19	83.0%
合計	3,401	2,301	3,503	431	97	94	92	140	163	121	122	112	189	350	428	437	724	55.4%

区	管理戸数	入居戸数	65歳以上単身世帯数					単身高齢世帯率
			合計	65～69	70～74	75～79	80～	
東灘	111	63	41	8	7	5	21	65.1%
灘	268	168	75	11	13	16	35	44.6%
中央	421	314	210	31	50	41	88	66.9%
兵庫	986	619	364	69	75	66	154	58.8%
長田	1,096	765	360	59	82	87	132	47.1%
須磨	439	328	188	26	35	45	82	57.3%
北	80	44	36	1	12	5	18	81.8%
合計	3,401	2,301	1,274	205	274	265	530	55.4%

出所：神戸市住宅整備課資料
（2015年７月17日付、情報公開資料）

公明：当局がアンケートを実施し、きめ細かくすると言ってるので、「打ち切り」。
自民：陳情の趣旨はわかるが、「打ち切り」。
共産：20年の借上期間の延長、オーナーとの協議などすべき。「採択」。
たちあがれ：当局が努力をするということを了解する。「打ち切り」。

そして、神戸市議会から送られてきた「通知」文書には理由として、「借上住宅の住み替えに当たっては、今後、入居者に対して、説明会やアンケート調査を実施した上で、個別の希望や事情に配慮し、きめ細やかな対応に努めるとの姿勢が市当局より示されたため」（神戸市会議長　荻阪伸秀「陳情の審査結果について」（通知）、平成22年10月29日付）とあった。

筆者はその後、3か月余りの期間、入居者の声を聴くなどの調査と情報公開請求を行い、それらの現状を踏まえて2回目の「陳情書」を2011年2月10日、提出した。以下は、その時の「陳情書」の一部である。

神戸市の矢田立郎市長（当時）は、「借り上げ復興住宅は、大災害の中で市としてあらゆる手を尽くして確保したもの。返還の契約を守るべきだ」（「産経新聞」2010年11月30日付）と神戸市議会で答弁し、「契約がある以上、返還するのが前提だ」（「神戸新聞」2011年1月14日付）との見解を表明していた。

契約の内容を守ることは当然のことであるが、いったん契約を交わしたら、その内容は不変なのであろうか。契約の当事者双方が合意をすれば変更可能なのが契約というものである。当時の矢田市長の意見は、契約の常識を踏まえているとは言えないものであった。

⑴神戸市と事業者

2010年8月12日、「借上公営住宅」の所有者（神戸市住宅供給公社、UR、民間）と神戸市とのそれぞれの契約書を情報公開請求にて入手した。

当然のことながら、契約書には「借上期間終了後の取扱い」が明記されている。「20年の期限」は契約しているが、それが絶対ではない。当事者間で協議すれば済むことである。例えば、URとの契約第4条2項には次のように記されている。

「借上住宅入居者が借上満了日若しくは用途廃止日以降も継続して居住することを希望し、かつ、甲（UR）が定める入居資格を有するときは、甲（UR）は、当該者との間で甲（UR）の定める賃貸借契約を締結する」。このように「20

年の期限」は、絶対ではなく、「期限延長」は可能である。神戸市住宅供給公社や民間家主とも同様の内容になっている。

ところが、神戸市はそれを脇に置いて「20年の期限」のみに限定して「住み替え」を提示していた。「神戸市すまい審議会」（2009年9月〜2010年6月）においても、また2010年8月中旬から神戸市営住宅に配布されたパンフレット「第2次市営住宅マネジメント計画のお知らせ―安全・安心・安定をめざして―」の中にも「20年の期限」のことしか示されていなかった。ある「神戸市住まい審議会」の委員は、「契約の内容は知らなかった」と、述懐していた。

契約に基づけば、「20年の期限」の延長も「借上公営住宅」の買い取りなども可能である。後述するが実際、2014年1月、神戸市は12団地551戸の「UR・借上住宅」を買い取ると発表した。

(2)民間家主（オーナー）の意向

調査結果（資料4―1）は2010年12月9日、情報公開請求にて入手したものである。神戸市は2007年（平成19）6月、民間家主（オーナー）にアンケート調査をしていたが、結果を伝えていなかったし、「借上公営住宅」問題を審議した「神戸市すまい審議会」にも報告していなかった。

全オーナー86人の内83人（96・2％）のオーナーが、契約の継続を求めていた。当時の矢田市長は「返還するのが前提だ」と主張していたが、契約の相手方である民間家主の意向を踏まえての主張だったのであろうか。

(3)神戸市と入居者

神戸市と入居者との契約にあたる「神戸市営住宅入居許可書」は、3種類ある。その内、最初の数年間は、下記の「許可書」（資料4―2）を使用していた。この「許可書」には、「借上期間」が明示されていない。従って、この「許可書」での入居者は、他の公営住宅入居者と同様、期限がないということである。

2011年1月13日、情報公開された資料（資料4―3）によると、期限の明示がない「許可書」は、432戸（11・3％／当時）あった。少なくとも、この432戸は、「契約を重んじる」神戸市の言う3805戸の「借上公営住宅」から除く必要がある。

2014年1月13日付の「神戸新聞」―借上復興住宅　20年目の漂流③―は、次のように報じた。

不可解な公文書がある。

資料4-1　民間借上賃貸住宅オーナーへのアンケート調査結果について

民間借上賃貸住宅オーナーへのアンケート調査結果について

1．概　要

20年間の借上げ期間で民間オーナーから神戸市が借り上げている住宅について、契約期間の中間点である10年目を迎える時期となったことから、契約期間満了後の対応を検討する参考として76住宅1,527戸のオーナー86人を対象に平成19年6月5日付で調査票を発送してアンケートを行った。

2．結　果

ア．回収率　　９１．９%(71住宅1,412戸のオーナー79人から回答)6月末日現在

イ．質問への回答　(注：複数オーナーの住宅があるため、住宅数の合計に誤差が生じる)

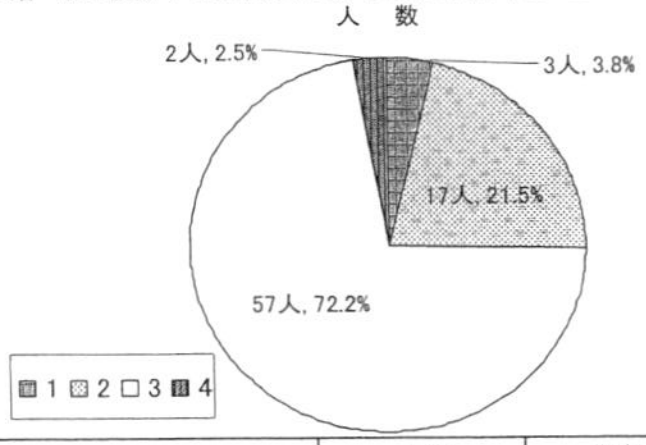

		人数		住宅数		戸数	
1	契約どおり、必ず返還して欲しい	3人	3.8%	4住宅	5.3%	66.5戸	4.7%
2	基本的には返還して欲しいが、神戸市が必要とするのであれば、引き続き借上市営住宅として契約しても良い	17人	21.5%	17住宅	22.7%	305戸	21.6%
3	引き続き、借上市営住宅として契約して欲しい	57人	72.2%	52住宅	69.3%	1,013.5戸	71.8%
4	その他	2人	2.5%	2住宅	2.7%	27戸	1.9%
	合　計	79人	100.0%	75住宅	100.0%	1,412戸	100%

※　戸数の端数は複数オーナー分を持分で計上しているため。

・　引き続き借上げる場合の条件として、家賃の値上げを希望するが１６人(１６住宅２６５戸)、契約条件の最低でも現状維持というのが１１人(１３住宅２０６戸)あった。

・　自由意見として、今回のアンケートの選択肢になかった、神戸市の買取希望が１人(１住宅２３戸)、できれば買い取って欲しいという回答も１人(１住宅２４戸)あった。

資料4-2　平成8年～20年頃まで使用の「神戸市営住宅入居許可書」

(神戸市住宅局用)

控

(特別市営住宅用)　借上型従前居住者用住宅　特定借上賃貸住宅

神戸市営住宅入居許可書

許可番号

平成 8年 1月31日

様

神戸市長

平成 8年 1月31日付けで申請のあった神戸市営住宅の入居については，平成 8年 1 月31 日付けで提出のあった神戸市営住宅使用証書に記載された事項を遵守することを条件に次のとおり許可します。

1　住宅名　　住宅　号棟　号室

2　入居者

氏　名	続柄	生年月日	勤務先及び所属名(電話)又は学校名及び学年	備考
	本人			

3　入居指定日　　平成 8 年 2 月 5 日

4　家賃　月額　　円。ただし，家賃については入居者からの申請により次のとおり助成を行うことができます。

(1)　助成は，家賃と入居者負担額（別表参照）との差額を当該家賃から減額することにより行います。

(2)　助成を受けようとする者は，毎年市長の指定する日までに入居者（同居者を含む。）の収入を記載し，当該収入を証明する書類を添付して申請しなければなりません。

(3)　収入が基準額を超える入居者については，神戸市営住宅条例（昭和35年4月条例第12号）及び神戸市営住宅条例施行規則（昭和35年4月規則第9号）に基づき助成額を減額し，又は助成を打ち切ります。

5　敷　金　　円（家賃の3月分）

市営住宅を立ち退くときに還付します。ただし，未納の家賃，割増賃料又は損害賠償金があるときは，敷金のうちから控除します。

6　その他の注意事項

(1)　本書は，先に提出のあった神戸市営住宅入居許可申請書(写し)及び神戸市営住宅使用証書(写し)とともに市営住宅に入居中大切に保存し，市営住宅を返還するときは，本書と神戸市営住宅使用証書(写し)を提出してください。

(2)　市営住宅への立入検査を行うときその他必要のあるときは，本書の提示を求めることがあります。

(3)　本書を改ざんし，又はき損したときは，無効です。

(4)　本書を他人に譲渡し，又は貸与することはできません。

(5)　本書を紛失したときは，直ちに届け出てください。

神戸市営住宅入居許可書。ピーク時で約4千戸に上った借上住宅の当選者に神戸市が発行したものだ。

2010年夏、市が入居者に返還を求める「お知らせ」を送った直後、慌てた入居者が契約書類を確認した。すると、許可書に借上期間の項目がなかったり、空欄になったままだったりする書類が多数、混じっていたのだ。

「どういうことか」。阪神・淡路大震災の復興課題を検証する民間団体「兵庫県震災復興研究センター」の出口俊一事務局長が疑問を抱き、神戸市に情報公開請求した。こんな結果が出た。

期限の記載あり　3149件

記載なし　432件

兵庫県の書類も確認すると、全ての許可書に期限の項目自体がなかった。西宮市も同様だった。

神戸市の矢田立郎市長（当時）は11年3月の市議会予算特別委員会で「震災のどさくさで混乱があった」と不備を認めている。

「正直、驚いた。契約を根拠に退去を迫る行政自身が、契約をないがしろにしていたのだから。少なくとも、入居許可書に期限の記載のない人には退去を求められないはずだ」と出口さんは指摘する。

09年12月。神戸市の重要な住宅政策を民間の有識者が議論する「すまい審議会」の議事録にこんなやりとりが残っていた。すでに震災から14年が過ぎている。

部会長　（20年の借上期間を）入居者は契約時にご存じなんですよね。

住宅部長　ご存じないと思います。

部会長　契約時に期間を知らせるのは当然、必要なことではないですか。

住宅管理課長　募集の中で、この住宅は20年の借り上げですよ、とはお知らせしています。ただ、出てくださいとは言っておりません。

当時、住宅部長だった中川欣哉西区長は振り返る。

「市は当初から退去方針を決めていたわけではなく、あのころはまだ政策の形成過程だった。だから、借上期間を延長する可能性もあった」

出口さんは話す。「神戸市は、あたかも『20年後の返還は契約時から決まっていた。だから退去は当然』とい

資料4-3　市営借上住宅入居許可書一覧

空家	期限なし	期限付と期限なしの混在　※(　)内期限付	期限付	平成22年度改正案	合計
224	354	105（27）	3032	90	3805

空家	期限なし	期限付	合計
224（5.9%）	432（11.3%）	3149（82.8%）	3805（100.0%）

出所：神戸市住宅管理課資料（2011年1月13日付、情報公開資料）

う姿勢で市民に説明しているが、実は神戸市自身、課題を先送りしていたんです」

いつ返還にかじを切ったのか。

（木村信行）

第8節　自治体によって侵害されている「借上公営住宅」入居者の基本的人権

『『ごね得を許さないでほしい』という批判が強い」（2015年12月15日、西宮市の今村岳司市長／当時）とか「居座ることを促進するのか」という意見がある。いま問題になっている事態の本質は、「ごね得」とか「居座る」ということであろうか。

「国民は、すべての基本的人権の享有を妨げられない。この憲法が国民に保障する基本的人権は、侵すことのできない永久の権利として、現在及び将来の国民に与へられる」（日本国憲法11条）のである。すべての国民に保障されている基本的人権を守るのか、それとも侵すのか、そのことが問われていることである。日本国憲法をはじめ、条約、国際法規、法律などでは、居住者の権利が以下のように保障されている。

①日本国憲法（昭和22（1947）年5月施行）

日本国憲法は第11条（基本的人権の享有）、第12条（個人の尊重と公共の福祉）、第22条（居住・移転及び職業選択の自由）、第25条（生存権、国の社会的使命）など、重層的に国民の人権＝居住権を保障している。

②社会権規約／経済的、社会的及び文化的権利に関する国際規約（昭和54（1979）年9月発効）

日本国憲法には、条約及び国際法規の遵守（第98条2項）が規定されている。また、条約は、国内法と同等の法的拘束力をもつものである。社会権規約に示されている内容は、国際的な人権の基準としておさえておかなければならない。

第11条1項：この規約の締約国（日本国）は、自己及びその家族のための相当な食糧、衣類及び住居を内容とする相当な生活水準についてのすべての者の権利を認める。締約国は、この権利の実現を確保するために適当な措置をとり、このためには、自由な合意に基づく国際協力が極めて重要であることを認める。

③一般的意見4（適切な居住の権利 The right to adequate housing、第6期会期報告、1991年）

「一般的意見」は、国連社会権委員会で討議を重ねた結果、委員全員の意見が一致したもので、いわば社会権委員会の有権解釈と言えるものである。その内の一部を紹介しておく。

（e）利用可能性（Accessibility）：適切な住居は、権利を持つものに便利なものでなければならない。不利な条件にある人（disadvantaged groups）は適切な住居への十全かつ維持可能な利用の道を与えられなければならない。高齢者・子ども・身体障害者・自然災害の犠牲者・災害多発地域居住者は居住地域において一定の優先権が確保されねばならない。略

（f）所在性（Location）：適切な住居は、複数の雇用先・病院等・学校・保育所・その他の社会施設の利用可能性がある場所に位置するものでなければならない。大都市、農村地帯いずれにおいても、勤務場所への往復の費用が貧しい家計の中で過大なものとなっていることは事実である。略

④公営住宅法（昭和26（1951）年6月施行）（この法律の目的）

第1条：この法律は、国及び地方公共団体が協力して、健康で文化的な生活を営むに足りる住宅を整備し、これを住宅に困窮する低額所得者に対して低廉な家賃で賃貸し、又は転貸することにより、国民生活の安定と社会福祉の増進に寄与することを目的とする。

日本国憲法、条約、法律に保障されている基本的人権を、神戸市や西宮市が侵害していることは、即刻止めなければならない。

第9節 「優遇策」とか「公平性」を言うが、公平性を欠くのは神戸市など自治体の政策

「借上公営住宅」問題の議論の中で繰り返し「優遇策」とか「公平性」という言葉が出てくることがある。

●神戸市会議員の意見

筆者が事務局を担当する兵庫県震災復興研究センター提出の「希望するすべての『借上公営住宅』入居者の居住継続を求める陳情書」について、2013年2月21日に開かれた神戸市会都市防災委員会での審査・意見決定では、ことさら「公平性」が持ち出された。各会派の意見決定は、次の通り（表明順）。

民主党：継続入居は、公平性の観点から問題。神戸市は、

きめ細かい住み替え策をとっているから、審査打ち切り。

自民党：神戸市は、専門家の懇談会を実施している。継続入居は、問題。審査打ち切り。

公明党：神戸市は、専門家の意見を聞こうとしている。継続入居は、気持ちはわからないではないが、①公平性の問題、②財政負担の点から問題。審査打ち切り。

日本共産党：採択。

自民党神戸：会派の考え方は、神戸市の考え方と共通している。要援護者に配慮は必要。審査打切り。

みんなの党：懇談会の公開を強く要望する。公平性の観点から問題。不採択。

住民投票☆市民力：多くが「公平性」を言うが、世の中に公平なものがあるのか。期限のない一般の市営住宅と比べて不公平になっているではないか。採択。

※新社会党は、会派・2人ゆえ、委員が不在。

●「神戸市借上市営住宅懇談会」での各委員（学者、弁護士）の意見とまとめ

●安田丑作（神戸大学名誉教授、神戸市借上市営住宅懇談会座長）

・公平性の面でも、公営住宅に入居を希望しても全ての方が入れる訳ではなかった（2013年1月21日）。

●大内麻水美（弁護士）

・税金を出している一般市民や他の住宅困窮者との関係でも不公平感が出てくる。震災の被災者というだけで、通常の住宅困窮者よりも特別に優遇を受けていると言っても、その時はやむを得ないと思うが、一定の時間が過ぎれば、当然、通常の低所得者や住宅困窮者と同じ基準で見ていっていいはずのもの。いつまでも特別扱いするのは逆差別というか不公平ではないか（2013年1月21日）。

●松原一郎（関西大学社会学部教授）

・報道を見ていると、「被災者が復興できていない、その人達に動けというのは気の毒ではないか」という論調が、テレビでも新聞でも出ている。ある種のセンチメンタリズムになっている。誰かと比べて、とか、何かと比べて、とかそういった相対的な公平性の議論ではなく、この人達がどうか、ということだけになっている。今の制度で誰が得をしているのか。オーナー、行政、納税者、入居者、誰が得をしすぎているのか。移転によって誰が損をするのか、どんな損害を被るのか。皆が納得する方法はない。なぜ移転したくないのかの分析がない。

・お金の使い方がおかしいのではないか、という意見が出てきた時にどうするか、被災者ということを引きずって、なおかつ高齢者にこれだけ手厚くできるのか、といった意見に耐えうるものか。

・メディアもポピュリズムに流されているが、それがジャーナリズムとして本当によいのか？（２０１３年1月21日）

論点とまとめ

震災復興公営住宅の大量供給の必要性からの臨時的措置であること、その後の住宅困窮者とのバランス（公平性）、市の財政負担の拡大などを考慮すれば、制度上の期限である20年で返還することを原則とすべきである（２０１３年３月15日）。

●『兵庫県借上県営住宅活用検討協議会　報告書』（平成25年3月）

住み替え困難と申告する入居者全てに継続入居を認めることは、県の財政負担が過大になることや、自力で住宅再建した被災者や一般県民との公平性の点で問題があることから、一定の「継続入居を認める要件」を検討する必要がある（平成25年3月14日）。

「その後の住宅困窮者」（神戸市）とか「自力で住宅再建した被災者や一般県民」（兵庫県）と比べ公平性の点で問題があるとしているが、「その後の住宅困窮者」や「自力で住宅再建した被災者」には、それとして方策を講じなければならないことであり、「借上公営住宅」と比べること自体が誤っている。

神戸市の文書ではこれまでも「その後の住宅困窮者」との比較をしたことがあるが、「その後の住宅困窮者」に神戸市は独自の施策をしたのであろうか。兵庫県震災復興研究センターは、大震災5年の時点（２０００年1月）で、「二重ローンの被災者に公的支援を」神戸市に提言したことがあるが、神戸市は「現行の制度では、できません。復興基金の方に求めて下さい」と極めて冷淡な姿勢であった。「その後の住宅困窮者」と比較して公平性を欠くというのは、何もしてこなかった無策を吐露したことであり、そもそも「その後の住宅困窮者」と比較すること自体、誤っている。

また、これまで公平性のことで兵庫県震災復興研究センターが指摘してきたことは、①期限のない復興公営住宅の入居者、②年齢や障害の有無などによる線引き、③住んでいる自治体の違い、神戸市営（UR、民間など）は85歳、兵庫県営（UR）は80歳、宝塚市や伊丹市は継続居住可能、④

神戸市営のUR住宅の一部の買い取りなどと比較すれば明らかに不公平が生じているが、このことについて神戸市は、黙して語らずの姿勢である。

大震災からの復旧・復興プロセスを振り返れば、神戸市や兵庫県が「その後の住宅困窮者」や「自力で住宅再建した被災者」にどのような復興施策を講じたのかは、寡聞にして知らない。

第10節 借上料

神戸市の「第2次市営住宅マネジメント計画」の説明と実際

兵庫県も神戸市も口を揃えて「財政負担が過大になる」とか「20年間優遇されてきた」かのように言うことがあるが、そうだろうか。同住宅は公営住宅法に基づく制度であり、かつ復興施策であるので、税金で賄わなければならないものである。

財政問題については、2010年5月の取り組み開始以来、繰り返し指摘してきているが、『借上公営住宅』にこんなに多額の財政負担がある」などという意見は、公営住宅法に基づく制度に関する無理解か意図的なものと言わざるを得ない。

改めて、この問題の出発点になった神戸市の「第2次マネジメント計画」を見ておこう。

神戸市の「第2次計画」では、「市営住宅会計が厳しい収支不足の状態が続いており、将来を見据えた健全化が不可欠」として、「約35億円が借上住宅の借上料となっており、これらが管理事業費を著しく圧迫している。……市債の償還や借上料等により毎年度収支不足が生じており、それを補うため、一般財源からの実質繰り入れ（平成20年度決算　約26億円）を行っている」と記している。

2010年6月以降、神戸市住宅整備課と繰り返し交渉を行い、上記の数字をつめて確かめてきた。2010年12月8日及び2015年7月17日付の情報公開資料をもとに作成したのが、次ページの表である。

「35億円」という数字は、入居者の家賃などと国庫補助＋税源移譲相当額（国費）を合計した数字である。従って、神戸市独自の負担額は、「14億円」前後である。神戸市当局が意図的とも思われる「約35億円」という数字しか「計画」に記していないので、「35億円」が独り歩きをさせられていた。「巨額の負担」などということも宣伝されているようで、「数百億円」と受け取っている関係者もいた。

自治体が直接建設しないで、民間から借りる方が早いし、安く済むなどと判断したから、兵庫県神戸市、西宮市、宝塚市、伊丹市、尼崎市、豊中市などが「借上公営住宅」を導入したのではなかったのか。安く済んだ同住宅の入居者に強制退去を求めるのは、自治体がつくった制度の取り繕いを入居者に押し付けるものにほかならない。なお、宝塚と伊丹の両市は、継続入居を認めている。同じ被災地であるにもかかわらず、住んでいる自治体によって大きな違いが生じている。不公平感は拭えない。

２０１２年2月、神戸市議会の都市防災委員会で、神戸市住宅供給公社の解散に伴う市民負担２５７億円の補填が、あまり追及もされず、アッという間に承認された。当時の都市計画総局長は「深く反省している」と表明しただけであった。失政のツケについて神戸市は「太っ腹」と感じた。「２５７億円」といえば、借上公営住宅の一般会計の負担額(年間約14億円)を20年近く賄える額である。

かつて、新長田駅南地区復興再開発事業で「神戸市、内装費肩代わり　45店に3億円」(「神戸新聞」２０１１年１月9日付)と報道されたことがあった。神戸市自らの事業の失敗には神戸市都市計画総局は公表せずに隠れて「3億円」を工面していた。都市計画総局（現在の建築住宅局と都市局)はこの「借上公営住宅」を担当している同じ局であった。

また、２０１５年9月28日、兵庫県・神戸市の一部行政機関の新長田駅南再開発地区への共同移転計画案が発表されたが、数十億円(後に90億円に確定)もかけて新築ビルを建設するのである。財政が厳しいと表明している兵庫県・

表4-15　借上住宅　決算値　(単位：百万円)

年度	借上料	内訳		うち税源移譲相当額	神戸市負担分
平成 19	3,435	家賃など	897		
		国庫補助	131		
		一般財源	2,407	1,019	1,388
平成 20	3,451	家賃など	961		
		国庫補助	41		
		一般財源	2,449	1,007	1,442
平成 21	3,474	家賃など	977		
		国庫補助	14		
		一般財源	2,483	998	1,485
平成 22	3,485	家賃など	941		
		国庫補助	90		
		一般財源	2,371	981	1,390
平成 23	3,463	家賃など	938		
		国庫補助	44		
		一般財源	2,404	977	1,427
平成 24	3,416	家賃など	915		
		国庫補助	45		
		一般財源	2,381	954	1,427
平成 25	3,369	家賃など	863		
		国庫補助	45		
		一般財源	2,392	939	1,453

＊税源移譲相当額は、神戸市住宅整備課による推計値
＊神戸市住宅整備課資料（2010年12月8日及び2015年7月17日付情報公開資料）をもとに作成

神戸市が、いきなり「数十億円」もの新たな箱モノ計画を発表したことには戸惑いを禁じ得なかった。

自らの事業の失敗には資金を調達する能力をもっている神戸市である。その能力を発揮して「借上公営住宅」問題解決にも生かせばいい。

神戸市の総予算規模は、約2兆円。予算の組み替えで160億円程度を生み出す試算もある。「借上公営住宅」問題解決にあたって財源のことは、心配不要である（表4－15）。

第11節　不問になっている強制退去策の判断・決定・遂行の責任

仮設住宅の早期解消→終の棲家としての復興公営住宅への移行、そのような状況の中で、民間住宅の「借り上げ」で公営住宅の供給が可能となり、兵庫県も神戸市もこの「借り上げ」方式を導入し、神戸市幹部は「あとは悪いようにはしない」「『借り上げ』方式は、画期的」と公言していたのである。20年という期限は、その時の法律上の制約があったまでで、その後、法改正も行われ、法制度上の制約はなくなっている。

当時、兵庫県の住宅建設課長で現・伊丹市長の藤原保幸氏は、2012年1月、次のように発言していた（「朝日新聞」2012年1月15日付）。

「転居問題の元には、①『県と神戸市のせめぎあい』、②『将来的な負担を避けたいと考える財政部局の意向』があった……。当時県は、財政力のある神戸市内には県営住宅を建てないというのが原則だった。しかし神戸市は、建て替え費用など将来の負担増を懸念。大量の市営住宅供給に慎重になっていた」。

兵庫県と神戸市のどちらの財政部局も「将来的な財政負担を懸念」して「借り上げ」方式の復興公営住宅を供給したのであるから、その責任は、兵庫県と神戸市の政策決定権者とその政策に賛成した県会議員と市会議員にある。いま、その責任を果たそうとせず、「20年の期限があるから」と、専ら入居者に住み替えの義務があるかのように描き、強制退去策を実行しているが、これは、政策を判断し、決定し、そして遂行してきた神戸市や兵庫県などの責任と義務を放棄し、すり替えていると言わざるを得ない。

第12節 公営住宅法25条2項の義務規定を棚上げ・無視しての退去通知は、法治主義を逸脱

2015年6月4日付で久元喜造神戸市長名の「借上げに係る市営住宅の期間満了に伴う明渡しについて（通知）」という文書が、神戸市営キャナルタウンウェスト住宅1号棟〜3号棟の8世帯の入居者に内容証明郵便にて送付された。

同通知では、神戸市の権限の根拠や義務が明記されている「①公営住宅法第32条第5項及び神戸市営住宅条例第50条第12項、②同法第32条第6項及び同条例第50条第13項、③借地借家法第34条第1項」に基づいて明渡しの事前通知がなされた。

入居にあたって「事業主体の長は、借上げに係る公営住宅の入居者を決定したときは、当該入居者に対し、当該公営住宅の借上げの期間の満了時に当該公営住宅を明け渡さなければならない旨を通知しなければならない」（公営住宅法25条2項）にもかかわらず、神戸市ではこの「通知」はなされなかった。

また、国の「既存民間住宅を活用した借上公営住宅の供給の促進に関するガイドライン（案）」（平成21年5月、国土交通省住宅局住宅総合整備課）においても「入居者への決定に当たっては、当該入居者に対し、公営住宅法第25条第2項の規定に基づき、当該公営住宅の借上げ期間の満了時に当該公営住宅を明け渡さなければならない旨を通知しなければならない。通知に当たっては、借上期間の具体的な満了時期及び借上期間満了時に当該公営住宅を明け渡さなければならないことの2つの事項を含む必要がある」と明記されている。

入居にあたってのこの「期間の満了時に……明け渡さなければならない旨の通知」がなされなかったということは、「事業主体の長」の義務の不履行ゆえ手続き的瑕疵があった。

筆者が久元喜造神戸市長宛に提出した「要請書」（2015年6月24日付）に対する同年7月7日付の文書回答では、「御指摘いただいております公営住宅法第25条と第32条の関係につきまして国土交通省に確認したところ、公営住宅法第25条第2項の事前通知は、同法第32条の明渡請求の前提条件ではないとの見解を確認しております」とのことであったので、筆者は同年7月9日午後、国土交通省住宅総合整備課・法令担当の斎藤係長に尋ねた。

斎藤係長の見解は、次の通り。

①神戸市から問い合わせがあったので、「前提条件ではない」との見解はお伝えしましたが、裁判になって司法がどのように判断されるかはわかりませんが、最初の段階で手続き面で問題があったとすれば、(同法25条2項は義務規定ですねとの筆者の質問には) 義務が果たされなかったことになります。

②(公営住宅法の法文には、20年で退去しなければならない規定は存在しませんね、との筆者の質問に)同法には、存在しません。(国庫補助の期間ですね、との筆者の質問に)その通りです。

③(借地借家法の改正で上限20年はなくなっていますね、との筆者の質問に)そうです。

「前提条件ではない」との見解の神戸市の引用は、自らに都合のいいように引用したに過ぎず、義務規定を履行しなかったことは明白である。「前提条件ではない」と言明しているが、そのことを強調すればするほど、公営住宅法25条2項を無視する姿勢を示すことになり、適正な手続きを欠いているのである。「法律の定める手続きによらなければ、……自由は……奪われない」(日本国憲法31条)。神戸市の強制退去施策は、公営住宅法25条2項に違反していることは、明白である。神戸市が義務を履行しないで、追い出しばかり推進するのは、法律にも常識にも反している。

「借上公営住宅」の退去について、「公営住宅法の要請」とか「法的には20年を超えて住む権利はない」と神戸市は退去施策を実行しているが、先に見たように公営住宅法のどこにそのような規定があるのだろうか。

第13節　「住宅の明け渡し訴訟に関する市長の専決処分」方針を改め、市議会に諮るのが適当

「借上公営住宅」強制退去問題は「軽易な問題」ではない

(1) 地方自治法96条1項12号の規定を尊重し、市議会に諮るように

２０１６年1月末に「20年の返還期限」を迎える神戸市兵庫区の「キャナルタウンウェスト1~3号棟」住宅の入居者3世帯に対して、神戸市は２０１５年12月末に退去を求める文書を送った。公営住宅法に基づく最終の請求文書で、3世帯が住み替えに応じず退去しない場合、市は明け渡し訴訟を起こす方針で、実際、その後訴訟を起こした。兵庫県西宮市ではシティハイツ西宮北口の7世帯の入居者を提訴する方針で、同市議会は２０１５年12月、提訴議案をいっ

たん継続審議とした。一方、神戸市は、市営住宅の明け渡し訴訟は市長の専決処分ででき、提訴に市議会の議決は不要とのことであった。

自治体が訴訟を提起するときは議会の承認が必要である（地方自治法96条1項12号）。しかし、「議会の権限に属する軽易な事項で、その議決により特に指定したもの」は市長の専決処分ができることとされている（地方自治法180条）。

神戸市では「市長専決処分事項指定の件」（昭和48年2月18日市会議決）で市長専決処分で可能な事項を定めており、その中に「不動産（賃借その他の権原に係るものを含む。）の管理上必要な訴えの提起」という内容があり、市営住宅の家賃滞納者に対する明渡請求訴訟などは、この規定に基づいて提起されてきた。

神戸市が市長の専決処分で訴訟をする方針は、この提訴を「軽易な事項」と認識していることになるが、「借上公営住宅」入居者に対して退去を求めることは決して「軽易な事項」ではない。

神戸市議会の指定が、具体的な限定がなく、広範囲にわたるものであるため、文言上だけをみれば「専決処分指定事項」に該当するようであるが、今回の「借上公営住宅」問題の性質上、市議会に諮るのが適当であった。

ちなみに、「応訴事件に係る和解のすべてを専決処分とすることは、本条第1項に違反する無効なものとする」判例（東京高裁平成13年8月27日、平成13年（行コ）第74号、判例時報1764号56頁、判例タイムス1088号140頁）があり、公営住宅からの明け渡し請求すべてを専決処分とすること、すなわち、「借上公営住宅」の明け渡し請求訴訟の提起までも市長の専決処分で行うことができるということは地方自治法の趣旨に悖るものである。

(2) 行政手続法を無視し、適正手続きを欠く退去手続き

公営住宅の使用許可は行政処分であり、その取消処分もまた行政処分であることは明らかである。使用許可取り消しというような不利益処分を行う場合、行政手続法13条に基づき聴聞手続きを行う必要があるが、そのようなことが全く行われないいまま、退去手続きが進められており、適正な行政手続さえも無視したものと言わざるを得ない。

第14節　神戸市と西宮市が入居者を提訴

神戸市は2016年2月16日、キャナルタウンウェスト1～3号棟(神戸市兵庫区)の入居者3世帯3人を①明け渡しと②損害賠償を求めて神戸地方裁判所に提訴し、続いて同年11月14日、キャナルタウンウェスト4号棟の入居者4世帯4人も同様に提訴した。さらに、2017年に入って、キャナルタウンウェスト1世帯1人、シティコート住吉本町(神戸市東灘区)の2世帯2人も同様に提訴し、現在10世帯10人となっている。また、西宮市も2016年5月27日、シティハイツ西宮北口の入居者7世帯10人を神戸地方裁判所尼崎支部に提訴した。

訴訟の争点と裁判支援

神戸市のキャナルタウンウェスト1～3号棟2世帯2人と西宮市のシティハイツ西宮北口7世帯10人については、1996年の改正公営住宅法により、「借上公営住宅」制度が導入される前に入居していたことから改正公営住宅法施行前の事件とされている。施行前事件では、入居当時、1996年改正公営住宅法が存在しなかったので、借地借家法が適用される。他方、神戸市のキャナルタウンウェスト1～3号棟の1世帯1人と4号棟の4世帯4人は、1996年の改正公営住宅法により、「借上公営住宅」制度が導入された後に入居していたことから、改正公営住宅法施行後の事件とされている。施工後事件では原則として、公営住宅法の適用がない場合には、施行前事件と同じく借地借家法が適用されることになり、裁判では2つのパターンが同時に進行している。

神戸地裁では4つの民事部に係属し、2件はすでに入居者が大阪高等裁判所に控訴、そして尼崎支部での裁判も判決が下され(2019年4月24日)、大阪高裁に控訴した。入居者はもとより支援者も多大なエネルギーを注ぎ、この訴訟をたたかっている。神戸市長宛の署名はすでに47都道府県から1万5000筆を超え、西宮市長宛も47都動府県から1万筆に及ぶ署名が寄せられ、この問題に対する関心が次第に広がり高まってきている。

第15節　2010年5月から3年近くの取り組みで、ようやく一部の継続居住を認めた兵庫県と神戸市、しかし、いずれも再考が必要

2013年3月末、兵庫県(3月27日)と神戸市(3月25

日)が、相次いで線引き継続方針を発表した。

兵庫県の方針は、①期限満了時に80歳以上、②要介護度3以上、③重度障害者の何れかがいる世帯、④①〜③に準ずる人で「判定委員会」が認めた世帯は居住継続可能としました。その後も入居者や支援者の改善要望が続く中、2014年6月17日、もう少し要件緩和する方針を発表した。

①入居期限を迎えた時点で、小中学生がいる(24世帯)、②近隣に住む親族(2親等以内)が要介護3以上か重度障害者で介護が必要、③自立できない末期がん患者がいる―などの世帯、④近くの公営住宅に住み替えができないことなどが条件。

その時点での救済世帯は、4割程度(凡そ720世帯／1797世帯、2013年2月末現在)で、その後、6・5割程度(凡そ1000世帯／1538世帯、2014年5月末現在)となった。

神戸市の方針は、①期限満了時に85歳以上、②要介護度3以上の高齢者、③重度の障害者の何れかがいる世帯、④URから買い取り予定の住宅(386世帯)は居住継続可能。

同じくその時点での救済世帯は、2割程度(580世帯／2865世帯、2013年2月末現在)で、その後、3.6割(凡そ、567世帯／1574世帯、2016年5月末現在)となった。神戸市が退去施策の方針を発表して3年余りで、1291世帯が退去または自然減となっている。

神戸市と兵庫県の継続居住方針についての問題点は、次の通り。

①なぜ「80歳以上」(兵庫県)・「85歳以上」(神戸市)なのか、その根拠は発表された方針や『報告書』の中では示されていない。

②85歳未満でも転居困難な居住者が多数存在していることは、これまでの神戸市や兵庫県の調査で明らかになっている。居住者間を分断し、新たな差別を生み出すことになる。

③0歳もしくは85歳未満の居住者が転居したあとは、これまで以上に高齢者・障害者のみの住宅となり、コミュニティの崩壊を促進することになる。

④方針は、これまで築き上げてきたコミュニティや絆を断ち切り、単身世帯の多い「借上公営住宅」では、孤独死を促進しかねない。

⑤自治体による基準の違いで、被災者の側から見れば、不公平感が拭えない。

神戸市と比べ兵庫県の継続居住の方針は、多少緩和されているが、年齢などによる線引きに変わりはない。

実際に、神戸市のTさんは、4年後に「借上公営住宅」の入居期限が切れるが、その時84歳と9か月、85歳に3か月足りず、出ていかなければならないのかと不安を感じている。一律の線引きによって、このような不安を抱いている入居者は多い。

また、兵庫県においては細かい条件をいくつもつけているので申請手続きの書類は、11頁もの膨大で複雑な文書になり、入居者にとってかなりの負担が生じていることも問題である。

第16節 取り組み始めて3年の時点で、〝ゼロ回答〟から〝有額回答〟に

目標は、〝希望する入居者の継続居住〟

(1) 2014年1月、神戸市は12団地551戸の「UR・借上住宅」の買い取りを発表

神戸市は2014年1月14日、URが所有する高齢者向け特別仕様など12団地551戸を買い取ることでURと合意したと発表した。12団地は、緊急通報装置を備えたシルバーハイツや、共同生活用のグループホーム、20~30戸の小規模団地など。神戸市が当初、仕様や建設を要請した経緯があるからと説明している。神戸市の管理戸数は、この551戸を除くと3158戸（2013年12月末現在）。うち1526戸が個人や法人の民間所有。神戸市は、この民間の家主にも高齢者向け特別仕様などを要請していた。

URの住宅を買い取ること（約100億円）は、一歩前進だが、ではなぜ、その他の「借上公営住宅」は線引き方針のままなのか、不公平ではないかという問いにはまともに答えず、「UR・借上住宅」買い取りを発表した久元喜造神戸市長（2013年11月就任、前副市長、元総務官僚）は、「本来、20年で退去をするということは、これは公営住宅法の要請」と説明した。追い出し方針は、「公営住宅法の要請」と誤った内容を表明するなど、スジも通らず、辻褄も合わず、支離滅裂なことになっている。

(2) 20年期限は「公営住宅法の要請」なのか

「借上公営住宅」を20年で返還することは「公営住宅法の要請」と説明されているが、それは全く誤っている。先に見たように今では、20年を超えて賃貸借を継続することは法制度上もなんら問題はない。

国は、「借上公営住宅」に対する補助金について、20年を

超える場合は相談に応じると言ってきたし、実際２０１４年１月、国の補助が継続することが明らかになった。兵庫県や神戸市が20年で打ち切らなければならない理由は全く存在しない。

２０１３年３月、兵庫県や神戸市が80歳以上、85歳以上の継続を認めるという方針を出したのも、それが制度上可能だからである。つまり制度上は、何歳の人でも継続して住むことは可能なのである。

(3)取り組み始めて９年

この問題に取り組み始めた２０１０年５月から９年が経過するが、当初「ゼロ回答」が続いた中で、２０１３年３月末、居住者と支援者の継続的な粘り強い取り組みが反映して兵庫県や神戸市が方針を一部見直した結果、その当時で兵庫県４割（現在、６・５割）、神戸市２割（現在、３・６割）の救済が図られることになった。しかし依然として、神戸市、西宮市などでおよそ９００世帯の入居者が追い出される。線引き方針では、問題の解決にはならない。

この問題の解決は、入居者の居住権の保障、つまり、希望する入居者の継続居住を認めること以外にはない。

公営住宅法の目的は、「この法律は、国及び地方公共団体が協力して、健康で文化的な生活を営むに足りる住宅を整備し、これを住宅に困窮する低額所得者に対して低廉な家賃で賃貸し、又は転貸することにより、国民生活の安定と社会福祉の増進に寄与することを目的とする」（１条）と明記されている。公営住宅法の目的にそって、暗い影を取り除いていかなければならない。

資料４-４　神戸市並びに兵庫県の考え方、方針

１．神戸市／「借上市営住宅についての神戸市の考え方について」（２０１３年３月25日）
http://www.city.kobe.lg.jp/life/town/house/information/publichouse/kariagekondankai.html

２．兵庫県／「ＵＲ借上県営住宅における住み替えに配慮を要する方への対応方針」（２０１３年３月27日）
http://web.pref.hyogo.lg.jp/governor/documents/g_kaiken20130327_01.pdf

３．「借上公営住宅」問題に関する兵庫県井戸敏三知事の記者会見（２０１３年３月27日）
http://web.pref.hyogo.lg.jp/governor/g_kaiken20130327.html

資料４-５　参考条文

【公営住宅法】（昭和26年（１９５１年）６月４日法律第１９３号）

（この法律の目的）

第１条　この法律は、国及び地方公共団体が協力して、健康で

文化的な生活を営むに足りる住宅を整備し、これを住宅に困窮する低額所得者に対して低廉な家賃で賃貸し、又は転貸することにより、国民生活の安定と社会福祉の増進に寄与することを目的とする。

（公営住宅の家賃に係る国の補助）

第17条　国は、第7条第1項若しくは第8条第3項の規定による国の補助を受けて建設若しくは買取りをした公営住宅又は都道府県計画に基づいて借上げをした公営住宅について、事業主体が前条第1項本文の規定に基づき家賃を定める場合においては、政令で定めるところにより、当該公営住宅の管理管理の開始の日から起算して5年以上20年以内で政令で定める期間、毎年度、予算の範囲内において、当該公営住宅の近傍同種の住宅の家賃の額から入居者負担基準額を控除した額に2分の1を乗じて得た額を補助するものとする。

（入居者の選考等）

第25条　事業主体の長は、入居の申込みをした者の数が入居させるべき公営住宅の戸数を超える場合においては、住宅に困窮する実情を調査して、政令で定める選考基準に従い、条例で定めるところにより、公正な方法で選考して、当該公営住宅の入居者を決定しなければならない。

2　事業主体の長は、借上げに係る公営住宅の入居者を決定したときは、当該入居者に対し、当該公営住宅の借上げの期間の満了時に当該公営住宅を明け渡さなければならない旨を通知しなければならない。

（公営住宅の明渡し）

第32条　事業主体は、次の各号のいずれかに該当する場合においては、入居者に対して、公営住宅の明渡しを請求することができる。一　入居者が不正の行為によって入居したとき。二　入居者が家賃を3月以上滞納したとき。三　入居者が公営住宅又は共同施設を故意に毀損したとき。四　入居者が第27条第1項から第5項までの規定に違反したとき。五　入居者が第48条の規定に基づく条例に違反したとき。六　公営住宅の借上げの期間が満了するとき。

2　公営住宅の入居者は、前項の請求を受けたときは、速やかに当該公営住宅を明け渡さなければならない。

3　事業主体は、第1項第1号の規定に該当することにより同項の請求を行ったときは、当該請求を受けた者に対して、入居した日から請求の日までの期間については、近傍同種の住宅の家賃の額とそれまでに支払を受けた家賃の額との差額に年5分の割合による支払期後の利息を付した額の金銭を、請求の日の翌日から当該公営住宅の明渡しを行う日までの期間については、毎月、近傍同種の住宅の家賃の額の2倍に相当する額以下の金銭を徴収することができる。

4　前項の規定は、第1項第2号から第5号までの規定に該当することにより事業主体が当該入居者に損害賠償の請求をすることを妨げるものではない。

5　事業主体が第1項第6号の規定に該当することにより同項の請求を行う場合には、当該請求を行う日の6月前までに、当該入居者にその旨の通知をしなければならない。

6　事業主体は、公営住宅の借上げに係る契約が終了する場合には、当該公営住宅の賃貸人に代わって、入居者に借地借家法（平成3年法律第90号）第34条第1項の通知をすることができる。

【第４編第２章の参考文献】（発行年月日順）

早川和男・岡本祥浩『居住福祉の論理』（東京大学出版会、１９９３年４月）

熊野勝之編著『奪われた「居住の権利」　阪神大震災と国際人権規約』（エピック、１９９７年４月）

早川和男『居住福祉』（岩波書店、１９９７年５月）

神戸市『阪神・淡路大震災　復興誌』（神戸市震災復興本部総括局復興推進部企画課、２０００年１月）

神戸市震災復興総括・検証研究会『神戸市震災復興総括・検証報告書』（神戸市震災復興本部総括局総合計画課、２０００年３月）

早川和男『災害と居住福祉　神戸失策行政を未来に生かすために』（三五館、２００１年２月）

塩崎賢明編『住宅政策の再生　豊かな居住をめざして』（日本経済評論社、２００６年４月）

本間義人『居住の貧困』（岩波書店、２００９年11月）

井上英夫『住み続ける権利　貧困、震災をこえて』（新日本出版社、２０１２年３月）

家正治・早川和男・熊野勝之・森島吉美・大橋昌広『「居住の権利」とくらし　東日本大震災復興をみすえて』（藤原書店、２０１２年３月）

塩崎賢明・西川榮一・出口俊一・兵庫県震災復興研究センター編『東日本大震災　復興の正義と倫理』（クリエイツかもがわ、２０１２年12月）

早川和男『居住福祉社会へ　「老い」から住まいを考える』（岩波書店、２０１４年７月）

塩崎賢明・西川榮一・出口俊一・兵庫県震災復興研究センター編『大震災20年と復興災害』（クリエイツかもがわ、２０１５年１月）

市川英恵著、兵庫県震災復興研究センター編『「被災者のニーズ」と「居住の権利」』（クリエイツかもがわ、２０１７年３月）

広原盛明・川島龍一・髙田富三・出口俊一『神戸百年の大計と未来』（晃洋書房、２０１７年８月）

戸田典樹編『福島原発事故　取り残される避難者―直面する生活問題の現状とこれからの支援課題』（明石書店、２０１８年３月）

市川英恵著、兵庫県震災復興研究センター編『住むこと　生きること　追い出すこと　9人に聞く　借上復興住宅』（クリエイツかもがわ、２０１９年１月）

初出一覧

※●書籍、○雑誌

●日本科学者会議兵庫支部・兵庫県労働運動総合研究所『みんなでできりひらこう震災復興―2・18震災フォーラム全記録』（兵庫県労働運動総合研究所、１９９５年3月17日）

・「資料編」

○「大企業の復興特需、労働者への攻撃とたたかいの方向」（革新の輪をひろげる兵庫懇談会『震災復興の根本を問う　革新懇からの提言』、１９９５年5月3日）

●兵庫県震災復興研究センター『論集　震災復興への道』（兵庫県震災復興研究センター、１９９５年6月17日）

・「資料」

○「被災住民への公的補償はしなければならない―雲仙・普賢岳災害の現地を視察して」（兵庫県震災復興研究センター『震災研究センター』№2、１９９５年6月20日）

○「震災復興への道」（日本科学者会議『日本の科学者』１９９５年7月号Ｖｏｌ．30、１９９５年7月1日）

●兵庫県震災復興研究センター『生活再建への課題―検証　阪神・淡路大震災1年』（兵庫県震災復興研究センター、１９９６年5月17日）

・「政策提言など資料」

○「阪神・淡路大震災（兵庫県南部地震）の被災住民の人権が侵されています」（兵庫県震災復興研究センター『震災研究センター』№4、１９９５年8月20日）

○「感動・元気・展望のトライアングル　3つのことばが印象に残る集会でした―『災害・人間・復興』全国交流集会（10・14～15）を終えて」（兵庫県震災復興研究センター『震災研究センター』№6、１９９５年10月20日）

○「あの大震災から1年　より深刻になる現状が明らかに―公的保障制度を求める声　急速に高まる」（兵庫県震災復興研究センター『震災研究センター』№9、１９９６年1月20日）

○「『全国調査』の集計結果を発表（2月21日）　7割が低家賃の公営住宅を切望」（兵庫県震災復興研究センター『震災研究センター』№10、１９９６年2月20日）

○「ユマニテ紙　震災1年の現状リポートを掲載」（兵庫県震災復興研究センター『震災研究センター』№10、１９９６年2月20日）

○「人間復興3・20兵庫県大集会　1万人を超す参加者が集う―公的支援実現に大きなはずみ」（兵庫県震災復興研究センター『震災研究センター』№11、１９９６年3月20日）

○「義援金は速やかに被災者のもとへ―配分計画は直ちに修正を」（兵庫県震災復興研究センター『震災研究センター』№12、１９９６年4月20日）

●兵庫県震災復興研究センター編『大震災と人間復興―生活再建への道程』（青木書店、１９９６年10月17日）

・「生活再建を求めて　復興運動小史」

・「資料編」

○「被災地の都市計画・まちづくり」（兵庫県労働運動総合研究所『国民春闘白書　１９９７年兵庫県版』、１９９６年12月17日）

○「10月23日、震災研究センター　仮設住宅給水停止問題で公文書の全面公開を求め審査請求書を提出」（兵庫県震災復興研究センター『震災研究センター』№31、１９９７年11月20日）

○「4年目の冬　復興は八割？―公的支援の立法化を」（大阪自治体問題研究所『住民と自治』１９９８年2月号、１９９８年2月15日）

○「そこでしか聞けないことが聞けた―フィールドワーク〝激震地長田はいま〟を実施して」（兵庫県震災復興研究センター『震災研究センター』No.35、1998年3月20日）
○「2月26日、震災研究センター　仮設住宅給水停止問題で公文書の全面公開求め意見書を提出」（兵庫県震災復興研究センター『震災研究センター』No.35、1998年3月20日）
○『復興基金』の改善は急務―大震災の被災者が利用しやすいように」（兵庫県震災復興研究センター『震災研究センター』No.36、1998年4月20日）
○『復興基金』の改善を考える―大震災の被災者が利用しやすいように」（『メディアポート』Vol．17、きかんし印刷、1998年春）
○「給水停止に関する公文書公開は市民の利益を守る公益性がある―プライバシー保護を理由に非公開にすることは許されない」（兵庫県震災復興研究センター『震災研究センター』No.39、1998年7月20日）
○「被災地・兵庫県民の審判」（『賃金と社会保障』1998年8月上旬号、旬報社、1998年8月10日）
○「大整理・激甚災害と個人補償―被災地・神戸の要求が国会に届くまで（一）」（『賃金と社会保障』1998年10月上旬号、旬報社、1998年10月10日）
○「神戸市行政の誤り　明白に―神戸市公文書公開審査会が、給水停止に関する公文書公開請求を認めたことについて」（兵庫県震災復興研究センター『震災研究センター』No.42、1998年10月20日）
○「兵庫県震災復興研究センター3年半の記録　大震災被災者への公的支援実現を求めて―兵庫県震災復興研究センター（震災研究センター）活動の記録」（兵庫県震災復興研究センター『震災研究センター』No.43、1998年10月20日）
○「大整理・激甚災害と個人補償―被災地・兵庫の要求が国会に届くまで（二）」（『賃金と社会保障』1998年11月上旬号、旬報社、1998年11月10日）
○「大整理・激甚災害と個人補償―被災地・兵庫の要求が国会に届くまで（三）」（『賃金と社会保障』1998年12月上旬号、旬報社、1998年12月10日）
○「大震災―被災者生活再建支援法の抜本的改善は急務」（兵庫県労働運動総合研究所『国民春闘白書1999年』、1998年12月1日）
○「いまだ救援・復旧は終わらず―神戸空港より生活再建を」（総合社会福祉研究所『福祉のひろば』通巻347号、1999年1月1日）
○「大震災4周年　新たな劇的変化を予感させる市民意識の地殻変動―いっせい地方選挙は絶好の機会　払しょくなるか『復興の手詰まり感』」（兵庫県震災復興研究センター『震災研究センター』No.45、1999年1月20日）
○「被災者生活再建支援法は助けになるか―災害直後の現金の重み」（『メディアポート』Vol．21、きかんし印刷、1999年春）
○「大震災いまだ救援・復旧は終わらず」（自由法曹団兵庫県支部『the 団』第26号、1999年5月）
○『神戸の壁』は神戸に―『なぜ津名町に？』の声　町立美術館建設は中断」（兵庫県震災復興研究センター『震災研究センター』No.48、1999年6月20日）
○「大震災と個人補償・公的支援―人間復興の4年6か月」（兵庫県震災復興研究センター『震災研究センター』特別号、1999年7月15日）
○「急がされた決断　少なすぎた選択肢―生活再建に遠い住宅再建」（『メディアポート』Vol．22、きかんし印刷、1999年夏）
○「大震災いまだ終わらず」（兵庫県労働運動総合研究所『2000年

国民春闘白書』、１９９９年12月１日）
○「阪神・淡路大震災と居住の権利」（兵庫県震災復興研究センター『震災問題資料』、２０００年５月13日）
●兵庫県震災復興研究センター編『大震災　いまだ終わらず―５年間の国と自治体の復旧・復興施策を問う』（兵庫県震災復興研究センター、２０００年５月17日）
・「『復興基金』の５年と今後の課題」
・「１８００億円の義援金とその配分―大震災からの教訓は何か」
・「兵庫県震災復興研究センター　研究の記録ほか資料」
○「『東京都震災予防条例の改正について（中間まとめ）』に対する意見書」（兵庫県震災復興研究センター『震災研究センター』№57、２０００年６月20日）
○「市民の視点で真の復興問う『大震災いまだ終わらず』出版」（兵庫県震災復興研究センター『震災研究センター』№58、２０００年６月20日）
○「市民の視点で復興を検証―県、神戸市へ提言の本出版」（兵庫県震災復興研究センター『震災研究センター』№58、２０００年６月20日）
○「大震災いまだ終わらず―何が『格差』を生んだのか？」（『アジャパーＷＥＳＴ』２号、２０００年７月）
○「神戸式『支援』くり返さないで」（兵庫県震災復興研究センター『震災研究センター』№60、２０００年９月20日）
○「激甚災害と個人補償―この国と自治体は何のためにあるのか」（日本科学者会議『日本の科学者』２０００年10月号Ｖｏｌ．35、２０００年10月１日）
○「被災者住宅再建支援制度は、国と自治体が責任をもって早期に確立を」（兵庫県震災復興研究センター『震災研究センター』№62、２０００年11月20日）
○「相次ぐ災害―被災者住宅再建支援制度の確立は急務」（兵庫県労働運動総合研究所『２００１年国民春闘白書』、２０００年12月１日）
○「住宅再建支援制度の確立は国と自治体の責任―鳥取県の施策を学んで早期に確立を」（自治体問題研究所『住民と自治』通巻４５３号、２００１年１月１日）
○「住宅再建支援制度の確立に向け大きく前進―鳥取県の３００万円支援策、全国をリード」（兵庫県震災復興研究センター『震災研究センター』№66、２００１年３月20日）
○「自然災害と被災者支援（第１回）住宅再建と個人補償」（総合社会福祉研究所『福祉のひろば』通巻３７８号、２００１年４月１日）
○「自然災害と被災者支援（第２回）鳥取県・片山善博知事が語ったこと」（総合社会福祉研究所『福祉のひろば』通巻３７９号、２００１年５月１日）
○「被災地の課題は今も現在進行形で続いている―震災研究センター会員制移行第１回総会を終えて」（兵庫県震災復興研究センター『震災研究センター』№69、２００１年５月20日）
○「自然災害と被災者支援（第３回）阪神・淡路大震災が国際舞台に（上）」（総合社会福祉研究所『福祉のひろば』通巻３８０号、２００１年６月１日）
○「自然災害と被災者支援（第４回）阪神・淡路大震災が国際舞台に（下）」（総合社会福祉研究所『福祉のひろば』通巻３８１号、２００１年７月１日）
○「貝原県政と個人補償」（兵庫県自治体問題研究所『兵庫県政の検証と今後の課題―21世紀の住民自治をめざして』、２００１年７月15日）
○「自然災害と個人補償―阪神・淡路大震災と鳥取県西部地震の教訓は何か」（総合社会福祉研究所『総合社会福祉研究』第19号、

２００１年10月15日）

○「被災者への個人補償はどこまできたのか」（全国保険医団体連合会『月刊保団連』No.７２９、２００２年１月１日）

○「阪神・淡路大震災と人権救済―国連社会権規約委員会、被災者支援策を批判、是正を勧告」（兵庫人権問題研究所『月刊人権問題』No.３０１、２００２年１月15日）

○「阪神・淡路大震災と人権救済―国連社会権規約委員会、被災者支援策を批判、是正を勧告」（兵庫県震災復興研究センター『震災研究センター』No.77、２００２年１月20日）

○「自然災害と被災者支援（第11回）阪神・淡路大震災の教訓は生かされたか（上）」（総合社会福祉研究所『福祉のひろば』通巻３８８号、２００２年２月１日）

○「自然災害と被災者支援（第12回）阪神・淡路大震災の教訓は生かされたか（下）」（総合社会福祉研究所『福祉のひろば』通巻３８９号、２００２年３月１日）

○「『我が国の地震防災対策』についての意見書」（兵庫県震災復興研究センター『震災研究センター』No.81、２００２年５月20日）

●塩崎賢明・西川榮一・出口俊一・兵庫県震災復興研究センター編『大震災１００の教訓』（クリエイツかもがわ、２００２年10月17日）

・「仮設住宅の官僚的管理がもたらした悲劇―真夏の給水停止」

・「震災による借金返済に喘ぐ被災者―被災者生活再建支援法の抜本改正は急務」

・「『自力再建層』に重くのしかかるローン―被災者住宅再建支援制度の早期確立を」

・被災者住宅再建支援制度の確立は国と自治体の責任―鳥取県の施策を学んで

・「『復興基金』の仕組み」

・「『復興基金』事業の経緯」

・「『復興基金』事業の現状」

・「『復興基金』事業の改善の方向」

・「１８００億円の義援金とその配分」

・「今後の義援金の取り扱い」

・「震災を奇貨とした大企業」

・「いち早い復興県民会議の結成と個人補償実現をめざす取り組み
―大震災被災者の最後の一人まで救済を」

○「震災研究センター　９・22『大震災１００の教訓』出版記念講演会を開催―６００人を超す市民が田中長野知事の話をきく」（兵庫県震災復興研究センター『震災研究センター』No.86、２００２年10月20日）

○「『大震災１００の教訓』出版―52人が20テーマで執筆、被害と復興を多角的に検証」（兵庫県震災復興研究センター『震災研究センター』No.88、２００２年12月20日）

○「防災や復興、市民の立場で検証　県震災復興研究センター『大震災１００の教訓』出版」（兵庫県震災復興研究センター『震災研究センター』No.88、２００２年12月20日）

○「大震災２８５０日の真実と『大震災１００の教訓』の出版」（新建築家技術者集団『第23回全国研究集会』報告書、２００２年11月２日）

●塩崎賢明・安藤元夫・児玉善郎編『現代都市再開発の検証』（日本経済評論社、２００２年12月30日）

・「新長田というまち」

○「大震災から８年の現実と『大震災１００の教訓』の出版」（兵庫人権問題研究所『月刊人権問題』No.３１３、２００３年１月15日）

○「復興公営住宅での孤独死の状況（Ⅱ）」（兵庫県震災復興研究セン

ター『震災研究センター』№92、２００３年４月20日）

○「阪神・淡路大震災覚え書き」（兵庫県震災復興研究センター『震災研究センター』№92、２００３年４月20日）

○『自助・共助・公助』について」（阪神大震災復興市民まちづくり支援ネットワーク『月刊きんもくせい』２００４年３月号、２００４年３月30日）

○「住宅再建支援制度創設に至る経緯と課題」（立命館大学経済学会『立命館經濟學』第53巻特別号、２００４年４月10日）

○「生活・住宅再建の個人補償制度確立は国と自治体の責任」（建設政策研究所『建設政策』第96号、２００４年７月15日）

○「特集　南海地震がやってくる⑲　阪神大震災　まだ終わっていない」（「紀伊民報」２００４年８月１日）

○「特集　南海地震がやってくる⑳　生活・住宅再建支援制度創設の経緯」（「紀伊民報」２００４年８月29日）

○「震災10年への提言」（神戸新聞社広告局『ひょうご・マーケティングレポート　神戸新聞ＳＥＥＤＳ　ＮＥＷＳ』ＶＯＬ．31、２００４年９月）

●『社会保障・社会福祉大事典』刊行委員会編『社会保障・社会福祉大事典』（旬報社、２００４年10月20日）

・災害遭遇への対応（防災保障）

○「被災者の生活再建と地域経済の再建はどうあるべきか」（第11回全国建設研究・交流集会実行委員会『第11回全国建設研究・交流集会実行委員会報告書』、２００４年11月７日～８日）

○「ゼロからスタートした個人補償はどこまできたのか―大震災の教訓は生かされているのか」（日本科学者会議『第15回総合学術研究集会予稿集』、２００４年11月26日～28日）

○「ゼロからスタートした個人補償はどこまできたのか―個人補償制度を生み出してきた被災者・市民」（兵庫県労働運動総合研究所『２００５年国民春闘白書』、２００４年12月17日）

○「自然災害と住宅再建　生活・住宅再建への個人補償は必要不可欠」（新建築家技術者集団『建築とまちづくり』№３２９、２００５年１月１日）

○「シンポジウム　阪神・淡路大震災10年の教訓　報告　個人補償問題の到達点ほか」（『経済』№１１２、２００５年１月１日）

○「災害列島日本の個人補償」（『前衛』№７８６、２００５年１月１日）

○「大震災10年と個人補償」（兵庫人権問題研究所『月刊人権問題』№３３７、２００５年１月15日）

●塩崎賢明・西川榮一・出口俊一・兵庫県震災復興研究センター編『大震災10年と災害列島』（クリエイツかもがわ、２００５年１月17日）

・生活・住宅再建の政策形成プロセス―市民による個人補償のための制度設計

・「自力再建層」に重くのしかかるローン―「居住安定支援制度」はスタートしたけれど

・「復興基金」終了後の支援策の方向

【インタビュー】

・「富国強兵」路線の克服こそ、被災地再生の道―救援ボランティアと神戸空港住民投票運動は私の原点……信州・長野県知事　田中康夫

・大震災から10年、被災の原点を忘れるな……鳥取県知事　片山善博

・大震災の教訓と南海大地震への備え……高知県知事　橋本大二郎

【緊急報告／台風災害・新潟県中越大震災】

・迅速な被災者支援策の実行を

【コラム】

・「自助・共助・公助」について
・震災を奇貨とした新長田の巨大再開発の見直しを
【資料】・台風災害・新潟県中越地震災害被災者の生活・住宅再建の支援策についての緊急九項目提案（２００４年11月　1日）
●塩崎賢明・西川榮一・出口俊一・兵庫県震災復興研究センター編『Lessons from the Great Hanshin Earthquake』（クリエイツかもがわ、２００５年1月17日）
・「仮設住宅の官僚的管理がもたらした悲劇―真夏の給水停止」
・「震災による借金返済に喘ぐ被災者」
・「１８００億円の義援金配分はなぜ遅れたのか」
・「復興特需でボロ儲けした大企業」
○「自然災害と住宅再建―住宅再建への公的支援策は必要不可欠」（全労済協会『Labor Research Library』3号、２００５年2月）
○「大震災10年と個人補償」（大阪自治体問題研究所『おおさかの住民と自治』通巻３１７号、２００５年5月15日）
○「大震災10年　いまだ復興ならず―増え続ける孤独死」（兵庫県自治体問題研究所『05年版　これでいいのか兵庫県政』、２００５年5月21日）
○「わたしと変えよう！みんなの神戸―大震災から三度、神戸市長選挙にとりくんで」（日本住宅会議関西会議『あすか』№１１８、２００６年2月15日）
○「大震災12年　いまだ復興ならず―増え続ける孤独死」（兵庫県労働運動総合研究所『２００７年国民春闘白書』、２００６年12月17日）
●兵庫県震災復興研究センター『災害復興ガイド』編集委員会・塩崎賢明・西川榮一・出口俊一編『災害復興ガイド』（クリエイツかもがわ、２００７年1月17日）
・義援金をどう考えるか

【コラム】・「災害救助法」と教育
●日本住宅会議編『サステイナブルな住まい―住宅白書２００７―２００８』（ドメス出版、２００７年9月10日）
・鳥取県が実施した被災者と地域保護の住宅再建支援策
○「能登半島地震の復興の現状と課題（上）」（兵庫人権問題研究所『季刊人権問題』通巻３４９号、２００７年10月31日）
○「能登半島地震の復興の現状と課題（下）」（兵庫人権問題研究所『季刊人権問題』通巻３５０号、２００８年1月31日）
○「大震災13年と災害復興の課題」（兵庫県労働運動総合研究所『２００８年労働・生活白書』、２００８年2月17日）
○「『被災者生活再建支援法』の二度目の改正の論点を考える―被災者に安心と希望を与え、被災地の早期復興の実現を」（兵庫県労働運動総合研究所『２００８年労働・生活白書』、２００８年2月17日）
●兵庫県震災復興研究センター・『世界と日本の災害復興ガイド』編集委員会・塩崎賢明・西川榮一・出口俊一編『世界と日本の災害復興ガイド』（クリエイツかもがわ、２００９年1月17日）
【資料】・現行の被災者支援策一覧
○「阪神・淡路大震災から14年」（総合社会福祉研究所『福祉のひろば』通巻４７３号、２００９年3月1日）
○「神戸市立中央市民病院移転の問題点と移転の真相」（日本住宅会議関西会議『あすか』№１３３、２００９年10月30日）
●塩崎賢明・西川榮一・出口俊一・兵庫県震災復興研究センター編『大震災15年と復興の備え』（クリエイツかもがわ、２０１０年4月17日）
・「復興基金」
・義援金
・被災者生活再建支援法　災害弔慰金法
【コラム】・震災復興と政治

○「被災者に四度目の住み替えを強いる神戸市の『市営住宅マネジメント計画』―『第2次計画』(2010年6月18日)は、居住の安定確保に逆行」(兵庫県震災復興研究センター『震災研究センター』No.131、2010年7月17日)

○「神戸市の『第2次市営住宅マネジメント計画(案)』についての意見(2010年5月31日)」(兵庫県震災復興研究センター『震災研究センター』No.131、2010年7月17日)

○「神戸市の『第2次市営住宅マネジメント計画』の問題点と今後の方向」(兵庫県震災復興研究センター『震災研究センター』No.133、2010年10月1日)

○「大震災15年と復興の備え『災害復興制度』の確立は急務」(新建築家技術者集団『建築とまちづくり』No.392、2010年10月1日)

○「『借上公営住宅』からの追い出しは〝復興災害〟」(兵庫県震災復興研究センター『震災研究センター』No.134、2010年12月17日)

○「大震災15年と復興の備え―『災害復興制度』の確立は急務」(基礎経済科学研究所『経済科学通信』第124号、2010年12月25日)

○「阪神・淡路大震災16年にあたって―〝復興災害〟を食い止めよう!」(兵庫県震災復興研究センター『震災研究センター』No.135、2011年2月1日)

○「大震災16年と『借上公営住宅』問題―大震災被災者の最後の一人まで救済を!」(兵庫県震災復興研究センター『震災研究センター』No.135、2011年2月1日)

○「被災者の尊厳と基本的人権に立脚した救援・復興を一刻も早く『復興災害』を繰り返してはならない」(現代労働問題研究会『労働通信』No.263、2011年5月1日)

○「自然災害被災者の権利確立の道」(日本針路研究所『プランB』No.34、2011年8月1日)

●塩崎賢明・西川榮一・出口俊一・兵庫県震災復興研究センター編『東日本大震災　復興への道　神戸からの提言』(クリエイツかもがわ、2011年10月17日)

・東日本大震災六か月、いまこそ被災者救済を

【資料】・兵庫県知事への緊急提言(2011年3月15日)

・東日本大震災の被災者救済、避難・仮設居住に関する第1次提言(2011年3月22日)

・東日本大震災　被災自治体支援強化、災害救助、義援金に関する第2次提言(2011年4月10日)

・東日本大震災の救援・復旧に関する第3次提言(2011年5月7日)

・東日本大震災の救援・復旧に関する第4次提言(2011年6月20日)

○「創造的復興」がもたらした〝復興災害〟―大震災被災者の最後の一人まで救済を」(基礎経済科学研究所『経済科学通信』第127号、2011年12月30日)

●津久井進・出口俊一・永井幸寿・田中健一・山崎栄一著　兵庫県震災復興研究センター編『「災害救助法」徹底活用』(クリエイツかもがわ、2012年1月17日)

・災害救助の種類　救助の内容と課題

応急仮設住宅の供与【救助の課題】(1)みなし仮設住宅、(2)私有地での仮設住宅、(3)仮設住宅(施設・設備)の改善を、(4)仮設住宅を恒久住宅に、(5)被災者の自力仮設再建への支援

・災害救助法の課題と展望　求められる災害救助法23条1項7号、2項の発動

・あとがき

○「図書紹介　兵庫県震災復興研究センター編『災害救助法』徹底活用」（兵庫県自治体問題研究所『兵庫　住民と自治』通巻586号、2012年2月1日）

○「大震災17年と『借上公営住宅』問題―〝住まいの安心と幸福〟の破壊を食い止めよう！」（兵庫県震災復興研究センター『震災研究センター』No.141、2012年2月17日）

○「東日本大震災　中小業者への公的支援の現状と課題―阪神・淡路大震災17年の経緯を踏まえて」（全国商工団体連合会『月刊民商』No.617、2012年3月1日）

○「東日本大震災　前進した中小業者への公的支援策」（兵庫県震災復興研究センター『震災研究センター』No.142、2012年3月17日）

○「東日本大震災被災者救済の課題と方向―『災害救助法』の徹底活用を」（総合社会福祉研究所『総合社会福祉研究』第40号、2012年5月10日）

○「防災対策推進検討会議の『中間報告』に関する意見書（2012年4月22日）」（兵庫県震災復興研究センター『震災研究センター』No.143、2012年5月17日）

○「震災からの復興とは何か―災害復興制度の確立を目標に」（日本住宅会議『住宅会議』第85号、2012年6月28日）

○「7・2～3『借上公営住宅』問題の相談会と抗議集会並びに署名提出」（兵庫県震災復興研究センター『震災研究センター』No.144、2012年8月17日）

○「『東日本大震災　復興の正義と倫理』を出版します。」（兵庫県震災復興研究センター『震災研究センター』No.145、2012年10月17日）

●塩崎賢明・西川榮一・出口俊一・兵庫県震災復興研究センター編『東日本大震災　復興の正義と倫理　検証と提言50』（クリエイツかもがわ、2012年12月17日）

・中小業者への公的支援策

・「借上公営住宅」問題

【資料】・現行の被災者支援策一覧（山崎栄一、津久井進と共著）

○「阪神・淡路大震災の〝復興災害〟―大震災18年の現状・課題・取り組み」（兵庫県震災復興研究センター『震災研究センター』No.146、2013年2月17日）

○「希望するすべての『借上公営住宅』入居者の居住継続を求める陳情書」について―神戸市会／都市防災委員会での口頭陳述（2013年2月21日）―（兵庫県震災復興研究センター『震災研究センター』No.147、2013年5月17日）

○「神戸市会／都市防災委員会での『借上公営住宅』問題の4回目の陳情に関する口頭陳述並びに各会派の審査・意見決定について（2013年2月22日）」（兵庫県震災復興研究センター『震災研究センター』No.147、2013年5月17日）

○「『借上公営住宅』問題3・4～6〝請願行動〟&交流相談会（2013年3月7日）」（兵庫県震災復興研究センター『震災研究センター』No.147、2013年5月17日）

○「『借上公営住宅』問題　線引き継続方針では、解決にならない―兵庫県6割、神戸市8割の入居者の居住権の保障を」（兵庫県震災復興研究センター『震災研究センター』No.147、2013年5月17日）

●日本住宅会議編『東日本大震災　住まいと生活の復興―住宅白書2011―2013』（ドメス出版、2013年6月25日）

・関西広域連合の後報支援の取り組み

○「神戸市都市計画審議会　口頭意見陳述（1995年3月14日）」（兵庫県震災復興研究センター『震災研究センター』No.150、2013年10月17日）

○「阪神・淡路大震災18年半　新長田駅南地区復興再開発の現状と課題」（兵庫県震災復興研究センター『震災研究センター』№150、2013年10月17日）

●民主教育研究所編集・発行『3・11東日本大震災と教育』（民主教育研究所、2013年11月28日）

・阪神・淡路大震災の教訓―神戸からの提言

○「阪神・淡路大震災20年検証作業の取り組みについて」（兵庫県震災復興研究センター『震災研究センター』№152、2014年2月17日）

○「阪神・淡路大震災20年検証作業の取り組みについて」（兵庫県震災復興研究センター『震災研究センター』№153、2014年3月17日）

○「阪神・淡路大震災20年検証作業の取り組みについて（その2）」（兵庫県震災復興研究センター『震災研究センター』№154、2014年7月17日）

●関西学院大学災害復興制度研究所『検証　被災者生活再建支援法』（関西学院大学出版会、2014年3月31日）

・2013年竜巻災害・関東地方の実例（磯辺康子、津久井進と共著）

・生活・住宅再建をめぐる立法運動

○「『借上公営住宅』問題で揺れる阪神・淡路大震災の被災地」（日本住宅会議関西会議『あすか』№149、2014年6月15日）

○「阪神・淡路大震災19年　『借上公営住宅』退去の問題点」（日本住宅会議『住宅会議』第91号、2014年6月30日）

○「阪神・淡路大震災20年『借上公営住宅』退去の非道―被災高齢者の居住環境は、今」（建設政策研究所『建設政策』第157号、2014年9月15日）

○「被災者生活再建支援法制定の経緯・現状と課題」（兵庫県震災復興研究センター『震災研究センター』№155、2014年11月17日）

●日本災害復興学会『復興』（日本災害復興学会誌『復興』通巻第12号、2014年12月25日）

・震災復興が残した課題―兵庫県震災復興研究センターの20年の研究と実践を通して考える

●塩崎賢明・西川榮一・出口俊一・兵庫県震災復興研究センター編『大震災20年と復興災害』（クリエイツかもがわ、2015年1月17日）

・理不尽な「借上公営住宅」からの強制的退去・新長田駅南地区再開発の現状と課題

・兵庫県震災復興研究センターの20年を振り返って

【資料】・兵庫県震災復興研究センター20年の活動一覧

【資料】・最新版・現行の被災者支援策一覧（山崎栄一、津久井進と共著）

・あとがき

○「ますます迷路に入り込んでいく『借上公営住宅』問題への神戸市の対応策」（日本住宅会議『住宅会議』第93号、2015年2月28日）

○「ドキュメント：苦悩する新長田地区再開発事業」（日本住宅会議『住宅会議』第93号、2015年2月28日）

○「言いたい　『借上公営住宅』の強制的退去を考える　「毎日」2015年2月25日」（兵庫県震災復興研究センター『震災研究センター』№156、2015年3月17日）

○「アスタくにづか管理費見直し訴訟控訴審―第1回口頭弁論7月14日午後、大阪高裁にて開かれる」（兵庫県震災復興研究センター『震災研究センター』№158、2015年8月17日）

○「『借上公営住宅』の強制的退去を食い止めるために」（兵庫県震災復興研究センター『震災研究センター』№158、2015年8月17日）

○「被災地の『影』取り除こう　見る　思う　「神戸」２０１５年７月19日」（兵庫県震災復興研究センター『震災研究センター』No.１５８、２０１５年８月17日）

○「神戸市営住宅条例の一部改正（案）についての意見（２０１５年７月21日）」（兵庫県震災復興研究センター『震災研究センター』No.１５８、２０１５年８月17日）

○「『借上公営住宅』の強制的退去の中止を求める要請書（２０１６年１月20日）」（兵庫県震災復興研究センター『震災研究センター』No.１６０、２０１６年３月17日）

○「阪神・淡路大震災21年と復興災害」（建交労『建交労　理論集』No.68、２０１６年３月30日）

○「『借上公営住宅』強制退去問題の経過と現在（２０１６年６月29日）」（兵庫県震災復興研究センター『震災研究センター』No.１６１、２０１６年７月17日）

○「『借上公営住宅』強制退去問題の最近の状況と取り組み」（兵庫県震災復興研究センター『震災研究センター』No.１６２、２０１６年11月17日）

●日本住宅会議編『深化する居住の危機―住宅白書２０１４－２０１６』（ドメス出版、２０１６年12月15日）

・阪神・淡路大震災22年と「復興災害」

○「被災者の健康や安心、そして幸福を脅かす『借上公営住宅』の強制退去―自治体の強制退去策は、人権侵害」（兵庫県震災復興研究センター『震災研究センター』No.１６３、２０１７年１月17日）

○「自治体の『借り上げ公営住宅』強制退去施策は、人権侵害」（自治体問題研究所『住民と自治』通巻６４７号、２０１７年３月１日）

○「『借上公営住宅』問題の取り組み（署名と裁判）の中間報告」（兵庫県震災復興研究センター『震災研究センター』No.１６４、２０１７年８月17日）

●広原盛明・川島龍一・髙田富三・出口俊一著『神戸百年の大計と未来』（晃洋書房、２０１７年８月30日）

・新長田南再開発に未来はあるか

○「２０１７年10月15日～17日、熊本県南阿蘇村の小学校で『童謡サロン&パントマイム』の公演を行いました。」（兵庫県震災復興研究センター『震災研究センター』No.１６５、２０１７年11月17日）

○「黒田達雄さんの死を悼む」（兵庫県震災復興研究センター『震災研究センター』No.１６６、２０１８年２月１日）

●戸田典樹編著『福島原発事故　取り残される避難者―直面する生活問題の現状とこれからの支援課題』（明石書店、２０１８年３月11日）

・「借上公営住宅」の強制退去問題を考える

○「『災害多発社会を考える』報告書（Ⅲ）〝復興災害〟の現状と課題」（兵庫県震災復興研究センター『震災研究センター』No.１６７、２０１８年３月17日）

○「新長田駅再開発地区（アスタくにづか）の正常化の動き―５番館南棟、６月末、規約改正→管理組合結成へ」（兵庫県震災復興研究センター『震災研究センター』No.１７０、２０１９年３月17日）

Ⅲ－2. 商工業者向けの特別の貸付けなど

制度の名称	支援の内容	問い合わせ先／根拠法
㊻災害復旧資金貸付	災害からの事業復旧のための政府系金融機関による融資。東日本大震災においては別枠の融資（東日本大震災復興特別貸付）も設けられた。	日本政策金融公庫、商工組合中央金庫
㊼災害復旧高度化資金	災害を契機に事業の高度化を図るための復旧に限定された公的融資。	都道府県、中小企業基盤整備機構
㊽小規模企業設備資金	小規模企業者の設備投資に対して無利子融資を行う。	都道府県
㊾中小企業体質強化資金	市街地活性化、地域産業対策、共同事業、新産業育成などさまざまな中小企業の体質強化を図る事業に向けた融資を行う。	都道府県
㊿災害関係特例保証	災害復旧に必要な資金の融資の信用保証を行う。	信用保証協会
⑺特別利子補給	商工中金からの借入れについて利子補給を行う。	国、自治体、商工組合中央金庫／激甚災害法15条

Ⅲ－3 農林漁業者向けの特別の貸付けなど

制度の名称	支援の内容	問い合わせ先／根拠法
⑺天災融資制度	天災により被害を受けた農林漁業者に対して融資を行う。	国、自治体／天災融資法
⑺日本政策金融公庫による融資	災害からの事業復旧のための政府系金融機関による融資を行う。	日本政策金融公庫

制度の名称	支援の内容	問い合わせ先／根拠法
㊿特定優良賃貸住宅	官・民が提供する特定優良賃貸住宅への入居を提供する。	自治体
54自治体・基金による独自支援	被災地自治体が条例等に基づいて、あるいは復興基金等を設立して、独自に支援金を支給する。	都道府県、市町村

Ⅲ 中小の商工・農林漁業者のための支援制度

Ⅲ－1. 現金が支給されるもの

制度の名称	支援の内容	問い合わせ先／根拠法
55農業災害補償	災害による農業災害に対し、農作物共済、家畜共済、果樹共済、畑作物共済、園芸施設共済等により補償する。	国、各共済事業者／農業災害補償法等
56被災農家経営再開支援事業	農作物の生産が困難となった農業者に支援金を交付する。	農林水産省生産局
57森林国営保険	災害により森林が被害を受けた場合に国営保険により補償する。	国／森林国営保険法
58漁業災害補償	災害により漁業に被害が生じた場合に補償する。	国、各共済事業者／漁業災害補償法
59漁業復興担い手確保支援事業	若青年漁業者に対して、漁業再開までの技術習得にかかる研修費用を補助する。	水産庁企画課
60漁業・養殖業復興支援事業	漁業者、養殖業者に対して、経営再建に必要な経費を補助する。	水産庁漁業調整課、栽培養殖課
61雇用調整助成金	急激に活動縮小を強いられた事業主に対して一部補助する助成金。	公共職業安定所
62被災者雇用開発助成金	被災離職者・被災地域に居住する求職者を1年以上雇い入れる事業主に対する助成金。	公共職業安定所
63 3年以内既卒者（新卒扱い）採用拡大奨励金・3年以内既卒者トライアル雇用奨励金	被災離職者・被災地域に居住する求職者を1年以上雇い入れる事業主に対する助成金。	公共職業安定所
64職業適応訓練費支給	事業主に訓練費を支給し、訓練生に失業保険金を支給する。	公共職業安定所
65中小企業等グループ施設等災害復旧事業費補助金	県の設定した中小企業等グループの復興事業計画について、施設・設備の復旧経費の4分の3以内を補助する。	都道府県の中小企業課[12]

(12)東日本大震災後、懸案であった中小商工業者の事業に対する現金支給の支援制度が実現した。地域経済の復興を促すためにも予算の増額など拡充が必要である。

制度の名称	支援の内容	問い合わせ先／根拠法
㊷宅地防災工事資金融資	災害により危険な状況となって改善命令等を受けた者に対し工事費用を融資する。	独立行政法人住宅金融支援機構
㊸地すべり等関連住宅融資	地すべり等で危険な家屋の移転、住宅建築の資金を融資する。	独立行政法人住宅金融支援機構
㊹復興支援住宅ローン	各種金融機関が住宅を再建する場合に住宅ローン融資を行う（融資条件、利率、返済期間等で特別の配慮を行う）。	銀行、信用金庫、信用組合等の各種金融機関
㊺自治体・基金による独自支援	被災地自治体が条例等に基づいて、あるいは復興基金等を設立して、独自に融資を行う。	都道府県、市町村

Ⅱ－3. 減免、猶予その他の支援

制度の名称	支援の内容	問い合わせ先／根拠法
㊻自治体・基金による利子補給	被災地自治体が条例等に基づいて、あるいは復興基金等を設立して、住宅ローンの利子の一部を補給する。	都道府県、市町村
㊼返済方法の変更	住宅金融支援機構の融資を受けている被災者の返済方法の軽減（返済の据置、期間延長、一定期間の金利引下等）を行う。銀行等の金融機関については各々の個別対応。	独立行政法人住宅金融支援機構、銀行、信用金庫、信用組合等の各種金融機関
㊽自然災害時一部免除特約付き住宅ローン	融資物件が被災した場合に、住宅ローンの返済を一部免除して現金が払い戻される〔全壊で24回分（約定返済保障型）、全壊でローン残高の50%（残高保障型）〕。	三井住友銀行、エース損害保険
㊾被災ローン減免制度（個人版私的整理ガイドライン）	保有資産を上回る債務が減免される。破産手続き（法的整理）とは異なり、個人信用情報の登録などの不利益を回避できる。弁護士費用は不要で、手元に残せる現金・預金は、義援金・支援金等のほか上限500万円分。	個人版私的整理ガイドライン運営委員会、弁護士会[11]

⑾現在のところ、東日本大震災に限って利用できる。他の災害でも利用できるようにするべきである。

Ⅱ－4. 現物的な支給が行われるもの

制度の名称	支援の内容	問い合わせ先／根拠法
㊿応急仮設住宅等への入居	応急仮設住宅以外にも、公営住宅・公務員宿舎、民間賃貸住宅、旅館・ホテルへ入居が可能となっている（みなし仮設住宅）。	国、自治体／災害救助法
51被災住宅の応急修理	半壊・半焼等の住宅に居住する困窮した被災者に対し応急修理を行う。	国、自治体／災害救助法
52災害公営住宅	住宅に困窮している被災者に対し公営住宅への入居を提供する。	国、自治体／公営住宅法

⑻地震共済の中でも、JAが行う「建物更生共済」は、迅速で手厚い補償で、被災後の再建に有効だったとの実績報告がある。

●JA建物更生共済

地震などによる損害（全壊）	1,000万円	
自然災害による損害（全壊）		
自然災害共済金	2,000万円	
臨時費用共済金	250万円	（風災、ひょう災、雪災の場合に限る）
特別費用共済金	200万円	（風災、ひょう災、雪災の場合に限る）
合計	2,450万円＋残存物とりかたづけ費用共済金	

⑼兵庫県住宅再建共済（愛称：フェニックス共済）は、今のところ兵庫県が先駆けて実施している。低い掛金でまとまった支援金が得られる明快な制度である。大幅な加入率向上が望まれる。

●兵庫県特別再建共済制度「フェニックス共済」

再建等給付金	全壊・大規模半壊・半壊で再建・購入	600万円
	全壊で補修	200万円
補修給付金	大規模半壊で補修	100万円
	半壊で補修	50万円
居住確保給付金	全壊・大規模半壊・半壊で再建・購入・補修をせずに賃貸住宅に入居した場合等	10万円

（注）　1．県外で再建・購入の場合、給付金額は1/2となる。
2．賃貸住宅等については次の制約がある。
⑴再建等給付金は、兵庫県外での再建・購入は給付対象とならない。
⑵居住確保給付金は、給付対象とならない。

⑽公立学校共済組合の組合員には、下記のような災害見舞金が給付される。

●公立学校共済組合災害見舞金・同附加金、兵庫県学校厚生会災害見舞金
■給付額

区分	公立学校共済組合		兵庫県学生厚生会
損害の程度	災害見舞金	同附加金	災害見舞金
住居および家財の全部が焼失または滅失したとき	給料月額の3か月分×1.25	災害見舞金の額の60％	20万円
住居および家財の1/2以上が焼失または滅失したとき	給料月額の2か月分×1.25	災害見舞金の額の60％	15万円
住居および家財の1/3以上が焼失または滅失したとき	給料月額の1か月分×1.25	災害見舞金の額の60％	10万円
住居または家財の1/3以上が焼失または滅失したとき	給料月額の0.5か月分×1.25	災害見舞金の額の60％	5万円
住居または家財の1/5以上1/3未満の損害を受けたとき	—	給料月額の0.5か月分×1.25	3万円

Ⅱ－2.　特別の貸付けなど

制度の名称	支援の内容	問い合わせ先／根拠法
㊴災害復興住宅融資	住宅が全半壊した所有者が自宅を再建、購入等する場合に融資を行う。	独立行政法人住宅金融支援機構
㊵災害復興住宅（補修）融資	被災住居の所有者が自宅を補修する場合に融資を行う。	独立行政法人住宅金融支援機構
㊶生活福祉資金、母子寡婦福祉資金の住宅資金	被災住宅の補修、増改築等につき高齢者・障害者世帯、低所得者世帯、母子・寡婦世帯に対し融資を行う。	国、自治体、社会福祉協議会

制度の名称	支援の内容	問い合わせ先／根拠法
㉖郵便物の料金免除等	被災地に郵便葉書を無償交付、一部の郵便物の料金を免除する。	郵便局
㉗郵便貯金等の非常取り扱い	災害時の緊急時には、通帳、印鑑等がなくても本人確認だけで払い戻しに応じ、簡易保険の払い込みの延期、簡保担保貸付などを行う。	郵便局
㉘未払賃金立替払	災害により企業が倒産した場合に未払賃金の一部を企業に代わって立て替え払いする。	労働者健康福祉機構

(6)税金に関する措置は、単なる軽減だけでなく、災害関連支出を雑損控除することで、まとまった還付金を得られることもあり、生活再建に役立つ例も多い。注目の上、是非活用したい。

Ⅰ－4．現物的な支給が行われるもの

制度の名称	支援の内容	問い合わせ先／根拠法
㉙学用品の給付	災害で学用品を失った児童・生徒に対し、教科書、文房具、通学用品等を支給する。	国、自治体／災害救助法
㉚葬祭の援助	遺体の埋葬が困難な場合に遺族に代わって応急的に埋葬を行う。	国、自治体／災害救助法
㉛支援物資	善意により寄せられた支援物資を被災者に配分する。	被災地の災害対策本部など(7)

(7)支援物資も、善意のあらわれだが、被災地の受け入れ・保管には多大な時間と人材の投入を余儀なくされる。受入拒否をする被災地もある。送る際には、被災地の状況の見極めが重要だ。

Ⅱ　住まいの再建のための支援制度

Ⅱ－1．現金が支給されるもの

制度の名称	支援の内容	問い合わせ先／根拠法
㉜被災者生活再建支援金	災害で住宅が全壊するなどした場合、最高200万円の現金（加算支援金は建設・購入に対し最高200万円、補修に対し100万円、賃借に対し50万円。なお基礎支援金については→①が支給される。	国、市町村／被災者生活再建支援法(1)
㉝自治体・基金による独自支援	被災地自治体が条例等に基づいて、あるいは復興基金等を設立して、独自に支援金を支給する。	都道府県、市町村
㉞地震保険	地震による損失を補償する（火災保険の上限50％の範囲内で建物5000万円、家財1000万円が上限）。	各保険事業者／地震保険に関する法律
㉟地震共済	地震による損失を補償する（補償内容は共済によって異なる）。	各共済事業者(8)
㊱兵庫県住宅再建共済	被災住宅の再建・補修に支援金を支払う（掛金年5千円に対し最高600万円）。	兵庫県(9)
㊲共済組合による見舞金	加入している共済組合の規定に基づき見舞金が支給される	各共済事業者(10)
㊳住宅エコポイント（実質現金）	エコ住宅の新築またはエコリフォームを行う場合に、住宅エコポイントが発行される。	住宅エコポイント事務局

Ⅰ－2.　特別の貸付けなど

制度の名称	支援の内容	問い合わせ先／根拠法
⑪災害援護資金	災害で世帯主が負傷した場合、家財の3分の1以上の損害を受けた場合、住居が全半壊した場合に、最高350万円まで資金を貸し付ける。	国、市町村／災害弔慰金法
⑫災害援護資金（生活福祉資金）	低所得世帯、障害者世帯、高齢者世帯等に対し必要な費用を貸し付ける。総合支援資金（支援費20万円以内、住宅入居費40万円以内、一時生活再建費60万円以内）、福祉資金〔福祉費（住宅補修250万円、災害時の臨時費用150万円）、緊急小口資金10万円以内〕、教育支援資金、不動産担保型生活資金がある。	国、自治体、社会福祉協議会
⑬母子寡婦福祉貸付金	被災した母子家庭、寡婦に対し事業開始資金等を貸し付ける。	国、市町村／母子及び寡婦福祉法
⑭厚生年金・労災年金担保貸付	恩給、共済年金、厚生年金、労災年金などを担保に融資を行う。	日本政策金融公庫
⑮労働金庫による貸付	被災労働者、被災離職者に対し500万円（無担保、中央労働金庫の場合）程度の貸付を行う。	労働金庫
⑯保険、共済による貸付	各種保険契約、各種共済が被災した契約者に対し特別の貸付を行う。	各保険会社、共済事業者
⑰各種奨学金	災害による奨学金が必要となった生徒・学生に対し緊急に奨学金を貸し付ける。	自治体、各学校、日本学生支援機構など
⑱自治体・基金による独自支援	被災地自治体が条例等に基づいて、あるいは復興基金等を設立して、独自に融資を行う。	都道府県、市町村(4)

Ⅰ－3.　減免、猶予その他の支援

制度の名称	支援の内容	問い合わせ先／根拠法
⑲税金の軽減、猶予、延長	所得税の軽減、予定納税の減額、納税の猶予、申告期間の延長などを行う。	国、自治体、税務署(6)
⑳国民健康保険料等の減免、猶予	国民健康保険料、介護保険料、医療費、介護・障害福祉サービス利用料の一部負担金の減額、免除、延長などを受けられる。	国、自治体、社会保険
㉑学校授業料の減免	被災者の授業料、入学料、入学試験料などを減免する。	自治体、学校
㉒放送受信料の免除	被災者に対し一定期間NHKの放送受信料が免除される。	ＮＨＫ
㉓公共使用料等の減免	自治体所管の公共料金、施設使用料、保育料等の料金が軽減、免除される場合がある。	都道府県、市町村
㉔光熱費等の減免	ガス、電気、電話料金が軽減、免除される場合がある。	被災地のガス、電気、電話事業者
㉕JRの運賃減免	被災地内の運賃を減免する。	JR各社

Ⅰ　暮らしの再建のための支援制度

Ⅰ－1．現金が支給されるもの

制度の名称	支援の内容	問い合わせ先／根拠法
①被災者生活再建支援金	災害で住宅が全壊するなどした場合、最高100万円の現金（基礎支援金は、全壊で最高100万円、大規模半壊で最高50万円。なお住宅の再建方法に応じた加算支援金最高200万円については→㉜）が支給される。	国、市町村／被災者生活再建支援法(1)
②災害弔慰金	災害による死亡者の遺族に対し、最高500万円の弔慰金が支給される。	国、市町村／災害弔慰金法3条
③災害障害見舞金	災害による障害者に対し、最高250万円の見舞金が支給される。	国、市町村／災害弔慰金法8条
④小中学生の就学援助金	災害による経済的理由で就学困難となった児童・生徒に対し、学用品費、通学費、学校給食費などを支給する。	国、市町村／就学困難な児童及び生徒に係る就学奨励についての国の援助に関する法律
⑤児童扶養手当等	被災者に対する児童扶養手当、特別障害者手当、障害児福祉手当について、支給ラインを広げるため所得制限の特例措置を講じて支給する。	国、市町村
⑥生活保護	生活困窮者に必要な扶助金を支給する。	国、市町村／生活保護法(2)
⑦雇用保険	災害により失業した者、あるいは、一時的に離職せざるを得なくなった者に失業給付金を支給する。通常の支給日数よりも延長される。	国、公共職業安定所
⑧生業資金	生業に必要な資金の給与。ただし現実に運用されていない。	国／災害救助法(3)
⑨自治体・基金による独自支援	被災地自治体が条例等に基づいて、あるいは復興基金等を設立して、独自に支援金を支給する。	都道府県、市町村(4)
⑩義援金	善意により寄せられた義援金を被災者に配分する。	日本赤十字社など、義援金配分委員会など(5)

(1)被災者生活再建支援法は、創設された1998年当時は上限100万円で、住宅再建に使うことも禁止されていた。2007年の2回目の改正で現在の内容に大幅に改善されたが、まだまだ未解決の問題もあり、今後にさらなる見直しが予定されている。

(2)生活保護は、平時の福祉制度だが、災害時には弾力的な運用が期待される。三宅島噴火災害での運用が前例となり、今後「災害保護」として発展が期待される。

(3)生業資金の給与は、災害救助法4条1項7号にはっきり明記されているにもかかわらず、近時は全く運用されていない。現物給付よりも現金給付が求められる現代社会に即しておらず、違法運用の疑いも濃い。適正な運用が強く求められている。

(4)被災自治体の独自支援は、復興法制の不十分な点を補う重要な施策である。鳥取県西部地震での住宅再建補助金は、被災者生活再建支援法の欠陥を補った。その後も、支援金額をかさ上げする「上乗せ条例」や、適用要件を緩和する「横出し条例」が各地で制定されている。また、雲仙・普賢岳噴火の際には復興基金が創設された。阪神・淡路大震災や中越地震でも復興基金が立ち上げられ、公的制度ではなかなか難しい柔軟な支援メニューを多数整備して大いに役立った。被災自治体によって支援内容はさまざまである。被災者としては、被災状況に合ったメニューの創設を求めていくことがまず第一である。

(5)義援金は、善意の寄付であり、被災者の生活再建に直接役立つ大切な共助であるが、その配分方法は難問である。公的支援策と横並びにされがちだが、統一的な公平さよりも、むしろ被災地の被害実態に即した配分が行われるべきである。

資料・現行の被災者支援策一覧

これまでの災害の経験から、さまざまな被災者支援の制度がつくられてきた。これらの支援制度が、被災者・被災地の復興に大きな役割を果たしてきた。しかし、決して十分でなかったことも間違いない。

支援の内容や方法は実にさまざまだが、ざっと概観してみるといろいろ目につく点がある。例えば、福祉的措置を中心に手厚く支援している部分もあれば、商工業者や中間所得層向けの支援など明らかに手薄なところもある。また、貸付や利子補給といった間接支援メニューに対し、直接的な給付支援のメニューは少ない。公的支援(公助)と民間支援(共助・自助)のバランスが取れているとも言い難い。

復興支援制度は、今後も、さらに改善と拡充の努力が図られるべきである。改善と拡充にあたっては、第１に支援メニューが利用者である被災者にとってわかりやすい簡明で透明性のある内容かどうか、第２に過去の復興の検証と教訓が十分に生かされた役立つ内容かどうか、第３に復興支援制度の根本的な目的、すなわち被災者の絶望感を今後の希望に変えていく復興のミッションにかなったものとなっているか、を常に念頭に置きながら、より良い制度を追求していかなければならない。

その取り組みの前提として、現行制度を概観したのが次の一覧である。災害復興に携わる方々の参考資料として活用していただきたい。なお、公的制度については内閣府が「被災者支援に関する各種制度の概要」を公表している（http://www.bousai.go.jp/fukkou/kakusyuseido.pdf)。その他、「生活・事業再建ハンドブック vol.5 」(平成24年４月改訂)(http://www.kantei.go.jp/saigai/handbook/)、国・自治体による支援制度をまとめて検索できる「復旧・復興支援情報」（http://www.r-assistance.go.jp/）という検索サービスが2012年1月17日から始められている。本書で紹介する公的制度の詳細はそちらを是非参照願いたい。

（山崎栄一・津久井進・出口俊一）

あとがき

大震災から10年経った時点で一度、記録をまとめなければならないと考えたことがある。しかし、当面する諸課題に取り組む毎日、整理する時間を確保することができなかった。それから10数年経ち、私も年を重ねたので改めて、いまの内にまとめておかなければと思い立ち、一昨年（２０１７年）暮れから作業を開始した。

まずは、「初出一覧」をまとめ、これまで執筆した旧稿を読み返し始めたが、やはり時間がかかってしまった。大震災5年検証時の総括と訴えの基調は、「大震災いまだ終わらず」であった。それから20年近く経ったにもかかわらず、被災地の復興はいまだ終わらずである。第4編「いまなお『復興災害』」で書き記した通りである。

「復興災害」は、人間とその組織がつくり出したものである。人々と社会の力によって一日も早く、解決しなければならない。本書が、その一助になれば望外の幸せである。

最後に、本書の内容については、兵庫県震災復興研究センターをはじめ、関西学院大学災害復興制度研究所などで震災復興の研究と実践に貢献されている多くの先輩・友人のみなさま方のご指導とご支援の賜物であり、この場を借りてお礼を申し上げます。また、本書の中のいくつかの共著・再録の論稿について、掲載を快諾いただきました方々にも深甚の感謝を申し上げます。

さらに、私の研究と実践を物心両面で支えてくれている家族・妻の出口はるみと娘夫婦と息子夫婦、そして、叔母の鶴原谷朝子に感謝を申し上げます。最後に、出版に際して多大のご尽力と編集作業をしていただいたクリエイツかもがわの田島英二氏と伊藤愛氏に、深くお礼を申し上げます。

２０１９年6月17日

出口　俊一

|著　者|

出口俊一（でぐち　としかず）

1948 年（昭和 23 年）4 月 1 日：兵庫県尼崎市生まれ.

1971 年 3 月：関西大学法学部法律学科卒.

20 年余、尼崎市内の 3 小学校（武庫東小、塚口小、名和小）に勤務. また、教職員組合（尼崎市教職員組合執行委員、書記次長、書記長、執行委員長、兵庫教職員組合執行委員長）やローカルセンター（兵庫県労働組合総連合副議長）の役員を歴任.

1992 年 10 月：兵庫県労働運動総合研究所常任理事、事務局長 .

1995 年　4 月：兵庫県震災復興研究センター事務局長 .

2004 年　4 月：立命館大学経済学部 (災害経済論).

2004 年　9 月：阪南大学（教育学、人権問題論、14 年間）.

2011 年　4 月：神戸松蔭女子学院大学（ライフライン論、3 年間）.

2019 年　4 月：兵庫県震災復興研究センター事務局長（1995 年 4 月～）. 関西学院大学災害復興制度研究所研究員（2005 年度～）、神戸再生フォーラム事務局次長（2001 年 4 月～）、被災地と被災者を考える懇談会世話人（2004 年 4 月～）、新長田駅南再開発を考える会副会長（2012 年 7 月～）、連帯兵庫みなせん世話人（2016 年 2 月～）、一般社団法人 Arts&Restoration Support（ARS）代表理事（2018 年 7 月～）ほか.

専門は人権教育論、災害復興論. 著書は、以下の通り.

≪単　著≫

『人権教育研究序説』(社団法人 兵庫部落問題研究所、1993 年 8 月)、『教育運動の論理』(兵庫県労働運動総合研究所、1993 年 8 月)

≪共　著・共編著≫

『みんなできりひらこう　震災復興』(兵庫県労働運動総合研究所、1995 年 3 月)、『大震災と人間復興』(青木書店、1996 年 10 月)、『歴史をひらく人権教育』(社団法人 兵庫人権問題研究所、1999 年 3 月)、『大震災いまだ終わらず』(兵庫県震災復興研究センター、2000 年 5 月)、『大震災 100 の教訓』(クリエイツかもがわ、2002 年 10 月)、『現代都市再開発の検証』(日本経済評論社、2002 年 12 月)、『社会保障・社会福祉大事典』(旬報社、2004 年 10 月)、『大震災 10 年と災害列島』(クリエイツかもがわ、2005 年 1 月)、『英語版　大震災 100 の教訓』(クリエイツかもがわ、2005 年 1 月)、『災害復興ガイド』(クリエイツかもがわ、2007 年 1 月)、『世界と日本の災害復興ガイド』(クリエイツかもがわ、2009 年 1 月)、『大震災 15 年と復興の備え』(クリエイツかもがわ、2010 年 4 月)、『東日本大震災　復興への道』(クリエイツかもがわ、2011 年 10 月)、『「災害救助法」徹底活用』(クリエイツかもがわ、2012 年 1 月) 、『東日本大震災　復興の正義と倫理』(クリエイツかもがわ、2012 年 12 月)、『検証　被災者生活再建支援法』(関西学院大学出版会、2014 年 3 月)、『大震災 20 年と復興災害』(クリエイツかもがわ、2015 年 1 月)、『神戸百年の大計と未来』(晃洋書房、2017 年 8 月)、『福島原発事故　取り残される避難者』(明石書店、2018 年 3 月)

【連絡先】

〒 653-0041　神戸市長田区久保町 7 丁目 4 番 10 号

兵庫県震災復興研究センター

電話：078（691）4593 ／ FAX：078（691）5985

E メール：td02-hrq@kh.rim.or.jp

ホームページ：http://www.shinsaiken.jp/

震災復興研究序説
復興の人権思想と実際

2019年7月17日　初版発行

著　者　©出口俊一

発行者　田島 英二
発行所　株式会社 クリエイツかもがわ
〒601-8382　京都市南区吉祥院石原上川原町21
電話 075(661)5741　FAX 075(693)6605
ホームページ http://www.creates-k.co.jp
メール info@creates-k.co.jp
郵便振替　00990-7-150584

印刷所　モリモト印刷株式会社

ISBN978-4-86342-261-2 C0036　printed in japan